Collection
Entreprises et société

Sous la direction de Bernard Deforge
et Laurent Acharian

LES NOUVEAUX ÉCLAIREURS DE LA CHINE

Édith Coron
Anne Garrigue

LES NOUVEAUX ÉCLAIREURS DE LA CHINE

Hybridité culturelle et globalisation

PARIS

MANITOBA / LES BELLES LETTRES

2015

www.lesbelleslettres.com
Retrouvez Les Belles Lettres sur Facebook et Twitter.

*© 2015, Société d'édition Les Belles Lettres,
95, boulevard Raspail, 75006 Paris.*

ISBN : 978-2-251-89014-2

À Camille, Jules, Rachel, Robin, Simon.

Prologue

QUI SONT-ILS ? CINQ PORTRAITS D'ÉCLAIREURS QUI GLOBALISENT LA CHINE

Du vingt-septième étage, la vue est saisissante et le regard est attiré par l'Arc de Triomphe qui domine l'horizon dans l'axe de la tour First à La Défense à Paris. Qinghua Xu-Pionchon, la quarantaine, habite ce décor avec la grâce élégante d'une aristocrate mandchoue en veste Chanel. Longs cheveux noirs lisses, pommettes hautes, vive et chaleureuse, elle a l'assurance courtoise d'une femme d'affaires moderne, passant avec aisance d'un anglais parfait à un français à peine accentué. Elle savoure paisiblement son triomphe personnel : « Aujourd'hui, je sens que j'ai enfin trouvé ma place idéale. Pourquoi ? Parce que je me sens bien dans ma peau, après des années d'efforts et de quête. Quand on est chinois et qu'on est sorti de Chine, les Chinois ne vous considèrent plus comme chinois parce que vous êtes différent. Aux États-Unis, même si on a un passeport américain, on n'est pas regardé comme un Américain et, en France, c'est pareil. Où que vous alliez, vous êtes perçu comme étant différent, à part. »

Trouver son centre de gravité dans un grand tourbillon

Première associée chinoise en Europe d'EY, une des quatre grandes sociétés mondiales d'audit et de consulting, créatrice et patronne en 2004 de sa *China business unit*, Xu-Pionchon exerce aujourd'hui une responsabilité qui englobe l'Europe, le Moyen-Orient, l'Inde et l'Afrique. Cette diversité géographique professionnelle fait écho à sa propre complexité : « Mon mari est français, j'ai vécu aux États-Unis. Ma famille est chinoise et vit en Chine et je travaille en France avec des Européens, des Chinois et des Américains. Je suis dans un grand tourbillon. Comment puis-je trouver mon centre de gravité pour ne pas être absorbée par les autres et être capable d'apporter ma propre contribution ? »

Cette question est fondamentale pour Xu-Pionchon qui s'est toujours engagée pour prendre son destin en main. Cette avocate du barreau de New York, qui a rajouté à son nom de famille d'origine celui de son mari, avait été gréviste de la faim lors de la révolte des étudiants chinois en 1989. Partie peu après aux États-Unis pour y faire ses études, elle en obtient la nationalité mais, en 2002, elle décide de s'installer en France, par fidélité à un grand-père qui fut envoyé spécial de Chiang Kaï-chek et l'avait fait rêver en lui montrant des cartes postales du Louvre quand elle était enfant. Elle est alors embauchée par ce qui était à l'époque Ernst & Young « non pas parce que j'avais un parcours chinois ou que je parlais le mandarin – à l'époque, la Chine n'était pas sur la carte internationale – mais pour m'occuper de l'Amérique ».

Interrogée sur son ancrage national, elle donne une réponse plurielle : « La Chine est mon pays de naissance, l'Amérique mon pays d'adoption et la France mon pays de cœur. » Puisant dans ses multiples loyautés, elle a fini par forger sa propre identité : « Ma contribution est d'essayer de réconcilier tous ces conflits qui m'habitent et d'être comme une mosaïque. En mettant en action les différents éléments d'interrelation et en appuyant sur les boutons, on peut vraiment guider les autres dans leur voyage vers l'internationalisation. »

Aux avant-postes de la mondialisation

Son métier la place aux avant-postes de la mondialisation. À la tête de la *China business unit*, elle a d'abord conseillé des clients occidentaux sur leurs investissements en Chine, en les aidant à mieux comprendre ce pays. Depuis 2009, elle a vu le nombre de ses clients chinois augmenter de 25 % par an.

Elle raconte ainsi avoir accompagné la reprise en France d'une entreprise familiale par un couple d'entrepreneurs chinois de la quarantaine, la femme banquière au Canada et le mari cadre supérieur dans une société américaine. Elle identifie les secteurs porteurs en Europe de l'Est, explique le droit du travail en Allemagne.

Ses clients chinois lui demandent même parfois de prendre en main leur progéniture, trop gâtée dans des familles de nouveaux riches. Quand elle les prend en stage, elle leur apprend la discipline du travail bien fait. Présentée comme un modèle digne d'émulation par les parents, elle avoue sans faux-semblant sa fierté quand les jeunes le lui disent à leur tour.

L'émulation qu'elle suscite sonne comme une douce revanche familiale pour Xu-Pionchon dont les grands-parents et parents furent mis au ban de la société maoïste et réprimés pour être « contre-révolutionnaires ». « C'est moi qui ai porté la torche ! » dit-elle en parlant de son héritage familial et c'est justement une lumière qu'elle a elle-même longtemps cherchée. « Vous tâtonnez dans le noir, vous tapant ici et là, et un jour le ciel s'éclaircit. C'est un processus et c'est un climax mais d'abord j'ai un but dans la vie. Ce qui me passionne a du sens. Je veux relier les gens et les cultures, faire et défaire des *deals* mais, quand je parle de *deals*, ce n'est pas seulement d'affaires qu'il s'agit ; je cherche à connecter les personnes, à enrichir leurs vies, à avoir un impact. »

Les désarrois du petit Michael

Dans une école primaire de Pékin, à la fin des années 1950, un petit garçon attend avec impatience de pouvoir répondre à la question que la maîtresse a posée : « 主席是谁啊 ？ – Qui est le président ? » Il connaît la réponse. Mais la maîtresse se tourne vers lui, et à sa grande surprise, lui demande : « Qui est le chef d'État en Grande-Bretagne[1] ? » Il ne comprend pas pourquoi elle lui demande cela ; il sait bien, lui, que les leaders sont « les présidents Mao et Liu Shao Qi[2] ». « 你别问我那些 – Ne me demandez pas ça ! » s'insurge alors le petit Michael Crook qui

---

1. 英国国家元首是谁？ (*Ying guo guo jia yuan shou shi shei ?*)
2. 毛主席, 刘少奇是主席 (*Mao zhu xi, Liu Shao Qi shi zhu xi*).

ne parle pas l'anglais et n'a jamais mis les pieds en Angleterre. Il réalise que sa maîtresse ne le voit pas comme le Chinois qu'il pensait être.

Il est pourtant né en Chine comme ses deux frères mais de parents caucasiens. Son père anglais, David, était un compagnon de route de la révolution maoïste. Ancien des brigades internationales de la guerre d'Espagne, membre du parti communiste britannique, il fut envoyé en Chine une première fois en 1939, par le Komintern de Staline, pour débusquer les trotskistes. Sa mère, Isabel, née en Chine de missionnaires canadiens, était sociologue. Les parents de Crook se sont rencontrés à Chengdu, dans le Sichuan, se sont mariés à Londres et sont revenus en Chine en 1947. Devenus professeurs, ils décident d'y rester malgré la rupture avec l'Union soviétique. Pendant de nombreuses années, ils exigent que leurs enfants leur parlent exclusivement en chinois. Et ce n'est qu'à 6 ans que Crook découvre l'Angleterre et le Canada, pendant un séjour d'un an hors de Chine qui lui permet d'apprendre l'anglais.

Au fil des années, Crook a aussi vécu en Grande-Bretagne et aux États-Unis. Il a épousé une Londonienne d'origine chinoise. Mais c'est en mandarin qu'il parle encore avec ses frères. Dans un salon modeste décoré de peintures et de calligraphies chinoises, dans le quartier de Haidian, à Pékin, celui des universités, la scène est indéniablement inhabituelle : aux côtés d'une très vieille dame au physique d'Occidentale, leur mère, des hommes d'âge mûr, eux aussi occidentaux, échangent en chinois avec un fort accent pékinois.

L'œuf et la banane

Crook explique qu'il plaisante volontiers avec sa femme du fait qu'il souffre du syndrome de « l'œuf dur : blanc à l'extérieur, jaune à l'intérieur », alors qu'elle serait « une banane : jaune à l'extérieur, blanche à l'intérieur ». Elle a d'ailleurs eu du mal à s'adapter à la Chine, se souvient-il.

« Penser en termes de bananes et d'œufs peut toutefois être trompeur, dit-il, car il n'y a qu'une couleur à l'intérieur. En fait, j'ai les deux couleurs en moi. Vous pouvez me voir comme un œuf par mon apparence extérieure mais à l'intérieur, c'est un mélange. J'ai les deux et je me vois comme biculturel. » Il précise en mandarin « 双语, 双文化 », et retraduit immédiatement en anglais « bilingue, biculturel », en soulignant la distinction entre les deux termes : « La langue est uniquement une compétence. C'est bien évidemment une part importante de la culture mais la culture est beaucoup plus large. Elle inclut des valeurs, une esthétique et toute une gamme de choses. Des manières différentes de penser, ce qui a trait au raisonnement, ce qui est intellectuel. Et les émotions, les réactions émotionnelles sont différentes selon les cultures. Je peux être blasé dans une culture et très touché, très ému dans l'autre. »

Les questions de langue et de culture sont d'ailleurs au cœur des préoccupations de ce pédagogue qui a co-créé en 1994, à Pékin, une école internationale (Western Academy of Beijing) avec l'idée au départ de lui donner une forte composante chinoise. « J'ai rencontré des gens qui parlent couramment une autre langue mais qui clairement pour moi sont seulement bilingues et non pas biculturels car leurs valeurs relèvent exclusivement de l'une ou l'autre des cultures. »

Traducteur et pont culturel

Il met désormais sa propre agilité linguistique et culturelle au service d'organisations caritatives. Siégeant aux bureaux de plusieurs d'entre elles, il y fait office de traducteur et de pont culturel en particulier avec les autorités chinoises. Il raconte comment, à partir d'échanges en anglais, il rédige un brouillon directement en chinois « pour ne pas être encombré de culture occidentale ». « Je me demande quel est l'état d'esprit de mes interlocuteurs. Je me dis : Maintenant, je parle à des Chinois. Puisqu'aux Chinois, je parle en chinois, j'écris directement en mandarin. » Il ajoute avec une pointe d'humour comment « une transformation subtile » s'opère alors dans le texte et comment la retraduction en anglais surprend parfois les autres membres du bureau. « C'est là que je pense avoir une valeur ajoutée, parce que j'ai cette affinité culturelle. »

Crook joue parfois de celle-ci avec lui-même, en pratiquant comme un va-et-vient en son for intérieur. Il explique comment, confronté à un problème auquel il a réfléchi dans une langue et dans un mode de pensée, s'il se trouve bloqué, il a recours à l'autre langue et l'autre mode de pensée pour avancer. « Je peux alors mettre les deux ensemble, c'est de l'hybridation. »

Je suis à ma place

Cette souplesse l'accompagne dans ses différents rapports sociaux. Élevé dans la Chine maoïste par des parents engagés au nom de valeurs qu'il a lui-même vécues comme profondément égalitaires, il a travaillé en usine en Chine et en Angleterre et il a cultivé la terre chinoise. Construit par ces expériences, il cite de mémoire un poème de Rudyard Kipling : « Si tu sais rester simple en côtoyant les rois ». Et il s'interroge : « Était-ce parce que j'ai deux cultures que j'ai été capable de dire : "Cela n'a pas d'importance" ? Ils ont une culture différente, je peux le gérer. C'est possible. » Et il suggère : « Je pense qu'il s'agit d'une sorte de mobilité culturelle et sociale. »

Cet amateur d'opéra de Pékin qu'il écoute pour se détendre continue à changer avec aisance de registre culturel. Lors des commémorations du soixantième anniversaire de la victoire communiste en 2009, il fut convié à défiler sur la place Tian'anmen, parmi la centaine d'étrangers invités d'honneur à l'événement.

Aux Chinois qui lui refusent la possibilité de se définir comme chinois et aux étrangers qui le trouvent trop chinois, il rétorque : « J'ai le sentiment d'être dans mon droit. Déjà quand j'étais tout petit et que les gens, me croisant dans la rue, disaient : "Regarde le petit étranger", je me disais : "Étranger", vous pensez que je suis un "étranger" ! Mais je suis chez moi ici. Je suis à ma place. »

Pourtant, Crook, qui a la double nationalité britannique et canadienne, n'a son permis de séjour permanent chinois que depuis une dizaine d'années. Il ne s'arrête pas à ces documents pour se définir : « L'identité, est-ce quelque chose qu'on choisit soi-même ou quelque chose qui vous est imposé par les autres ? Certains ont l'aplomb de dire : "Je suis ce que je suis." D'autres n'ont pas cette assurance et préfèrent dire : "Vous me dites qui je suis." J'appartiens à la première catégorie. »

La nouvelle génération

Quand Aurélia arrive, haute de ses 18 ans, en petite robe fleurie, un faux air de l'actrice Sophie Marceau adolescente, dans le hall d'Opposite

House, un hôtel chic pékinois, au design avant-gardiste dans le quartier de Sanlitun, elle semble fraîche et bien dans sa peau. Elle vient de réussir son baccalauréat français avec mention bien et s'apprête à passer une année de césure comme interprète et assistante-scripte pour le réalisateur Jean-Jacques Annaud sur le tournage en Mongolie du film *Le Dernier Loup*, tiré du best-seller chinois de Jiang Rong[3] et tourné en coproduction avec des financements chinois et français. Elle compte ensuite partir étudier aux États-Unis. Sa mère est chinoise. Ancienne rédactrice en chef de l'édition chinoise du magazine *Elle*, elle a fondé une chaîne d'enseignement de yoga très populaire en Chine. Son père est français. Cinéaste-anthropologue, il est spécialiste du taoïsme. Mais pour Aurélia, son métissage est plus qu'une question de « sangs mêlés ». C'est aussi un mélange, à l'intérieur d'elle-même, de cultures et de manières de faire et de vivre. « Personnellement, s'il fallait trancher, je dirais que je suis plus chinoise, même si on me dit souvent que, physiquement, j'ai l'air d'une étrangère. » Les Chinois, dit-elle, la voient spontanément comme une *laowai* – étrangère –, mais dès qu'elle commence à parler avec son accent pékinois, ils sont surpris et posent toujours les mêmes questions : « D'où viens-tu ? Et tes parents, d'où viennent-ils ? »

Petite, élevée dans un quartier traditionnel chinois, elle a souffert de ces questions avant de découvrir les avantages qu'elle pouvait en tirer. « À la maternelle, mes professeurs m'aimaient bien et me donnaient des fruits alors que les autres étaient obligés de faire la sieste. Ils m'appelaient *yang wawa*, poupée occidentale avec de grands yeux. » Quant à ses copains chinois scolarisés dans des écoles chinoises, s'ils la considèrent au départ comme une étrangère, ils changent d'attitude quand ils se rendent compte qu'ils peuvent blaguer en mandarin avec elle et parler des stars des séries télévisées chinoises en toute complicité. Ils perdent alors la réserve qu'ils adoptent, en général, à l'égard des étrangers et la bombardent de questions. Une attitude aux antipodes, dit-elle, de celle des Français du lycée de Pékin, qui veulent l'intégrer à leur système qu'ils considèrent comme supérieur. À 18 ans, Aurélia revendique aujourd'hui pleinement sa complexité. Pour elle, c'est même le cœur de son identité. Elle a d'ailleurs consacré à ce thème un essai pour entrer dans une

---

3. Jian RONG, *Le Totem du loup*, François Bourin, 2008 et Books Éditions, 2015.

université américaine. À ses yeux, ni sa mère – 100 % chinoise –, ni son père – qui a vécu son enfance dans une famille très française – ne sont aussi hybrides qu'elle. « J'ai vécu en Chine toute ma vie, sauf les deux premières années, mais je suis allée à l'école française à partir de 9 ans, ce qui m'a permis de vivre dans une communauté française au sein de la grande communauté chinoise. »

Ma différence est une force

Aurélia est convaincue qu'en Chine, pour sa génération, avoir des parents issus de deux cultures différentes est positif. « Une double culture ouvre l'esprit et, avec une double vision, il est plus facile d'en percevoir une troisième, de la même manière qu'un bilingue apprend plus facilement une troisième langue. Se rendre compte que les choses peuvent être vues très différemment ne donne pas forcément envie d'adopter tous les points de vue mais les connaître permet de définir sa propre vision. »

Dans le travail créatif de réalisatrice de cinéma qu'elle ambitionne de faire, Aurélia, qui n'a pas souffert, dit-elle, de crise d'identité, considère que sa différence est précisément sa force. Une prise de conscience qu'elle doit en partie, selon elle, à l'éducation de ses parents qui lui ont fait comprendre que la coexistence de deux cultures en son for intérieur était possible. Finalement Aurélia note qu'aujourd'hui, il y a de plus en plus de gens comme elle et que la plupart de ses meilleurs amis lui ressemblent. « Quand j'étais petite, j'avais l'impression d'être quelqu'un de très spécial. Et puis, quand j'ai participé à 12 ans, pour la première fois, à un programme télévisé pour le Nouvel An chinois consacré aux étrangers, j'ai observé que la plupart des participants parlaient parfaitement le mandarin et faisaient même des sketches en chinois. J'ai été presque déçue de constater qu'il y avait tant d'étrangers qui parlaient bien chinois. J'étais finalement comme tout le monde. » Depuis, elle dit avoir compris que la force des hybrides culturels est précisément de pouvoir appartenir à tous les cercles.

Aux côtés de Joseph Conrad et de Vladimir Nabokov

Attablé au Select, à Montparnasse, un bar parisien que hantaient les écrivains des années 1920 dont Ernest Hemingway, Dai Sijie se trouve une filiation naturelle avec le Polonais Joseph Conrad et le Russe Vladimir Nabokov. Comme eux, il est reconnu pour une œuvre écrite dans une langue qui n'est pas sa langue maternelle. De petite taille, la soixantaine, portant des lunettes rondes cerclées de métal, Dai Sijie, auteur de *Balzac et la petite tailleuse chinoise*, ode à l'universalité de la littérature[4], sourit beaucoup et laisse parfois échapper un rire ironique. « Je n'ai pas écrit en français par ambition artistique mais par obligation, parce que je n'arrive pas à publier ce que j'écris en Chine et c'est assez malheureux parce que c'est quand même très compliqué d'écrire en français », avoue-t-il. « Pour un écrivain, écrire dans une langue qui n'est pas la sienne, c'est une torture. Il faut travailler chaque phrase pendant des heures pour avoir une phrase correcte. Ce sont des systèmes de communication, de pensée, d'agencement des mots complètement différents. »

La blessure de la censure

Son premier roman, publié en 2000, a été traduit en vingt-cinq langues. Il en a lui-même réalisé la transposition au cinéma. Avec quatre autres romans et autant de films, on pourrait croire la notoriété de Dai Sijie mondialement assise. C'est le cas, sauf en Chine populaire et c'est bien là sa blessure. Son œuvre y est censurée. Son premier roman y a finalement été diffusé avec une préface mettant en garde les lecteurs contre « la mauvaise qualité du texte et la dangerosité politique de son contenu », ironise-t-il. Ses films ne sont diffusés qu'en DVD piratés et le scénario[5]

---

4. DAI SIJIE, *Balzac et la petite tailleuse chinoise*, Gallimard, 2000. Ce roman raconte l'histoire de deux amis envoyés en « rééducation » à la campagne pendant la Révolution culturelle. Ils volent une valise remplie de livres de littérature étrangère traduits en chinois et interdits qui leur permettent de traverser ces années sombres. Ils y initient une belle et jeune couturière analphabète dont l'un d'eux s'éprend.

5. L'adaptation du roman *Brothers* de son grand ami Yu Hua (Actes Sud, 2008).

qu'il a récemment proposé a été rejeté sept fois par la censure préalable au tournage. Il n'a jamais publié un seul des romans qu'il a écrits en chinois. Souvent présenté comme un auteur franco-chinois, il préfère pourtant se définir comme chinois et a choisi de garder la nationalité chinoise.

« Ceux qui n'écrivent pas ou qui ne sont pas des peintres peuvent changer de papiers comme ils veulent. Ils peuvent même avoir cinq, six passeports. Cela ne leur pose pas de problèmes d'identité mais pour un artiste, l'identité, c'est ce qui est le plus important. Une fois qu'on a changé, on a besoin de temps pour s'habituer, pour trouver une nouvelle identité. »

Il cite l'exemple du lauréat du prix Nobel de littérature, Gao Xingjian qui, comme en miroir inversé de ses propres choix, écrit en chinois et a opté pour la nationalité française. « Quand il a changé de nationalité, j'ai observé que pendant un ou deux ans, il ne pouvait rien écrire, alors que c'est quelqu'un qui travaille beaucoup. »

Arrivé lui-même en France en 1984, avec une bourse pour y faire des études de cinéma, ce Sichuanais est resté très attaché à ses racines. Il ne saurait passer plus de trois jours sans manger la nourriture épicée de sa province, au sud-ouest de la Chine. Il a aussi été nourri à la tradition des conteurs des maisons de thé de Chengdu, sa capitale. Très jeune, il a écrit, guidé à distance et par correspondance, par un écrivain pékinois. Il a dévoré les classiques chinois avant de découvrir, comme les héros de son roman, les classiques étrangers dans une valise volée.

« Les Chinois d'à peu près mon âge ont connu ça, ils ont tous volé des livres. La plupart n'ont pas eu de chance. Ils ont volé des romans russes traduits en chinois ; moi, j'ai eu la chance d'avoir des livres traduits du français. C'était génial parce qu'il y avait Balzac et d'autres. À ce moment-là, on était dans la misère, on n'avait pas d'avenir, on était exclu de la société, on était rééduqué à cause de nos parents qui étaient "ennemis du peuple". Dans ces romans français, il y a un côté individualiste – tout seul, tu peux réussir – et c'est comme un conte. Les romans russes n'ont pas cela, ils ont un côté plus fataliste. Et puis les gens sont moins bons que dans les romans russes ; dans Balzac, on voyait des Français concrets, vrais, réalistes, avec beaucoup de désirs, d'ambitions et de défauts. On aimait bien ça, parce qu'on était déjà dans la merde, alors on préférait un monde noir. »

Dai Sijie a d'ailleurs souvent recours à l'humour noir. Il aime faire rire et rit de tout. Ironie et burlesque sont ses ressorts. *Le Complexe de Di*[6], son deuxième roman, est le récit échevelé des pérégrinations d'un psychanalyste qui, de retour en Chine contemporaine, veut analyser les rêves des gens. Son dernier roman, *L'Acrobatie aérienne de Confucius*[7], met en scène, au début du XVIᵉ siècle, les prouesses érotiques de l'empereur Zheng De qui est toujours accompagné de quatre sosies. Ce roman baroque au ton rabelaisien mêle jeux de miroirs et échanges d'identité. Ces pirouettes d'écriture font écho à la personnalité complexe d'un auteur qui est certes au programme de littérature des lycées aux États-Unis et en France mais qui vit « un échec personnel, celui de n'avoir pas pu passer la censure ».

« J'avais l'intention de faire des choses de qualité, le mieux possible et j'avais l'ambition de changer la Chine. C'est le drame de ma génération. Peut-être, pour la génération prochaine, y aura-t-il moins de censure, peut-être les choses vont-elles changer ? Je garde toujours espoir. »

Amoureux exigeant des mots

Très grand et mince, un peu voûté, d'immenses yeux noirs et le teint mat, un visage doux, Eric Abrahamsen, traducteur littéraire du chinois vers l'anglais, est arrivé en Chine en 2001, venu du Nord-Ouest des États-Unis. Il traduit des nouvelles et des essais, et a cofondé, en 2006, le site *Paper Republic*[8] pour aider les éditeurs anglophones à publier plus de romans chinois. Aujourd'hui, reconnu comme expert, il a développé, à leur demande, un partenariat direct avec l'association officielle des écrivains chinois pour publier un magazine en anglais sur la littérature chinoise.

Amoureux exigeant et nuancé des mots, Abrahamsen prend son rôle de pont culturel très au sérieux et s'y applique à long terme, en mettant en jeu toute la finesse de ses analyses et la subtilité de ses comportements, peaufinés par douze ans de travail et de vie de famille en Chine. Pourtant il est très clair. Il s'est adapté à la société chinoise mais il ne se sent pas chinois. « Dans certains cas, je me sens même plus occidental qu'avant.

---

6. DAI SIJIE, *Le Complexe de Di*, Gallimard, 2003.
7. DAI SIJIE, *L'Acrobatie aérienne de Confucius*, Flammarion, 2009.
8. www.paper-republic.org

J'ai une idée plus claire de ce qu'être américain veut dire et je me sens plus fortement américain. »

Abrahamsen estime avoir appris en douze ans à mieux interagir avec les autres, à répondre à une plus large gamme de situations et d'attentes. « Je deviens plus flexible dans mes interactions avec les gens. Je deviens qui j'étais. Je sais, avec les officiels, endosser un rôle et mettre le masque qu'ils veulent me voir porter mais je suis extrêmement conscient qu'il s'agit d'un masque et je ne sens pas que j'aie une identité alternative ni que je change d'identité en fonction des situations. Je change quand j'agis. J'adapte mes actes. »

Éloge de l'incertitude

Abrahamsen raconte comment, au cours du temps, il a « adopté des éléments de culture chinoise traditionnelle qui faisaient sens pour [lui] », éléments qu'il a découverts aussi bien à travers la pratique régulière du jeu de go ou du *guqin*[9], une cithare chinoise traditionnelle, que dans la lecture des philosophes taoïstes comme Zhuangzi.

Il aime, dit-il, « ce fil culturel » qui court à travers la culture chinoise traditionnelle – mais qui a disparu aujourd'hui, selon lui –, ce goût du « flou », de l'incertitude – quelque chose qui est présent à 75 % et absent à 25 %. « Quand on joue du *guqin*, explique-t-il, il existe beaucoup de sons qui sont presque là mais pas tout à fait. Dans de nombreuses mélodies, on frappe la corde jusqu'à ce que le son disparaisse. Si on continue à jouer, la mélodie persiste, on l'entend, l'audience, connaisseuse, l'entend et pourtant le son s'est déjà évanoui. C'est la même chose avec la peinture à l'encre. On trace une ligne. C'est juste une ligne et elle s'évanouit mais on l'a tracée à la manière du maître, du génie et, à sa disparition, l'œil remplit le vide et voit le tableau. Dans le jeu de go, on doit savoir placer les premières pierres en vue de délimiter son futur territoire, tracer une ligne en pointillé qui permettra plus tard, une fois qu'on a décidé exactement de la façon dont on va s'emparer de ces terres, de créer un rempart solide. »

---

9. Le *guqin* est un instrument à sept cordes chinois traditionnel de la famille des cithares qu'apprécient les érudits à cause de sa subtilité et de son raffinement. Il était apprécié par Confucius et on l'appelle souvent « l'instrument des sages ».

Le tango entre les lignes

Ce tango avec la société chinoise autour de lignes à franchir ou non, Abrahamsen l'a dansé jusqu'au bout dans l'histoire de son couple. Marié puis divorcé avec une Chinoise qui vit aujourd'hui aux États-Unis, il est convaincu que son « empressement à aller trop loin » spécialement avec sa belle-famille a contribué à l'échec de son couple. « J'ai essayé de tout faire pour répondre à ce qu'on attendait de moi en tant que gendre dans une famille chinoise. Mais l'autonomie d'un individu en famille est beaucoup plus grande dans la culture occidentale. À l'époque, j'étais encore d'humeur à apprendre comment fonctionne la Chine, comment m'y fondre et je suis allé trop loin dans cette fusion. La famille de ma femme, à la manière traditionnelle chinoise, attendait de moi que je me conduise comme un enfant. Je trouvais cela très déplaisant et même insultant mais je ne l'ai pas exprimé. Les rares fois où je l'ai fait, ils se sont mis en colère et c'était à moi de recoller les morceaux. » Il n'y a jamais eu le moindre espoir qu'ils puissent comprendre son point de vue. « Cela aurait été difficile. Nous sommes en Chine et ils n'ont pas le cadre de référence sur la façon de se conduire dans mon monde. Plus tard, quand ils sont venus aux États-Unis, ils m'ont donné des conseils sur la façon de me comporter avec ma mère, ce qui nous ennuyait tous les deux. Elle n'a jamais voulu s'en accommoder et son refus m'a aidé. J'ai pu dire : "Je suis comme elle, pas comme vous." »

Abrahamsen est persuadé qu'il aurait dû le leur dire bien avant. « Même si j'appréciais leur proximité physique, leur intimité, je ne pouvais pas prendre la famille chinoise comme modèle. Cette expérience est une des choses qui m'ont permis de réaliser que j'étais vraiment un Occidental, que je venais de cette partie du monde et que cela me convenait. »

Mosaïque et tourbillon

Xu-Pionchon se voit comme une « mosaïque », cherche son « centre de gravité » dans « un tourbillon » et essaie de « réconcilier tous les conflits qui l'habitent ». Crook se qualifie de biculturel au-delà de son bilinguisme. Il n'est, dit-il, ni un « œuf » ni une « banane » mais a en lui les deux couleurs, jaune et blanche, mélangées. Aurélia se sent « métisse culturelle » et c'est, dit-elle, plus un « mélange de cultures et de manières de faire et de vivre » qu'une question de « sangs mêlés ». Abrahamsen dit s'être adapté à la société chinoise et avoir choisi délibérément d'adopter les éléments de culture qui avaient du sens pour lui mais il se sent « plus américain qu'avant ». Quant à Dai Sijie, bien qu'il écrive en français, il préfère se définir comme « chinois » et garder son passeport chinois.

À travers ces cinq portraits, on voit d'entrée de jeu que si la navigation entre les cultures est un périple identitaire, entre soi et les autres, unique à chaque individu, le processus de transformation qu'il enclenche n'en est pas moins commun. Celui-ci génère ainsi des hybrides culturels dont l'influence a un impact sur les sociétés en constante évolution, parce qu'ils sont à l'avant-garde.

Nous définissons les hybrides culturels comme des personnes qui sont engagées dans ce processus de transformation et naviguent avec familiarité, et souvent aisance, à travers plusieurs cultures. Ce faisant, ils sont authentiquement eux-mêmes et revendiquent, à des degrés divers, leur complexité culturelle comme un élément clé de leur identité.

Nous en sommes nous-mêmes. Nos expériences de vie – vingt ans en Asie pour Anne, vingt-cinq ans à travers quatre continents pour Édith – nous ont personnellement transformées. L'hybridité culturelle nous définit et nous nourrit. Au fil des années, nous avons mené, d'abord chacune de notre côté puis ensemble, une réflexion qui nous a conduites à la positionner comme centrale dans la construction de l'identité et pour l'avenir de l'humanité.

La Chine comme laboratoire

L'hybridité culturelle permet de penser la complexité du monde contemporain. Il faut avoir le courage de s'interroger sur cette grande question du XXIe siècle. Le faire à partir de la Chine s'est imposé à nous, quand, y vivant l'une et l'autre pendant plusieurs années, nous avons été témoins de l'ampleur qu'elle y a prise.

Aujourd'hui, dix millions de titulaires du passeport chinois vivent à l'étranger et six cent cinquante mille étrangers ont un permis de séjour en Chine. Trois millions de Chinois continentaux ont fait leurs études hors de leurs pays ; un million et demi sont revenus au pays et trois cent soixante-quinze mille étudiants étrangers, venant de deux cent trois pays, étudient en République populaire.

Ces chiffres illustrent bien la rencontre, parfois conflictuelle, parfois coopérative, entre la Chine et le reste du monde. Celle-ci a plus d'impact sur l'avenir que toute autre relation internationale et au cœur de cette rencontre, de façon souvent discrète, intervient un ensemble disparate de personnes qui, par naissance ou par choix, sont capables de naviguer aisément entre la culture chinoise et une autre.

Certaines sont connues, d'autres sont d'anonymes contremaîtres sur une ligne d'assemblage ; d'autres encore sont universitaires, patrons de startups, directeurs de musées ou d'écoles internationales. Quels que soient leurs champs d'action, elles ouvrent les portes du monde de demain et jouent un rôle clé dans l'ombre. Leurs histoires personnelles reflètent les changements spectaculaires dans les relations entre la Chine et le reste de la planète, et comment la Chine, en tant que nation, trouve sa place dans un monde globalisé. La façon dont la vie les a transformées donne à voir les façons dont la Chine se transforme elle-même.

Dans un paradoxe saisissant, par son développement économique et sa globalisation, la Chine est en train de créer des millions de personnes à l'identité complexe mais ni la société ni le gouvernement chinois, mal à l'aise avec cette hybridité culturelle, ne sont prêts à reconnaître ouvertement leur rôle crucial et le reste du monde bute sur des réticences similaires qui pèsent à la fois sur la place de la Chine dans la globalisation et sur le rôle des hybrides culturels. Ces freins entravent la façon dont la Chine assume progressivement son rôle dominant sur la scène internationale.

À la fois produits et pilotes de la globalisation, ces éclaireurs remettent en cause la vision polarisée du monde qui souvent prévaut. En plongeant dans leurs vies, on découvre comment ils se transforment et transforment le monde dans lequel ils vivent. Alors que l'ombre de la Chine s'étend sur la planète, ils donnent forme à notre futur et méritent d'être mis en lumière.

Un gigantesque kaléidoscope

C'est dans les mondes de l'entreprise et de l'éducation tout particuliè-rement que la Chine est devenue un des viviers de l'hybridité culturelle. Les brassages qui s'y opèrent sont sans précédent. Nous les explorons.

Pour mieux comprendre cette rencontre entre la Chine et le reste du monde, nous avons fait le choix de l'observer à travers les personnes qui en sont les acteurs. Leurs histoires de vie, dans leur diversité, sont comme les miroirs enchâssés à l'infini de récits individuels dans la grande narration de l'Histoire en train de se faire. Elles s'imbriquent les unes dans les autres comme dans un gigantesque kaléidoscope.

Notre manière d'aborder l'hybridité culturelle est ainsi fractale et dynamique. L'approche fractale permet d'observer la relation entre la partie et le tout. En zoomant sur les détails de la vie des gens, nous essayons de mieux comprendre le monde qui les entoure, dans un va-et-vient constant entre interrogations individuelles et grandes questions collectives.

L'approche dynamique souligne le côté transformatif de l'hybridité. Dans un modèle en trois dimensions dont l'un des axes est temporel, les itinéraires des hybrides culturels tracent comme des spirales, ballottées entre une culture A, en abscisse, et une culture B, en ordonnée, parfois coincées par l'un des barreaux de l'échelle de valeurs de l'une ou de l'autre culture. Les hybrides culturels sont aux prises avec leur propre complexité et celle de leur environnement, tiraillés entre leurs multiples allégeances et appartenances. Freinées ou accélérées dans leurs évolutions, les spirales de certains s'arrêtent net, alors que d'autres continuent de se construire, selon le contexte politique. Nous avons constaté, entre le début et la fin de notre enquête, qui a duré quatre ans, un fort mouvement de balancier passant de l'ouverture à une fermeture du pays.

Ce mouvement en spirale marque la dynamique dans laquelle sont engagées les personnes, partant de l'adaptation et pouvant aller jusqu'à l'hybridation. Nous avons observé que certaines s'engouffrent dans cette dynamique et sont comme propulsées vers le haut alors que d'autres s'y perdent comme aspirées par le tourbillon, dont Xu-Pionchon a su s'extirper en revendiquant une hybridité culturelle qu'elle a placée en toute conscience au cœur de son identité.

Cette approche dynamique, avec sa dimension temporelle, permet aussi, à l'échelle collective, d'analyser l'impact de ces hybrides culturels sur la société chinoise et sur la place de la Chine dans la globalisation. Nous observons le poids de l'héritage historique et les contraintes du politique, et nous mettons en évidence les émergences significatives et les avancées créatives où les hybrides culturels jouent un rôle clé.

Chapitre premier

DANS L'ENTREPRISE, ILS SE FORGENT
ET JOIGNENT DES MONDES

Sous le soleil pâle d'un matin d'hiver, du haut de sa statue géante, Mao Zedong domine la place centrale du quartier des affaires de Shenyang. À quinze mètres du sol, sa main impérieuse pointe en direction de l'ouest dans l'ordre de marche qu'il donna au début des années 1960, enjoignant à son peuple de s'enfoncer dans ces vastes territoires, courant de la Mongolie à l'Asie centrale, que la Chine maoïste voulait marquer de son empreinte.

Au tournant du XXIᵉ siècle, c'est un tout autre Occident, celui de par-delà les frontières, qui est venu s'installer aux pieds de Mao, dans cette province du Liaoning, collée à la Corée du Nord. Ils sont nombreux les Bombardier, BMW, General Motors, Eurocopter, Michelin et autres fleurons de l'industrie mondiale à avoir choisi de s'implanter dans ce bassin industriel. Les Russes avaient commencé à développer cette région riche en minerai de fer dès la fin du XIXᵉ siècle, puis ce fut le tour des Japonais – qui l'occupèrent dans les années 1930 – pour contribuer à leur effort de guerre. Shenyang était alors Mukden, la capitale de la Mandchourie qui devint le Mandchukuo japonais, le royaume fantoche de Pu Yi, ultime empereur de Chine et dernier héritier de la dynastie mandchoue des Qing qui remontait au XVIIᵉ siècle.

La mue de Mukden à la Shenyang contemporaine est, comme souvent en Chine, celle d'une histoire en accéléré où finissent par se côtoyer dans une cacophonie de symboles, la statue de Mao et les vitrines voisines de Maserati, Ferrari et Bentley.

À quelques dizaines de kilomètres de là, un bibendum Michelin souriant, symbole de la marque de pneus, domine l'entrée d'un domaine de soixante-douze hectares, vaste chantier situé dans une de ces nouvelles zones industrielles qui nourrissent les quelque huit millions d'habitants de cette ville qui ne cesse de croître. C'est là que s'est construite la gigantesque usine Shenyang 2, une des plus grandes de l'entreprise Michelin, projet sans précédent dans l'histoire industrielle de cette multinationale, par sa taille et ses ambitions. Cette aventure humaine exceptionnelle brasse vingt-deux nationalités. « Le côté le plus passionnant est de voir comment les gens se transforment. Nous sommes dans la phase de mise en œuvre, les bulles culturelles explosent », observe avec jubilation Benoit Heubert, le directeur de Shenyang 2.

Michelin investit gros et à long terme en Chine, une stratégie qui fait écho à l'évolution de ce marché et à son importance désormais cruciale. Depuis 2009, la Chine a dépassé les États-Unis pour devenir le premier marché automobile au monde. Au printemps 2015, l'entreprise compte quatre sites en Chine et sept mille employés. Quand on pénètre dans l'usine, on entre en effet au cœur d'un microcosme de la mondialisation et de ses effets sur les individus. Ce projet industriel, qui a pour objet final la production de quelques millions de pneus par an, puise dans sa phase initiale aux quatre coins de l'empire Michelin pour faire travailler ensemble des Chinois, des Polonais, des Brésiliens, des Canadiens, des Français, des Américains, des Thaïs et autres nationalités. En se frottant les uns aux autres, ces hommes et ces femmes changent leur manière de faire, parfois leur manière de penser et certains même leur manière d'être. On assiste à leur transformation et pour certains à une véritable hybridation culturelle.

Des échanges de longue date

Dans la rencontre entre la Chine et le monde qui se déroule dans le monde du travail, les hybrides culturels ont joué de longue date un rôle pivot, qu'ils soient étrangers, chinois issus de la diaspora, ou *returnees*. Au fil de la chronologie de ces va-et-vient, ils émergent et jouent un rôle de premier plan.

En Chine, pour s'en tenir aux cent cinquante dernières années, l'État, à la fin du xixe siècle, avait déjà choisi d'envoyer des ingénieurs se former dans différents pays avancés pour aider le pays à résister à l'irruption de l'Occident en se modernisant. Ainsi, un premier groupe d'ingénieurs avaient été envoyés à New Haven dans le Connecticut[1] dans les années 1880 et étaient revenus au pays pour y devenir, pour certains, Premier ministre, ministre des Chemins de fer, ingénieurs, militaires…

Après l'ouverture du pays, orchestrée par Deng Xiaoping en 1978, l'envoi de Chinois à l'étranger est devenu systématique. Le nombre des départs n'a cessé d'augmenter depuis le lancement de cette politique, au point qu'aujourd'hui, selon un site d'investissement spécialisé dans les diasporas chinoises et indiennes – Greater Pacific –, plus de 5 millions de titulaires du passeport chinois travailleraient hors de Chine[2], alors que fin 2013, 3,05 millions de Chinois continentaux avaient fait leurs études hors de Chine dont 1,44 million étaient revenus[3].

À l'inverse, si on observe le mouvement du reste du monde vers la Chine, la présence des grandes entreprises étrangères remonte aux débuts du siècle dernier. La banque Standard Chartered était déjà établie en Chine avant même le départ du dernier empereur, Unilever s'est installé en Chine en 1912 et Coca Cola en 1927. À la mi-2008, alors que la Chine s'apprêtait à démontrer aux yeux du monde sa puissance lors des Jeux olympiques de Pékin, 480 des 500 plus grandes entreprises mondiales (*Fortune 500*) étaient déjà établies en Chine, et, cinq ans plus tard, en 2013, plus de 1 400 centres de R&D appartenant à des sociétés à capitaux étrangers étaient implantés en Chine alors qu'ils n'étaient que vingt-

---

1. Cité dans Huiyao Wang, David Zweig, Xiaohua Lin, « Returnee Entrepreneurs : Impact on China's Globalization Process », *Journal of Contemporary China*, vol. 20, n° 70, juin 2011, p. 413-431.

2. http://greaterpacificcapital.com/chinas-overseas-population-leveraging-a-critical-asset/

3. Wang Huiyao et al., *Blue Book on Chinese Overseas Students and the Employment of Returnees*, étude publiée par le ministère de l'Éducation, novembre 2014.

quatre en 1997[4]. La croissance a été extrêmement rapide. Alors qu'en 1979 il n'y avait que cent entreprises étrangères en Chine, en 2013 on comptait près de 450 000 WFOE[5]. En 2007, elles employaient déjà plus de vingt-cinq millions de personnes[6].

Selon le ministère chinois de la Sécurité publique, 633 000 étrangers étaient titulaires d'un permis de séjour en Chine en 2012, soit cent mille de plus que l'année précédente. Un quart d'entre eux étaient coréens, puis venaient les Américains dont nombre d'entre eux sont d'origine chinoise et enfin les Japonais. Parmi eux, fin 2012, 246 400 travaillaient en Chine avec un permis de travail en règle[7].

Le ciel était si bleu, l'herbe si verte

Ceux qui apportent en Chine de nouvelles valeurs et de nouveaux comportements ne sont pas tous des étrangers. Menue, d'âge mûr, tenue sobre et coupe au carré, Zhang Xiaoping, première patronne chinoise du laboratoire de biométrie Chine de la multinationale pharmaceutique Sanofi Pasteur, se souvient avec émotion de ce passage magique de la Chine vers Harvard en 1984. « Tout était si différent. Le ciel était si bleu, si propre, l'herbe si verte. Tout le monde souriait du fond du cœur. J'avais longtemps été opprimée en Chine. Être enfin considérée comme les autres, pouvoir garder la tête haute, c'était comme une seconde naissance. »

Zhang avait 13 ans quand, pendant la Révolution culturelle, ses deux parents furent promenés à moitié rasés dans la rue. Envoyée deux ans à la campagne, grâce à son acharnement elle parvient pourtant à se hisser, malgré son statut de fille issue d'une famille d'anciens riches, jusqu'à l'université de sciences de l'éducation à Shanghai puis à Harvard, où elle obtient un doctorat en statistiques.

---

4. Chiffres du MOFCOM (ministère du Commerce de la République populaire de Chine).

5. Chiffres du MOFCOM. Une WFOE (*wholly foreign owned enterprise*) est un type d'entreprise de la République populaire de Chine destiné aux entrepreneurs ou investisseurs étrangers où la participation d'un investisseur chinois n'est pas nécessaire. Il s'agit d'une entreprise à responsabilité limitée.

6. Chiffres du MOFCOM.

7. *Statistic Report on the Development of Human Resources and Social Security*, 2012.

Son destin est emblématique d'une génération de Chinois partis à l'étranger au début des années 1980, qui ont vécu à la fois l'enfermement et l'humiliation puis une partie de leur vie dans un autre pays, dont ils ont souvent adopté la nationalité, avant de revenir travailler au pays.

Quand elle est revenue en Chine, vingt-cinq ans plus tard, Zhang a été soulagée de constater que le fossé avec ses compatriotes était moins profond qu'elle ne le craignait : « Mon style de management est très direct, pas très diplomatique. La plupart des managers locaux l'apprécient parce qu'ils n'ont pas besoin de deviner ce que je pense. J'ai de très bonnes relations avec eux. Ils me voient comme américanisée et ils l'acceptent. Cela montre à quel point ils sont ouverts d'esprit et comment ils ont su s'adapter à des pratiques internationales. »

Les conséquences de Tian'anmen

Outre les départs rendus possibles par les mots d'ordre de Deng Xiaoping à la fin des années 1970, le massacre des étudiants sur la place Tian'anmen, en 1989, a contribué à accélérer la fuite des cerveaux. Certains, une minorité, reviendront plus tard pour participer au miracle économique chinois.

C'est le cas de Yan Ge, née à Shenyang. Divorcée, la quarantaine, cheveux souples et bouche pulpeuse, elle est directrice financière et partenaire dans une société singapourienne. Alors qu'elle était venue étudier le journalisme à Pékin, au Beijing Broadcasting Institute, aujourd'hui Communication University of China, les événements de 1989 interrompent ses études à l'âge de 21 ans. Elle quitte le pays précipitamment pour se réfugier avec son futur mari, artiste peintre, en Allemagne, puis aux États-Unis, où elle se reconvertit dans la finance : « Nous nous sommes d'abord rendus en Allemagne. J'étais très heureuse, c'était l'été, tout était tellement tranquille. Les gens étaient en vacances, tout était très propre. Mais les gens n'étaient pas expressifs. Nous voulions plus d'animation. » Le couple décide alors de s'installer à Seattle. « J'ai choisi de reprendre des études. Mais pas de journalisme. J'avais réalisé que ce ne serait pas facile. Je devais améliorer mon anglais. Venant de Chine, je me suis rendu compte que nous n'avions ni bourse, ni comptes bancaires. Je me suis dit que connaître ces sujets m'aiderait et me permettrait de trouver du travail. »

En trois ans, elle améliore considérablement son anglais et se sent bien à Seattle, « même mieux qu'en Chine car la société y est assez égalitaire. J'ai eu la chance d'être dans une ville libérale et je ne me suis jamais sentie discriminée ».

Restée douze ans aux États-Unis, Yan y a travaillé pour Arthur Andersen et a obtenu la citoyenneté américaine. Elle a continué pourtant, dit-elle, à se sentir très chinoise. De retour en Chine en 2002 pour des raisons familiales, elle travaille d'abord comme cadre dans une multinationale américaine, qu'elle quitte, après avoir été victime de harcèlement sexuel, pour devenir associée dans une société singapourienne, China International Holdings Limited, qui emploie plus de deux cents personnes en Chine.

Dans les bagages des multinationales

Parallèlement, des étrangers ont commencé à s'installer en Chine. L'arrivée des cadres des multinationales s'amorce dès la fin des années 1970. Au départ, ils travaillent tous pour des joint-ventures, créées après le passage en juillet 1979 de la loi sur les JV. Plus tard, la mise en place en 1986 d'un statut de *wholly foreign owned enterprises* (WFOE) – statut amendé en 2000 – élargira les marges de manœuvre des sociétés étrangères.

En Chine, les lois n'avaient pas encore changé quand, en décembre 1978, au siège de Volkswagen à Wolfsburg, en Allemagne, le garde médusé vit, en face de lui, un homme arriver à pied. Il se présente comme le ministre chinois des machines-outils. Le garde en informe le directeur des ventes, qui a la bonne idée de recevoir ce visiteur inattendu. Volkswagen vient de gagner son ticket d'entrée en Chine. Le ministre était en service commandé et cherchait un fabricant automobile. Il savait qu'on faisait de bonnes voitures en Allemagne et pensait que tout le monde roulait en Mercedes. Arrivé à Stuttgart pour aller chez Daimler-Benz, il est surpris de voir que les Allemands conduisent surtout des Coccinelle et des Golf. Il s'enquiert de leur fabricant et, quand on lui dit « Volkswagen », il embarque sa délégation, par le train, à Wolfsburg. Pour incongru que cela paraisse, ce ministre déterminé était tout simplement une des chevilles ouvrières du programme fraîchement lancé par Deng Xiaoping d'ouverture de l'économie chinoise aux entreprises étrangères.

Martin Posth raconte cet épisode dans les mémoires[8] qu'il a consacrés aux débuts de l'aventure Volkswagen en Chine. Cadre dirigeant du groupe automobile allemand, il a piloté une des premières collaborations entre la Chine et une grande multinationale à travers la joint-venture Shanghai Volkswagen Automotive Co., Ltd, créée en 1984. Il rappelle qu'alors « le gouvernement chinois invitait des entreprises du monde entier à investir capital et savoir-faire dans le programme de modernisation économique dans lequel le Parti communiste chinois s'était engagé. En échange de technologie occidentale et d'expertise managériale, les Chinois, pour la première fois offraient à des investisseurs étrangers l'accès à ce qui devait se révéler comme le plus grand marché national au monde ».

Vingt-cinq ans plus tard, et après plus de dix milliards d'euros investis, Volkswagen est devenu le leader sur le marché chinois de l'automobile, avec neuf sites de fabrication et une production annuelle de près de deux millions de véhicules. Pour Posth, la clé du succès de Volkswagen a été « de parvenir à une sorte de compréhension humaine au-delà des frontières culturelles ».

Mais ce succès final ne doit pas cacher les difficultés nées de la rencontre de deux mondes distants et hermétiquement clos l'un à l'autre pendant trente ans. Les mémoires de Posth se lisent comme une épopée en forme de vade-mecum à l'usage des investisseurs étrangers désireux de se lancer dans une joint-venture en Chine.

Échecs et déconvenues : la question de confiance

Ils furent en effet légion à se ruer vers la Chine au prix d'échecs et de déconvenues qui ont été amplement documentés. Il suffit de jeter un coup d'œil sur la littérature abondante qui couvre le sujet des joint-ventures en Chine pour se faire une idée de l'ampleur du phénomène. Pour ne citer que quelques titres en anglais : *Life and Death of a Joint-Venture in China*, *China Joint-Ventures : Understanding the Intangibles*, *A Joint-*

---

8. Martin Posth, *1 000 Tage in Shanghai. Die abenteuerliche Gründung der ersten chinesisch-deutschen Automobilfabrik*, Carl Hanser Verlag, 2006 ; trad. anglaise : *1,000 Days in Shanghai : The Story of Volkswagen, the First Chinese-German Car Factory*, John Wiley & Sons, 2008.

Venture Survival Guide[9]. À l'analyse, succès ou échec sont largement dus à la capacité d'établir – ou non – des liens de confiance réciproques entre Chinois de République populaire et cadres venus du reste du monde.

Dans leur livre *China CEO : Voices of Experience*, Juan Antonio Fernandez et Laurie Underwood, qui ont interviewé vingt patrons de compagnies *Fortune 500* en Chine, ouvrent leur premier chapitre sur une citation du président et CEO[10] du groupe British Petroleum China, Dr Gary Dirks : « Si je devais passer un seul message à mes managers à leur arrivée, j'insisterais sur l'importance de la relation. Il s'agit toujours de personnes, de relations entre des gens et de la confiance qu'ils peuvent bâtir entre eux. La Chine met encore davantage l'accent sur la personne que l'Europe ou les États-Unis. » Cette compréhension mutuelle exige des qualités humaines de la part des cadres étrangers, au-delà de leurs compétences professionnelles et de leur connaissance de l'entreprise. Il leur faut de l'ouverture, de la curiosité et une bonne capacité à gérer l'ambiguïté, sans se perdre dans l'autre.

Les nouveaux *compradores*

Comme la compréhension et la maîtrise de la langue chinoise prennent du temps, pour établir plus vite les ponts indispensables entre cadres expatriés et Chinois continentaux, les entreprises étrangères embauchent à tour de bras des managers et des ingénieurs sinophones, issus des différentes diasporas, notamment de Taïwan, Hong Kong et Singapour. Puis, progressivement, elles ont recours aux cadres chinois revenus de l'étranger. Ces Chinois ethniques reprennent le rôle que jouaient jadis les *compradores*[11], Chinois employés par les compagnies étrangères dès le XIXᵉ siècle pour les aider dans leurs affaires avec l'État chinois.

---

9. « Vie et mort d'une joint-venture en Chine » ; « Les joint-ventures en Chine : comprendre les dessous des cartes » ; « Guide de survie d'une joint-venture ».

10 chief executive officer *(président directeur général)*

11. Le mot *comprador* désigne un Chinois qui sert d'intermédiaire dans des opérations financières et marchandes entre des Européens et d'autres Chinois. Étymologiquement, le mot provient du portugais et signifie « acheteur ».

Du Shengfeng, directeur général de Veolia Transport Chine à Nankin, fait partie de ces Chinois qui se sont mis au service des multinationales occidentales. Il explique, avec une pointe d'amertume, combien il aurait aimé contribuer encore plus directement au miracle économique chinois. « J'ai été envoyé par le gouvernement faire mes études en France dans les années 1980 et j'ai travaillé successivement pour deux multinationales. » Du n'a jamais demandé à être naturalisé français car, dit-il, il préférait garder sa nationalité chinoise pour devenir un jour haut fonctionnaire ou travailler pour une grande entreprise d'État. De même, il refuse poliment la nationalité singapourienne qu'on lui propose.

Mais, revenu en Chine en 1996, Du se rend compte qu'il a raté le coche. Avant l'an 2000, les Chinois qui avaient étudié à l'étranger et travaillé pour les multinationales étaient considérés comme des gens différents, dont la Chine avait besoin. Il réalise après 2000 que les Chinois peuvent se passer de lui. « En devenant plus forts économiquement, les Chinois sont devenus plus confiants et plus arrogants. Certains camarades d'université, qui avaient fait des études comme moi à l'étranger mais avaient choisi assez tôt de faire une carrière sino-chinoise, ont très bien réussi. L'un d'eux est même devenu vice-ministre du département de propagande du Parti communiste. » Il est persuadé qu'aujourd'hui ce sont les entreprises étrangères qui ont le plus besoin de gens comme lui. « En Chine, nous sommes considérés comme des gens "bien", intelligents, mais qui ne rendent pas vraiment service à l'État. »

« Banane » et bien dans sa peau

Quant aux Chinois de la diaspora, nés ailleurs qu'en Chine et souvent utilisés par les multinationales pour jouer le rôle d'intermédiaires, ils n'ont pas toujours une partie facile à jouer. Leurs visages aux traits asiatiques peuvent les mettre en porte-à-faux face à leurs collègues du continent.

La quarantaine, Wang Meili – c'est un nom d'emprunt – est née à Taïwan mais a été élevée à Singapour. À 17 ans, elle est partie étudier aux États-Unis, puis a travaillé deux ans en Europe dans le secteur de la santé. Employée par un grand groupe pharmaceutique occidental depuis onze ans, elle dirige, à partir de la Chine, à la fois les opérations business pour l'équipe d'essais cliniques en Chine et le programme d'essais cliniques pour l'Asie et le monde. Quand elle est arrivée en 2001, pendant près d'un an elle a dû mettre en place des pratiques qui auraient dû être appliquées mais ne l'avaient pas été. « Pour les essais cliniques, ce sont les divisions locales qui supervisent mais elles envoient la note à l'entité globale. Il faut donc que les façons de faire soient alignées avec celles des autres pays, que les procédures soient respectées. »

En Chine, l'intégration de l'équipe, qui avait grossi très vite, passant de trente à cent personnes, n'avait pas suivi. Persuader ses collègues chinois continentaux de suivre des règles globales a été difficile. « Ils veulent bénéficier d'exemptions. Il y a toujours cette idée que la Chine est différente. Alors je les challenge : oui, la Chine est différente mais les autres pays aussi. C'est à vous de leur faire comprendre en quoi vous êtes différents. » Elle se rend compte que ses collègues ne savent pas expliquer leur environnement, pourquoi ils ont besoin de faire les choses de cette façon. « Ils n'ont pas le même cadre de référence, ils n'ont que des références chinoises et ils n'ont aucune envie d'aller vers l'autre. C'est aux autres de venir vers eux. »

Son hybridité culturelle de Singapourienne chinoise l'a beaucoup aidée à jouer le rôle de pont qu'elle affectionne : « Mes collègues chinois continentaux se sentent à l'aise pour me parler parce que je les comprends beaucoup mieux que les Occidentaux. Mais c'est plus difficile pour eux de supporter que je ne sois pas toujours d'accord avec eux. Le fait d'avoir travaillé dans plusieurs pays me permet de comparer et de mieux me faire comprendre. C'est souvent plus qu'une question de culture. C'est probablement ma force. Même dans un contexte local, je peux faire le pont entre deux fonctions. J'ai la capacité de comprendre comment les choses marchent et d'obtenir des autres qu'ils collaborent et s'entendent bien. Je peux faire en sorte que les deux côtés se comprennent mais c'est épuisant. »

Selon Wang, le fossé culturel qui existe entre les Chinois de Chine populaire et les autres nationalités concerne l'ensemble des étrangers, des Indiens aux Africains. Seuls ceux qui sont de culture chinoise leur sont plus proches : « Quand j'ai remplacé un chef de projet démissionnaire, chinois du continent, par une Chinoise malaisienne, immédiatement il y a eu un soupir de soulagement. C'était quelqu'un avec qui ils pouvaient communiquer clairement. » S'agit-il d'un fossé linguistique ou culturel ?

« Difficile à dire. D'un côté, c'est un problème de compétence et de communication ; de l'autre, c'est aussi un état d'esprit nationaliste, avoir un Chinois et prouver qu'il peut le faire. »

Ambiguïtés entre Chinois

Le bon niveau en mandarin de Wang l'a certainement aidée à créer la confiance mais son visage asiatique n'est pas une panacée : « En Chine, ils ne comprennent pas et n'apprécient guère les gens ethniquement chinois qui n'ont pas grandi en Chine ou peut-être à Taïwan ou Hong Kong. J'ai grandi à Singapour qui est une société hybride. J'ai l'air ethniquement chinoise mais culturellement – et dans mon esprit –, je ne partage pas vraiment les mêmes valeurs, les mêmes façons de penser. Ils s'attendent à ce que je les soutienne davantage que je ne le fais. »

L'ambiguïté des relations entre les Chinois continentaux et leur diaspora, que note Wang, a été étudiée de près par Chan Kwok-bun, psychosociologue hongkongais qui a longtemps vécu au Canada et à Singapour. Le chercheur, éminent spécialiste de l'hybridité culturelle, basé à Hong Kong, a mis en évidence les difficultés relationnelles des Singapouriens chinois avec les Chinois continentaux [12]. « En dépit du fait que la Chine et Singapour partagent les mêmes racines culturelles, les différences entre modes de vie, éthiques et façons de faire sont bien plus importantes que ne le supposent beaucoup d'Européens et de Nord-Américains. Les racines et les origines ethniques communes sont une illusion. » Il note que, parmi les Singapouriens interviewés, la langue n'est pas le réel obstacle. « Ce qui compte c'est l'énorme fossé entre Singapouriens et Chinois, en termes de manières de penser, d'approches des problèmes et des solutions. » Aux yeux des Chinois continentaux, les Singapouriens chinois sont à la fois comme eux et différents d'eux. C'est là que se situe l'attraction réelle.

---

12. Étude réalisée à partir d'interviews d'hommes d'affaires singapouriens d'origine chinoise, qui ont investi en Chine, et publiée dans CHAN KWOK-BUN, *Hybridity : Promises and Limits*, Sitter Publications, 2011.

Les Coréens aussi

Les multinationales occidentales ne sont pas les seules à affronter le marché chinois. Les compagnies asiatiques, qu'elles soient japonaises, coréennes ou taïwanaises, sont très présentes en Chine. Ainsi les Coréens, deuxièmes investisseurs après les États-Unis en Chine en 2013, sont-ils arrivés en masse au début des années 1990.

D'abord venus profiter des coûts de fabrication bon marché, leur présence s'est accélérée avec la reconnaissance des relations diplomatiques entre la Corée du Sud et la Chine en 1992 et leur stratégie a évolué. Alors que les affaires devenaient de plus en plus difficiles pour les myriades de petits entrepreneurs venus tenter leur chance en voisins, les multinationales se sont engouffrées sur ce marché prometteur et ont visé peu à peu les classes aisées chinoises en bâtissant des marques renommées et sophistiquées. C'est le cas de Samsung, présent en Chine depuis le début des années 1990. Aujourd'hui, LG a six filiales qui font tourner trente-quatre compagnies locales et emploient soixante-cinq mille personnes. SK, troisième plus grand *chaebol*[13] coréen, présent en Chine depuis vingt-deux ans, y a de multiples activités, dont celles de trading.

C'est dans ce secteur que travaille Jo Sung Bum, 36 ans, dix ans de maison, diplômé de la Korea University, une des trois plus grandes universités coréennes qui appartiennent au cercle magique des SKY[14]. Un visage tout rond, un corps trapu et un sourire timide, vêtu d'un tee-shirt décontracté qui proclame *loveforever*, il est assis dans la cafétéria plutôt cossue du bâtiment des cantines de l'université des langues étrangères de Pékin (Beiwai). C'est là que se nourrissent les milliers d'étudiants de toute provenance et de toute génération qui viennent en masse se perfectionner en langue chinoise, le sésame des opportunités d'emplois.

Autour d'un coca light, il raconte en anglais et en chinois, avec parfois des glissements vers le japonais, pourquoi il est venu étudier à Pékin : « J'ai appris l'anglais et le japonais mais mon entreprise m'a demandé d'améliorer mon chinois parce que, en tant que trader, je dois souvent

13. Grand groupe coréen.
14. Les trois plus grandes universités coréennes sont celles de Séoul, Korea et Yonsei.

aider des collègues sur le marché chinois. Je vais rester deux mois à Pékin puis je partirai à Canton dans une de nos usines. Ensuite, je rentrerai en Corée jusqu'à ce que mon entreprise SK décide de me renvoyer – ou non – en Chine », explique-t-il.

Deux tiers du vocabulaire en commun

A-t-il envie de travailler en Chine ? « Bien sûr ! J'aime la culture et l'histoire chinoises. Nous partageons le même arrière-plan culturel. Nous utilisons les mêmes caractères chinois. Deux tiers de notre vocabulaire est commun. Quand j'étudie le chinois, je connais déjà plein de mots. »

Jo explique que depuis qu'il est arrivé en Chine, on l'a souvent pris pour un Chinois. « Les Chinois appellent les étrangers *laowai* mais cela n'inclut ni les Coréens ni les Japonais. Le terme *laowai* est réservé aux Caucasiens. » Le problème, c'est que, spontanément, les Coréens s'attendent à ce que les Chinois travaillent de la même façon qu'eux. Or il n'est pas sûr que Chinois et Coréens soient si proches : « Nous n'avons pas le même équilibre entre travail et vie privée. Les Coréens sont prêts à faire beaucoup d'heures supplémentaires. Pas les Chinois, à moins que vous ne les payiez grassement et que vous les préveniez deux ou trois jours avant. Ils n'ont pas le sens de l'urgence. Quand sonne la fin de la journée de travail, ils partent sans consulter leur chef. Ils pensent que c'est leur droit. »

Autre différence, selon lui, les Chinois ne reconnaissent pas aussi volontiers leurs erreurs que les Coréens, ce qui handicape l'établissement de relations de confiance. Tout cela choque un peu Jo qui dit qu'il vaut mieux s'adapter pour prévenir les conflits, « mais quand les Chinois viennent en Corée, ils doivent suivre nos usages ».

Plafond de bambous pour Chinois

Jo note aussi leur façon différente de traiter les réseaux. « En Corée, si on rencontre quelqu'un, on vérifie son âge, son université, son nom de famille, son village d'origine. C'est important parce qu'on connaît ainsi son ancêtre. La Corée est une petite société comparée à la Chine et au Japon. Dès que quelqu'un vient du même endroit, on appartient au même cercle et on se retrouve pour boire ensemble. »

Jo ira dans l'usine SK de Canton, dans le Sud de la Chine où il n'y a que trois Coréens, tous cadres. « Tout le top management de SK est coréen. Les Chinois peuvent être directeurs généraux en Chine mais un Chinois à haut potentiel, familier de la culture coréenne, sent ce plafond, déprime et finit par démissionner. » Selon son point de vue – coréen – Jo trouve que les Chinois changent souvent d'entreprise.

Pour lutter contre cette démotivation, SK a initié en 2012 une nouvelle politique de ressources humaines : embaucher des Chinois diplômés des meilleures universités coréennes aux mêmes conditions financières que les Coréens, soit trois fois plus qu'un Chinois embauché en Chine. « Pour des employés qui viennent de pays émergents, comme la Chine, le Vietnam ou l'Inde, c'est une mesure excellente. Ils parlent parfaitement les langues locales et seront loyaux vis-à-vis de notre compagnie. »

Politique d'encouragement aux retours

Dans ce mouvement pendulaire entre Chine et reste du monde, le retour des Chinois du continent a pris un tournant décisif au milieu des années 1990, après le discours de Deng Xiaoping au printemps 1992[15], à l'occasion de sa tournée dans le Sud de la Chine. Ces discours sont accompagnés de mesures concrètes, comme la construction d'incubateurs spécialement conçus à l'intention des élites scientifiques académiques d'origine chinoise qui reviennent au pays, afin de les inciter à enseigner et créer leurs propres entreprises, essentiellement dans le domaine des hautes technologies.

Des municipalités comme Shanghai et Shenzhen s'arrachent ces cerveaux exceptionnels bien formés et bien connectés, capables de faire

---

15. Lors du fameux « voyage dans le Sud » au printemps 1992, à l'âge de 88 ans, Deng Xiaoping surprend les médias en Chine et dans le monde avec ses visites des villes de Canton, Shenzhen et Zhuhai, outre Shanghai, où il prononce des discours annonçant la poursuite et l'approfondissement des réformes qui se traduisent par une accélération sans précédent de la croissance économique et des investissements étrangers en Chine pendant les années 1990.

l'intermédiaire entre la Chine et le monde extérieur. Des milliers de zones high-tech, parsemées sur tout le territoire, jouent un rôle essentiel pour aider les *returnees*, mal familiarisés avec le système chinois, à s'implanter et prospérer.

Cette politique d'encouragement aux retours s'est accompagnée d'une volonté délibérée du gouvernement de pousser les entreprises locales à partir à l'assaut de l'économie mondiale. C'est la politique du « sortir des frontières »[16], initiée dès le milieu des années 1990. L'État chinois fait encore une fois appel aux hybrides culturels connectés – au plus haut niveau pour certains – pour aider les entreprises chinoises à se familiariser avec les entrées en bourse, les fusions et acquisitions, le capital-risque et pour légitimer, aux yeux des étrangers, les entreprises chinoises les plus innovantes

Le passage en 1999 d'une loi qui formalise le statut des entreprises privées contribue à rassurer ces élites chinoises d'outre-mer qui investissent dans les hautes technologies. La préparation de la Chine à son entrée à l'OMC en novembre 2001 attire aussi des hommes de loi originaires de Chine continentale qui ont fait leurs armes dans le monde occidental et qui ont, pour certains, un passeport étranger.

La volonté de contribuer

Yan Lan, aujourd'hui à la tête à Pékin de la banque Lazard, une banque d'affaires franco-américaine, est revenue en Chine en 1998, après avoir fait des études de droit à Harvard et être entrée chez Gide, un cabinet juridique européen, en 1994. Descendante d'une grande famille influente, elle est revenue pour, dit-elle, contribuer à renouer des liens entre l'Europe et la Chine. Elle fait partie de la génération 1977, la première à être partie après l'ouverture : « Nous avons eu beaucoup de chance. Nous avons bénéficié de bourses. Nous nous sentons investis d'une mission. » Depuis quinze ans, parmi eux, ceux qui sont rentrés ont pris des fonctions importantes. Quelques-uns ont même créé un club qui cherche à construire, au quotidien, le *soft power* chinois, le

---

16. 走出去 (zou chu qu)

Club 2005. Il réunit une centaine de personnes, des élites qui travaillent essentiellement dans le secteur privé, les hautes technologies, les banques d'investissement et les médias.

Dans ses fonctions, Yan est souvent appelée à participer à des séminaires internationaux de haut vol. En 2011, elle a ainsi expliqué à Mario Draghi, président de la Banque centrale européenne, la politique chinoise sur le yuan, en transmettant un message que lui avait confié le gouverneur de la Banque de Chine. « Pour réévaluer sa devise, la Chine préfère la médecine chinoise à la médecine occidentale qui provoque un électrochoc. » Est-ce bien le rôle d'une cadre dirigeante d'une grande banque privée franco-américaine de transmettre un message d'un dignitaire chinois à un dignitaire européen ? Oui, estime Yan pour qui faire comprendre, expliciter les intentions et les contextes, est absolument nécessaire.

Une de ses missions est d'aider les entreprises qui veulent investir, de faire le pont entre la Chine et le reste du monde : « Aujourd'hui, des sociétés chinoises veulent investir à l'étranger. Elles rencontrent des obstacles venant des opinions publiques, des organisations gouvernementales. Leur communication est souvent mal gérée. J'essaie toujours de faire comprendre à nos clients chinois les règles du jeu quand ils partent à l'étranger : communication, transparence, respect des règlements et de la loi sur l'environnement du travail. Dans les négociations, mon rôle, en tant que Chinoise, est de faciliter la compréhension mutuelle pour constituer une relation solide. »

Le *coming out* financier chinois

Le tournant du millénaire marque l'irruption des compagnies chinoises dans le monde de la finance mondiale. Ce mouvement va s'accélérer avec l'acquisition par le capital chinois de pans importants de l'économie mondiale, des vignobles bordelais aux mines d'or australiennes. Durant la décennie 1998-2008, les hybrides culturels vont jouer un rôle absolument clé dans cette émergence foudroyante.

Tout commence avec les premières entrées de compagnies chinoises au Nasdaq, le second marché d'actions américain, puis dans les grandes Bourses mondiales. Nasdaq installe des bureaux en Chine en 2007 et son directeur en Chine, Xu Guangxun[17], explique clairement que la plupart des patrons des compagnies chinoises cotées, le plus souvent dans l'internet, ont eu une longue expérience de l'étranger.

C'est le cas de Liang Jianzhang et Shen Nanpeng, deux anciens de Wall Street, qui ont créé en 1999 la société Ctrip, un site de voyages en ligne qui est entré trois ans plus tard avec succès au Nasdaq. C'est aussi celui de Deng Zhonghan, qui se fait appeler Dr John Zhonghan Deng et qui a fait son doctorat à Berkeley. Fondateur en 1999 de Vimicro Corp., une entreprise de design de semi-conducteurs, il parvient en novembre 2005, après quatre-vingt-dix-huit *road shows*[18], à faire rentrer sa société au Nasdaq, faisant de Vimicro la première entreprise chinoise au cœur de métier technologique à y entrer. Et en 2010, il reçoit le prix de l'Académie d'ingénierie de Chine, la plus haute récompense universitaire dans le domaine des sciences et de l'ingénierie.

Entre-temps, le gouvernement chinois qui a reconnu l'importance du capital-risque, a commencé à rédiger des lois et des règlements pour soutenir la création de compagnies locales. Celles-ci, pour exister, ont absolument besoin des réseaux que les hybrides culturels d'origine chinoise et de haut niveau ont créés dans les pays où ils ont étudié et entamé leur carrière. De retour en Chine, au sein de banques d'investissement occidentales ou en tant qu'entrepreneurs, ces hybrides aident les startups chinoises ou certaines sociétés d'État à faire leur entrée en bourse. Ainsi en février 2001, Liu Erfei, premier président chinois de la branche d'une banque d'investissement américaine, Merrill Lynch Chine, permet à China National Offshore Oil Corporation (CNOOC), un des fleurons des entreprises d'État chinoises, d'être finalement cotée sur les Bourses de New York et de Hong Kong et de pouvoir lever 2,7 milliards de dollars.

Au-delà du monde de la finance, ces hybrides culturels jouent aussi un rôle essentiel pour faciliter des accords entre la Chine et le reste du monde, tant sur le plan officiel pour la signature du traité pour l'obtention de la clause de la nation la plus favorisée avec les États-Unis en décembre 2001 que sur le plan privé pour la réussite de fusions et acquisitions. Le rachat

---

17. Cité dans Huiyao Wang, David Zweig, Xiaohua Lin, « Returnee Entrepreneurs : Impact on China's Globalization Process », *Journal of Contemporary China*, vol. 20, n° 70, juin 2011, p. 413-431.

18. Tours de piste pour présenter sa compagnie aux investisseurs.

pionnier en 2005 d'IBM-PC par Lenovo a été grandement facilité par l'amitié personnelle entre les deux Liu : Liu Erfei, président de Merrill Lynch Chine, et Liu Chuanzhi, CEO de Lenovo.

La chasse aux talents est ouverte

Durant cette étape clé du miracle économique chinois, qui court de la fin des années 1990 au tournant 2008-2010, les hybrides culturels ont donc joué un rôle unique d'accélérateurs. Les Jeux olympiques à Pékin, la crise financière et économique mondiale, et l'Exposition universelle de Shanghai, en faisant prendre conscience au monde d'un changement des rapports de forces entre la Chine et le reste du monde, vont modifier les règles du jeu.

La montée en puissance des compagnies chinoises, publiques ou privées, assèche le marché des talents pour les multinationales étrangères en Chine, qui doivent redoubler d'efforts pour attirer, faire grandir et fidéliser ces talents capables d'interagir dans un monde globalisé.

François Bouyer, fondateur de BeThe1, une société de recrutement international sur le net, active en Asie et spécialisée dans les secteurs du luxe, évoque la pénurie de main-d'œuvre flagrante dans son domaine. La chasse aux talents est ouverte et les Chinois continentaux formés dans les multinationales étrangères sont le cœur de cible.

Bouyer effectue chaque année une centaine de missions de recrutement pour des postes de cadres en Asie et notamment en Chine. « Nous ne recrutons que des profils d'hybrides culturels parce qu'il faut des gens capables de véhiculer de la façon la plus "pure" possible le message d'origine du siège, tout en faisant le pont entre la logique de création et celle des clients asiatiques », explique-t-il.

Le challenge est d'autant plus grand qu'il est difficile d'intégrer des Chinois venus d'ailleurs dans des équipes de Chinois continentaux. « Ils sont souvent considérés comme des traîtres et des arrogants. »

Ce secteur a connu une croissance ultra rapide, même si celle-ci est aujourd'hui freinée par la lutte anticorruption du président Xi Jinping. « Il y a une dizaine d'années, il n'y avait pas d'industries du luxe en Chine. Aujourd'hui, le secteur emploie des centaines de milliers de gens et les entreprises ont besoin de cadres de bon niveau. » Elles recherchent toutes le même oiseau rare : un Chinois de Chine populaire, avec plus de dix ans d'expérience dans une entreprise étrangère, éduqué en Chine. « Or comme il y a dix ans, il n'y avait pas de luxe en Chine, le goulot d'étranglement est incontournable. »

Non seulement les Chinois « internationalisés » ne sont pas assez nombreux mais Bouyer s'interroge sur la profondeur de leur hybridation et regrette que les entreprises ne pensent pas à embaucher des Caucasiens qui parlent bien chinois. « Les sociétés préfèrent systématiquement des locaux. Comme il n'y a pas assez de candidats chinois continentaux qui ont travaillé pour des entreprises étrangères, la bagarre est absolument incroyable. » Les candidats se voient proposer quinze jobs à la fois et font monter les enchères en demandant 25 % d'augmentation à chaque changement. « Non seulement, ce sont des gens très difficiles à avoir et à garder, mais ils ne sont pas bons parce que leur formation en Chine ne les a pas poussés à être concrets, pragmatiques et analytiques. Dans les entreprises étrangères, ils ont souvent été dirigés, au jour le jour, par des Chinois. »

Bouyer observe que, sur le terrain, les entreprises sont soumises à une telle pression qu'elles ne raisonnent plus sur le mode qualitatif mais sur le mode quantitatif et se demandent seulement comment faire pour répondre à la demande en temps et en heure.

Il aimerait pouvoir proposer davantage de candidats occidentaux mais peu d'entre eux plongent vraiment dans la Chine, parlent chinois et savent établir des relations de confiance. Il se replie donc sur un vivier chinois de cinq cents Clubs Chine d'universités du monde entier, qui regroupent environ trois cent mille personnes.

La globalisation des locaux

Cette localisation des talents peut réussir, si elle est préparée avec soin et de longue date. C'est le cas pour le laboratoire R&D de la firme Agilent-CCO[19], qui a sinisé sa direction en 2013 en promouvant à sa tête

---

19. *Agilent Open Lab & Solution Center and the Life Sciences & Chemical Analysis Center of Excellence.*

un Chinois continental : David Wei. Un long chemin parcouru depuis l'installation en Chine en 1981 de la compagnie Agilent Technologies. Cette entreprise spécialisée dans les appareils de mesure, issue de Hewlett Packard, est née au cœur de la Silicon Valley. À l'époque, venir s'implanter dans la lointaine Chine encore sous-développée était une première pour une compagnie de hautes technologies étrangère.

Son « campus » est aujourd'hui logé dans la zone high-tech de Wangjing, au nord-est de Pékin, qui regroupe de nombreux grands noms de l'électronique mondiale. Il a été aménagé en 2007 et les laboratoires R&D d'Agilent en Chine, qui avaient ouvert en 2003, sont venus s'y installer à l'intérieur d'un élégant bâtiment en L de douze étages, à l'architecture industrielle contemporaine et colorée. Conçu sous la houlette attentive de l'ancienne directrice générale Chine, Gail Heck-Sweeney, l'aménagement intérieur a été particulièrement soigné pour offrir un lieu de convivialité en même temps que de travail. De grands escaliers de verre conduisent à un coin de repos au pied d'une chute d'eau murale et, dans le hall d'entrée, le visiteur est accueilli par un petit musée d'appareils de mesure de HP.

Autour de la fontaine

La soixantaine menue, cheveux courts auburn et visage souriant, Heck-Sweeney raconte qu'elle vient s'asseoir une fois par semaine au pied de la fontaine pour se mettre à la disposition de tous. Titulaire d'un PhD et d'un MBA[20], ayant roulé sa bosse de Palo Alto à Hong Kong en passant par la Hollande et l'Écosse, elle a atterri en Chine en 2004. Cette mère de famille a dirigé la montée en puissance des laboratoires Agilent en Chine, qui sont passés durant son mandat de trente-sept à trois cents personnes. Elle dégage une autorité tranquille.

Une de ses grandes fiertés est d'avoir pu remettre les clés des laboratoires à un Chinois, David Wei, de son nom chinois Wei Xiangdong, entré chez Agilent en 1994, quand elle est partie prendre d'autres fonctions en Espagne. Ce passage de relais s'est fait progressivement grâce à une stratégie patiente pour globaliser les équipes en Chine avec beaucoup

---

20 Doctorat et Master in Business administration

d'embauches et de formation. « Au départ, il n'y avait pas de modèles sur place. Chacun était nouveau et assez passif, ne comprenant pas bien ce qu'on attendait de lui. J'ai passé beaucoup de temps avec chacun d'entre eux. Maintenant nous avons des équipes plus expérimentées, une organisation plus importante, des pairs, des cadres qui comprennent mieux ce qu'on attend d'eux. Nous avons plus de *role models* sur le site et les choses vont plus vite. »

Heck-Sweeney note que, dans un laboratoire de R&D comme Agilent-CCO, les capacités techniques restent la priorité numéro un au moment de l'embauche mais ne suffisent pas. Le défi est de rendre les gens plus proactifs, plus battants, capables de bien communiquer, doués d'un bon esprit d'équipe et d'une attitude gagnant-gagnant, qui ne cherche pas à écraser l'adversaire. « Chez Agilent, nous voulons des cadres locaux qui agissent sur un marché global. Pas question d'avoir des employés qui privilégient la Chine ou les États-Unis. Pour cela, j'ai envoyé, pour la première fois chez Agilent, des Chinois continentaux travailler aux États-Unis. »

Après huit ans d'efforts, Heck-Sweeney observe que sa stratégie a porté ses fruits. Quelques cadres chinois continentaux – pas tous – ont une perspective globale et un style de management hybride. « Ce ne sont pas des chefs chinois typiques ; ils apprécient le style de management occidental – management par objectifs, environnement ouvert favorisant l'innovation –, mais ils sont mis au défi socialement et politiquement et me disent souvent : "Gail, tu peux dire cela parce que tu as les yeux bleus, mais moi je ne peux pas parce que je suis chinois." » Elle souligne toutefois qu'elle aussi a dû faire des concessions : « J'ai plus changé qu'eux. Ils sont de plus en plus nombreux et la Chine me changera avant que je ne change la Chine mais je reste ferme sur les principes et les valeurs, même si je n'ai pas pu atteindre les standards de professionnalisme que j'aurais eus aux États-Unis. »

Revenir aux fondamentaux

Elle a dû apprendre la patience, réviser ses attentes à la baisse et passer beaucoup de temps à former ses équipes, en revenant aux fondamentaux. « Ici, un diplômé d'université n'est pas plus mûr émotionnellement qu'un jeune de 13 ans aux États-Unis : il n'a jamais travaillé, n'a pas appris les manières de table ou de toilettes. Je passe beaucoup de temps à leur expliquer pourquoi il faut arriver à l'heure aux réunions ou répondre aux demandes de rendez-vous sur Outlook. »

Un des problèmes de Heck-Sweeney a été d'obtenir de ses employés qu'ils s'expriment en cas de désaccord : « Ils n'aiment pas les conflits et ne comprennent pas le système gagnant-gagnant. Ils viennent d'un système éducatif basé sur la compétition. Ils ont appris à ne pas poser de questions, ce qui explique leur passivité, leur manque de sens de responsabilité et de respect des règles. Ils se couvrent les uns les autres et préfèrent mentir que d'être responsables. »

Elle accepte volontiers d'être considérée comme un général sur le front de la globalisation : « Les valeurs fondatrices viennent de la compagnie et je me suis rendue disponible. J'ai essayé de jouer les modèles. J'ai même fait exprès de faire des erreurs pour pouvoir m'excuser devant tout le monde et montrer qu'on a le droit de se tromper dans un laboratoire de R&D. »

Le passage de relais

Finalement en 2013, Wei a pris le relais[21] alors que cette branche mondiale d'Agilent prenait un nouveau nom : Keysight. La quarantaine avancée, ronde et urbaine, il fait partie d'une génération de Chinois bien formés, qui a subi de plein fouet les événements de la place Tian'anmen en 1989. Né dans le Shanxi en 1966, il a un diplôme d'ingénierie électrique d'un institut gouvernemental puis a obtenu un doctorat avec l'ambition de partir aux États-Unis, projet auquel il a dû renoncer après son mariage. Il a complété sa formation par un MBA à BIMBA – le Beijing International MBA de l'université de Pékin – en 2011. « J'ai rejoint HP en 1994. À l'époque, peu de Chinois continentaux rentraient dans des multinationales. J'ai fait ce choix parce que l'ingénierie électrique manquait de fonds en Chine. Je ne pouvais pas partir aux États-Unis mais je voulais quand même changer quelque chose. »

---

21. Nous les avons interviewés avant la passation de pouvoir.

À l'époque où Wei rejoint Agilent, la plupart des expatriés occidentaux sont repartis après 1989 et la direction est assurée par des Singapouriens et des Taïwanais. « J'ai beaucoup appris. C'était la première fois que j'avais une ligne directe avec les États-Unis sur mon bureau et une machine à café dans le couloir. Cela m'impressionnait. »

Wei s'entend bien avec les Taïwanais, qui lui font penser à des Chinois d'avant la Révolution culturelle, et trouve les Singapouriens plus proches de la culture occidentale. « Les cadres singapouriens sont très disciplinés et suivent attentivement les procédures alors que les cadres chinois sont plus pratiques, orientés vers les résultats et n'hésitent pas à forcer les choses en faisant très attention aux relations. » Lui-même se situe « au milieu ». « J'ai une sensibilité aux cultures. Je change facilement de registre. Avec mes clients chinois, je valorise la relation, je suis respectueux de la hiérarchie, je prends le temps de comprendre le contexte, souvent plus important que la décision elle-même. Je fais confiance à mon intuition. Avec mon patron et mes collègues américains, je dois être très direct et communiquer clairement en utilisant des données, des faits, des analyses pour prendre une décision. »

Au cours de ses dix-huit années d'expérience à Agilent, Wei a perfectionné cette capacité à naviguer entre différents registres : « J'ai bénéficié des éclairages de mes chefs et de mes collègues. Gail m'a beaucoup coaché. Un de mes chefs, un Américain retourné au Colorado, n'hésitait pas à me signaler les erreurs qui auraient pu conduire à des problèmes culturels. Il corrigeait mon anglais et mes présentations. À BIMBA, j'ai expérimenté une autre forme d'éducation, élargi mes connaissances et appris à rédiger soigneusement des plans, en testant mes hypothèses une par une. J'ai aussi profité des interactions avec mes condisciples, pour la plupart des Chinois travaillant pour des multinationales. »

Pourquoi te suivent-ils ?

Wei souligne les différences qu'il perçoit entre les multinationales et les compagnies locales : « Mon beau-frère, cadre dans une compagnie chinoise, me dit souvent : "Mon frère, comment diriges-tu tous ces gens qui sont sous tes ordres ? Ce ne sont pas des gens à toi. Pourquoi te suivent-ils ?" » Il explique que dans la culture chinoise, les ordres viennent toujours d'en haut. « Quand tu prends un poste, tu emmènes des gens avec toi. Certains sont tes frères, d'autres sont tes gens. Tu dois monter une équipe qui te soit loyale. » Un autre souci est celui de l'éthique. « Un de mes amis chinois m'a demandé un jour comment dans une multinationale, je parvenais à rester propre et faire quand même des affaires. »

Cette question pèse lourd sur les épaules des hybrides culturels. Capables de décoder les cultures, ils sont conscients des dilemmes et savent que leur entourage attend d'eux qu'ils les résolvent. « Ils ne comprennent pas qu'en fait, c'est précisément pour pouvoir travailler dans un environnement avec des standards éthiques que j'ai choisi HP », explique Wei. Mais la nécessité de devoir constamment changer de registre n'est pas toujours facile à vivre : « J'ai encore besoin de temps pour me mettre au diapason. Mais je comprends ce qu'il faut faire et je sais comment le faire. » Il reconnaît qu'il travaillerait volontiers dans un milieu complètement globalisé avec des standards éthiques élevés.

Jeune, chinois du continent et global

Aux côtés de Wei, la politique de globalisation lancée par Heck-Sweeney a permis aussi de former quelques jeunes cadres très « mondialisés ». Cao Peng, 34 ans, à la fois modeste et sûr de lui, est représentatif d'une certaine jeune élite chinoise du continent. Il arrive de Californie où il vient de passer quelques mois de formation et s'exprime en anglais avec aisance, dans un style tranquillement extraverti. En douze ans, il est devenu le premier dirigeant venu d'Asie de l'Est d'une entité opérationnelle globale dans le groupe. Son itinéraire est emblématique, même s'il n'a pas pu faire d'études à l'étranger pour des raisons de coïncidence politique. En 1999, au moment où il devait partir, l'ambassade de Chine à Belgrade a été bombardée par l'Otan[22] et il n'a pas pu quitter le pays. Son choix décisif a été d'entrer dans une multinationale américaine dès sa sortie d'université. « Je voulais travailler avec des gens rapides, brillants et efficaces. » Pour cela, il décline une proposition de formation conduisant

---

22. La polémique porte sur l'intentionnalité du bombardement.

à un travail de haut fonctionnaire. « Je voulais apprendre le plus possible, ne pas rester au service de l'État. Je ne m'y sens pas à l'aise. Je trouve le système peu efficace, basé sur des procédures que tout le monde suit et qui remontent à plusieurs années. Je tiens à préciser que je ne suis pas membre du Parti. »

Cao découvre l'étranger, monte pour la première fois dans un avion grâce à son travail. La place des Asiatiques dans la Silicon Valley lui donne confiance en lui. Il prend plaisir à rencontrer des gens de différentes régions et ne se contente pas de travailler pour l'argent. En douze ans, il a appris à intégrer les valeurs globales d'Agilent et s'est familiarisé avec différentes cultures, ce qui lui permet aujourd'hui de diriger en finesse des équipes mondiales.

Se régler comme une radio

« J'ai au moins trois faces : une face chinoise, une face américaine et une face mixte, explique-t-il. Les Coréens, même si leur culture vient d'Asie de l'Est, sont occidentalisés dans leurs habitudes de travail. Quand je travaille avec eux, je dois être comme eux : je ne mens pas ; je fais progresser les choses. » Peng dit se régler lui-même « comme une radio ». « J'émets un signal et je fais très attention au signal que je reçois. Les clients japonais, par exemple, détestent le silence. Si je suis trop tranquille, ils vont se sentir mal à l'aise. En Chine, je vais faire attention à ne pas pousser trop fort les gens à prendre la parole en public car cela les rend nerveux. Ils ont peur de perdre ou de faire perdre la face. Je sais qu'après la conférence, ils vont revenir vers les Américains, ce qui frustre ceux-ci qui se moquent de perdre ou de faire perdre la face mais sacralisent l'efficacité. »

Intelligent, visiblement bien dans sa peau, Peng s'interroge naturellement sur ses choix et sur l'histoire de son pays. Il n'hésite pas à se cultiver au-delà de son domaine de compétence. Il pose ouvertement des questions politiques. Cette authenticité lui a permis de gérer habilement les contradictions qui pourraient exister entre patriotisme et travail à un haut niveau pour une compagnie globalisée d'origine américaine.

Le fait d'être marié avec une employée d'Agilent l'a certainement aidé, reconnaît-il. En Chine, le *guanxi* (réseau relationnel) domine les pratiques du monde des affaires, ce qui pose parfois des problèmes de loyauté et d'allégeance dans les multinationales. Cao en est bien conscient. « Certains collègues me reprochent de ne pas fonctionner comme un Chinois parce que je respecte plus les règles que les "relations". Mais je préfère m'en tenir à mes convictions, qui rejoignent celles de l'entreprise. Je ne suis pas là pour changer souvent de compagnie. Je planifie ma carrière à long terme et je suis soucieux de ma réputation sur le marché et dans l'industrie. En Chine, aujourd'hui, trop de gens veulent faire de l'argent facile et rapide en empruntant des raccourcis, sans faire preuve d'intégrité et sans se soucier des autres. Et c'est loin d'être fini. »

Bibendum au pays des soviets

Retour dans le Dong Bei, à cinq heures de train de Pékin dans la direction du nord-est, en janvier. Le thermomètre reste solidement bloqué sous zéro, une neige fine brouille la vue et les pas crissent sur le sol boueux gelé qui mène aux baraques de chantier qui font office de bureaux à l'extérieur d'une enceinte sécurisée, où les grues sont encore à l'œuvre. Michelin est en train de construire une de ses plus grandes usines au monde pour un budget de 1,5 milliard de dollars.

L'histoire de Michelin avec la Chine remonte à 1996 quand l'entreprise de Clermont-Ferrand, au centre de la France, se lance dans une première joint-venture, à Shenyang justement, avec une entreprise d'État chinoise fabriquant des pneumatiques – Shenyang Tire General Factory[23]. Le gouvernement chinois cherche à revitaliser ce bassin industriel qui fut, un temps, un des bastions de l'industrie lourde chinoise mais a été mis à mal par la restructuration des entreprises d'État, engagée à travers le pays dans les années 1990, qui a coûté neuf millions d'emplois.

En 1996, Hu Gang avait 33 ans. Originaire de Shenyang, il travaillait comme technicien depuis dix ans dans l'entreprise d'État, quand celle-ci

---

23. 沈阳轮胎总厂 (shen yang lun tai zong chang), « Usine générale de pneus de Shenyang ».

se lance dans la joint-venture avec Michelin. Il endosse alors les vêtements de travail bleu roi avec des bordures jaunes et l'inévitable bibendum sur la poitrine, et reçoit le badge n° 3 parmi les toutes nouvelles recrues de la joint-venture. À l'orée de la cinquantaine, il porte les cheveux courts en brosse sur un visage très ouvert et raconte volontiers les quatre mois de cours d'anglais, l'arrivée des experts français et d'autres nationalités dont certains, se souvient-il, parlaient eux-mêmes très mal l'anglais. « Il a fallu nous adapter et j'étais très nerveux. J'ai beaucoup sollicité une dame chinoise qui parlait l'anglais, qui m'a encouragé : "Il vous faut essayer, n'ayez pas peur." » Superviseur en maintenance au département de la cuisson des pneus, il travaille avec un Français. En face des machines, ils apprennent à se comprendre. « Après avoir travaillé avec lui un certain temps, je me suis senti mieux mais, quand je rentrais chez moi, je revenais sur les mots techniques, les instructions en anglais. Progressivement, nous sommes devenus de bons amis. Aujourd'hui, il est à la retraite mais il revient nous voir tous les ans en Chine. »

Un Texan en Chine

Cinq ans plus tard, en 2001, Michelin se lance à Shanghai dans une seconde joint-venture, plus ambitieuse. Gary Scheide, un Texan de 52 ans, vingt-deux ans chez Michelin, en prend la tête, en 2004. Menu et ascétique, ce travailleur acharné, célibataire, se définit lui-même comme un *military man* en raison d'un début de carrière pour l'américain General Dynamics qui fabrique des F-16. « Les opérations ont commencé à Shanghai, de façon plutôt rude. À cette époque, nous avions une JV avec une compagnie chinoise Warrior. Les employés n'étaient pas réellement adaptés à nos exigences en matière de production : fabriquer des pneus avec la qualité Michelin. Le marché était dépressif à cause de mesures gouvernementales de ralentissement économique qui touchaient l'automobile. Nous avons dû réduire la main-d'œuvre, ce qui a été mal perçu et a généré des problèmes. Puis nous avons modifié les équipements, formé les gens et la "michelinisation" de l'usine a commencé. Elle se poursuit toujours. » En 2008, Scheide quitte Shanghai pour Shenyang 1. L'usine qu'il dirige s'est progressivement vidée au profit de Shenyang 2.

L'autre et l'ailleurs, ça existe vraiment

« La mayonnaise prend, les forces respectives des deux parties d'analphabètes culturels se mettent ensemble, les gens se parlent et constituent l'identité de Michelin-Shenyang. Ce n'est pas gagné et j'y ai personnellement un intérêt professionnel et personnel », explique Benoit Heubert. Cet homme souriant, d'à peine 40 ans, légèrement corpulent, dégage une belle énergie. Il travaille beaucoup et dort peu. Jeune ingénieur, arrivé à Shenyang en 2003, il y a rencontré sa future épouse, une cadre locale de Michelin. Depuis, il a adopté le fils chinois de son épouse et il a eu un enfant avec elle. Il reconnaît que son ancrage local est apprécié par ses employés chinois.

Fils d'enseignants, il a d'abord découvert le monde par les livres et il a franchi le pas avec une première expatriation en Indonésie, suivi d'un premier séjour en Chine. Il réalise alors que « l'Autre et l'Ailleurs, ça existe vraiment et que tout est relatif ». Il passe de « Ah tiens, c'est joli ! » à « Ah tiens, ça peut exister de façon différente ! C'est encore plus vrai dans la vie privée. Quand on commence à s'engager dans une relation personnelle, on va dans le détail des choses, de l'histoire personnelle, du système de valeurs ».

Revenu à Shenyang pour prendre la tête de l'implantation et du lancement de la nouvelle usine, Heubert a été choisi pour ses compétences techniques mais aussi pour son profil et sa personnalité, qui lui permettent de gérer la complexité dans laquelle il doit opérer. Dans une hybridité culturelle qu'il définit lui-même comme « acquise », il puise sa capacité à naviguer entre des valeurs qui lui semblent contradictoires, à réconcilier des dilemmes et à motiver des équipes aux origines tellement diverses.

D'autres cadres dirigeants de Michelin Chine sont aussi chacun à leur manière, si ce n'est des hybrides culturels, en tout cas des personnes à l'aise dans la diversité culturelle. C'est le cas, par exemple, d'Yves Chapot, CEO de Michelin Chine de 2005 à 2012. Cet ingénieur au front dégarni, à l'allure sobre de cadre quinquagénaire français performant, est né dans une famille d'agriculteurs du Centre de la France. Peu doué pour les langues de son propre aveu, rien ne le destinait à diriger l'expansion fulgurante de Michelin en Chine mais la rencontre de son épouse espagnole trilingue, arrivée en France à l'âge de 12 ans, l'a poussé à rentrer dans un groupe international et à apprendre le hongrois en six mois.

L'exemplarité

Dans ses fonctions en Chine, il a pu mettre en action ses qualités professionnelles et humaines afin de pouvoir gérer la complexité de son environnement. « Je ne suis pas un caméléon mais je m'adapte assez vite et assez bien aux environnements auxquels je suis confronté. Je pense être plutôt empathique comme garçon et donc, même si je ne suis pas spécialement extraverti, j'établis un contact assez rapide avec les gens et j'aime ça. Cela m'aide beaucoup. Et puis il y a aussi l'exemplarité. Je ne me considère certes pas comme exemplaire mais je me suis aperçu que, dans mon poste, j'étais extrêmement observé et sans doute copié, dans mon comportement comme dans ma manière d'aborder certains sujets. »

Chapot est conscient du rôle de modèle qu'il peut jouer, en particulier pour son agilité culturelle, et souligne que les entreprises multinationales sont aussi le terreau dans lequel cette agilité peut se développer. « Dans une entreprise, on travaille sur des projets, des objectifs communs. Cela oblige les gens, qu'ils le veuillent ou non, à se comprendre et à coopérer. J'ai vécu en Europe centrale dans les années 1990, cinq ans seulement après la chute du mur de Berlin. Cinq ou six ans avant, je ne savais pas que je pourrais travailler un jour avec des Hongrois et des Polonais, et ils ne s'y attendaient pas non plus. Les entreprises jouent un rôle de ce point de vue-là. » Ce que Chapot a découvert en Hongrie, nombreux sont ceux, Chinois et non-Chinois, qui le découvrent à Shenyang. Les rencontres qui se produisent dans l'enceinte de Michelin-Shenyang étaient tout aussi inimaginables, il y a trente ans.

Du Texas à Clermont-Ferrand

Témoin et acteur des grandes étapes de l'internationalisation de Michelin, Scheide avait commencé chez Michelin, aux États-Unis, en 1991. Il se souvient encore de sa surprise lors de son premier voyage à Clermont-Ferrand. « J'arrivais du Texas. Au-delà du choc linguistique, j'ai eu un choc automobile. On m'avait réservé une Peugeot 106, une toute petite voiture par rapport aux standards américains. Il n'y avait ni radio ni climatisation. Je ne savais pas que des voitures sans radio et sans climatisation pouvaient exister. Du jamais vu au Texas. Ce fut certainement mon plus gros choc », confie-t-il avec un sourire malicieux.

Quelque vingt ans plus tard et après être passé par le Canada, la France, l'Alabama, l'Oklahoma et avoir fait ses armes de directeur d'usine à Shanghai pendant quatre ans, avant de venir à Shenyang 1, Scheide mesure le chemin parcouru et les changements : « Mon expérience à Shenyang a été plus satisfaisante qu'à Shanghai. La relation était moins antagoniste. J'ai appris par un processus d'essais-erreurs. »

Ses collaborateurs chinois les plus proches l'ont aidé. « J'ai adopté un style de management plus positif, plus rassurant ; je dis plus souvent merci ; j'encourage davantage, comme un professeur ; j'adopte une démarche progressive que je n'aurais pas choisie aux États-Unis. La clé, c'est que j'ai changé en aidant les autres à changer. Je me rends compte que je suis beaucoup plus patient qu'il y a dix ans. J'ai la patience de permettre aux autres de faire des erreurs, la patience d'attendre sans exiger de bons résultats rapidement parce qu'il faut du temps pour changer. Si vous voulez des résultats rapides, vous allez faire des dégâts et vous n'aurez pas de pérennité. La patience, c'est le plus difficile. » Scheide est depuis parti tester sa patience dans une autre usine Michelin, en Serbie.

Gagner en assurance personnelle

En près de vingt ans de carrière chez Michelin, Hu, le technicien timide au badge n° 3 des débuts de la joint-venture, s'est transformé en cadre confiant. Déjà manager, il regarde son avenir avec sérénité. Formé à l'étranger à plusieurs reprises, en Irlande du Nord, aux États-Unis, Hu a aussi gagné en assurance personnelle : « Pendant dix ans, dans la vieille usine, je n'avais pas changé de fonction une seule fois. Je n'avais pas eu d'opportunité et je ne connaissais pas mes capacités. Je faisais toujours la même chose. Dès que j'ai rejoint Michelin, j'ai eu de nombreuses opportunités. Ils se moquent de ce que vous savez, ils vous mettent là où ils ont besoin de vous et ils vous forment. J'ai vu ce que je pouvais faire et j'ai gagné en confiance, ce qui a changé mon état d'esprit. Dans la vieille entreprise, on n'était pas très strict sur les règles pour la qualité des pneus. On essayait bien d'éviter les rebuts, mais on pouvait aussi vendre ces rebuts, moins cher, aux gens qui les voulaient. Chez Michelin – et j'ai été surpris – ce n'était plus possible. Quand on ne travaille pas bien, les pneus partent directement au rebut. Il nous a fallu changer d'état d'esprit. »

Changement d'état d'esprit, acquisition de nouveaux comportements et adhésion à de nouvelles valeurs, ici de qualité et de rigueur, Hu décrit comment, d'une manière consentie, il a été, en tout cas professionnellement, « michelinisé ». Et c'est bien cette transformation des hommes par les entreprises, avatar de la mondialisation, qui est au cœur de l'hybridation qui s'opère entre la Chine et le reste du monde.

Développer et « micheliniser » les talents locaux

Ne se voulant ni sociologue, ni anthropologue mais patron d'un grand projet industriel, Chapot préfère parler uniquement de développement des talents locaux. « Pour moi, c'est un élément essentiel de ma mission. Cela passe d'abord par ma propre acculturation et par le fait que j'ai passé personnellement du temps sur les sujets qui touchent au recrutement, à la formation, au développement et à la gestion des carrières. » L'enjeu est, en effet, stratégique dans un contexte où la pénurie de talents est avérée et où, à terme, les experts étrangers vont se retirer. Pour être dans la norme mondiale du ratio étrangers/locaux, il ne devrait rester qu'une petite cinquantaine d'étrangers à Shenyang.

Pour être à la hauteur de l'enjeu, Michelin a nommé à la tête de la formation et du développement un de ses poids lourds, Jean-Michel Anquetil. Ce sexagénaire, fils de militaire, se définit lui-même à la fois comme un « parfait apatride » pour avoir passé son enfance de ville en ville et un « mélange » pour avoir une grand-mère libanaise, un grand-père catalan et des grands-parents normands. Il ajoute être aussi « un fou d'Asie ». Cet homme frappe par son humilité. Le regard doux, les gestes mesurés, il a un curriculum de cadre industriel mondialisé. En trente-cinq ans de carrière, il a démarré et dirigé des usines aux États-Unis, en France et en Asie. Depuis 2010, il pilote la stratégie de développement des talents « du CEO aux ouvriers » en Chine, secondé par une vaste équipe de cent quatre-vingts personnes.

Soft skills et hard skills

Anquetil décrit ainsi la fameuse « méthode Michelin » : « Michelin, de façon traditionnelle, met l'accent sur la formation car nous avons des métiers particuliers. D'autre part, la force de Michelin repose sur son savoir-faire, sa maîtrise industrielle et la qualité de ses produits qui ne s'improvise pas. Nous avons besoin de gens capables d'appliquer correctement un certain nombre de modes opératoires, de savoir-faire. Ce qui implique un processus de formation pour toutes les couches de personnel de l'entreprise qui s'attache à transmettre correctement savoirs et savoir-faire. »

Le patron de la stratégie de développement des talents distingue deux types de savoirs : les *hard skills*, les « savoirs métier » qu'il définit comme relativement standards, et ceux qui ont trait aux cultures et aux comportements, très importants pour une entreprise comme Michelin. « Ces savoirs relèvent beaucoup plus des *soft skills* que Michelin est capable de transmettre dans tous les pays où l'entreprise s'installe. » Jean-Michel Anquetil se pose beaucoup de questions sur la façon de mettre en place ces *soft skills*. « On reçoit beaucoup de choses toutes faites de nos cousins européens mais, en l'état, elles ne sont pas du tout adaptées aux besoins locaux. »

Michelin a donc dû faire appel à des consultants spécialisés sur les problématiques interculturelles – dont l'une des auteurs –, qui ont animé des séminaires par lesquels sont passés, au fil des années, la plupart des cadres et des techniciens chinois et étrangers de Shenyang. Y sont analysés les profils culturels des uns et des autres et les comportements qu'ils induisent, les dynamiques dans les équipes diverses, les attentes en matière de leadership, les pièges de la communication dans un contexte international et enfin le transfert de compétences en milieu interculturel.

L'objectif est d'affiner la compétence culturelle des personnes, de les aider à prendre conscience de leur propre « programmation culturelle », dans certains cas de la remettre en question et, en tout cas, de développer leur capacité d'adaptation. Tout cela est fait dans un objectif d'efficacité industrielle. Toutes les entreprises ne font pas cet effort et si l'ambition est louable, les résultats ne sont pas pour autant garantis. La compétence culturelle indispensable dans une économie mondialisée ne va pas de soi.

Les langues pour se parler en direct

Conscient de l'enjeu, Heubert a donné de sa personne en ouvrant et clôturant ces ateliers de formation. Il souhaite souligner son engagement dans le développement de la compétence culturelle de ses troupes. Celle-ci commence souvent par l'apprentissage des langues, au menu des cours offerts par l'entreprise. Outils de travail indispensables, les langues sont aussi les clés qui permettent d'entrer en communication directe avec l'autre et de pénétrer dans son univers. L'anglais est une langue plus facile à apprendre que le mandarin mais de nombreux expatriés se sont mis au chinois par goût pour certains, par nécessité pour d'autres, car 70 % des opérateurs à Shenyang 1 ne parlent pas l'anglais.

Le catalogue des formations est fourni. En matière de compétences techniques, de *hard skills*, la multinationale ne transige pas sur la méthode Michelin. Sur les *soft skills*, la porte est ouverte à la créativité et à l'interactivité. Michelin met l'accent sur le développement de la personne qui passe par son adaptation ou sa transformation. Pour mieux y parvenir, des programmes ambitieux de développement de hauts potentiels sont aussi en place, longs séjours à l'étranger et passage obligatoire par le siège pour les Chinois.

Les cadres de haut niveau accompagnent en *mentoring* plusieurs personnes, dans des relations non hiérarchiques fondées sur la transmission et l'exemplarité. Le *mentoring*, introduit de longue date chez Michelin, y est largement pratiqué. Chapot dit ainsi avoir plusieurs *mentees* hors de Chine. Il définit sa pratique par le mot anglais *guidance* « pour guider, orienter mais, en aucun cas, faire à la place des gens ou détailler tout ce qu'il faut faire. Il s'agit plus de donner des pistes ». Anquetil, qui est au cœur de ce développement, insiste sur le facteur temps dans l'équation Michelin. « Nous étalons dans le temps tous les programmes. Pas question d'injecter une grosse quantité de connaissances vite absorbées, sans mise en pratique. » Enfin, le coaching interne et externe a été introduit pour mieux permettre d'engager une réflexion profonde souvent sur les styles de management et de communication.

Pratiquer l'ouverture au quotidien

Martine Dinh est une coach interne. La quarantaine, des yeux bleu clair, elle se permet la coquetterie discrète de porter des boucles d'oreilles alors qu'elle a aux pieds des chaussures de sécurité. Chef d'atelier de fabrication à Shenyang 1, elle a fait de gros efforts pour apprendre le chinois, qu'elle parle avec un accent français, mais qu'elle pratique au quotidien avec ses équipes, lors de longues tournées d'atelier.

Humble, prête à se remettre en cause dans ses comportements et sa manière de communiquer, elle est solide dans ses compétences et dans son expérience professionnelle. Elle a accepté de mettre sa carrière en retrait par rapport à celle de son mari, également cadre expatrié chez Michelin, mais elle a su utiliser cette position pour apprendre et transmettre, et a introduit le coaching interne à Shenyang 1. Une des expatriés les plus proches de ses collègues chinois par son écoute et sa disponibilité, elle jouit aussi d'une grande complicité avec Scheide.

En Chine entre 2007 et 2012, cette mère de trois enfants, dont le père est d'origine juive polonaise et la mère allemande, a épousé un homme aux racines vietnamiennes. « Mes enfants faisaient partie de mes motivations pour vivre à l'étranger, confie-t-elle, je voulais qu'ils fassent l'expérience de l'étranger avant d'être trop grands pour être capables de changer de point de vue. J'espère – l'avenir le dira – que c'est un bon choix et que cela leur aura apporté quelque chose. »

Le même souhait d'ouvrir les autres à des points de vue différents la motive dans l'accompagnement qu'elle offre à ses « coachés », des Chinois volontaires qui souhaitent se développer personnellement. « On travaille beaucoup sur l'efficacité personnelle, la communication, le rapport au temps, comment établir des priorités dans son travail. On va jusqu'à la formation au leadership et au management, à la motivation des équipes. Il y a une forte attente des gens qui veulent progresser, surtout en Chine », dit-elle. Épanouie dans ce rôle, elle reconnaît volontiers qu'une grande partie de son travail consiste à expliquer ce que Michelin attend d'un manager.

L'art du binôme

Pour combler le fossé des compétences, Michelin a aussi eu l'idée d'associer des experts étrangers à des cadres locaux et a placé ces binômes dans une relation professionnelle et technique intense mais, à nouveau, sans relation hiérarchique. Nicolas Auger et Zhang Guolu forment un binôme de *mentor-mentee*. Cette relation sans lien de subordination permet un transfert de compétences techniques et managériales entre cadre occidental et chinois et peut éventuellement déboucher sur une transformation plus personnelle. Les deux hommes ont à peu près le même âge mais sont totalement différents par leurs physiques et leurs parcours.

Zhang, 35 ans, est originaire de Shenyang. Comme souvent chez les hommes de Chine du Nord, il est grand et bien bâti. Il entre dans la pièce avec une prestance étonnante sous le bleu de travail sur lequel figure le bibendum noir et blanc sur fond jaune. « J'ai entendu parler de Michelin par des copains d'école qui m'ont dit que, dans cette grande usine, on avait de vraies chances de se développer. J'ai essayé tout en sachant que mon niveau scolaire était bas. Avec un diplôme universitaire, cela aurait été plus facile. Je voulais simplement un poste d'opérateur. Pour cela, il m'a fallu passer cinq entretiens et des tests de physique technique, de logique, d'arithmétique. J'ai réussi en 2000. » Embauché chez Michelin au bas de l'échelle comme opérateur, il a grimpé les échelons à force d'ambition, prenant ainsi une revanche sur le sort qui l'avait privé de son père, directeur d'école, trop tôt disparu pour qu'il puisse continuer ses études. Quelques années plus tard, il était repéré par Heubert, auquel il voue une reconnaissance profonde.

Trapu, les cheveux courts et blonds, des grands yeux très ouverts, Auger s'exprime sur un ton doux mais avec fermeté. Après une formation d'ingénieur en matériaux, il a été engagé par Michelin comme ingénieur méthodes, basé à Clermont-Ferrand. Il y a acquis une expérience très diverse des procédés et des produits. Il a enchaîné sur un poste de terrain à Tours comme responsable d'un atelier de préparation à chaud et à froid. « Le métier me plaisait mais je voulais bouger. Ils m'ont proposé Shenyang, avec une dimension internationale, tout en gardant mon bagage technique. "Tu vas nous démarrer l'atelier de prep chaud !" Voilà comment je suis arrivé à Shenyang en mai 2010 », se souvient-il.

De sa collaboration avec Zhang, Auger ne cache ni les hauts ni les bas. « Au départ, nous étions très distants. Chacun se cherchait et cherchait à comprendre l'autre. Pendant trois ou quatre mois, je suis resté sur la réserve et lui aussi, pour voir ce qui allait ou pas. Après, quand nous nous sommes ouverts l'un à l'autre, ça a été très vite. Ce qui a déclenché la confiance, c'est l'arrivée des techniciens. On a commencé à créer une équipe. Il a fallu qu'on soit soudés pour faire face aux techniciens qu'il fallait faire grandir et structurer. On s'est toujours dit qu'il fallait parler de la même voix. Ça a été un accélérateur. On s'est forcés mais aujourd'hui, c'est beaucoup plus naturel. Si on nous pose une question à l'un ou l'autre, on est sur la même ligne, la même longueur d'onde. »

Cette osmose professionnelle réjouit les deux hommes mais, quand elle empiète sur la vie privée, Auger admet être bien moins à l'aise. « Dès que la porte s'est ouverte, il s'est engouffré. Il voulait qu'on se voie tout le temps, qu'on sorte ensemble. C'est incroyable. Cela m'a un peu surpris. J'y ai mis du mien. On va au restaurant ensemble et on arrive à se voir de temps en temps le week-end. Mais quand il m'a dit : "Tu es mon meilleur ami", j'ai répondu : "Non, on est collègues de boulot." Il y a une distance que je souhaite garder pour pouvoir rester ce que j'appelle "professionnel", pour que le relationnel ne prenne pas le dessus sur les faits, sur la réalité du terrain, pour qu'on puisse se dire les choses. Le boulot, c'est le boulot. Mais la différence entre la vie extérieure et le boulot est beaucoup moins marquée dans la culture que je perçois ici », reconnaît Auger qui observe avec justesse l'imbrication des sphères professionnelle et privée chez ses collègues chinois et chez Zhang en particulier. En cela, les deux hommes ont du mal à se détacher d'un *modus operandi* profondément ancré, chez l'un comme chez l'autre, dans leurs cultures d'origine.

Par contre, leur collaboration les a changés sur d'autres plans. Auger l'admet : « Je me suis arrondi dans la communication, dans mon management. Je ne suis pas un manager dur. Je sens que je traite les sujets de façon moins pète-sec, stricte et directe. Il y a quatre ans, j'aurais été plus rentre-dedans et là je dis : "Les gars, expliquez-moi quels sont les problèmes ; pourquoi ce n'est pas possible." Je pense que je suis comme ça, en fait, en tant que manager. » En France, admet-il, il forçait sa nature et voulait faire la preuve de sa détermination, de sa

« gnaque ». « Mais ce n'était pas moi. Je le sentais déjà. Et là je me retrouve un peu plus. »

À l'inverse, la « gnaque » n'a jamais fait défaut à Zhang, reconnaît-il : « Si vous me comparez à mes collègues chinois, je peux dire que ma manière de penser est différente de la leur. Je n'ai pas peur de pousser. » Cette exigence à l'égard des autres, Zhang l'a d'abord eue à l'égard de lui-même. Elle a nourri son ambition, lui a permis d'oser et de s'ouvrir, et Michelin lui a donné un cadre pour exprimer son potentiel de transformation. Il raconte comment il a récemment forcé un de ses techniciens à accepter que soient refusés des produits envoyés par ses équipes à un client interne qui les avait jugé défectueux. « Je lui ai expliqué qu'il nous fallait prendre en compte les difficultés de notre client interne et que nous devions l'aider bien que cela ne soit pas notre problème. » Cet argument mis en avant par Zhang rompait avec les habitudes de loyauté exclusive à l'égard du cercle de travail restreint, qui tendent à prévaloir dans le monde du travail en Chine. Mais il a fait sien un des credo de la culture Michelin : la prise de responsabilité.

Le duo Zhang-Auger brise quelques stéréotypes : « Ici, ils me disent que je suis un Français un peu chinois et Guolu un Chinois un peu français », s'amuse Nicolas Auger. Le destin d'un jeune opérateur talentueux et ambitieux du Nord-Est de la Chine, aux allures de seigneur mandchou, devenu un cadre important du projet phare de Michelin, allait être bientôt connu de toute l'entreprise. Une équipe de tournage venait d'arriver de Clermont-Ferrand pour réaliser une série de reportages sur les parcours professionnels des employés. Zhang a été choisi pour représenter Shenyang 2. Il doit sa soudaine célébrité à l'exemplarité de son parcours que Heubert a voulu faire connaître.

Cent ans de Michelin dans la famille

Aux yeux de ses collègues chinois, Imanol Sanchez est aussi une sorte de célébrité. Cet Espagnol de Valladolid de 31 ans est issu d'une dynastie de « Michelins ». « Quand je leur dis que mon grand-père a commencé en 1929, ils m'ont demandé si j'avais une photo. Si je continue, cela fera cent ans de Michelin dans la famille. Ils me regardent comme si je n'étais pas de ce monde », confie Sanchez, depuis neuf mois à Shenyang et surpris de voir autour de lui certains des collègues chinois quitter l'entreprise parce que BMW leur offre 500 RMB[24] (60 euros) de plus par mois.

L'attrait financier – en milliers d'euros dans ce cas-là – d'un poste en expatriation peut aussi compter dans la motivation de certains étrangers qui viennent travailler en Chine. Si c'est toutefois le seul facteur, l'expérience est souvent vouée à l'échec. La fameuse mayonnaise, que veut faire monter Heubert, ne prend pas. Bien plus, chacun campe sur ses préjugés et l'expérience ratée ne fera que les renforcer. « Il y avait un expatrié, dans notre usine d'Aranda, en Espagne, qui, pendant trois mois, m'a raconté des histoires sur les Chinois "qui ne savent rien faire, qui disent oui mais après c'est non". Si tu arrives avec ces préjugés, tu es mort », observe Sanchez. « Quand je suis rentré en Espagne, à Noël, je lui ai dit : "Désolé de te dire que je ne partage pas ton avis." Il ne faut pas arriver en Chine avec des idées préconçues. »

Être prêt à l'aventure

Ce jeune ingénieur, mobile, célibataire et sociable, fait du foot tous les lundis soirs avec d'autres jeunes expatriés et des Chinois. Il boit des bières avec ses collègues et dîne au moins une ou deux fois par mois avec son équipe. Il se sent bien, même si les hivers rigoureux de Shenyang lui pèsent. Il revient volontiers sur les raisons qui l'ont amené en Chine : « D'abord, j'avais envie d'une aventure. Ensuite, j'aime mon boulot. Enfin, l'avenir en Espagne n'était pas merveilleux. Par contre, ici, c'est une opportunité qu'on ne trouve pas souvent. Mais si on vient ici pour travailler, il faut aimer ce qu'on va y faire et être prêt à l'aventure dans un pays qu'on ne connaît pas. »

Il dirige une équipe de cinq Chinois. Coordinateur du bureau d'études, il est responsable d'une partie de la nouvelle usine sur laquelle sont installées et démarrées des machines. Il raconte qu'il prend le temps d'expliquer les procédures strictes et la documentation importante requise par Michelin. Quand ses collaborateurs chinois lui demandent pourquoi il faut passer autant de temps à faire des paperasses, il répond : « C'est important pour

---

24 Renminbi : monnaie chinoise

transmettre des informations à l'Inde ou au Brésil. » Et il ajoute qu'il faut expliquer aux collègues chinois pourquoi on fait les choses, à quoi ça sert. « Si tu ne donnes pas un objectif, ça ne marche pas. »

Sanchez est conscient que son rôle est aussi d'élargir l'horizon de ses interlocuteurs du Nord-Est de la Chine et de les familiariser avec les besoins mondiaux d'une multinationale en pleine expansion sous d'autres latitudes, où Michelin installe de nouvelles usines. Il joue aussi ce rôle d'intermédiaire auprès de collègues restés en Espagne. Certains l'envient, d'autres le considèrent comme un traître. « "Tu es là pour aider les Chinois. Ils vont copier les usines et après ils vont fermer Aranda", m'accusent-ils. Quand je leur demande des infos, ils ne veulent pas les donner parce qu'ils ne veulent pas qu'on ferme l'usine. Il y a eu des moments de tension. "Tu es là pour prendre des idées, pour fermer l'usine !", me disent-ils. Au début, c'était plus amical, plus proche, mais on s'éloigne et je réponds à mes collègues que ce n'est pas vrai, que je ne suis pas là pour fermer une usine d'Espagne mais pour faire une usine pour le marché chinois et construire une des plus grosses usines de l'histoire du groupe dans le monde. Ce n'est pas rien ! »

Un couple à l'usine comme à la ville

L'aventure de ce grand projet industriel a aussi attiré un couple de docteurs en chimie d'une quarantaine d'années. Blonde et menue, Valérie Piquet-Faure porte, comme son mari, des vêtements de ville et des chaussures de sécurité. Jean-Luc Faure, un physique de montagnard, a vécu au Maroc jusqu'à l'âge de 17 ans. Tous deux ont l'expérience de l'expatriation. Leurs enfants sont nés en Allemagne et vont à l'école internationale de Shenyang dans la section francophone, créée et financée par Michelin.

Ce couple en pleine maturité professionnelle est de plain-pied dans la mondialisation. Lors de leurs études postdoctorales en Allemagne, ils se sont frottés à des conférenciers d'Europe de l'Est, des Américains et des Asiatiques. « Nous avons vu le niveau d'internationalisation nécessaire pour les grands groupes et nous avons immédiatement réalisé que l'international était important », dit Faure qui, à Shenyang, est le responsable garantie qualité, alors que sa femme analyse l'optimisation de la performance dans la production à flux tendus. Ils partagent volontiers leurs idées et témoignent à la fois de confiance en eux et d'écoute pour évoquer une expérience d'échanges professionnels avec des Chinois de différents niveaux, qui les passionne malgré sa difficulté.

« Chez Michelin, notre culture industrielle a démarré il y a assez longtemps et notre culture du service a trente ans d'histoire. Nous avons atteint un niveau d'exigence, une qualité de réponse aux problèmes qui nous donnent un standard à l'usine et à l'extérieur. Quand nous arrivons en Chine, le standard est différent à l'usine comme à l'extérieur », constate Faure qui, travaillant dans la qualité, y est particulièrement sensible. Pour la garantir, il fait porter son attention sur la communication. « Ici, je ne peux pas partir du principe que ce que j'ai dit est clair. Il faut bien s'assurer et reformuler. La communication circule dans les deux sens. Et souvent, il faut revenir au point de départ pour s'assurer que les engagements mutuels sont toujours clairs entre nous. »

Il voit cependant les bénéfices de ses efforts : c'est une bonne formation au management. « On apprend à gérer des situations imprévues dans l'urgence, avec les moyens et la compétence disponibles. En Europe, nous aurions voulu construire, prévoir, anticiper. Ici, nous améliorons notre flexibilité et notre agilité. Les Chinois savent très bien comment réagir face à l'imprévisible, mais le niveau d'exigence n'est pas toujours parfait. Ils ont cette capacité à se fédérer entre eux. Il ne faut pas trop chercher à savoir comment ça fonctionne mais, d'un seul coup, une machine de guerre se met en place et tout le monde va dans la même direction. Si on veut quelque chose à treize heures, on l'a à treize heures. »

Le couple observe aussi les changements qui s'opèrent chez leurs collègues chinois. « Beaucoup de changements arrivent par l'entreprise mais ont un impact sur la société en général », affirme Piquet-Faure. Elle raconte avec humour le cas d'une collègue qui essaie d'appliquer dans sa famille les « méthodes Michelin » pour être plus efficace. « C'est un cas isolé mais c'est intéressant de voir que ce qu'elle apprend ne reste pas cloisonné au sein de l'entreprise. Elle m'a expliqué qu'elle a mis en place des outils sur le modèle objectif-analyse-action à la maison pour atteindre ses objectifs familiaux : pour elle, faire du sport, pour son mari, manger moins et pour son fils, ranger sa chambre. »

L'approche en Z et le cartésianisme

Ces deux cadres français ont été frappés dès leur arrivée à Shenyang par la différence d'approche au temps et à la résolution de problèmes entre eux et leurs collègues chinois : « Quand nous sommes arrivés en Chine, les standards étaient différents. Au-delà des questions de maturité, nous avons observé que nous n'avions pas la même approche logique de résolution de problèmes. Ici, pour atteindre la qualité, on doit partir d'une vision et, petit à petit, réajuster pour se caler à un niveau qui n'est pas trop loin de ce qu'on souhaitait, quitte à pouvoir faire monter par la suite. » Quand Piquet-Faure exprime sa frustration devant les délais pour atteindre ces objectifs, son mari compare les deux façons de progresser, chinoise et occidentale : « En Occident, on est sur des trajectoires linéaires. En Chine, c'est la théorie des Z. On fait des allers et retours. Pour aller quelque part, dans un mode de réflexion occidental, on prend la ligne droite pour arriver à la cible. Ici, on décompose et on assiste sans arrêt à des mouvements d'allers et retours qui prennent beaucoup d'énergie et de temps mais qui permettent de réajuster constamment. Cela nous oblige à nous focaliser sur des vraies priorités au lieu d'imaginer énormément d'axes sur lesquels on va travailler en trajectoires linéaires et plans bien écrits, au risque de ne pas y arriver parce qu'on en a trop. »

Les effets inattendus de la mondialisation

Dans le microcosme de Shenyang 2 se jouent concrètement les effets parfois inattendus de la mondialisation qui vont du professionnel au privé, des comportements aux manières de penser, de la relation à l'autre au regard sur soi. Dans sa logique industrielle de développement en Chine, Michelin devient le cadre dans lequel se produisent ces rencontres. Un cadre qui nourrit des changements qui peuvent aller jusqu'à l'hybridation.

Plusieurs centaines d'étrangers, expatriés et visiteurs, auront donc été mobilisés sur le projet Shenyang 2. Leur diversité est saisissante : nationalités variées, écarts générationnels, niveaux de diplômes et expériences professionnelles différents. Sanchez avait été encouragé à quitter son Espagne natale par Juan Manuel Camacho, son ancien chef qui l'y avait précédé et qui, à plus de 50 ans, a dû apprendre l'anglais qu'il ne parlait pas. S'y côtoient des Français formés aux meilleures écoles d'ingénieurs du pays, des experts arrivés tout droit du grand Sud-Américain, des cadres thaïes et polonaises, allemands et hollandais. On commence aussi à croiser des jeunes Occidentaux recrutés localement, surtout dans des fonctions de support, en communication par exemple. Leur plus-value : parler chinois couramment. Certains ont étudié le mandarin dans le cursus classique des instituts de langues orientales en Europe, d'autres sont venus directement en Chine et sont allés braver les fumées de charbon de Datong, une autre ville industrielle du Nord de la Chine. Ils y ont rencontré l'âme sœur et parlent le chinois du peuple.

Le mouvement inverse de personnels chinois qui vont se former à l'étranger est devenu un classique du développement des cadres et parfois même des techniciens chez Michelin. Hu, Zhang comme tant d'autres ont fait plusieurs séjours à l'étranger pour se former. Hao Weiguo, le responsable des ressources humaines, supervise tous les personnels chinois de Michelin-Shenyang. Un Allemand au français parfait, Guido Faust, s'occupe, quant à lui, des étrangers.

Visage aux pommettes hautes de lettré, près de la cinquantaine, Hao a fait des études supérieures et respecte le savoir. Il est attaché aux valeurs d'intégrité et de frugalité. Il connaît ses chiffres sur le bout des doigts. Les deux tiers de ses employés sont des cols bleus, le plus souvent originaires de la région, l'autre tiers est fait de cols blancs, la majorité ayant un mastère et entre 5 % à 8 % d'entre eux ayant étudié à l'étranger. « Notre premier objectif est de permettre aux employés locaux d'avoir les compétences requises. On les envoie là où ils peuvent les acquérir. Si ce n'est pas satisfaisant localement, nous devons les envoyer à l'extérieur. Parce que nous avons des nouvelles procédures et des nouvelles machines, il faut parfois les envoyer à l'étranger, non seulement pour des besoins techniques mais en raison de la vitesse même du changement. Tout va si vite ici que nous n'avons pas pu accumuler assez rapidement toute cette connaissance liée à l'industrie », explique-t-il.

Chaque mois, une cinquantaine de ses employés chinois sont en formation à l'étranger, au Canada, en Pologne, en France et aux États-Unis, selon les machines qu'ils doivent apprendre à superviser et les compétences qu'ils doivent acquérir. Ils y restent en moyenne six mois. « Pour la plupart d'entre eux, c'est leur première expérience à l'étranger.

Le bénéfice le plus grand est celui d'ouvrir leurs horizons. C'est plus important que la partie technique. »

Il se souvient d'ailleurs que, lors de son premier séjour à l'étranger, il a observé lui-même comment ses collègues prenaient le temps d'échanger devant la machine à café. « Au début, quand ils m'invitaient, je refusais. J'essayais d'utiliser mon temps au mieux. Je ne pouvais pas me détendre. Je n'avais pas beaucoup de temps à l'étranger. Je sentais qu'il fallait que je travaille dur. Et puis, j'ai commencé à me demander pourquoi ils étaient si à l'aise. J'ai regardé les bons résultats, l'environnement de travail. J'ai réalisé qu'être trop occupé n'est pas forcément la meilleure manière de travailler. Le mieux est de prendre le temps d'un café tout en s'assurant que le travail est bien fait. C'est pour moi la manière rêvée de travailler. »

Hao a, depuis lors, gagné en confiance. Il se souvient qu'à ses débuts chez Michelin malgré son aisance en anglais, il était très réservé : « J'étais encore un Chinois typique, pas très ouvert, peu enclin à m'exprimer sur des sujets chauds. Je pouvais pourtant échanger pleinement avec mes partenaires expatriés. » Et s'il a lui-même changé, il observe que ses collègues chinois ont changé aussi, surtout les jeunes. « Sur certains sujets spécifiques, ils peuvent s'exprimer totalement, être plus sûrs d'eux, dire ce qu'ils pensent, pourquoi ils le pensent et ce qu'ils veulent. »

Les hommes au cœur de la stratégie

Chapot, qui a mis le développement des hommes au cœur de ses responsabilités de CEO, analyse le rôle joué par l'expatriation chez un de ses collaborateurs directs, chinois du continent, un directeur de la communication qui a passé deux ans et demi aux États-Unis. « Comme je suis resté longtemps en Chine, j'ai eu l'avantage de le connaître avant et après. Peu de temps après son retour, nous avons dû préparer un stand Chine pour une grande fête du groupe où l'on réunissait les cadres supérieurs. Chaque zone-pays devait se présenter aux autres. Notre équipe était partie sur une vision dynamique et agressive de la Chine, un pays qui y croit, qui va très vite, qui se modernise et grossit. Mon directeur de la communication, fraîchement revenu des États-Unis, les a arrêtés. "Si on montre ça, ils vont nous percevoir comme une menace. Essayons plutôt de montrer l'agilité, la flexibilité, l'esprit d'entreprise, en faisant attention." C'était une des premières fois où je voyais un Chinois prendre vraiment en compte la perception que pourraient avoir des étrangers de l'image que nous allions donner. S'il n'était pas allé aux États-Unis, il n'aurait pas eu cette réaction. Les séjours à l'étranger servent aussi à ça. Dans un groupe international, nous ne travaillons pas que pour notre pays, nous travaillons aussi pour d'autres, d'autant plus que nous travaillons pour un marché intégré. Cette diversité et ce mixage sont importants car cela produit des gens qui ont une capacité d'anticipation et d'accélération beaucoup plus prononcée. »

Un lettré chinois chez Michelin

Originaire d'une ville près de Harbin, à la frontière avec la Sibérie, Hao dit se sentir à l'aise dans les valeurs Michelin de développement des hommes à long terme, un développement dont il a en partie la charge. Une aisance telle qu'après treize ans de carrière, il a franchi le pas, extraordinaire dans une Chine où l'on se définit encore par son appartenance régionale, de dire : « Je pense être plus un Michelin qu'un Chinois du Nord-Est. » Et, comme pour équilibrer un aveu qui le gêne peut-être un peu, immédiatement après, il identifie un patron chinois comme son modèle. Un modèle heureusement rencontré avant son entrée chez Michelin, ajoute-t-il comme pour ne pas trop devoir à une entreprise étrangère.

Hao avoue se voir bien finir sa carrière chez Michelin et, si son fils, qui fait des études d'ingénieur mécanique, veut y entrer, sans lui forcer la main, il verrait d'un bon œil sa relève ainsi prise. À Shenyang, on compte déjà quelques « Michelins » de père en fils. Les carrières sont en effet déjà bien ouvertes aux cadres chinois, en Chine en priorité mais aussi à l'étranger. « Certains d'entre eux ont des postes qui font partie du top 500 dans le groupe, mais il nous faudra sans doute encore quelques années pour avoir des Chinois patrons de *business units* », concède Chapot, juste avant de quitter la Chine.

En janvier 2013, l'une des plus grandes usines du groupe Michelin, la Michelin Shenyang Tire Company (Ltd)[25], a été inaugurée. Avant

---

25. 米其林沈阳轮胎有限公司 (mi qi lin shen yang lun tai you xian gong si)

d'éteindre les projecteurs sur ce microcosme de la mondialisation et de laisser les hommes et les femmes rencontrés fabriquer les pneus pour lesquels l'usine a été construite, nous nous interrogeons sur la profondeur des transformations des individus quand les destins individuels se croisent dans le cadre de la stratégie délibérée d'une entreprise.

Adaptation n'est pas hybridation

La transformation des personnes à Michelin-Shenyang est bien en cours. « On progresse toujours en parallèle, analyse Faure. Et on observe – mais il faut savoir le voir – chez les Chinois comme chez les expatriés une interaction et des changements interculturels. » Heubert constate une adaptation mutuelle croissante mais il différencie bien « l'adaptation, dans laquelle on comprend et admet la différence tout en restant sur son système, de l'hybridation, où l'on change une partie de son système de vie et/ou de travail et où l'on garde ce changement ».

Michelin-Shenyang compterait donc quelques personnes qui ont poussé assez loin l'hybridation culturelle, tant étrangers que chinois. Dinh, que Scheide identifie comme « une personne capable de penser comme les Chinois » en est un bon exemple. Et Piquet-Faure souligne qu'elle interagit maintenant avec « des Chinois qui ne rentrent plus dans les stéréotypes du Chinois. Ils parlent avec nos mots et ils ont les mêmes modes de réflexion que nous. Ils ne s'embarrassent pas de la fameuse "face", si importante dans les relations sociales en Chine. Ils nous permettent d'aller plus vite. »

Cependant, si les hybrides culturels jouent un rôle essentiel, ils restent encore rares. Scheide évoque la difficulté de « convertir les gens », le registre religieux du mot « conversion » résonnant particulièrement fort dans la bouche d'un homme dont l'ascèse professionnelle est connue chez Michelin pour être quasi monastique. « Où qu'on soit dans le monde, il y a des résistances », ajoute-t-il. Celles-ci ne sont pas exclusivement le fait des Chinois de Shenyang. La capacité à reconnaître et accueillir le changement fait parfois aussi défaut chez les expatriés. Faure commente : « On voit les Chinois progresser. Ils s'approprient les concepts. Les expatriés, parfois, ont plus de mal à saisir le changement. Certains ne le voient pas parce qu'ils sont fermés, d'autres ne le voient pas sur le coup mais le verront plus tard parce que quelque chose les a touchés, les a rendus différents, d'autres encore le voient immédiatement, l'apprécient et veulent en tirer parti. »

Dans les cercles d'appartenance

Ces résistances sont les réactions naturelles et inéluctables d'individus qui vivent la remise en question de comportements ancrés dans les valeurs de leurs cercles d'appartenance. Un projet comme Shenyang 2 fait cohabiter de nombreux cercles d'appartenance, ceux des nationalités, des métiers, des fonctions, des niveaux hiérarchiques et des générations, et il les fait se recomposer.

Ces cercles d'appartenance peuvent être ancrés sur le principe de la loyauté et, dans un groupe aux structures hiérarchiques marquées, comme c'est souvent le cas en Chine, cette loyauté est souvent celle que l'on doit au chef. « On travaille pour son chef en Chine, pour son équipe en Allemagne. Il faut persuader les Chinois qu'on travaille pour une équipe et que le chef est juste la matérialisation d'une équipe », observe Faure, qui a longtemps travaillé en Allemagne.

Quand Hao dit se sentir plus Michelin que Chinois du Nord-Est, il rompt avec une autre loyauté qui prévaut encore souvent en Chine, celle qui lie au cercle d'appartenance régional. Heubert, qui a épousé une Chinoise de Shenyang, a élargi ses propres cercles d'appartenance. Quand il revient à Shenyang comme patron, il reçoit la loyauté des employés chinois de l'entreprise à double titre, parce qu'il est le chef et parce qu'il a un ancrage régional.

La transformation souhaitée par l'entreprise est de faire passer la fidélité à un homme, dont on a noté la valeur exemplaire, en loyauté à l'égard de Michelin qu'il incarne. Quelques-uns ont engagé cette transformation, bien d'autres non. À la veille de son départ de Chine, Chapot, dans un diagnostic tranchant, avançait qu'un des points faibles des cadres chinois reste qu'« ils ont du mal à accepter des décisions qui pourraient être défavorables à l'entité dans laquelle ils sont, même si elles sont favorables à une entité plus large ou au groupe tout entier ».

La géographie d'un groupe industriel mondialisé ne s'arrête pas aux frontières des États et, en son sein en tout cas, elle ouvre des brèches dans les cercles d'appartenance nationaux traditionnels. Le sujet est délicat dans de nombreux pays, il est particulièrement épineux en Chine, tout particulièrement dans les entreprises chinoises qui se développent à l'étranger. Fort de ses cent vingt-cinq ans d'histoire et de son expérience internationale, Michelin est capable d'intégrer l'hybridité culturelle dans sa stratégie. Pour les entreprises chinoises, c'est une donnée récente qu'elles découvrent à peine.

Internationalisation des groupes chinois

À partir des années 2010, l'internationalisation des grandes entreprises chinoises, entamée à la fin des années 1990 et fortement encouragée par le gouvernement sous le slogan « Mondialisez-vous[26] », s'accélère. Elle est stimulée par la crise financière et économique mondiale et par l'État qui leur demande lors du 11e plan, en 2006, de faire « un pas de plus dans la mondialisation[27] ».

Les entreprises chinoises mettent alors les bouchées doubles et, en douze ans, de 2000 à 2013, la Chine devient le troisième investisseur mondial en flux et le onzième en stock. Partant de très bas – 0,9 milliard de dollars en 2000 –, elle atteignait 107 milliards de dollars en flux et 660 milliards de dollars en stock.

Ces investissements, longtemps plutôt cantonnés aux pays en développement pourvus de ressources naturelles, s'orientent davantage vers les industries de pointe des pays développés. Les Chinois achètent de plus en plus des sociétés détentrices de technologies avancées et des marques réputées. Ils implantent des centres de recherche-développement dans les pays développés pour tirer parti de la main-d'œuvre qualifiée et des *clusters* technologiques disponibles. Ils créent aussi des bases productives hors de Chine, dans les pays pauvres, pour bénéficier de coûts de main-d'œuvre attractifs et, dans les pays riches, pour accroître les parts de marché. Ce mouvement devrait prendre une ampleur inégalée dans les dix années qui viennent.

---

26. 走出去, slogan lancé dans les années 1990 et inscrit dans le 10e plan dans le cadre de l'entrée de la Chine à l'OMC en 2001.
27. 進一步走出去, slogan lancé en 2006 pour le 11e plan.

Chassés comme « experts étrangers »

Pour se mettre au niveau des standards internationaux et dans la perspective de cette marche forcée vers l'internationalisation, des grandes entreprises chinoises, sociétés d'État ou entreprises privées, ont eu recours à une bonne vieille méthode maoïste, celle du recrutement d'« experts étrangers ».

Nous avons rencontré, en 2013, trois d'entre eux, cadres dirigeants occidentaux qui ont tenté l'aventure d'une intégration provisoire, à très haut niveau, dans une société chinoise, durant cette période de développement accéléré des investissements chinois dans le monde. Nous leur avons demandé s'ils avaient participé à – et observé, ce faisant – une certaine forme d'hybridation culturelle, qu'elle soit – ou non – volontairement mise en musique.

L'Américain Steven Wood a été, de 2008 à 2011, vice-président monde des ressources humaines du groupe Huawei, numéro trois mondial dans les télécoms. Le Britannique John-James Farquharson, qui a publié en 2013 un témoignage de son expérience intitulé *In the Belly of the Dragon : An Account of Working as a Foreign Expert inside a State Enterprise of the People's Republic of China*[28], a été, de 2009 à 2012, le patron des ressources humaines de China Bluestar, une joint-venture entre la société d'État ChemChina et la banque d'investissement américaine Blackstone. Le Sud-Africain Johan van Rooyen, aujourd'hui CEO de Discovery Holdings installé à Hong Kong, a été, de 2010 à 2012, directeur général d'une filiale du chinois Ping An – troisième plus grand groupe d'assurance du monde – et directeur du conseil d'administration de la joint-venture entre sa société sud-africaine Discovery et Ping An. Tous les trois ont été recrutés par leurs futurs employeurs chinois grâce à des chasseurs de têtes.

Farquharson est un fils de diplomate marié avec une Allemande. Européen convaincu, gentleman jusqu'au bout des ongles, il se souvient encore du coup de téléphone du chasseur de têtes, un samedi à sept heures

---

28. John-James FARQUHARSON, *In the Belly of the Dragon : An Account of Working as a Foreign Expert inside a State Enterprise of the People's Republic of China*, Xlibris Corporation, 2013.

du matin alors qu'il faisait son jogging dans les vignobles allemands à Heidelberg où il a une maison : « Quand ils m'ont proposé le poste, évidemment, j'ai répondu : "Pourquoi pas ?" Nos enfants étaient partis. J'ai demandé à ma femme qui m'a donné son accord. Nous étions curieux. »

Comme Farquharson, Wood a été recruté, à titre individuel, pour ses compétences en ressources humaines. Huawei, déjà dans le top 3 mondial des télécoms en 2008, avec plus de 50 % de son chiffre d'affaires à l'étranger – 70 % en 2013 –, cherchait à gagner des parts de marché dans des zones du monde développé pour ses produits de plus en plus sophistiqués. Sa stratégie *low cost* ne pouvait plus suffire pour affronter ses concurrents et le groupe souffrait d'une stagnation des ventes et d'un turn-over hors normes de ses employés non chinois.

Le passé professionnel de Farquharson – débuts dans l'armée, carrière internationale, fonctions opérationnelles – a séduit China Bluestar. La première filiale d'une société d'État chinoise à avoir une participation au capital d'un fonds d'investissement étranger lui a demandé de devenir patron des ressources humaines. L'entreprise d'État cherchait à mettre à niveau ses procédures RH, plus de la moitié de son chiffre d'affaires étant désormais à l'étranger, après le rachat de plusieurs compagnies en France, en Australie et en Norvège. Son objectif d'être cotée à l'étranger l'obligeait à prendre des mesures pour rassurer les investisseurs. « Dès le départ, mon travail n'a pas consisté à diriger les ressources humaines mais à changer la façon dont elles étaient conçues et organisées », explique Farquharson, attablé dans un excellent restaurant italien de Sanlitun, en plein cœur du quartier des *laowai* de Pékin. « J'étais là pour encourager l'adoption de différents concepts, tels que *feed-back* 360, SAP[29]. Je suis ce qu'ils appellent un expert étranger. »

Le cas de van Rooyen est différent. Le Sud-Africain est arrivé en Chine pour codiriger une joint-venture minoritaire entre son groupe (20 %) et Ping An (80 %). L'assureur chinois cherchait à développer une ligne d'assurance vie, un secteur encore peu présent sur le marché et très

---

29. *Feed-back* 360 : outil d'évaluation et de développement fondé sur le *feedback* de l'environnement immédiat d'un employé (supérieur, collègues, subordonnés). SAP : logiciel de gestion d'entreprise très répandu qui aide à la décision en fournissant des informations exactes sur l'entreprise en temps réel.

complexe à mettre en place. « À l'évidence, ils n'avaient pas besoin de capital, mais de produits et de systèmes. »

Dans les trois cas, quelle que soit la configuration de l'entreprise (joint-venture minoritaire, entreprise d'État et entreprise privée chinoise), la démarche est la même : ils ont été recrutés pour leur savoir-faire et pour tous les trois, le choc culturel fut important.

Un sacré choc culturel

Wood se souvient encore de son premier jour au siège de Huawei à Shenzhen. La cinquantaine avancée, cheveux gris et petite moustache poivre et sel, cet Américain, professionnel accompli des ressources humaines a travaillé en Europe, dans les Amériques et en Asie, où il est arrivé en 1983. Chrétien – il a adopté plusieurs enfants –, son appétit de vie se reflète sur son visage au sourire gourmand.

Il évoque, avec humour et une précision de dialoguiste, ses premières heures dans les locaux du siège de Huawei, dessinés par l'architecte italien Renzo Piano : « À dix heures du matin, ils sont venus et m'ont demandé si je pouvais venir pour une réunion. J'ai demandé à quelle heure elle avait lieu. Ils m'ont répondu : "Tout de suite. On ne planifie pas beaucoup ici, vous savez." J'étais ouvert à toute expérience et j'ai répondu : "OK, je n'ai rien d'autre à faire et je suis nouveau ici, allons-y." La réunion s'est déroulée entièrement en chinois. J'ai posé quelques questions et reçu quelques informations. Ensuite, un des grands patrons m'a emmené déjeuner dans un de ces petits salons réservés. Tout était parfait et très bon. Et pendant que le cadre dirigeant me parlait de Huawei, de son histoire et de ses valeurs, je me suis efforcé de perfectionner mes techniques de décorticage des crevettes avec des baguettes. Un peu plus tard, quand je suis revenu au bureau, j'ai constaté que toutes les lampes étaient éteintes. J'ai demandé ce qui se passait. "Oh, m'a-t-on répondu, après le déjeuner, les gens font la sieste." Je voyais tous mes collègues allongés par terre dans ce magnifique immeuble contemporain. On m'a même proposé un lit de camp. J'ai répondu que je n'en avais pas – encore – besoin. Et je me suis dit : "Où ai-je donc atterri ?" J'avais signé un contrat d'un an. Je ne savais pas si cela allait marcher ou non. J'avais des doutes. »

Van Rooyen connaissait peu la Chine avant de prendre ses fonctions. Il reconnaît, dans une diction posée, teintée d'accent sud-africain, que malgré son « agilité culturelle », il a dû affronter, avec trois collègues occidentaux de la joint-venture, un choc culturel « douloureux » : « Nous faisions face à trois barrières : la langue, la culture chinoise et la culture d'entreprise qui fut probablement la barrière la plus forte. Ping An a une culture d'entreprise unique, où coexistent une forte culture entrepreneuriale et une structure hiérarchique très rigide. »

Il leur a fallu un certain temps pour simplement sortir de ce choc culturel. « Nous avons été aidés par des entreprises sud-africaines qui avaient opéré en Chine, des consultants et un vieux routier de la Chine, qui s'est révélé le plus utile parce qu'il avait été dans ma position et avait des conseils parfaitement appropriés. » Le Sud-Africain souligne qu'il avait été volontaire pour l'aventure chinoise après son implication dans la *due diligence*[30]. « Depuis la première visite, j'étais tombé sous le charme de cet endroit fou qu'est la Chine, avec son taux de croissance et ses contradictions. » Il ajoute : « Je suis un Sud-Africain issu d'un milieu conservateur et passé dans un environnement libéral. J'ai vécu un changement qui nous a fait passer de l'apartheid à une des démocraties libérales les plus exemplaires du monde. J'ai travaillé dans une organisation largement considérée comme juive. Je suis personnellement culturellement agile. »

Quant à Farquharson, il compare le choc culturel qu'il a vécu pendant ses pérégrinations dans la Chine profonde à des années-lumière de la côte est, à une incursion dans un autre monde : « Connaissez-vous le film *Avalon*, sur ces gens qui atterrissent sur une autre planète ? C'est ce que j'ai ressenti en voyageant dans les provinces chinoises. Quand je parlais avec des collègues qui travaillaient à Pékin, Shanghai ou Shenzhen, j'avais le sentiment que nous vivions dans le même pays mais sur une autre planète. »

Le diagnostic des bons docteurs étrangers

Embauchés pour résoudre des problèmes et combler des manques, les trois experts se lancent dans leur diagnostic.

---

30. Enquête pour estimer la valeur d'une entreprise avant son rachat

Wood observe un manque de questionnement sur les méthodes, dû en partie aux succès rencontrés jusque-là, une absence de recours à des données solides pour pouvoir innover à long terme et des valeurs difficilement transférables mondialement, marquées par le passé militaire du *chairman* Ren, fondateur de Huawei, formé au sein de l'Armée populaire de libération.

Il est frappé par les métaphores animales qui ont cours : « essaim » pour parler du personnel, et « culture du loup ». Il se souvient du discours d'un des vingt cadres dirigeants dès son premier jour. « Nous sommes agressifs et nous sommes en chasse, lui a-t-on expliqué. Nous devons travailler ensemble pour capturer ce dont nous avons besoin pour survivre et aller de l'avant. Nous croyons dans le fait de mettre des gens dans des situations difficiles et de voir ce qu'ils peuvent faire. Cela fait aussi partie de cette culture du loup. »

Wood observe que Huawei n'a pas vraiment modifié son approche depuis que le groupe s'est lancé à l'international. Au début, sur des marchés émergents comme l'Égypte ou la Russie, les conditions étaient proches de celles qu'avait trouvées Huawei dans la Chine rurale de ses débuts. Mais le modèle ne fonctionne plus dans les pays développés. « Ils se sont retrouvés dans des endroits où il y avait des restrictions sur les visas. Ils ont subi des descentes de police dans leurs bureaux quand on a trouvé des violations. Tout cela a été difficile à vivre pour eux mais ils avaient du mal à agir différemment. À leurs yeux, il n'y a qu'une seule façon de faire à Huawei. »

Farquharson souligne qu'il a découvert dans la Chine rurale qu'une société d'État chinoise ne fonctionne pas sous les mêmes contraintes qu'une multinationale globalisée. Elle a une mission sociale qui pèse sur ses résultats devant les actionnaires. Dans des communautés situées dans des zones reculées de Chine, les entreprises d'État ont des responsabilités sociales significatives. « Sur notre site internet, il y a deux engagements publics : celui de fournir de l'emploi et celui de créer de la valeur pour les actionnaires. Il arrive que ces deux engagements soient contradictoires. À ce moment-là, la responsabilité sociale passe avant. »

À cette première contrainte s'en ajoute une seconde. Farquharson, en tant que responsable des ressources humaines, doit rapporter au *chairman* et travaille main dans la main avec le secrétaire du Parti, qui traditionnellement dans les entreprises d'État est en charge des RH. « Nous formons une équipe, pilote/copilote. » Il souligne que les changements ont pu se faire précisément parce qu'il était soutenu par les autorités du

Parti et de la compagnie. « Les changements, pour les mettre en place, ont représenté beaucoup de travail mais ont été relativement faciles à vendre aux équipes. Il ne s'agissait pas de domaines particulièrement sensibles. Nous avons mis sur pied le SAP[31] pour cinquante mille personnes, des actifs aux retraités. Nous avons créé un système rigoureux d'information digitale sur les personnes, leur développement, leur temps de travail, leur paie. Cela a été simple parce que le Parti et moi-même étions persuadés qu'il fallait le faire. Des cadres locaux ont essayé de ralentir le processus. Ils trouvaient que cela coûtait trop d'argent, de temps et restreignait la flexibilité. Mais notre message était clair : nous allons le faire et nous ne voulons pas de cette flexibilité. »

Être ou ne pas être chinois

Pourtant, la collaboration entre hauts dirigeants occidentaux et équipe de direction n'est pas toujours « harmonieuse ». Quand elle touche au cœur des valeurs de la compagnie et implique des changements profonds et la construction d'une délégation de pouvoir entre Chinois et non-Chinois, elle peut susciter une levée de boucliers. Des jalousies, des luttes intestines s'installent entre le clan des dirigeants ouverts au changement et celui des Sino-Chinois plus refermés. Au cœur de cette bataille, la frontière de l'ethnicité est importante. Qui est étranger ? Qui est chinois ? Qui est loyal ? Pour certains, la loyauté à l'entreprise exige d'être chinois continental.

Reste que dans cette vague vers l'internationalisation, les compagnies chinoises n'ont pas eu d'autres solutions à terme que de se tourner vers des non-Chinois pour augmenter les compétences et ouvrir les marchés. Le témoignage de van Rooyen met en évidence les challenges que pose l'intégration d'un Occidental à un haut niveau dans un groupe chinois privé encore monoculturel, malgré sa revendication de soixante étrangers parmi ses top 100 managers : « Quand ils parlent d'étrangers, ils parlent en fait de Chinois qui ne sont pas nés sur le continent », nuance le Sud-Africain. « Chez Ping An, dans les top 60, il y a très peu d'Occidentaux, une douzaine tout au plus. Et, dans cette entreprise fièrement chinoise,

---

31. Voir note 29.

ces 60 étrangers ne sont acceptés que temporairement. » Lui est là pour cinq ans maximum. « Dans les statuts de la joint-venture, il est inscrit que nous avons le devoir de rendre au peuple chinois la compagnie, d'apporter les droits de propriété intellectuelle et le savoir-faire aux gens qui vont nous remplacer, au moment voulu. Et ces personnes seront, en toute probabilité, des Chinois continentaux. »

Rejetés comme un corps extérieur

Van Rooyen raconte comment il a essayé de s'entourer de Chinois plus hybrides pour l'aider. La tentative s'est soldée par un échec. Ils avaient embauché trois Chinois continentaux, traducteurs au sens large du terme pour le langage et la culture, qui n'avaient jamais été à l'étranger mais avaient fait presque toute leur carrière dans des multinationales qui les avaient beaucoup influencés. « Ces personnes ont été rejetées par l'organisation parce qu'elles étaient juniors, nouvelles et parce qu'elles occupaient la difficile place du traducteur et de l'intermédiaire entre les étrangers et les Chinois. On les a accusées d'être incompétentes et on leur a mené la vie dure. »

Il explique l'échec de ces « ponts culturels » par trois raisons : ils ont demandé des primes et un salaire élevés ; ils n'avaient pas grandi dans l'entreprise ; ils ont eux-mêmes ressenti cette expérience comme une régression. « Habitués à travailler dans un environnement plus libre – une compagnie multinationale pratiquant des RH à l'occidentale –, ils ont eu un sentiment de retour en arrière quand ils ont dû, avec les autres employés, chanter tous les matins et regarder debout ensemble les nouvelles télévisées. Ils ont eu du mal à s'ajuster et cela a dû se sentir. » Van Rooyen remarque que, dans Ping An, ce sont les cadres moyens qui acceptent le moins bien le changement : « Au plus haut niveau, la conscience que les affaires exigent des changements prévaut. Mais, plus on descend les échelons hiérarchiques, plus les gens ont envie de travailler avec quelqu'un de leur choix. Les gens recherchent, dans l'organisation, à travailler avec des personnes avec lesquelles ils se sentent à l'aise, qu'ils connaissent personnellement et intimement. »

La question de l'envie

Farquharson confirme que le recours à des *returnees* n'est pas une bonne solution face au manque de cadres supérieurs expérimentés. « Superficiellement, ils apparaissent comme une population à recruter. Ils ont des diplômes américains, une expérience dans les multinationales étrangères. Le problème c'est qu'ils ne sont pas acceptés et qu'ils ne peuvent pas être acceptés. Imaginez – j'ai été témoin de cette situation – : vous êtes un *returnee* et vous dirigez une usine à des milliers de kilomètres de Pékin. Votre directeur général a passé toute sa vie en Chine. Il a traversé la Révolution culturelle, n'a eu qu'un enfant unique et se contente d'un petit logement. Vous avez trois enfants, une grande maison en Californie, un plan de retraite confortable et vous êtes assis à la même table. Imaginez ce que ressent au fond du cœur ce directeur général, ce qu'il va vous dire : "Eh vous ! pour qui vous prenez-vous ? Nous avons les mêmes compétences ; nous sommes nés dans le même pays mais vous êtes partis." La question de l'envie est essentielle. L'envie à l'égard des Occidentaux existe aussi mais elle est plus acceptable parce que nous sommes différents. »

La bonne nouvelle pour les sociétés d'État est qu'elles semblent aujourd'hui séduire davantage la jeune génération aux dents longues qui veut donner quelque chose à son pays. « Ce sentiment, de façon surprenante, est très fort parmi les jeunes diplômés mais aussi parmi les cadres. » Seconde raison : dans une compagnie étrangère, il y a des plafonds de verre pour les Chinois. « Au mieux vous avez accès à un poste de patron de la Grande Chine mais le plus souvent vous devez exécuter les politiques du siège, décidées en Amérique. » Troisième raison : c'est devenu utile pour une carrière de passer cinq ou six ans dans une entreprise d'État, à cause de leur transformation en cours.

Wood pousse l'analyse de la relation entre étrangers et Chinois dans une grande entreprise chinoise encore plus loin et s'attaque à la question de fond stratégique : comment transformer un grand groupe – Huawei en l'occurrence – en une compagnie globalisée susceptible d'attirer des talents venus du monde entier et capable de répondre aux souhaits de ses dirigeants en devenant un vrai foyer d'innovation et en s'étendant vers d'autres secteurs et d'autres zones du monde avec succès ?

Wood a proposé à Huawei de s'appuyer sur des collectes systématiques de données et sur des expériences pilotes rigoureuses pour développer des procédures innovantes. Un de ses chevaux de bataille a été de construire un projet RH en Inde qui a dressé le cadre des « *best practices* Huawei » pour diminuer dans les filiales du groupe la proportion de Chinois. Celle-ci atteignait, en 2008, 40 à 50 %. « Je leur ai montré les efforts de mondialisation des multinationales japonaises comme Toyota. La firme a mis quinze ans pour devenir une compagnie américaine en Amérique. Je leur ai proposé d'apprendre à partir d'une expérience pilote. Ils ont dit que cela était intéressant, mais, plus tard, ont ajouté que ce n'était pas "ce à quoi ils s'attendaient". »

Étranges étrangers

Wood souligne que, dans les premières années de son expansion internationale, la façon dont Huawei traitait les étrangers et les Chinois était emblématique de son ADN. Changer cela était un choix qui relevait de la tête du groupe. « En 2009, il y avait seulement deux cent quatre-vingts étrangers au siège sur trente-deux mille personnes. Deux cent quarante étaient indiens. Il y avait aussi des Suédois, à cause d'Ericsson, des Européens, des Australiens, quelques Américains, des Canadiens et des Singapouriens. Il y avait aussi un groupe de Hongkongais, quelques centaines, qui rentraient chez eux les week-ends. Ils n'étaient pas considérés comme des étrangers, et pourtant ils travaillaient de façon très différente (des Chinois continentaux). » Il a calculé que les étrangers restaient en moyenne quinze mois dans la compagnie, avec un turn-over de 30 % alors que, chez les concurrents, il était en dessous des 10 %. « Pour la première fois dans le groupe, j'ai fait des enquêtes chiffrées sur les raisons pour lesquelles les non-Chinois démissionnaient. » En passant par les chiffres, il espérait convaincre le président de l'importance de stratégies RH de longue durée, une nécessité encore étrangère à la culture de Huawei et à celle de nombreuses compagnies chinoises. Il estimait que les ressources humaines de nombre de grands groupes chinois étaient très orientées sur le court terme et ressemblaient à ce qui se pratiquait il y a deux siècles dans l'industrie en Occident. « Le principe est dictatorial ; on donne des ordres : Va ! Fais ! Dans un pays basé sur le système de parti unique, il n'est pas étonnant d'avoir recours à ce style de management. Mais hors de Chine, cela ne marche que dans peu de pays. C'est tout le problème. » Il avait donc recueilli pour la première fois dans l'histoire du groupe des données dans trente et un pays et identifié le problème : un manque de formation des cadres chinois. « Quand des Chinois managent des non-Chinois, s'ils sont mal formés, ils se sentent inexpérimentés et dépassés, et évitent la relation avec les autres. Les employés sont insatisfaits. » Wood enfonçait le clou : « Dans les bureaux à l'étranger, il y avait souvent 60 % de locaux et 40 % de Chinois qui avaient très peu d'interactions. Dans de nombreux endroits du monde, les cantines pour employés chinois n'étaient même pas ouvertes aux non-Chinois. »

Résistance aux changements

Pourtant, se souvient-il, quand il avait proposé de former plus systématiquement les cadres chinois, il avait reçu peu d'écho : « Ils ne voulaient ni définir des critères de leadership maison, ni embaucher de spécialistes. Je leur ai dit que je comprenais que ce soit difficile de faire cela en Chine où il n'existait pas de modèle. Mais à l'étranger, les employés s'attendaient à ce qu'on les forme et les paie selon leur performance ou la durée de leur emploi. »

Face aux résistances, Wood se souvient avoir évoqué l'impératif de l'efficacité managériale : « Vous ne pouvez pas développer un service client si vos employés changent tout le temps. Vous ne pouvez pas faire exécuter votre service client par des Chinois en Inde. Ça ne marche pas. » Mais ses arguments n'avaient pas porté. « C'est comme s'ils vivaient dans un univers séparé. » Et malgré la réussite de l'expérience pilote en Inde, qui a permis de réduire la présence d'expatriés chinois de 32 à 6 % – pour une moyenne mondiale chez Huawei de 43 % – et la proportion de cadres chinois de 72 à 22 % – pour une moyenne mondiale de 82 % –, la direction n'avait pas cherché à propager le modèle. « Ils ont stoppé l'expérience parce qu'ils ne pouvaient pas contrôler les managers depuis Shenzhen s'ils n'étaient pas chinois. Dans un environnement de type militaire, la question du contrôle est cruciale. »

Finalement, en 2011, au bout de deux ans et cinq mois, Wood, malgré le soutien d'une partie de la direction, démissionnait pour ne pas avoir à jouer les « idiots utiles ». « À Huawei, il existe une réelle méritocratie, tous d'excellents ingénieurs. Mais la direction ne m'aurait jamais laissé aller au bout de cette expérience à partir d'un pilote, ni diriger les ressources humaines pour leurs nouveaux business. C'est un fait. » Il note que les plus progressistes avaient confiance en lui mais que ce n'était probablement pas le cas du *chairman* Ren. « Au sommet, il y avait deux factions. Comme au niveau national. Ceux qui voulaient ouvrir les ports et partir explorer, et ceux qui pensaient encore que la Chine est l'Empire du milieu. Ils savaient qu'ils devraient être plus transparents et ouverts, qu'ils en avaient besoin mais ils ne pouvaient pas le faire. C'était trop difficile ; il y avait trop de risques de perte de face, encore et toujours. » Wood est convaincu que ses collègues chinois ne comprenaient pas qu'en face d'eux, hors de Chine, il y avait une presse libre qui posait des questions et n'était pas juste un outil aux mains de l'État, comme dans le pays où ils avaient grandi. « Le comité de direction était entièrement constitué de hauts dirigeants de Huawei. Personne ne venait de l'extérieur. Les veto étaient encore donnés par le fondateur et sa famille. Typiquement chinois. »

Normalisation jusqu'où ?

Quatre ans après la démission de Wood, comment les choses ont-elles évolué ? Huawei a continué à fortement progresser à l'international au point qu'aujourd'hui près de la moitié de ses salariés ne sont pas chinois. Florence Lavaud, directrice RH de Huawei France, expliquait en 2013 que la politique RH, lente à se stabiliser, était maintenant délocalisée, les RH dépendant, en France, de la zone Europe de l'Ouest, ce qui permettait de développer des carrières en Europe pour les non-Chinois. Pour ne pas être taxé de favoritisme à l'égard des Chinois, qui seuls peuvent détenir des actions de la coopérative Huawei, Huawei France avait mis en place un système de participation liée aux résultats pour les non-Chinois. L'un des axes de la politique RH était de recruter des personnes déjà ouvertes au multiculturel. Lavaud ajoutait que ce qu'elle faisait n'était guère différent de ses fonctions précédentes dans des entreprises franco-françaises. « Huawei a des origines chinoises mais le groupe pense de façon globale. Pour ma part, je pense que je travaille dans une entreprise de nouvelles technologies d'origine chinoise. Ces racines m'intéressent mais je connais mieux la culture Huawei que la culture chinoise. » [32]

Reste que certains éléments de la « culture Huawei » ont la vie dure. Ainsi, François Quentin, président de Huawei France, se faisait prendre la main dans le sac au Cercle des Armées à Paris, en novembre 2014, en traitant avec mépris une journaliste de télévision réputée, Élise Lucet, qui enquêtait sur le travail des enfants chez un sous-traitant chinois de Huawei. En voulant la faire taire sans subtilité, Quentin provoquait une levée de boucliers et la curiosité des grands médias, suscitant l'indignation du grand public français de plus en plus sourcilleux sur la responsabilité sociétale des entreprises. Il réveillait ainsi les vieux réflexes anti-chinois et anti-Huawei, alors que le groupe a de fortes ambitions marketing et commerciales en France et en Europe.

La greffe Lenovo-IBM

Lenovo a fait le pari de la mondialisation dès 2005, quand la société a fait une entrée fracassante sur la scène mondiale. Pour asseoir son développement – d'aucuns dirent alors sa survie –, elle avait choisi la greffe. Le greffon qu'elle venait d'acquérir n'était autre qu'IBM-PC, le géant américain de l'informatique. Lenovo est devenu le symbole de la mondialisation réussie d'une entreprise chinoise. Le numéro deux mondial du marché des PC emploie trente mille personnes dans soixante pays et sert des consommateurs dans cent soixante pays. Son comité exécutif compte autant d'étrangers que de Chinois. L'entreprise a deux sièges, l'un à Pékin, l'autre en Caroline du Nord, des centres de R&D au Japon, en Chine, aux États-Unis et des unités de production en Chine, aux États-Unis, en Inde et au Mexique.

Dans sa communication Lenovo met désormais en exergue son double héritage. L'entreprise fait remonter ses débuts d'une part à 1980, quand IBM introduit le premier ordinateur personnel, l'IBM-PC, et d'autre part à 1984, quand une dizaine de chercheurs de l'Académie des sciences de

---

32 Citation tirée de Brigitte DYAN et Hubert TESTARD, *Quand la Chine investit en France*, AFII (Agence française des investissements internationaux), 2014

Chine créent une petite structure, dans la guérite d'un garde de l'académie selon le mythe fondateur, comme en écho à ceux qui font naître la Silicon Valley dans des garages californiens. Ce souci d'intégration dans le récit des origines témoigne des efforts consentis pour faire prendre la greffe : direction en tandem pendant une phase de transition, installation du CEO chinois Yang Yuanqing aux États-Unis et positionnement stratégique de la politique RH.

Qiao Jian, Gina Qiao en anglais, la dirige avec passion. Cette femme de 45 ans, au sourire généreux, est une des deux femmes à siéger au comité exécutif de Lenovo, en tant que vice-présidente ressources humaines. Elle a été classée huitième femme plus puissante de Chine[33]. Elle explique que la stratégie RH de Lenovo vise à « protéger et attaquer[34] ». « Protéger ses parts de marché en Chine et son business de PC tout en attaquant les marchés dans lesquels Lenovo voit les plus grands potentiels de croissance à venir : les ventes aux consommateurs et les marchés émergents tels que le Brésil, la Russie, l'Inde et la Turquie, et les portables. »

Pour « protéger », Lenovo cherche « à retenir les meilleurs talents dans un marché à l'évolution très rapide où les taux de perte sont élevés et à identifier, attirer et retenir les meilleurs talents dans des secteurs nouveaux où Lenovo n'a pas la base d'une tradition de connaissance ou de reconnaissance en tant que marque », précise-t-elle. Elle est confiante dans la qualité des talents de l'entreprise et ne ménage pas ses efforts pour les conserver : Programme de MBA, cours de langue et, pour ceux qui réussissent, développement personnalisé afin qu'ils deviennent des leaders globaux.

Lenovo fait aussi passer ses cadres par des formations dont les intitulés soulignent la perspective mondiale de l'organisation : *New World, New Thinking, Managing across Cultures*. Les étrangers qui le souhaitent peuvent prendre des cours de mandarin. Quand Lenovo recrute dans les campus en Chine, cent étudiants postulent pour un poste. Qiao veut atteindre ce ratio aux États-Unis et en Grande-Bretagne. Cajoler les talents en Chine n'est plus suffisant, elle les cherche maintenant tous azimuts.

---

33. Classement 2012 du site Fortune China (http://www.fortunechina.com).
34. http://www.hrmagazine.co.uk/hr/interviews/1020870/exclusive-interview-gina-qiao-senior-vp-hr-lenovo

Elle admet que la deuxième partie de sa stratégie, « l'attaque », lui pose plus de problèmes. Lenovo vise à pénétrer encore plus le marché de la consommation et à développer de nouveaux produits. L'entreprise, admet-elle, n'a pas suffisamment investi en R&D et en développement de logiciels. « Il faut trouver les meilleurs talents dans le secteur de la consommation ; des gens qui peuvent établir des passerelles entre différents lieux géographiques. Il nous faut aussi transformer notre culture en passant d'une culture de l'ingénieur à une culture qui combine performance et design. Il nous faut attirer des talents du mobile et du design de produits et devenir une entreprise plus innovante. »

Souci de la performance, parts de marché et ambitions innovatrices sont les moteurs classiques d'une multinationale aiguillonnée par le succès et la concurrence. On est loin de l'époque où une dizaine de chercheurs nourris au saint des saints du monde académique chinois se lançaient timidement dans l'aventure capitaliste grâce à un prêt de 200 000 yuans (à l'époque 25 000 dollars) du gouvernement communiste chinois à partir d'une banlieue de Pékin. Aujourd'hui, l'équipe dirigeante se réunit tous les mois dans un pays différent pour y rencontrer partenaires et employés. « C'est parfait pour la construction de l'équipe car nous avons des Occidentaux et des Asiatiques et venons tous d'horizons différents. En étant ensemble pendant une semaine chaque mois, nous pouvons échanger nos idées et cela nous permet aussi de construire une relation de confiance », explique Qiao. Le succès de Lenovo semble bien reposer, en tout cas en partie, sur sa capacité et sa détermination à embrasser l'hybridité qui est à son origine même.

Les nouvelles startups globales chinoises

En 2015, alors que la mondialisation des entreprises chinoises continue sur un rythme soutenu, émergent de nouveaux modèles de gestion des hommes dans les sociétés chinoises.

On voit naître, notamment dans la high-tech, des startups qui se proclament immédiatement globales et mettent en avant leurs équipes multiculturelles. Ainsi le jeune Chinois Peter Lau quitte-t-il le poste de vice-président chez le fabricant de téléphones portables chinois Oppo, pour lancer fin 2013 Oneplus qui conçoit et commercialise directement

– et exclusivement – sur le web des téléphones portables androïdes haut de gamme. Sur son site mondial, anglophone et très bien fait, il promeut dès le départ une identité globale. « Nous ne sommes pas une compagnie qui cherche à devenir globale. Nous sommes nés globaux, avec des employés originaires de tous les coins du monde. Notre rêve est que des amis du monde entier apprécient nos produits », lit-on au-dessous d'une photo très « californienne » de onze membres de l'équipe – quatre filles et sept garçons, cinq visages caucasiens et six asiatiques – qui sourient sur fond de graffiti bleu-vert ensoleillé, vêtus des chemises à carreaux et des sweats à capuche chers à tous les *nerds* de la planète. L'évolution est nette par rapport au site de la firme Oppo, née en 2004, qui montre des flèches qui partent dans toutes les directions à partir de la maison mère à Shenzhen pour souligner l'internationalisation du groupe aujourd'hui présent sur vingt et un marchés.

Le site en anglais de Oneplus précise que la jeune startup refuse la segmentation du marché, qu'elle considère comme obsolète dans le monde actuel : « Nous n'enfermons pas nos utilisateurs dans des catégories basées sur l'âge, le genre ou la géographie. Notre cible est simplement celui ou celle qui veut le meilleur et ne se satisfait pas de moins que cela. »

Le monde semble donc plat pour Oneplus et pourtant, si on passe sur le site chinois, tout à fait distinct du site mondial et baptisé Yi jia (一加), traduction littérale de Oneplus, on ne voit plus aucune référence à la globalité de la startup. N'apparaissent ni professions de foi globalisantes, ni photos de *nerds* multiculturels et cosmopolites mais un texte qui défend les valeurs de distinction et d'exigence à destination d'un public chinois continental. Le site veut renforcer le sentiment d'appartenance à un groupe qui refuse collectivement de s'accommoder de l'ordinaire, de l'à-peu-près et vise l'excellence. Jouant sur l'homophonie en chinois de *jia* qui peut signifier dans une graphie différente « plus » ou « famille », il proclame : « Nous sommes des "oneplus" et nous sommes une famille[35] » et ajoute : « Nous sommes en train d'écrire notre histoire et aussi la vôtre, celle de ceux qui en veulent plus. À partir de maintenant, ce qui est ordinaire ne suffit plus[36]. »

---

35. 我们是 一加 人, 也是一家人 (Wo men shi yi jia ren, ta shi yi jia ren)
36. 是关于我们的, 也是关于你们的不将就故事。从这一天开始, 一切都不平常 (shi guan yu wo men de, ye shi guan yu ni men de bu jiang jiu gu shi. cong zhe yi

Participation d'étrangers aux conseils d'administration

On observe aussi l'arrivée d'étrangers dans les conseils d'administration de filiales de sociétés d'État. Ainsi, China National Bluestar, filiale de ChemChina – une des *Fortune 500* chinoises. La compagnie, créée par Ren Jianxin en 1984 et contrôlée par l'État à partir de 2000, avait déjà accepté en 2008 l'introduction dans son capital d'un fonds américain Blackstone à hauteur de 20 % (les 80 % restants étant contrôlés par la société d'État ChemChina). Après avoir racheté avec succès les français Adisseo et Rhodia (silicones), l'australien Qenos et le norvégien Elkem, China National Bluestar a fait entrer dans son conseil d'administration plusieurs étrangers. « Nous avons établi un *board international* de dix membres, expliquait en 2013 Robert Lu, président de Bluestar et un des hommes clés de son développement international. Deux sont de Blackstone, quatre viennent de ChemChina ou Bluestar, plusieurs sont d'excellents managers internationaux comme Gérard Deman ou Olivier de Clermont-Tonnerre. Il y a aussi un membre venu d'Elkem et un autre de Qenos, notre société australienne. Ils sont au conseil d'administration mais aussi au comité stratégique qui prend des décisions clés. Ils ont été impliqués dans plusieurs décisions importantes[37]. » En mars 2015, le *board international* comptait sept étrangers dont quatre Israéliens, deux Français et un Américain.

Un gigantesque laboratoire

À quelque dix ans du rachat d'IBM-PC par Lenovo, près de vingt ans après la première joint-venture de Michelin à Shenyang et le lancement de la campagne gouvernementale « Mondialisez-vous », trente-cinq ans après les réformes lancées par Deng Xiaoping, on peut remonter la chronologie d'un des fronts les plus actifs de la mondialisation, celui des entreprises petites et grandes. La chronologie, plus humble, des

---

tian kai shi, yi qie dou bu ping chang)
37. Citation tirée de Brigitte Dyan et Hubert Testard, *Quand la Chine investit en France*, AFII, 2014.

destins individuels vient s'y imbriquer. Ceux-ci trouvent leurs places sur l'échelle de gradation, du plus superficiel au plus profond, qui marque la transformation dans laquelle sont engagés les individus, les entreprises et à travers eux les nations.

Explorer la rencontre entre la Chine et le reste du monde par le biais du monde du travail est un parti pris qui s'impose par la seule ampleur des chiffres. Le laboratoire est immense. Nous venons de balayer la ligne du temps à travers les témoignages de personnes qui ont été et sont aujourd'hui des figures de proue de ces rencontres ou de simples acteurs.

Nous avons voulu zoomer sur les microcosmes Michelin et Agilent pour plonger, en regards croisés, dans la transformation des personnes, qui est au cœur des stratégies d'entreprise. Ces stratégies ont permis à Michelin d'ouvrir une de ses plus grandes usines au monde à Shenyang et à Agilent de nommer un cadre local à la tête de ses opérations en Chine ainsi qu'un cadre chinois à la tête d'une de ses *business units* mondiales. Enfin, nous avons sollicité le point de vue d'experts étrangers engagés par des entreprises chinoises en quête de développement.

Pour mémoire, le cadre que nous avons suggéré pour analyser, dans divers champs, l'impact de la rencontre entre la Chine et le reste du monde sur les personnes par lesquelles elle passe, indique, en abscisse, une culture A – dans laquelle cette personne a des repères – et, en ordonnée, la culture B – qu'elle découvre ou dans laquelle elle a appris à opérer. Pour compléter ce modèle en trois dimensions, il faut ajouter l'axe du temps. La transformation des individus peut alors se visualiser comme une spirale.

Appliqué au monde des entreprises, ce cadre offre un tableau riche, à l'interprétation complexe. Chinois de République populaire ou de la diaspora et étrangers, entrepreneurs, employés de multinationales ou d'entreprises chinoises, en Chine et ailleurs, ont été plongés dans les dynamiques de la globalisation dont la Chine est un des moteurs et des terrains d'action fondamentaux. Ils ont été embarqués par ses forces et freinés par ses limites. Certains sont nés hybrides culturels, d'autres se sont engagés ultérieurement dans cette voie à un degré variable de profondeur, d'autres encore s'y refusent. Les entreprises encouragent ces transformations ou les craignent. En filigrane, derrière ces rencontres qui se déroulent dans le monde de l'entreprise, s'inscrit la question fondamentale des changements qu'elles amènent dans les sociétés où elles se jouent.

Quatre trajectoires modèles

Quatre des personnes rencontrées et présentées éclairent particulièrement ce tableau. Chacune, parvenue à un certain degré d'hybridation culturelle, témoigne des freins et accélérateurs qui ont marqué sa transformation.

Martine Dinh, chez Michelin, est définie par ses propres collègues comme une « hybride culturelle ». Son agilité culturelle reste fragile, dit-elle pourtant, à la merci « d'un faux pas, d'une perte de contrôle ». Parmi les Occidentaux qui opèrent en Chine, elle est pourtant certainement très avancée dans son processus d'hybridation. La spirale qui la représente sur notre tableau est en mouvement soutenu, constant, alors qu'elle arpente son atelier pendant des heures et y échange en chinois avec ses équipes.

Dinh ne se sent pas d'attachement particulier à une nationalité, à un passeport. Enfant d'un couple mixte franco-allemand, elle a épousé un métis franco-asiatique et elle affirme clairement que le choix de la Chine a été largement motivé par la possibilité de donner à ses enfants l'expérience de vivre dans une autre culture. Elle cultive ses racines dans des valeurs qui transcendent les frontières. Elle les fait remonter entre autres à son éducation en France et à son apprentissage sur le terrain en Chine, une expérience qui l'a profondément changée. Elle frappe par sa capacité d'écoute, son ouverture et son empathie.

C'est une forme de dilemme personnel qui l'a aussi poussée vers plus d'hybridité. L'expatriation en couple à Shenyang a imposé à Dinh de mettre sa carrière en retrait par rapport à celle de son mari. Son rôle, à un niveau hiérarchique moindre, lui a permis de plonger beaucoup plus en profondeur dans la réalité chinoise de l'entreprise. Elle en a profité pour acquérir les outils qui lui permettent de se développer personnellement et d'ajouter une flèche à son carquois professionnel. Au-delà du mandarin, elle s'est formée au coaching, une compétence qu'elle met au service de l'entreprise pour justement développer ses collègues chinois alors qu'elle joue aussi le rôle de pont, de manière souvent informelle, avec ses collègues étrangers.

La transformation de Dinh pourrait être représentée par une spirale aux courbes amples régulières, solidement ancrée sur la ligne du temps. Son hybridation était présente pratiquement dès sa naissance comme un fil conducteur qu'elle a choisi de suivre. Elle a aussi clairement choisi de transmettre ses valeurs à ses enfants et à ses collègues. Elle est une « passeuse d'hybridation » dont la trajectoire coïncide avec un grand projet industriel, qui fait date pour Michelin et qui marque un jalon dans l'histoire économique de la Chine.

Les dilemmes d'une Singapourienne

La Singapourienne Meili Wang, née à Taïwan et d'ethnie chinoise, se définit elle-même comme une « hybride culturelle ». Sa spirale va certainement très loin. Elle est passée, rappelons-le, par les États-Unis et l'Europe avant de venir en Chine pour un grand groupe pharmaceutique américain. Son physique est asiatique, elle parle le mandarin, connaît la culture traditionnelle chinoise dans laquelle sa famille l'a élevée. Avec onze années passées dans un groupe pharmaceutique occidental, cette professionnelle accomplie, à l'anglais parfait, est très rodée aux méthodes et aux normes de son entreprise auxquelles elle adhère. Profondément singapourienne dans l'héritage pluriculturel de son éducation, elle est à cheval sur le respect des règles et décode avec finesse les divers environnements dans lesquels elle navigue. Comme Dinh, elle puise dans sa propre complexité pour jouer aussi le rôle de pont. Cette fonction la ravit sur le plan personnel et correspond à celle que lui a donnée son entreprise : faire entrer dans la norme globale les pratiques qui accompagnent les essais cliniques en Chine. Ce faisant, elle a rencontré beaucoup de résistances de la part de ses équipes chinoises.

Wang a été confrontée à un véritable dilemme : d'un côté les règles requises par l'entreprise et qui devraient s'appliquer dans le monde entier, de l'autre des collaborateurs chinois qui, soit pour les adapter, soit pour refuser de les respecter, se prévalent des spécificités locales. Le dilemme auquel fait face Wang, qui oppose « universalisme et particularisme », est un classique auquel sont régulièrement confrontés des cadres aux manettes de la globalisation en entreprise, en Chine en particulier.

Pour Wang, c'est un test parfois douloureux de son hybridation culturelle apparente et revendiquée. « Ayant grandi à Singapour, qui est une société hybride, j'ai l'air d'une Chinoise mais je ne partage pas les mêmes valeurs, la même façon de penser que mes collègues chinois continentaux. Ils s'attendent à ce que je les soutienne plus systématiquement que je ne le fais », confie-t-elle. Ses collègues chinois attendaient d'elle une loyauté basée sur leur appartenance ethnique commune. Cette loyauté implique, si ce n'est une adhésion, tout au moins une tolérance par rapport aux normes comportementales en vigueur. Or Wang se sent une allégeance beaucoup plus déterminante et déterminée à l'égard des valeurs d'un de ses autres cercles d'appartenance, celui de son entreprise, et des normes éthiques internationales qu'elle prône. Car c'est bien de cela qu'il s'agit : jouer le jeu de la transparence ou celui de l'opacité, celui de l'intégrité ou celui de la corruption.

Il est de notoriété publique que les grands groupes pharmaceutiques naviguent parfois, à travers le monde, dans des eaux troubles. En Chine, le secteur des essais cliniques pharmaceutiques a la réputation d'être corrompu. L'arrestation en juillet 2013 de plusieurs cadres de Glaxo-SmithKline China est venue le rappeler. Ils sont accusés d'avoir transféré 500 millions de dollars à des agences de voyage pour payer docteurs et fonctionnaires.

Parfois lasse, Wang ne désarme pas pour autant, elle prépare sa succession avec une Malaisienne, tout aussi attachée aux règles qu'elle et qui est aussi ethniquement chinoise. Elle a constaté que les équipes chinoises continentales ont encore besoin de ponts culturels. En prenant bientôt des responsabilités régionales, elle va pouvoir être un pont à un niveau plus élevé dans l'entreprise en y partageant son expérience en Chine et les connaissances utiles qu'elle y a acquises. La trajectoire de sa spirale se poursuit.

Je me suis affirmé comme individu

Celle de David Wei est époustouflante. Premier CEO chinois continental du laboratoire R&D d'Agilent, émanation de HP, une des grandes références de la Silicon Valley, il a délibérément fait le choix de l'hybridation culturelle. Rien ne l'y avait pourtant préparé. Il est né et a grandi en Chine où il a fait toutes ses études. Il serait bien parti les finir à l'étranger mais, jeune marié, il cède aux réticences de sa femme. Puis, il y a eu juin 1989. Comme beaucoup de sa génération, il a perdu ses illusions quand les espoirs qui s'étaient exprimés sur la place ont été réprimés. Comme pour réparer cette blessure, il a choisi l'hybridité :

« Au début des années 1980, l'économie chinoise était encore sous contrôle et le rêve de tous les étudiants ingénieurs était de travailler pour le gouvernement, pour le pays. Ensuite, en 1989, en idéaliste, j'ai essayé de changer les choses. Puis, durant mes premières années chez HP, je me suis affirmé comme individu, j'ai davantage profité de la vie et j'ai cherché à être utile pour les autres et mon pays. En 1994, quand j'ai commencé à apprendre ce que voulaient dire confiance et respect chez HP, je me suis mis à chérir ces valeurs. Je voulais devenir cette sorte de personne qui respecte les autres, leur fait confiance et a une intégrité personnelle. »

Wei résume ici la résolution de ce qui était a priori un dilemme existentiel : travailler comme il l'avait un temps espéré pour un gouvernement qui venait cependant d'écraser ses espoirs, ou travailler pour une entreprise étrangère et ne pas servir son pays. C'est en butant sur l'un et l'autre puis en rebondissant pour aller se frotter encore à cette apparente contradiction qu'il est finalement parvenu à faire mieux que l'un ou l'autre. Il est fier d'avoir réussi à faire l'un et l'autre : « Mon système de valeurs a changé. J'ai acquis la liberté de choisir ce que je fais et avec qui je travaille. Et j'ai aidé la Chine. En 1994, quand nous avons travaillé avec Huawei, c'était encore une petite compagnie de quelques centaines d'employés et nous les avons beaucoup soutenus. Je pense que c'est une forme de contribution au pays. »

Sur la ligne du temps, les moments clés de la vie de Wei sont aussi ceux qui figurent dans les manuels d'histoire politique et économique, des espoirs brisés de Tian'anmen à sa nomination de premier CEO chinois continental en Chine pour un grand groupe technologique américain.

Sur l'axe de la transformation, Wei se situe dans la profondeur. Il admet avoir modifié son système de valeurs et, plus encore, s'être octroyé la liberté de choisir. Le cœur de l'hybridité, le moteur de la spirale, est bien le choix du registre dans lequel on veut opérer en ayant la capacité de passer de l'un à l'autre. Wei reste profondément ancré en Chine, il vit à Pékin, tous les membres de sa famille sont chinois. Il est authentique dans ses conversations avec son beau-frère, avec ses amis employés par des sociétés d'État, dans ses rencontres avec des officiels. Il est bien conscient des mécanismes de loyauté qui opèrent autour de lui et qui sont fondés sur la hiérarchie et des jeux complexes de devoirs et d'obligations au sein des groupes. Il n'y adhère pas toujours.

Il adapte son style de communication avec ses collègues, selon qu'ils sont chinois ou américains. Il est très heureux d'avoir appris lors de son MBA la méthode hypothético-déductive occidentale de raisonnement et se félicite tout autant d'y avoir noué des liens profonds avec ses condisciples en majorité chinois, nombre d'entre eux étant aussi « hybridisés ». Ils constituent un nouveau cercle d'appartenance. L'hybridité culturelle de Wei, spirale toujours en mouvement et très avancée dans sa trajectoire, a trouvé sa source au cœur de l'entreprise qui l'a suscitée, nourrie et encouragée.

Les limites de la « culture du loup »

Comme Agilent, Lenovo a fait de l'hybridité son credo et le moteur de sa globalisation. Mais l'apparition d'entreprises chinoises aux quatre coins du monde au cours des dix dernières années ne doit pas faire illusion : il s'agit d'internationalisation et non pas de globalisation. Pour nombre d'entreprises chinoises le centre de gravité reste fortement ancré en Chine. La nuance entre la globalisation et l'internationalisation n'est pas seulement sémantique. Elle implique un autre rapport au temps, un temps plus long pour une entreprise globale, plus court, plus pragmatique pour une entreprise qui s'internationalise. Elle touche aussi à la place des hommes dans les projets économiques et industriels, à leur transformation, à la priorité qu'on leur donne, à la confiance qu'on leur octroie.

Wood ne prétend pas être un hybride culturel. Américain et profondément chrétien, il doit cependant à sa maturité professionnelle une grande ouverture et une vaste expérience internationale, en particulier en Asie. Il avait été engagé pour accompagner en RH le développement mondial de Huawei, un groupe qui a pour ambition de devenir le numéro un mondial dans le secteur des technologies de l'information et des télécoms mais dont le turn-over à l'étranger freinait les ventes et l'innovation. Il a rapidement compris qu'il faisait face à un dilemme qui était aussi celui de l'entreprise : introduire dans une culture d'entreprise, qui est définie comme « la culture du loup », une approche RH respectueuse des personnes et transparente.

Son diagnostic fut sans équivoque : « En management, le personnel de haut niveau visionnaire et familiarisé avec l'international fait défaut. Il y a aussi un problème qualitatif avec la direction. Nombreux sont ceux qui n'ont pas d'expérience ni dans le management de non-Chinois, ni dans les fonctions opérationnelles sur des marchés fondamentalement différents. Ils ne sont pas capables de gérer des types de gouvernement différents et des relations nouvelles avec les médias qui ne sont pas contrôlées par le système du parti unique dans lequel ils ont été élevés. » Wood n'hésite pas à ouvrir son dilemme professionnel au champ politique et à identifier une des grandes questions : l'ethnocentrisme exacerbé des entreprises chinoises à fort ancrage national est marqué par une affirmation très forte des cercles d'appartenance. L'hybridation y est encore vue avec suspicion, d'une utilité tactique, à court terme.

Les témoignages de Wang et de Wei s'articulent autour des questions d'appartenance et de loyauté et d'adhésion à des valeurs, en particulier éthiques. Dinh privilégie la question des valeurs dans la sphère professionnelle et privée à celle de l'appartenance et de la loyauté.

L'hybridation pose des questions existentielles aux individus, stratégiques aux entreprises et politiques aux nations. L'hybride culturel est capable de réconcilier sa propre dualité et autour de lui, dans l'entreprise, de gérer la complexité en se transformant lui-même. Les hybrides existent, la globalisation les crée, les entreprises les nourrissent, mais quelles places leur réservent-elles ? La question prend une acuité particulière en Chine. Que fait l'Empire du milieu des « hybrides culturels » ? Et en veut-il vraiment ?

Chapitre 2

ÉCOLES ET UNIVERSITÉS, TERREAUX DE TRANSFORMATION

Huit heures trente sur un des derniers marchés traditionnels de Shanghai. Installés sous les arcades de briques rouges de la Anshan Lu, des marchands de pâtes fraîches voisinent avec des étals de fruits secs ou de châtaignes d'eau et des garages à vélos. Dans une échoppe transformée en galerie expérimentale, nichée au milieu des petites boutiques traditionnelles, sont attendus neuf étudiants chinois qui suivent une formation préparatoire d'un an, en Chine, avant de partir apprendre les métiers de l'art et de la culture à l'Institut d'études supérieures des arts (IESA) de Paris. Cette formation les prépare en amont à se dépayser et à réussir ce grand saut dans l'inconnu en leur faisant rencontrer des artistes français venus faire des études postdoctorales à Shanghai. Une expérience pédagogique inédite qui permet de découvrir, in vivo, comment peut s'amorcer, au-delà du marché, par la rencontre et le dialogue, une véritable démarche d'hybridité culturelle.

La question est d'importance quand on sait que l'éducation est le second creuset d'hybridation après l'entreprise. À la fin de 2014, le nombre cumulé des Chinois qui avaient étudié ou étudiaient encore à l'étranger atteignait 3,05 millions [1], une multiplication par près de douze

---

1. Wang Huiyao et al., *Blue Book on Chinese Overseas Students and the Employment of Returnees*, étude publiée par le ministère de l'Éducation, novembre 2014.

depuis 1996, alors que seulement 1,44 million[2] étaient rentrés en Chine. Et le nombre des départs ne cesse d'augmenter, passant de 120 000 par an en 2003 à 400 000 en 2013[3].

Une année préparatoire

Paul Devautour, la cinquantaine, vêtements décontractés, cheveux grisonnants, est, avec sa femme Xia Yilan, le fondateur de cette échoppe-galerie expérimentale. Le couple a co-conçu à Shanghai en 2004, dans le cadre de l'École nationale supérieure d'art de Nancy, un programme de recherches qui soutient les travaux d'étudiants de troisième cycle autour du thème « La création dans la mondialisation ». La petite agence Pharos Education, qui représente de nombreuses institutions éducatives françaises – dont l'IESA – et fait de l'ingénierie pédagogique, leur a demandé de présenter un autre regard sur le concept d'exposition en jouant sur la synergie entre les parcours croisés des étudiants français et chinois.

Ce matin, les neuf étudiants chinois se déplacent dans trois lieux différents, à la rencontre de trois jeunes artistes. Arrivés au compte-gouttes dans l'étroite ruelle, ils ont tous moins de 25 ans. La plus jeune n'a que 18 ans et met encore la main devant la bouche pour cacher son rire. La plus sophistiquée est diplômée en design de Tongji, une prestigieuse université shanghaïenne. Huit filles et un seul garçon, ils viennent tous d'horizons différents : design, cinéma, multimédia, histoire de l'art et dessin animé. Ils ont tous déjà été acceptés dans un établissement français et se forment aussi bien en langue qu'en méthodes d'apprentissage. « Nos clients, des universités et des écoles, se sont rendu compte que beaucoup d'étudiants chinois étaient en situation de retard, voire d'échec quand ils arrivaient à l'étranger, expliquent Cédric Barrier et Antonia Dubrulle, de Pharos Education. Ils mettaient du temps à s'adapter et cela avait une incidence sur la reconnaissance des formations sur le marché chinois. Nous avons cherché une solution concrète qui satisfasse tout le

---

2. *Ibid.*
3. Wang Huiyao et *al.*, *Blue Book of Global Talent. Annual Report on the Development of Chinese Students Studying Abroad*, étude du Centre pour la Chine et la globalisation, Social Sciences Academic Press (Chine), 2013.

monde. » Pari gagné puisque leur idée répond à la fois à la demande des institutions consulaires qui veulent pouvoir accorder des visas en meilleure connaissance de cause, à celle des parents chinois prêts à payer cher pour donner un avantage compétitif à leur unique enfant face à une sélection de plus en plus féroce et aux intérêts de l'IESA, leur commanditaire, qui, arrivé sur le marché chinois en 2009, est passé de onze candidats en 2010 à plus de deux cents en 2013.

L'art sur le marché

Le petit groupe rencontre d'abord l'artiste Victor Remeré, casquette bleue, barbe de cinq jours et œil pétillant de titi parisien. Il a monté son installation *Still Life* (« Nature morte ») dans l'échoppe-galerie : à partir de trois cents fruits, il génère du courant électrique en utilisant le système de Volta, l'inventeur de la pile. Les questions mettent un peu de temps à fuser mais, finalement, une étudiante se décide et demande dans un français hésitant ce que l'entourage sur le marché pense de cette exposition et comment Victor communique avec lui. Le jeune artiste répond en français que la galerie présente une exposition différente tous les quinze jours et qu'elle a trois types de public : les voisins commerçants, les clients du marché et les visiteurs qui viennent pour l'expo. « Les gens sont très curieux et il y a plus de visiteurs ici que dans une galerie habituelle, avec moins d'a priori. »

Devautour souligne l'importance d'un lieu d'exposition ouvert, où chacun est libre d'avoir sa façon de voir, sans subir un discours d'autorité. Un message audacieux dans un pays où l'éducation est marquée par les principes confucéens de respect absolu des professeurs. Le jeune artiste précise que les interrogations des voisins ou des passants portent souvent sur ce qu'on vend dans l'échoppe, ce qui ramène à la question du commerce de l'art. Rires de l'assistance qui part précisément en Europe étudier les métiers du marché de l'art. Et la discussion s'engage. Une étudiante note que cela la fait réfléchir sur la relation entre art et environnement ; une autre que « l'art ne doit pas être différent des autres choses de la vie », qu'il doit être à la fois « spécial et normal ». Des passants s'arrêtent, curieux. Une dame d'un certain âge engage une discussion avec l'artiste. Une autre râle pour pouvoir passer. Un commerçant voisin, qui vend des sacs et des parapluies, se mêle à la discussion pour dire du bien de cette échoppe-galerie : « Cela fait du passage. On ne comprend pas tout mais, petit à petit, ça va mieux. »

Une rencontre en trois dimensions

Deuxième étape du parcours éducatif : l'*hackerspace* de Xin Che Jian, qui réunit des passionnés de bricolage qui viennent bénévolement échanger de l'information et des idées entre ingénieurs, techniciens et artistes et se lancer dans la fabrication d'objets. C'est le premier espace de ce type à avoir vu le jour en Chine. Au milieu de son bric-à-brac, Vivien Roussel, des yeux noirs cachés derrière des lunettes carrées, parle avec passion de ses projets artistiques qui touchent aux nouvelles technologies. Il explique à l'assistance fascinée par ses dessins sur écran puis ses impressions en 3D du buste d'une des étudiantes, que l'industrie du cinéma peut certes faire de la 3D de bien meilleure qualité et plus vite que lui mais que son but, c'est de « réussir à utiliser les technologies pour soi, à faire ce qu'on veut à moindre coût ». Devautour souligne encore une fois l'importance du questionnement sur le lieu et les destinataires quand on réalise une œuvre ou une exposition.

Violence et lenteur

La dernière étape se déroule au premier étage d'un café Art déco dont la décoration mélange subtilement peintures à l'huile de facture européenne et objets de cérémonie du thé. Une jeune vidéaste, Hélène Delean, pommettes hautes et sourire engageant, y présente une vidéo dont elle a écrit le scénario avec des enfants d'une école primaire de la banlieue parisienne où elle était en résidence. Son film muet, au rythme lent, met en scène une chorégraphie d'enfants qui se battent comme au ralenti. Les étudiants chinois l'interrogent sur l'esthétique du film, sa lenteur, son caractère muet mais aucun, étrangement, n'aborde directement la question de la violence. Une étudiante remarque que le rythme est très rapide à Shanghai et donne envie de ce temps plus long. « Autour de moi, les gens aspirent à une vie plus tranquille », explique-t-elle.

Delean répond qu'elle a observé une violence réelle dans l'école mais qu'elle a choisi de la mettre en scène de façon lente pour travailler avec les enfants sur cette temporalité à travers un geste contrôlé, canalisé, réadapté. « C'est une manière de créer une pause qui leur fait porter un regard sur eux et sur ce qui les entoure. » Encouragée à parler par Devautour, la jeune étudiante de Tongji évoque son malaise devant ce film muet, où l'on voit se battre au ralenti des petits garçons. Petit à petit, la discussion s'engage autour de la longue table chinoise où chacun boit dans de jolies coupes son thé accompagné de fruits et de petits biscuits belges. Devautour finit par mettre les pieds dans le plat : « Est-ce que la violence physique existe aussi dans les écoles chinoises ? » Plusieurs étudiants évoquent alors la violence verbale et les brimades qu'ils ont subies à l'école dans leur enfance.

Devautour fait ainsi parler systématiquement tous ses étudiants. L'un d'entre eux demande si Delean pourrait transposer son travail de Saint-Ouen à Shanghai. La vidéaste répond qu'elle envisage de tourner une sitcom avec des amis chinois sur une adaptation de *Lai Zi Xin Xin*, une série télé très populaire venue de Corée du Sud. « C'est toujours plus intéressant de partir d'une référence commune globale. » Elle ne cherche pas à créer à tout prix quelque chose qui a trait à la Chine, dit-elle tout en reconnaissant que « c'est intéressant de pouvoir justifier son travail ici ».

Devautour conclut la matinée d'études en explicitant le sens de sa démarche. Qu'il s'agisse de café, d'école, d'*hackerspace* ou de marché local, ce qui l'intéresse, c'est de faire réfléchir les étudiants à ce qu'est une exposition aujourd'hui, comment des artistes investissent et explorent d'autres espaces et d'autres activités économiques et sociales. « Les artistes ne questionnent pas seulement la représentation mais la réalité de la société. Et cela va avec des interrogations sur le marché. L'art, c'est aussi un moment de rencontre et de discussion », conclue-t-il.

Des départs de plus en plus nombreux

Cette expérience qui veut initier une transformation des étudiants chinois pour qu'ils tirent mieux parti de leur formation hors de Chine, en les familiarisant avec la façon européenne de questionner le savoir et l'état des choses, est fort éloignée du système d'enseignement chinois qui prépare d'abord de façon monolithique au grand examen national d'entrée à l'université du *gaokao* qui, région par région, touche l'ensemble d'une classe d'âge – 9,39 millions de candidats en 2014 – et conditionne par son classement l'avenir de tous les jeunes Chinois.

Elle est aussi une mini-goutte d'eau dans un océan où les règles du jeu sont plutôt dominées par le marché. La compétition est sévère entre les différents pays d'accueil pour saisir une part du gâteau que représentent les inscriptions des étudiants chinois à l'étranger. En 2013, les États-Unis arrivaient en tête avec 235 507 étudiants chinois, suivis par l'Australie (100 000), le Canada (88 000), le Japon (82 000), le Royaume-Uni (72 000), la Corée du Sud (54 000), la France (30 000) et l'Allemagne (25 600). Au-delà de la manne financière, c'est aussi un pouvoir d'influence sur les futures élites de la prochaine première puissance mondiale que cherchent à gagner les pays d'accueil.

Cette vague de départs, nourrie par la démographie et le désir croissant de se former à l'étranger, ne cesse de s'enfler. Les étudiants chinois sont devenus les contingents d'étudiants étrangers les plus nombreux dans nombre de pays. Ils représentent les deux tiers des étudiants étrangers en Corée du Sud, la moitié au Japon, un tiers au Canada, plus du quart aux États-Unis, en Australie et en Grande-Bretagne et 10 % en France. Initiée en 1978 par Deng Xiaoping, elle est la dernière d'une série d'exodes étudiants qui a marqué les cent cinquante dernières années.

La première, la *Chinese Educational Mission*, conduisit cent vingt étudiants chinois aux États-Unis entre 1872 et 1875 sous la houlette du premier Chinois diplômé de l'université de Yale en 1854. La seconde envoya en Europe une centaine d'étudiants dans l'industrie navale entre 1877 et 1908. La troisième, en direction du Japon, à partir de 1894, contribua à former deux cofondateurs du Parti communiste chinois et gonfla, entre 1902 et 1910, jusqu'à vingt mille étudiants. La quatrième, de 1909 à 1929, permit à près de mille trois cents Chinois d'étudier aux États-Unis avec des bourses offertes par les Américains dans le cadre du *Boxer Indemnity Scholarship Program*[4]. La cinquième,

---

4. À la suite de la rébellion des Boxers qui avaient attaqué, en 1900, les légations étrangères à Pékin, l'empire Qing s'était vu imposer des compensations pour un montant total de 335 millions de dollars-or de l'époque. Il parvint à renégocier la part due aux États-Unis mais ceux-ci imposèrent que ces fonds restitués soient utilisés pour un

initiée en 1915, proposait des programmes études-travail en usine, en France, pour aider les Chinois à mieux comprendre la civilisation occidentale. Elle a culminé à mille six cents étudiants pour la seule année 1920 et a formé, entre autres, Deng Xiaoping et Zhou Enlai. La sixième, démarrée en 1920, expédia en Union soviétique plus de deux mille étudiants. La septième, sous Chiang Kaï-chek, envoya à l'Ouest, entre 1927 et 1937, de cent à mille étudiants par an. La huitième conduisit vers les États-Unis, entre 1945 et 1949, plus de cinq mille étudiants chinois. La neuvième, enfin, après la fondation de la République populaire de Chine, fit partir dans une vingtaine de pays socialistes plus de dix mille Chinois, dont l'ancien président Jiang Zemin, l'ancien Premier ministre Li Peng et l'ancien ministre des Affaires étrangères Qian Qichen.

Les agents, incontournables maillons

Pour orienter et traiter le plus récent mouvement de population étudiante, s'est développée une profession rémunératrice, celle d'agents qui jouent le rôle d'intermédiaires entre les familles chinoises et les institutions éducatives hors de Chine. Ils sont devenus la principale source d'information et de décision pour les familles chinoises qui financent désormais l'exode éducatif. Ils contribuent à la première étape de ce processus d'hybridation qui entraîne chaque année plusieurs centaines de milliers de jeunes Chinois à se familiariser avec une autre culture que la leur, hors de leur sol natal.

Charles Zhang, la trentaine, est agent depuis dix ans. Il a commencé sa carrière en 2002 comme conseiller chez EIC, aujourd'hui leader du recrutement en Chine, où il a fini directeur général avant de monter, avec un ami singapourien, sa propre startup. Celle-ci fournit en ligne des services aux étudiants chinois à l'étranger, tout en faisant du recrutement et de la formation. Aujourd'hui, il a une équipe de neuf personnes pour le développement international et il est en relation avec des universités

---

programme de bourses, le *Boxer Indemnity Scholarship Program*, et la création de l'université de Tsinghua à Pékin.

du monde entier, en particulier celles des pays anglophones. « À long terme, nous espérons ne plus avoir à faire payer les étudiants pour nos services en les facturant aux universités. Aujourd'hui un étudiant qui souhaite aller à Harvard paie un agent entre 50 000 RMB (5 840 euros) et 100 000 RMB (11 680 euros). Pour aller en Australie, cela lui coûtera 10 000 RMB (1 168 euros). En échange, l'agent aide l'étudiant à choisir l'université, à s'y inscrire et à demander un visa. »

Pourquoi payer si cher ? À la différence d'autres pays, la Chine envoie beaucoup d'étudiants à l'étranger pour des formations diplômantes, ce qui demande d'identifier les bonnes universités. D'autre part, les Chinois ayant eu longtemps du mal à obtenir des visas, beaucoup de parents encore aujourd'hui ont peur de ne pas parvenir tout seuls à décrocher le sésame officiel pour leur enfant.

En 2012, 82,1 % des Chinois partant étudier à l'étranger après leur licence optaient pour un mastère, 14,1 % pour un PhD et 2,2 % pour un MBA alors que quatre ans auparavant ils étaient 66,5 % à choisir le mastère mais près d'un quart à opter pour un PhD et 6,7 % pour un MBA[5].

La situation des étudiants des grandes villes de la côte est, plus riches, est différente de celle des villes de l'Ouest, plus reculées. Pour ces derniers, partir est encore un luxe alors que pour les premiers, c'est devenu ordinaire. Il y a vingt ans, celui qui partait à l'étranger dépendait de bourses et allait le plus souvent faire un doctorat. Dans un canton, comme autrefois quand existaient encore les examens mandarinaux qui pourvoyaient l'administration chinoise sous l'empire, c'était un grand honneur d'avoir un étudiant boursier du gouvernement partant pour le Japon ou les États-Unis. Aujourd'hui, les temps ont changé. Partir reste un avantage mais certains ont quand même du mal à trouver du travail à leur retour, ce qui change la perception des Chinois de ces départs vers l'étranger.

Reste que beaucoup de parents de lycéens continuent à pousser leur enfant unique à poser sa candidature à l'étranger. C'est en effet une assurance au cas où ses notes seraient insuffisantes pour entrer dans

---

5. Wang Huiyao et al., *Blue Book of Global Talent. Annual Report on the Development of Chinese Students Studying Abroad*, étude du Centre pour la Chine et la globalisation, Social Sciences Academic Press (Chine), 2013.

l'une des dix meilleures universités chinoises. Et s'il est excellent, c'est un moyen de lui donner un avantage décisif dans la compétition pour les meilleures places. Un rapport du China Alumni Network révèle que 60 % des élèves qui ont eu les meilleurs scores au *gaokao* partent faire leur mastère ou leur doctorat à l'étranger.

Dans le Sud de la Chine, nombreux sont les étudiants de la République populaire qui optent pour les meilleures universités de Hong Kong qui les recrutent de plus en plus ces cinq dernières années. « Si un étudiant de la province du Guangdong est accepté par l'université Sun Yat-sen à Canton – la meilleure du Sud de la Chine – et une grande université de Hong Kong, il optera probablement pour celle de Hong Kong parce qu'il y trouvera un environnement plus multiculturel, mieux à même de lui offrir un brillant avenir parce que l'université est mieux connectée au monde, entre Est et Ouest, attire plus de financements et a un niveau académique plus élevé », explique Zhang.

Les parents à la barre

La décision et le financement de ces départs étant aujourd'hui du ressort privé, ce sont les parents qui partent en chasse pour trouver la bonne université. Même s'ils ont accès désormais à beaucoup d'informations en ligne ou auprès de leurs amis, ils ont recours à un agent dans un cas sur deux. « Ils ne savent pas qui croire et viennent vers nous pour que nous les aidions à trouver l'université la mieux adaptée pour leur enfant unique. Nous recommandons en général six universités », raconte Zhang. Ce sont les parents qui choisissent le pays et la spécialité pour leur enfant, y compris s'il s'agit d'un mastère. Et, dans certains cas, l'étudiant ne se déplace même pas chez l'agent.

Cette mobilisation des parents s'explique aussi par le fait que ceux-ci appartiennent à la première génération qui est retournée à l'université après la Révolution culturelle à la fin des années 1970. Plus des deux tiers des parents qui envoient aujourd'hui leur enfant faire des études à l'étranger ont un diplôme universitaire. Ils connaissent de l'intérieur les limites du système universitaire chinois où le choix de l'université est déterminé par les résultats au *gaokao*. Cet examen qui scelle l'avenir de tous les enfants chinois fonctionne sur un classement régional strict avec de grandes différences selon les régions en faveur des régions côtières. Il engendre en amont un bachotage effréné qui renforce une forme d'enseignement basée plus sur la mémorisation que sur la réflexion personnelle. « Si le *gaokao* ne change pas, rien ne changera », regrette Zhang qui ajoute pourtant que « si les universités avaient le pouvoir de recruter directement les étudiants, ce serait encore pire, à cause de la corruption ».

L'explosion du nombre des étudiants

Une des raisons de l'exode des étudiants chinois de niveau moyen vers l'étranger est la qualité médiocre de la grande majorité des universités chinoises. L'explosion du nombre d'étudiants affaiblit le niveau moyen de l'éducation universitaire en Chine et de plus en plus de diplômés du premier cycle des universités chinoises ne trouvent pas de travail à la sortie de leurs études.

Dans les années 1990, le nombre des universités avait fortement augmenté alors que le gouvernement sélectionnait quelques dizaines d'universités d'élite sur lesquelles il concentrait les financements. En trente-cinq ans, on est passé de 1,4 % d'une classe d'âge qui poursuit ses études après le *gaokao* à près de 20 % répartis dans deux mille établissements supérieurs, toutes catégories confondues[6]. En 2013, 1,495 million d'étudiants étaient inscrits en mastère, soit près de six fois plus qu'en 2003. 298 300 étaient en PhD, soit 70 500 de plus que l'année précédente[7].

Pour accueillir ces enfants uniques largement issus des nouvelles classes urbaines sur lesquels les parents investissent leurs espoirs, les universités publiques ont grossi trop vite et la qualité des professeurs n'a pas suivi. Les universités d'élite contrôlent mieux la vitesse de leur expansion et sont bien financées, mais les autres universités doublent le nombre de leurs étudiants pour suivre les directives nationales sans avoir les ressources nécessaires. « C'est une question politique. Les présidents

---

6. Cité par China Education Center.
7. Selon le ministère de l'Éducation nationale chinois.

des universités chinoises sont choisis par le Parti communiste et non pas élus. Les professeurs et le corps enseignant ne se préoccupent guère de la qualité de leurs étudiants alors qu'aux États-Unis par exemple, les universités considèrent leurs étudiants comme un investissement », explique Zhang.

Pour leur enfant, les parents sont prêts à beaucoup investir. Étudier à l'étranger coûte cher : entre 200 000 RMB (23 360 euros) et 300 000 RMB (35 000 euros) par an. Tout dépend bien sûr de l'établissement d'arrivée. Aux États-Unis, un centre universitaire de premier cycle – *community college* – peut être assez bon marché.

De plus en plus tôt

La nouvelle tendance qui se développe en Chine depuis dix ans est d'envoyer de plus en plus tôt ses enfants à l'étranger. Selon le ministère de l'Éducation américain, 23 795 étudiants chinois étaient inscrits dans des lycées privés aux États-Unis pour l'année 2012-13 alors qu'ils n'étaient que soixante-cinq sept ans plus tôt[8]. Et en Australie, où près d'un étudiant sur seize est désormais chinois, 37 % des étudiants étrangers de moins de 18 ans sont Chinois[9].

Les parents sont poussés à envoyer leur enfant à l'étranger dès le lycée à cause de la pénibilité des études secondaires, du poids trop lourd des devoirs à la maison. À cela s'ajoute, en Chine, la difficulté d'accès aux meilleurs lycées, tous publics. Les parents qui en ont les moyens optent donc pour un lycée à l'étranger, voire un pensionnat, pour assurer à leur rejeton, espèrent-ils, une place dans une très bonne université anglo-saxonne.

L'implication dans la société d'accueil des étudiants chinois, qui conditionne leur degré d'hybridation culturelle, varie beaucoup selon leurs motivations. Si les étudiants doués scolairement comprennent souvent l'intérêt de communiquer avec les locaux, ceux qui, poussés par

---

8. Cf. article « Studying Abroad not for Every Child », *China Daily*, 24 mars 2014.
9. Wᴀɴɢ Hᴜɪʏᴀᴏ et *al.*, *Blue Book of Global Talent. Annual Report on the Development of Chinese Students Studying Abroad*, étude du Centre pour la Chine et la globalisation, Social Sciences Academic Press (Chine), 2013.

leurs parents, manquent de motivation personnelle, choisissent plutôt la facilité et préfèrent rester entre eux, une attitude encouragée par leur nombre croissant.

Zhang, lui-même, n'a pas étudié à l'étranger mais se dit prêt à envoyer son fils de 7 ans très tôt aux États-Unis ou en Angleterre pour qu'il développe sa créativité. Il veut qu'il apprenne à penser par lui-même, qu'il « ait des valeurs ». « Nous sommes une génération troublée comme le fut celle de nos parents. Nous ne savons pas distinguer clairement le bien du mal. En Chine, il n'y a pas de noir et blanc, seulement du gris, y compris dans le monde des affaires. » Mais il craint qu'une fois parti, son fils ne revienne pas. « Les enfants qui font une grande partie de leurs études à l'étranger expérimentent un conflit de valeurs à leur retour. Et plus l'école est élitiste, plus le problème est sérieux parce qu'ils font preuve de naïveté et ne comprennent pas qu'en Chine, toute négociation demande d'avoir en tête l'intérêt personnel de l'interlocuteur. » Sans compter la question de la maîtrise insuffisante du mandarin parlé et surtout écrit à leur retour.

Au-delà des préjugés

Dans ce gigantesque marché en pleine croissance que représente l'éducation à l'étranger vecteur d'hybridité culturelle, les agents sont donc des maillons essentiels. Ce sont eux qui font le lien entre les parents et les étudiants chinois et les pays d'accueil. Aujourd'hui, ils font face à un phénomène paradoxal. Alors que les pays d'accueil sont en compétition pour capter un marché qui assure ressources financières et pouvoir d'influence à terme, la présence d'étudiants chinois suscite aussi des levées de boucliers dans les opinions publiques qui craignent une baisse de niveau ou une transformation du climat dans les classes au-delà d'un certain seuil de présence chinoise. Et la question de l'indépendance académique finit même parfois par se poser, quand des étudiants chinois s'organisent en groupe de pression pour dénoncer, dans certains cas, les cours de professeurs qu'ils jugent tendancieux.

Le premier souci des agents est de trouver en face d'eux des pays et des universités qui acceptent facilement les étudiants chinois. Selon Angelina Lin, directrice du département Europe chez EIC, moue mutine et robe rose fuchsia, l'accueil varie selon les pays d'Europe. « En France, certaines universités ne veulent pas d'élèves chinois. Chaque année, je dois partir en mission pour discuter avec elles. Les universités espagnoles ont envie d'étudiants chinois mais ne connaissent rien à la Chine et ne donnent des cours qu'en espagnol. »

Dans les pays anglophones, qui reçoivent le gros des troupes, le problème se pose de façon particulièrement aiguë. Face à l'afflux des candidats chinois, la Grande-Bretagne, cherche à sélectionner les meilleurs éléments. Xu Jingjing, principale chef de projet pour la Grande-Bretagne chez Shinyway International, un des leaders chinois dans le domaine du service aux étudiants, travaille avec soixante-dix universités (sur cent vingt), cent pensionnats et cinquante écoles de langue. Elle explique, dans un excellent anglais britannique, que les universités du Royaume-Uni ont compris l'enjeu et embauchent du personnel chinois pour les aider à traiter ce très gros marché. « Les Chinois paient cash ; c'est de l'argent rapide. Les meilleures universités ont suffisamment de Chinois. Aussi nous demandent-elles de présélectionner par entretien les meilleurs candidats. La plupart des universités britanniques ont une longue liste de quatre cents universités chinoises qu'elles regroupent sous différentes couleurs et elles font des offres en fonction de la qualité de celles-ci. »

Les autorités britanniques cherchent aussi à mieux contrôler les flux grâce à un resserrement des conditions d'entrée à l'université et à une attention portée aux conditions d'obtention du visa. Comme tous les étudiants internationaux non européens, les étudiants chinois doivent effectuer une année préparatoire durant laquelle ils s'initient à la langue et aux méthodologies britanniques. Cette année finit systématiquement par un test. Autrefois, il était possible de redoubler autant de fois que nécessaire cette année préparatoire. Maintenant, les autorités ne délivrent qu'une fois ce visa temporaire pour éviter que certains tricheurs n'obtiennent au final un visa étudiant de dix ans qui leur ouvre le droit à l'immigration.

Il est vrai que le souci de traquer les tricheurs est un défi perpétuel pour les examinateurs en et hors de Chine, quels que soient les tests. Ainsi, lors du passage du *gaokao*, la Chine a mis en place des dispositifs spéciaux pour les repérer : salles équipées de détecteurs de métaux, de systèmes de brouillage ou de caméras, policiers mobilisés pour surveiller les candidats. En 2012, le ministère de la Sécurité publique avait annoncé l'arrestation de mille cinq cents personnes et la saisie de soixante mille kits électroniques destinés à la fraude, en particulier des émetteurs et micro-écouteurs. Quant aux centres pour les examens de sélection aux universités étrangères, en particulier pour les examens de langue, ils multiplient les contrôles d'identité.

Fière d'être un pont

Xu est fière de son travail : « Le gouvernement a longtemps été inquiet de laisser le peuple en savoir trop long sur ce qui se passait hors de Chine. Moi, j'aimerais que mes enfants et ceux de mes amis puissent voir la réalité du monde tel qu'il est. Même s'il n'est pas parfait, il est réel. C'est en se frottant à la réalité du monde qu'on peut savoir ce qu'on veut vraiment. » Elle aime essayer toutes sortes de choses. « Différentes personnes ont différentes idées. Il faut laisser aux gens la chance de se faire leur propre opinion. » Elle est consciente qu'elle contribue, en travaillant à l'ouverture du pays, à changer la face de la Chine mais pense que les choses mettront du temps à évoluer.

Le principal obstacle, selon elle, est la difficulté de communication, à l'étranger, entre les étudiants chinois et les habitants du pays d'accueil. Ces difficultés sont dues autant au manque de motivation des étudiants chinois qu'à leur manque de confiance en eux. « Je me souviens qu'en arrivant au Royaume-Uni, je me sentais très nerveuse ; j'avais les moyens de communiquer mais je ne savais pas quoi communiquer. J'ai observé comment les Britanniques reconnaissent votre existence et engagent ensuite la conversation. Mais les Chinois ne souhaitent pas tellement parler avec des étrangers. En Chine, pour engager la conversation avec des étrangers, il faut avoir confiance. »

Quand la Chine accueille le monde

À Pékin, dans la bibliothèque de l'IES Abroad (International Education of Students Abroad), au troisième étage d'un bâtiment dont l'architecture années 1950 trahit l'influence soviétique, un groupe de jeunes étrangers tapent le carton avec animation, en parlant chinois. Dans ce quartier de Haidian, celui des universités au nord-ouest de Pékin, la pollution recouvre tout de sa grisaille plombée mais ne parvient pas à ternir la vivacité des couleurs des photos de jeunes Occidentaux en costume de l'opéra de Pékin tirant la langue ou de plats de tofu pimentés et fumants, qui décorent les murs.

Les joueurs de cartes, des étudiants en majorité américains, en troisième année de bachelor (licence), appliquent à la lettre la consigne du tout mandarin. Pour mieux la renforcer et pendant la durée de leurs séjours de quatre à huit mois, ils logent soit en famille chinoise soit dans une chambre qu'ils partagent avec un étudiant chinois sur le campus.

Ils font partie des plus de 375 000 étudiants étrangers venant de deux cent trois pays qui étudiaient en Chine en 2014[10]. Comme plus de 60 % d'entre eux, ils sont venus apprendre la langue chinoise, les autres y préparent un diplôme dans d'autres disciplines.

Jenny Faber, qui étudie le commerce international à l'université de Redlands, en Californie, est en Chine « parce que le chinois est une des trois langues les plus parlées au monde et je parle déjà l'espagnol et l'anglais » ; pour Jordan Mizell, étudiant en biopsychologie et neurosciences à l'université d'Ann Arbor dans le Michigan, « parce que c'était le moyen de devenir bon dans la langue et parce que je cherchais à sortir de mon campus. Je veux comprendre comment marchent les cultures et comment je pourrais y trouver ma place. Cela me permet de me comprendre moi-même ».

Leurs motivations sont, comme souvent à 20 ans, un mélange de découverte de soi, d'ouverture au monde et d'interrogation sur sa propre culture. Mizell, qui est africain-américain, a été ébranlé. « Dans le Yunnan, dit-il, un gosse a eu peur de moi. C'était frustrant et triste, et cela m'a obligé à avoir une autre perspective. J'ai réalisé que ce n'est pas le même point de vue racial qu'aux États-Unis. »

Frances Jennings, de Bates College dans une petite ville du Maine, est simplement séduite par la mégalopole pékinoise « pleine de vie ». Cecilia Bravo, une Espagnole de Grenade, avoue sans détour : « J'avais des préjugés et des idées négatives sur cette culture, sur son sexisme, sur une société très compétitive, pas très ouverte. Ce qui m'a surprise, c'est qu'ils ont envie de nous rencontrer, nous les étrangers, qu'ils

---

10. Selon le ministère de l'Éducation nationale chinois.

sont intéressés par nous en général. Ils ont moins de stéréotypes sur les pays étrangers, je crois, que nous n'en avons sur eux ! » Cecilia bat d'ailleurs en brèche ceux de ses parents, qu'elle éduque à distance sur la culture chinoise via Skype quand elle les dissuade d'insister pour que sa colocataire ouvre le cadeau qu'ils lui avaient offert. En Chine, la coutume veut que l'on n'ouvre pas les cadeaux par souci de ne pas exprimer une déception éventuelle.

Quand les trente premiers étudiants étrangers sont venus en Chine populaire en 1950, Skype n'existait pas et ils arrivaient tous d'Europe de l'Est. Le journaliste américain John Pomfret avait été, en 1980, un des pionniers des échanges universitaires US-Chine quand il vint étudier à Nankin. Il revient sur cette expérience dans un livre, *Chinese Lessons : Five Classmates and the Story of the New China*[11], où il témoigne de la cohabitation sans précédent de dix jeunes Américains et Chinois, au lendemain de la Révolution culturelle, au tout début de l'ouverture de la Chine. C'était il y a trente-cinq ans.

Il fallut attendre 1991 pour qu'IES Abroad ouvre ses portes à Pékin. En 2014, son directeur, Jeremiah Jenne, la quarantaine, des yeux noirs très perçants dans un corps de rugbyman, explique les origines de l'organisation. « Elle a été créée en 1950, quand un groupe d'étudiants est parti se former à Vienne. L'idée de base était d'aider les Américains à comprendre le monde, en partant du principe qu'un séjour à l'étranger est une expérience transformative. » Il est lui-même un ancien du programme grâce auquel il a passé trois ans à Singapour, dans les années 1990.

IES Abroad est désormais un consortium d'une centaine d'universités américaines qui envoient des étudiants dans une vingtaine de pays. « Il y a cinq ou dix ans, la Chine était encore exotique. Il fallait être passionné de Chine ou avoir le goût de l'aventure pour venir y étudier. Après les Jeux olympiques en 2008, la perception de la Chine a changé, passant de l'image d'un pays pauvre, arriéré, difficile à celle d'un pays facile, à l'économie dynamique. »

---

11. John POMFRET, *Chinese Lessons : Five Classmates and the Story of the New China*, Henry Holt & Company, 2006.

Un nouveau type d'étudiants

Cette nouvelle Chine attire un nouveau type d'étudiants. « Il y a vingt ans, ils auraient étudié le japonais car il y a une tendance à suivre l'argent, ajoute Jenne avec une pointe d'ironie. Ils ne s'intéressent pas à la Chine en elle-même mais au business. Ce n'est pas la majorité mais environ 25 % de nos étudiants. » Cet historien de formation regrette l'époque où les étrangers en Chine débattaient de la paternité de Sun Yat-sen dans la révolution chinoise. « Dans les bars de Shanghai, ils ne savent même pas qui est Sun Yat-sen. Les mordus de Chine ont été envahis par les dilettantes », déplore-t-il.

Il ne quitterait pas la Chine pour autant car il y a des moments rares « quand l'histoire et un lieu se croisent, que ce soit dans la Londres victorienne, le Paris des années 1920 ou le Tokyo des années 1980. Je n'y étais pas et je ne serai pas là non plus pour la prochaine de ces rencontres. Mais aujourd'hui, cela se passe ici, je veux y être, c'est le lieu où il faut être », dit-il, comme en écho à ses étudiants.

Les universités chinoises ne s'y trompent pas et accueillent un nombre croissant d'étudiants étrangers, désormais presque autant chaque année que le nombre total de 400 000 étudiants étrangers qui avaient choisi la Chine entre 1950 et 2000. À l'époque, la plupart étaient boursiers du gouvernement chinois ou bénéficiaient de quelques rares programmes comme celui d'IES Abroad.

Depuis, les portes s'ouvrent chaque année plus grandes, alors que l'État chinois subventionne à peine 10 % de ceux qui viennent étudier en Chine[12]. L'objectif a été fixé : attirer un demi-million d'étudiants étrangers à l'horizon 2020 et devenir leur premier pays d'accueil en Asie. Le gouvernement chinois augmente en conséquence le nombre de bourses de 15 % par an. Les inscriptions d'étudiants étrangers ont augmenté de 5,7 % entre 2013 et 2014[13] mais la Chine semble avoir désormais du mal à séduire les étudiants américains dont le nombre (14 413) est, pour la première fois, en baisse de 3,2 % depuis 2013, selon l'Institut

---

12. Selon le ministère de l'Éducation nationale chinois.
13. *Ibid.*

américain de l'éducation internationale[14]. Plusieurs facteurs expliquent cette nouvelle tendance : la pollution des grandes villes chinoises, le recrutement désormais préférentiel par les multinationales implantées en Chine de Chinois ayant étudié à l'étranger et un engouement moindre, aux États-Unis, pour l'apprentissage de la langue chinoise après la mode des années 2000.

La Chine séduit d'abord ses voisins

La Chine continue pourtant d'attirer d'autres nationalités et tout d'abord ses voisins, les jeunes Coréens (20 % des étudiants étrangers en Chine), tel Shim Dae Shul, 21 ans, diplômé en administration publique de l'université Chung Ang à Séoul et rencontré à l'université des langues étrangères de Pékin (Beiwai). « J'apprends le chinois pour avoir plus d'opportunités, confie-t-il. Dans ma spécialité, il faut sortir du lot pour obtenir un job. Tous les parents coréens paient beaucoup d'argent pour que leurs enfants apprennent l'anglais ; aujourd'hui, parmi la jeune génération, tout le monde peut parler l'anglais. Si j'apprends le chinois, j'aurai quelque chose en plus. » Ses parents l'avaient déjà envoyé faire ses études secondaires aux États-Unis, dans le Michigan.

« À Beiwai, dans les niveaux débutants, il y a beaucoup d'Occidentaux mais plus le niveau monte, plus je me retrouve avec des Asiatiques. Dans ma classe, il y a des Coréens, beaucoup de Japonais – neuf sur trente étudiants –, trois ou quatre Américains, deux Russes. Les Américains parlent couramment chinois parce qu'ils ont un père ou une mère chinois. Dans la classe inférieure, il y avait de riches Thaïs ; dans les pays moins développés, seuls les riches peuvent se permettre de venir », note-t-il.

La composition de la classe de Shim reflète grosso modo les tendances au niveau national quant aux origines géographiques des étudiants étrangers en Chine. Les Américains constituent, en nombre, le second groupe (7 % dont un nombre important de jeunes issus de la diaspora chinoise) juste devant les Thaïs, puis viennent les Japonais, les Vietnamiens, les Russes, les Indonésiens, les Indiens, les Kazakhs, les Pakistanais, puis

---

14. Institute for International Education.

les Européens au premier rang desquels les Français et les Allemands. 65 % des étudiants étrangers en Chine sont asiatiques.

« Nous sommes certes asiatiques mais avec des perspectives différentes », constate Shim qui se dit choqué de voir, à Pékin, des gens mendier et déplore que « beaucoup d'étudiants n'aient pas d'argent ». Venant d'un pays qui a aussi connu un développement économique accéléré mais qui a largement conservé ses traditions confucéennes, il désapprouve la perte des traditions de respect public en Chine. « En Corée, dans les transports, nous avons des sièges pour les vieux et les femmes enceintes. Mais en Chine, je n'ai jamais vu des gens laisser leur place. Ils s'assoient dès qu'ils voient un siège libre. » Il concède toutefois que les entorses au code de la route, monnaie courante en Chine, l'agacent mais le séduisent aussi : « Ils ne respectent pas les feux rouges. S'il n'y a pas de circulation, ils passent. Je pense que la méthode chinoise est rude mais efficace. Ils ne perdent pas de temps et d'énergie pour attendre que le feu change. » Comme tant d'autres, il est happé par le tempo de la Chine, en ce début de XXIe siècle.

Un choix pragmatique

Certains jeunes ont fait le choix de la Chine d'une manière très pragmatique et pas seulement pour y étudier le chinois. Telles ces deux jeunes Éthiopiennes qui ont décidé de faire leurs études de médecine à Nankin. Après six ans d'études, elles auront un diplôme chinois, comme un nombre croissant d'étudiants étrangers (10 % de plus en 2013 et les chiffres sont en constante augmentation depuis 2008[15]).

Sarone, grand sourire et tresses rasta, et Mariamawit cheveux attachés, grosses boucles d'oreilles, se sont connues à la maternelle au lycée français d'Addis-Abeba où elles ont fait toutes leurs études. « Dans ma classe, tout le monde voulait aller aux États-Unis », se souvient Sarone. Mariamawit ajoute : « Mais les États-Unis, c'est trop cher et on savait que les études de médecine étaient très difficiles en France. Alors, on a choisi la Chine, aussi parce que ça ouvre des portes. On se félicite

---

15. Selon le ministère de l'Éducation nationale chinois.

de notre choix. Il y a moins de pression qu'en Europe. Ma sœur nous raconte les problèmes qu'elle rencontre en Belgique pour faire ses études de médecine. C'est très dur à cause de la sélection. Ici, il n'y a pas de sélection. Nous sommes soixante-dix et, à la fin des six ans, nous serons le même nombre. Nous sommes garantis d'avoir notre diplôme. » Elles avaient d'ailleurs été à cet égard en butte aux quolibets de leurs copains de classe à Addis, se souviennent-elles avec agacement. « Les gens qui allaient aux États-Unis étaient tellement fiers d'eux-mêmes. "Ah, ah ! vous avez été acceptées en Chine !" Ils prenaient la Chine pour un pays moins développé et je pense que tout le monde a cette impression de la Chine : vous allez vous acheter des trucs faux, des copies, alors vos études aussi peuvent être fausses ! »

La faculté de médecine de Nankin fut pourtant créée en 1934. Elle s'est ouverte aux étrangers en 2005. La promotion de Sarone et Mariamawit compte une majorité d'étudiants de l'île Maurice mais aussi des Africains du Ghana, d'Éthiopie, de Tanzanie, du Kenya, une vingtaine d'Indiens, un Indonésien et un Thaï mais aucun Européen car le programme est réservé aux étudiants des pays en développement. Les frais d'inscription de 5 000 dollars par an sont assumés par les parents des jeunes filles.

« Au premier semestre de cette année – la deuxième – on a eu des cours d'anatomie, d'histologie, de biologie cellulaire, plus du chinois. On a aussi des études médicales chinoises où on apprend les termes médicaux en chinois mais les cours sont en anglais », explique Sarone. « Des fois, j'ai des difficultés à suivre, avoue-t-elle, parce que les professeurs ne savent pas bien parler en anglais. C'est aussi très monotone. Mais finalement les études ça dépend de nous-mêmes, c'est à nous de travailler. »

Elles s'accrochent donc et se sont bien adaptées. Elles regrettent d'être totalement séparées des étudiants chinois en médecine avec lesquels elles ne partagent que la cantine. Mais elles sont en contact avec des Chinois en pratiquant l'une le karaté, l'autre la danse et elles font des compétitions de foot avec des équipes chinoises ; elles sont très fières d'être les premières filles à jouer au foot dans leur école. Chrétiennes pratiquantes, elles rencontrent aussi des Nankinois dans leur paroisse.

Invités tous frais payés par le gouvernement chinois

Fonctionnaire du ministère des Affaires étrangères de la République de Madagascar, Tahiry Sojarison a fait son mastère en administration publique à l'université de Tsinghua à Pékin, l'une des plus prestigieuses du pays. Il a été invité tous frais payés par le gouvernement chinois, comme l'avaient été, une première fois, d'autres de ses collègues.

Sa diction est soignée, ses mots choisis. Ce père de deux jeunes enfants avoue avoir accepté de venir plus séduit par le prestige du classement international de Tsinghua que par une fascination pour la Chine. « La Chine pourquoi pas ? dit-il. On ne peut pas se passer de la Chine aujourd'hui et sûrement pas demain. »

Il est pourtant déçu. « Nous étions beaucoup entre nous, parqués. Dans l'école d'administration publique, il y a trois programmes : le nôtre, un programme avec des gens des pays développés et un programme avec des Chinois. Les rares fois où nous avons pu discuter avec des Chinois, c'était pendant les réunions sportives. Pour les dortoirs, nous avions des dortoirs spéciaux pour étrangers et les Chinois étaient ailleurs. »

Il se souvient d'un autre épisode beaucoup plus politique. « Nous avions une conférence avec un représentant de la Brookings Institution. Pour une fois, nous avions un panel diversifié avec des étudiants chinois et des étudiants étrangers. Et ce jour-là, un certain nombre de personnes dans le public chinois étaient vraiment vindicatives par rapport à ce qui était dit. "Ce que fait la Chine en matière de développement est suicidaire. Ce n'est pas soutenable en tant que projet. Comment trouver une solution à ce problème ?" Comme d'habitude, un membre du panel chinois a juste coupé la conversation : "On ne parle pas de ça ici. Ça ne nous regarde pas." »

Il n'est par ailleurs pas dupe du cadre officiel de coopération internationale dans lequel il fait ses études en Chine et qui fut longtemps la seule voie ouverte aux étrangers. Cette manière d'exercer son influence, en formant les élites de nations étrangères, est aussi largement pratiquée par de nombreux autres pays. Interrogé pour savoir si on avait voulu lui « vendre le modèle chinois », il répond en riant : « S'ils ont essayé, ils n'y sont pas parvenus. Je ne crois pas qu'ils tentent de vendre le modèle chinois mais plutôt de le défendre et de casser les barrières qui nous séparent entre pays, cultures, façons de faire la politique, celle du développement en particulier. C'est tortueux comme processus, mais au final on réussit à créer des liens même si ce n'est pas un modèle totalement établi. »

Il a tiré les leçons de cette expérience. « Par rapport à tout ce que j'avais pu apprendre avant, j'ai appris la nécessité d'être flexible, de m'adapter culturellement, pour pouvoir comprendre la dynamique, de rester humble, de ne pas avoir plein d'idées qui fusent sans saisir la globalité des choses. »

Refusant d'être cantonné comme on le lui suggérait à un sujet africain, il a choisi d'écrire son mémoire sur le nationalisme en Chine sous la direction du professeur Chu Shulong, une sommité chinoise en sciences politiques. Ses examinateurs n'ont pas caché leur surprise.

MBA : la Chine comme un aimant

Les vannes ne sont nulle part plus ouvertes que dans le monde ultra compétitif des MBA. Marché oblige, la Chine est devenue un véritable aimant. Au départ, rares comme des gouttes d'huile dans les eaux de l'économie chinoise dont l'étiage est soigneusement contrôlé par le Parti communiste, les MBA ont fait florès. On en comptait tout juste neuf en 1991, on en dénombre deux cent trente-six en 2014.

Faut-il rappeler qu'entre 1949 et 1979 la Chine avait un système strict de planification centralisée et que toutes les entreprises étaient nationalisées ? Ce n'est qu'avec les réformes de l'économie lancées par Deng Xiaoping en 1979 que, petit à petit, les besoins en matière de compétences managériales dans une économie en plein boom ont été identifiés. Dans ces raccourcis dont la Chine semble avoir le secret – et nécessité faisant loi –, les credo du management à l'américaine, sève du capitalisme états-unien, ont pris valeur exemplaire, avec la bénédiction du Parti communiste chinois.

Linda Liu, la quarantaine vive, cheveux courts et mèches effilées, en a fait personnellement l'expérience. Elle est actuellement vice-présidente en charge du développement du management et des ressources humaines à Asimco Technologies, une entreprise de composants automobiles fondée en 1994 par Jack Perkowski, célèbre pour son succès en Chine. « Asimco a créé de nombreuses joint-ventures avec de bonnes entreprises d'État (SOE[16]) qu'il fallait transformer, raconte-t-elle. Au siège, j'étais entourée de gens qui étaient dans l'entreprise globale, ils étaient beaucoup plus hybrides culturellement alors que dans les usines, parce qu'ils avaient un passé en SOE, ils étaient plus traditionnellement chinois. Plus j'ai travaillé avec ces deux types de personnes, plus j'ai découvert que j'aimais être entourée de gens divers. »

Elle raconte comment, alors qu'elle organisait un programme de formation dans une usine, elle a bouleversé la disposition d'une salle de classe aux tables alignées face à l'instructeur pour mettre les tables en cercle et les garnir de bonbons et de gâteaux. Elle a conquis son public, au départ surpris.

Changement de décor donc mais surtout de style. Dès 1997, les dirigeants des sociétés dans le giron d'Asimco sont embarqués pour l'école de General Electric à Crotonville dans l'État de New York, la Mecque de la méthode Jack Welch, l'ancien patron de GE et grand gourou du management à l'américaine.

En 2010, Liu a obtenu son diplôme de Rutgers, une des grandes écoles de commerce américaines offrant un EMBA (Executive MBA), en Chine. « J'avais besoin d'élargir ma vision. Bien que je travaille en ressources humaines, je ne peux pas m'y limiter. Je dois apprendre plus et côtoyer des gens différents, et personnellement j'aime ça. Ma génération a de la chance que la Chine se diversifie », se félicite-t-elle, ravie d'en être.

« La raison clé qui m'a fait choisir Rutgers, confie-t-elle, c'est la diversité des participants, des gens de pays différents, de cultures différentes. Nous sommes assis côte à côte, nous étudions ensemble et parfois quand nous avons des discussions en cours, on peut entendre différents sons de cloche. »

Seuls 10 % des étudiants chinois en EMBA choisissent, comme Liu, de le faire en anglais. La majorité des cinquante EMBA recensés en Chine en 2013 offrent des cours soit directement en chinois soit traduits en chinois de l'anglais, selon Ying Zhao, le rédacteur en chef d'un site spécialisé.

Il note d'ailleurs que même au sein de la prestigieuse CEIBS (China Europe International Business School), qui offre le meilleur EMBA en

---

16 State Owned Enterprise (entreprise d'état)

Chine selon le classement du *Financial Times*, « les étudiants préfèrent un EMBA en langue chinoise pour pouvoir mieux développer leurs réseaux dans la société locale chinoise ».

Cultiver ses réseaux en Chine

Pour les étrangers faire un MBA ou un EMBA en Chine permet également de cultiver ses *guanxi* (réseaux) et de mieux comprendre la Chine, son marché et sa culture du business. Certains choisissent d'y acquérir une première expérience professionnelle et quelques autres espèrent donner un coup de pouce à leur carrière. Kelly Brantner, une Canadienne qui a dirigé Rutgers Chine pendant cinq ans, en témoigne : « Tous les ans, nous avions au moins deux étudiants plus âgés qui venaient des États-Unis faire ce programme pour avoir une expérience chinoise. Ils pensaient qu'à long terme, cela les aiderait dans leurs carrières. » Rutgers Chine avait un ratio de 65 % d'étrangers et de 35 % de Chinois.

Dr John Zhuang Yang, le doyen de BIMBA – la *business school* de la très prestigieuse Beida (université de Pékin) –, avait d'ailleurs mis en 2009 une limite de 40 % à l'admission des étudiants étrangers. « Au-delà, cela serait devenu trop international », explique-t-il, rappelant qu'il avait alors vu leurs effectifs multipliés par huit en deux ans. Lui-même ancien de Beida, il avait poursuivi ses études à Princeton puis à Columbia-New York. Fervent adepte du modèle de leadership de l'académie militaire de West Point, il s'en est inspiré dans ses programmes qui, s'adressant aux étudiants chinois, visent « à former des leaders de haut niveau, à leur faire prendre conscience de leurs limites, à leur donner un sens de responsabilité par rapport au pays et pas seulement l'ambition de devenir plus riches ».

Si les écoles de commerce peinent encore à identifier des modèles contemporains chinois de leadership dans le monde des entreprises, elles travaillent cependant sur des études de cas de plus en plus sinisées. Depuis une dizaine d'années, les publications tant en Chine qu'à l'étranger se multiplient sur les succès des grandes entreprises chinoises, sur leur intégration des modèles occidentaux de management de ressources humaines, sur les choix stratégiques de leurs investissements, sur les spécificités des traditions managériales chinoises, et certains auteurs guettent l'émergence de modèles de leadership hybride, alliant pratiques et valeurs tant occidentales que chinoises[17]. La thèse de doctorat d'un étudiant chinois à l'université d'Urbana-Champaign dans l'Illinois a d'ailleurs mis en exergue le management des universités comme terreau de l'hybridation du leadership. Les dix-neuf présidents d'universités chinoises, formés aux États-Unis, interviewés pour cette recherche se caractérisent par « des compétences globales marquées, des points de vue culturels et sectoriels multiples, des capacités d'adaptation et une vision indépendante. Le leadership hybride rejette à la fois la notion qu'une seule forme de leadership peut universellement s'appliquer et celle que chaque culture est absolument unique[18] ». Dans une économie globalisée, ce modèle de leadership hybride, émergent en Chine, est devenu le Graal des écoles de commerce du monde entier.

Celles-ci ont aussi bien pris en compte l'attrait de l'Asie en général, de la Chine en particulier (qui devait encore augmenter de 35 % selon une enquête en 2013 du magazine en ligne *QS TopMBA*). On ne compte plus les doubles diplômes, autorisés à partir de 2002, et les meilleures *business schools* internationales se bousculent en Chine (Columbia, Kellogg, INSEAD, HEC, London Business School, Mannheim, Maryland…). Elles alignent les spécialités, du commerce du luxe au business des e.médias. Leurs tarifs sont en phase avec ceux pratiqués aux États-Unis ou en Europe : 50 000 euros pour un MBA, 100 000 euros pour un EMBA. Quant à leur *executive education* (formations fournies aux entreprises), leurs tarifs dépassent parfois ceux qui ont cours en Europe, s'étonne une de leurs clientes, la patronne ressources humaines pour la région d'un grand groupe européen de l'alimentaire.

Mais le marché est bien là et ses besoins sont clairs : fournir des managers compétents aux multinationales en Chine et, de plus en plus, aux entreprises chinoises qui s'internationalisent. Signe des temps, des diplômés étrangers en nombre croissant cherchent, avec plus ou moins de succès, un travail en Chine.

---

17. http://www.macrothink.org/journal/index.php/jmr/article/view/4927
18. Qingyan Tian, *Hybrid Leadership : A Study of the Leadership (Roles and Characteristics) of Nineteen Chinese University Presidents with U.S. Experiences* (https://www.ideals.illinois.edu/bitstream/handle/2142/44354/Qingyan_Tian.pdf?sequence=1).

Un tandem franco-chinois

Certaines universités franchissent le pas et n'hésitent pas à créer des doubles diplômes dans lesquels les étudiants suivent une partie des cours en chinois. Ainsi, l'université des études internationales du Sichuan, connue sous son acronyme anglais SISU, et l'université de Grenoble offrent une licence de gestion – option chinois. Les étudiants passent ainsi trois semestres dans les Alpes françaises et trois semestres dans les collines de Chongqing.

« Je pense que nous sommes pionniers », dit fièrement David Dandevelde qui fut brièvement professeur de droit communautaire à la City University de Londres avant de venir en Chine et après avoir suivi de brillantes études financées par des bourses de l'État français. Ses origines modestes font écho à celles du président de SISU dont il est le bras droit. Le professeur Li Keyong, fils d'une mère paysanne, se souvient petit avoir rêvé « de pouvoir être ne serait-ce qu'ouvrier ou soldat pour ne plus travailler dans les champs ». Les deux hommes, l'un, européen, tout juste trentenaire, en costume cravate, l'autre, chinois, la cinquantaine avancée, chemise en jean, sont liés par une amitié née, disent-ils avec complicité, un soir de nuit sans lune.

Le campus de SISU, avec ses quatorze mille étudiants dont Li Keyong a la responsabilité, est un havre perché sur une des collines de Chongqing, mégalopole au cœur d'une zone urbaine de trente millions d'habitants du Sud-Ouest de la Chine. La ville est en chantier : on y voit des grues partout, les autoroutes se croisent en hauteur et des piliers de béton préfigurent celles qui sont en construction. En ce mois de novembre, il pleut, comme souvent à Chongqing.

L'Alliance française installée dans le campus offre un décor déli-cieusement suranné, architecture année 1970, couleurs dominantes bleu-blanc-rouge et bibelots pseudo-Louis XV. Aux murs, des photos en vis-à-vis : d'un côté, en noir et blanc, elles retracent la création de l'université par des conseillers soviétiques en 1950, de l'autre, en couleur, elles témoignent des accords signés avec plusieurs universités françaises. Ceux-ci ne se limitent pas à la France. SISU a signé des partenariats avec quatre-vingts établissements d'enseignement supérieur dans le monde entier. Le président de l'université de Californie du Sud vient d'y être reçu. SISU cherche à créer des liens avec le Brésil et gère deux instituts Confucius d'apprentissage de la langue chinoise, l'un à Lomé, au Togo, l'autre à Nijni Novgorod, en Russie. Presque 10 % de ses professeurs sont étrangers.

Le président Li explique l'ouverture internationale de son université : « Premièrement, en tant qu'université qui souhaite maintenir et même élever le niveau de la qualité de l'enseignement, il ne faut pas s'enfermer. Deuxièmement, nous sommes une université principalement tournée vers l'international. Nous avons onze langues à enseigner. Enfin, nous avons des disciplines qui ont un lien avec l'international : finances internationales, commerce international. Nous voulons que nos étudiants aient, en même temps, une bonne connaissance des langues et une vision mondiale. »

Au fond du Sichuan, les occasions pourraient être rares de se frotter à l'international. Le président Li insiste pourtant pour que « chaque étudiant ait une expérience avec l'étranger, soit, pour ceux qui remplissent les conditions, y aller directement, soit, pour les autres, au moins de participer à des manifestations internationales dans toute la Chine, comme à des foires internationales, en tant que traducteur, guide ou stagiaire ».

Il n'avait pas hésité, en 2008, à envoyer ses étudiants utiliser leurs compétences linguistiques dans la région de Wenchuan, au Sichuan, où un tremblement de terre avait fait plus de soixante-dix mille morts. « Nos étudiants ont alors beaucoup travaillé avec les équipes de sauvetage russes, françaises et espagnoles », se souvient-il.

Il avait dû lui-même attendre plus de dix ans après avoir fini ses études avant de pouvoir aller en France. Il ne s'en plaint même pas car la réalité avait déjà dépassé ses ambitions les plus folles. Tout heureux d'avoir été accepté par concours à l'université, en 1978, au lendemain de la Révolution culturelle, il avait accepté d'apprendre le français comme on le lui imposait, l'absence de choix dans les études ayant longtemps été monnaie courante en Chine. Quand il est enfin parti, ce fut pour Toulouse et pour deux ans. Il ne se contenta pas de perfectionner son français, il s'inscrivit pour un diplôme et se forma en linguistique à l'école de Ferdinand de Saussure.

De retour en Chine, il mit ses connaissances à profit et dirigea l'ambitieux projet d'un dictionnaire franco-chinois, le premier du genre, un travail de dix ans pour lequel il s'était entouré d'une équipe chinoise francophone et inspiré des travaux précurseurs réalisés par des universitaires japonais. Il est fier que cette initiative ait émané d'une université provinciale.

Il met aussi en avant la compétence reconnue de SISU en matière de recherches sur la littérature étrangère, égale selon lui à celle des grandes universités pékinoises.

Rigoureux et exigeant, il vilipende ses collègues spécialistes en critique littéraire qui travaillent à partir de textes en traduction et critique la méthode chinoise traditionnelle d'enseignement des langues qui impose de « commencer par la phonétique, puis la grammaire et ensuite l'expression orale ». « La méthode traditionnelle est très facile pour nos collègues chinois, déplore-t-il. Ils l'ont suivie de génération en génération. Il faut faire des efforts pour changer, être équipé de théories nouvelles qui viennent d'Europe et des États-Unis. Mais il y a la paresse : nos enseignants préfèrent avoir un livre à la main avec vocabulaire, grammaire ; c'est très facile. La méthode communicative demande de beaucoup plus préparer ses cours. »

Quant à l'attrait de l'étranger pour les étudiants chinois qui se bousculent pour y faire leurs études, c'est Dandevelde qui se veut optimiste : « Parce que la Chine s'ouvre au monde entier, on est encore sur le paradigme : "Tout ce qui vient d'ailleurs est meilleur." C'est la même chose depuis vingt ans : "Les voitures étrangères sont meilleures, les lycées étrangers sont meilleurs…" Mais ça ne va pas durer. La Chine est en train de produire des diplômes de qualité et je pense que cette croyance que l'université étrangère est forcément meilleure que l'université chinoise, dans quinze, vingt ans, n'existera plus beaucoup. »

Faisant souffler le chaud et le froid, ce tandem franco-chinois brouille décidément les pistes. Le président Li aime d'ailleurs jongler entre les registres et modifie jusqu'à son langage corporel dans son incarnation française ou chinoise : français, il ouvre les épaules et fait des gestes amples des mains, chinois, il rentre les épaules et réduit l'amplitude de ses mouvements. On le lui fait remarquer. Il rit de lui-même, rejoue en forçant le trait et reconnaît que face au président de la commission des universités chinoises, il est à la fois plus réservé et plus humble alors qu'avec ses collègues français, il est plus expressif et traite d'égal à égal.

Le chemin qu'a parcouru ce fils de paysanne est édifiant tout autant que celui de l'institution qu'il dirige. La présentation de SISU sur son site internet rappelle les origines de son université : « Porteuse de glorieuses traditions révolutionnaires, fondée et développée par Zhou Enlai, Deng Xiaoping et Liu Bocheng, l'université émane de l'unité de formation en russe créée en avril 1950 et relevant de l'université militaire du Sud-Ouest de l'Armée populaire de libération. »

Des origines russes au modèle californien

À l'autre bout du pays, elle aussi émanation de l'armée chinoise et de parrains soviétiques, l'université d'ingénierie de Harbin (HEU pour son acronyme anglais) a la même genèse. Créée en 1953, elle fut réorganisée après les tensions puis la rupture avec l'URSS en 1960, une partie de ses centres de recherche militaire étant repliée, par précaution, plus loin des frontières avec la Sibérie toute proche.

Harbin, dans la province du Heilongjiang, est la plus russe des villes chinoises, quelques dômes en forme d'oignons en témoignent. Elle accueillit cent mille Russes blancs après la victoire des bolcheviks. Cosmopolite, Harbin fut même un temps la capitale chinoise de la mode, recevant les derniers modèles parisiens avant même Shanghai.

Sous un soleil pâle d'hiver, des tas de neige s'amoncellent au bord des allées du campus que les étudiants sillonnent à pied, engoncés dans leurs anoraks. L'architecture mélange toits chinois relevés et couleurs pastel – bleu, jaune, pistache – des villes d'Europe de l'Est.

Les volumes sont ceux du soviétisme stalinien et le décor à l'avenant, grand lustre et hall en marbre. La maquette d'un navire ancien du type de ceux de l'amiral Zheng He, le grand explorateur chinois, souligne que la construction navale est une des grandes spécialités de l'université, avec le nucléaire.

Carol Miao Qi est la vice-directrice du bureau de coopération et des échanges internationaux de HEU, en charge de la communication. Petites lunettes fines et queue de cheval, cette jeune femme chaleureuse s'exprime dans un bon anglais. Elle l'a peaufiné à l'université de Strathclyde de Glasgow où, il y a une dizaine d'années, elle a fait un mastère en management international, bénéficiant d'une petite bourse et surtout du soutien financier de sa famille qu'elle ne voulait pas décevoir. Assise au premier rang, elle notait tous les mots qu'elle ne comprenait pas et se les faisait expliquer par le professeur à la fin du cours. Elle n'avait jamais fait de présentation, ne savait pas utiliser PowerPoint mais sa détermination lui valut en fin d'année les applaudissements des autres étudiants, se souvient-elle.

Pour HEU, sa résolution est tout aussi ferme et son ambition avouée : « Notre but est de rendre cette université aussi bonne que Berkeley. » Le gouvernement chinois a donné le cap en 2006 en lançant un premier programme ambitieux et généreusement financé pour attirer des cerveaux de l'étranger. « Notre université voulait participer à ce programme mais n'avait aucune idée sur la manière de s'internationaliser, constate-t-elle. Le programme requiert que l'université attire dix experts étrangers célèbres, l'élite des professeurs, mais ceux-ci ne comprenaient pas notre système. Pour l'expliquer, il a fallu écrire beaucoup de documents pour les convaincre, notamment William Webster, l'ancien doyen de Berkeley. » Au départ, les professeurs étrangers ne se sont pas précipités à Harbin mais l'éminent professeur américain de génie civil et environnemental, spécialiste de la mécanique des fluides, a commencé à échanger avec son collègue chinois, le vice-président de HEU qui a érigé Berkeley en modèle.

Banquets et visites touristiques, « les méthodes chinoises », ne séduisent guère le Californien, lors de son premier voyage, admet Qi. « Il a posé les bonnes questions, à l'américaine : "Quels sont vos ambitions et vos objectifs ?" Il nous a dit qu'il nous fallait faire des changements systématiques en suivant le modèle américain et non pas chinois. »

Dépasser les blocages administratifs

Qi n'hésite pas dans son jugement : « Si nous voulons nous améliorer, nous devons suivre un modèle mais nous ne pouvons pas le trouver en Chine. » Elle raconte comment le vice-président de HEU s'est ensuite rendu à UC Berkeley tous les ans, à l'invitation de William Webster. « Au début, il ne savait pas parler anglais et ignorait comment se conduire et communiquer avec les Américains mais après deux ans, quand il a réalisé qu'il devrait apprendre l'anglais, malgré son âge (presque 60 ans), il ne s'est pas découragé ; il a fréquenté le campus et les jeunes étudiants. En 2012, il a même décidé d'emmener tous les cadres de son service à l'université en Californie, à Berkeley, pour qu'ils croient en ce que lui avait vu. Ils y ont passé un mois. »

William Webster continue de les encourager mais « donne un horizon de cinquante ans pour que les universités chinoises atteignent le niveau de Berkeley », confie Qi. Elle fait elle-même un diagnostic sévère et lucide : manque d'autonomie des universités à l'égard du ministère de l'Éducation, inamovibilité des présidents d'universités, mainmise des académiciens des sciences qui jalousent les talents nouvellement recrutés et ont priorité sur les ressources de recherche. « J'ai appris à être patiente, ajoute-t-elle. Cela prend du temps de penser et de comprendre comment convaincre les autres pour parvenir à faire un projet ensemble. »

Des partenariats solides

HEU a désormais des partenariats avec une centaine d'universités étrangères et a solidement établi sa réputation d'excellence en recherche dans les domaines de la construction navale et de l'énergie. Ceux-ci attirent de nombreux professeurs invités et nourrissent les échanges de doctorants.

Ainsi Wu Qiaorui, 28 ans, a passé trois ans à l'université de Southampton. Son anglais reste hésitant. D'une nature réservée, elle avait pourtant pris, elle-même, l'initiative de contacter un professeur. « C'était de la curiosité. Je voulais étudier des choses avancées et connaître des pays étrangers », dit cette fille de paysans du Henan. Elle a obtenu une bourse et a pu travailler en Grande-Bretagne où « la recherche est plus avancée » dans son champ, en hydrodynamique : la division des particules. De retour à Harbin, elle espère finir son doctorat dans l'année.

Mais elle mesure à quel point sa dimension internationale ne joue pas forcément en sa faveur. « Nous sommes des outsiders. Pendant longtemps, j'ai cru que j'étais seule dans ma chambre noire et que personne ne me comprenait. Mes parents me disaient : "Pourquoi te faire du souci, tu as un bon job." Mes collègues ne me comprenaient pas. Je me sentais très isolée jusqu'à ce que je rencontre un professeur américain à qui j'ai décrit ma situation et dit : "Je n'ai aucun espoir." Il m'a suggéré de me considérer finalement comme "une chandelle qui peut éclairer les autres". »

Wen Shuli, 27 ans, qui a choisi de se prénommer Steven en anglais, ne souhaitait pas au départ quitter la Chine mais, cédant aux encouragements de ses professeurs et de ses parents, il est finalement parti trois ans pour l'université du Wisconsin à Milwaukee dans un programme conjoint de recherche US-Chine. Son doctorat porte sur la stabilisation de la production d'énergie à partir de sources renouvelables. Il le termine à Harbin sous la houlette, à distance, de son maître de recherche, Américain d'origine taïwanaise, avec lequel il communique en anglais avec aisance.

« Une fois là-bas, j'ai changé d'attitude à l'égard de la vie et de la recherche, constate-t-il. Aux États-Unis, les gens valorisent la liberté, la personnalité de chacun. Si vous êtes chercheur, on valorise vos centres d'intérêt alors qu'en Chine il y a beaucoup de restrictions à votre liberté. Un professeur en Chine peut tout vous demander. Aux États-Unis le professeur vous laisse suivre vos intérêts. On regarde les choses avec un autre œil et un autre esprit : trouver des idées par soi-même, trouver des clés par la recherche. »

Se positionner au niveau international

De retour depuis trois mois, il peine à se réadapter : « Je me sens un peu confus et perdu, avoue-t-il. La société va si vite, chacun est très occupé et a ses soucis. Je trouve les Américains plus optimistes. »

Ayant pris du recul par rapport à son pays, il pratique la comparaison : « La Chine a une longue histoire et une très bonne culture mais il y a des faiblesses. En Amérique, la culture est forte et les Américains peuvent absorber les bonnes choses venant d'autres pays. C'est un mélange de beaucoup de cultures. »

Il en a tiré des leçons pour lui-même et a tracé son avenir en conséquence. Il compte terminer son doctorat en 2015, puis aller faire un postdoctorat à l'université de Berkeley. « J'ai de l'espoir mais c'est très compétitif ! Je vais aux États-Unis pour apprendre des technologies. Les pays avancés investissent plus d'argent dans la science mais nous avons, en Chine, un environnement favorable. » Après son postdoctorat, il prévoit de revenir à HEU comme professeur. « J'espère pouvoir travailler avec mon directeur de thèse et combiner des idées venues des États-Unis et de Chine. Notre université est connue pour la construction navale, alors je compte apporter de nouvelles idées dans ce domaine : utiliser le vent et le soleil dans l'industrie navale. Nous avons déjà reçu des subventions importantes dans ce sens : 7 millions de dollars. Mon but est de me former dans certaines technologies et de revenir les mettre au service de mon pays. Je veux aussi me positionner à un niveau international. »

Le chemin de Wen croise celui de l'évolution de son pays. La Chine a besoin d'une marine de guerre à la pointe de la technologie et digne de la grande puissance qu'elle est devenue. Il va l'aider à la construire et espère bien, en même temps, que son travail de recherche acquerra une reconnaissance mondiale.

Un collège Europe-Asie

Installé au Havre, en Haute-Normandie, depuis 2007, le collège Europe-Asie est l'un des sept campus spécialisés de Sciences Po, l'Institut d'études politiques de Paris. Celui-ci accueille deux cent vingt-cinq étudiants, regroupant trente-deux nationalités, et offre un curriculum de sciences sociales, enseigné en anglais et concentré sur des thématiques asiatiques et européennes : histoire, droit, économie, institutions politiques, relations internationales, philosophie politique. Les étudiants étrangers travaillent par ailleurs leur français et quatre langues asiatiques sont offertes : le chinois, l'hindi, le coréen et le japonais. L'une d'elles est obligatoire pour les non-Asiatiques.

« Les campus décentralisés sont des creusets où on passe d'une langue à l'autre, c'est multilingue, multiculturel et c'est vraiment former des jeunes pour qu'ils baignent dans les langues et les disciplines », explique Francis Vérillaud, directeur des affaires internationales de Sciences Po.

Cet homme courtois aux cheveux argentés mène depuis 1995 la politique d'internationalisation d'une des écoles de l'élite française, longtemps vivier de ses hauts fonctionnaires, en particulier de ses diplomates. « Sciences Po, rappelle-t-il, a une grande tradition internationale qui a commencé dès sa création, à la fin du XIXe siècle. Entre les deux guerres, la London School of Economics (LSE) était déjà un partenaire mais l'internationalisation n'avait ni le même sens ni la même ampleur. »

Il faut attendre les années 1980 pour qu'un partenariat soit noué avec la Chine et son école de diplomatie. Celui-ci sera suspendu en 1989 avec les événements de la place Tian'anmen.

En 1996, il y avait cinq mille étudiants à Sciences Po et 15 % d'étudiants étrangers, aujourd'hui il y a presque douze mille étudiants et plus de la moitié sont étrangers. Les Chinois en représentent une partie importante. Les Français restent malgré tout majoritaires, viennent ensuite les Américains puis les Allemands et enfin les Chinois après les Italiens.

Pour que les jeunes deviennent les acteurs du monde

Avec sa politique délibérée de brassage, Sciences Po recrute dans le monde entier « pour que les jeunes deviennent des acteurs du monde, précise Vérillaud. Ils sont dotés d'outils, de savoir-faire et de savoir-être qui leur permettent d'appréhender le monde d'aujourd'hui, dans des conditions qui étaient inconnues auparavant à la fois culturellement et linguistiquement ; l'interdisciplinarité nourrit les communautés qui sont formées et les réseaux qui en dépendent ». Sciences Po compte aujourd'hui quatre cents universités partenaires dans le monde et trente-cinq doubles diplômes avec Columbia, Freie Universität, Fudan, Keio University, LSE, Saint-Gall, U-Penn…

Alice Richard, cheveux châtain clair et menue, admet avoir choisi d'apprendre le chinois un peu par hasard. Sa famille avait un ancrage plutôt aux États-Unis. Elle a commencé son apprentissage, à son arrivée au Havre, dans la première promotion du collège Europe-Asie. Elle se félicite d'être allée se perfectionner, en troisième année, à Taïwan, « une version soft de la Chine », dit-elle. Puis elle s'est jetée à l'eau en faisant un stage de neuf mois à Pékin, dans la plus ancienne des ONG chinoises – Friends of Nature[19] –, seule étrangère au milieu de ses collègues, une expérience qui « m'a permis de voir les choses de l'intérieur », constate-t-elle. Mastère de Sciences Po en poche, elle a enchaîné sur un double diplôme Tsinghua-École des mines (une école d'ingénieur) et a obtenu un autre mastère en management environnemental international. Solidement formée, elle fait son entrée sur le marché du travail et se dit prête à aller n'importe où, mais avec une préférence pour la Chine afin de ne pas perdre son chinois si laborieusement acquis.

19自然之友, (zìrán zhī yǒu) Amis de la Nature

Des ambitions de carrière internationale

Yu Zhenyuan, Bill en anglais, très mince, épaisses lunettes mode à montures noires, a, lui aussi, des ambitions de carrière à l'international. Après avoir terminé son mastère à Sciences Po, il veut travailler dans la finance, en Europe de préférence, et rentrera peut-être ensuite en Chine pour créer un business.

Élève d'un lycée à Nankin ouvert de longue date à l'international, il a choisi Sciences Po pour se différencier des trois quarts des autres élèves qui préféraient des pays anglophones. « Je voulais quelque chose de plus rare. Le processus d'admission était aussi moins difficile et les frais moins élevés », ajoute ce fils de fonctionnaires d'université.

Passé par le campus du Havre, il fit ensuite une année à Amsterdam, les étudiants asiatiques étant tenus d'étudier dans une autre université européenne alors que les non-Asiatiques doivent passer une année en Asie.

Du Havre, où il a vécu deux ans, Yu se souvient « comme d'une ville qui n'était pas très propre, où il faisait mauvais temps et où les rues n'étaient pas gaies ». Il est reconnaissant à sa famille d'accueil de l'avoir aidé à s'adapter et a gardé de bons amis parmi les autres étudiants. Il avait pris soin de ne pas passer trop de temps avec les étudiants chinois, ayant tiré les leçons de l'expérience de son oncle et sa tante immigrés en Suède depuis une vingtaine d'années. « Ils se comportent comme des réfugiés. Ils ont peu d'amis suédois et ils ont perdu leur lien avec la Chine ; c'est bien triste. Ils se considèrent comme des Occidentaux et ils critiquent la Chine en matière politique, son manque de démocratie. Je n'aime pas cela. »

Yu, 23 ans, curieux de tout et adaptable, a parfois des opinions bien arrêtées. « La Chine a besoin de temps, affirme-t-il. Parce que vous avez eu l'expérience d'un meilleur environnement, vous pensez qu'au niveau national, la Chine devrait rattraper aussi vite que vous. Si pour une personne cela peut se faire en vingt ans, pour un pays, c'est autre chose ! »

Il admet que les étudiants chinois de Sciences Po sont parfois sur la défensive, en particulier quand la Chine est l'objet d'étude en cours. Au printemps 2008, ils avaient ainsi pris fait et cause pour leur gouvernement, critiqué lors du passage de la flamme olympique à Paris perturbé par des manifestants pro-tibétains.

Apprendre à problématiser

Former des étudiants chinois nourris aux manuels approuvés par le Parti communiste chinois dans une approche estampillée Sciences Po, c'est la tâche qu'a entreprise, tant en Chine qu'en France, le couple de professeurs Stéphanie et Richard Balme.

Richard Balme, quinquagénaire aux cheveux blancs coupés en brosse, à l'autorité paisible, dirige le Master's in International Public Management au sein de l'École des affaires internationales (Paris School of International Affairs, PSIA) de Sciences Po. Il enseigne aussi à l'École de politique publique et de management de l'université Tsinghua, à Pékin. Il dit « contribuer à la modernisation de la Chine, à la capacité d'autonomie des Chinois dans ce processus et construire avec eux des outils pour penser ». Il s'agit « de greffe de savoir », précise-t-il.

Stéphanie Balme, la quarantaine toute fine, est une boule d'énergie. Chercheuse, à Paris, au Centre d'études et de recherches internationales de Sciences Po, elle est professeure invitée à la faculté de droit de l'université Tsinghua où elle dirige le programme « Droit, justice et société » en Chine.

« En Chine populaire, explique-t-elle, au niveau des référentiels, nous avons apporté des méthodes, des idées et des concepts différents. Nous avons travaillé à chaque fois sur les trois registres. » En ce qui concerne les méthodes et pour les situer culturellement, en allant du plus large au plus précis, « je dirais que nos méthodes sont perçues comme occidentales, cartésiennes et françaises et enfin typiquement Sciences Po. Cela se voit très clairement quand on apprend à nos étudiants chinois ce que sont une dissertation, un plan, une logique. Il y a un mode de raisonnement qui est totalement différent. Ils ont du mal à problématiser, à annoncer un plan, à donner une réponse tout de suite ». Et si la réponse est donnée en introduction, « pourquoi vous m'expliquez qu'il faut donner une conclusion ? » s'est-elle entendue demander.

En ce qui concerne les concepts, essentiels en droit, certains sont totalement étrangers dans le monde chinois. Stéphanie Balme souligne que de nombreux concepts juridiques viennent du monde occidental, par exemple le droit des médias et la responsabilité civile. « C'est quelque chose de très nouveau en Chine, c'est arrivé par la modernité qui s'impose, de fait, directement quand la Chine développe ce genre de raisonnement. Cela passe toujours par des concepts occidentaux qui sont ensuite sinisés. Et cela passe aussi par des concepts avec une tonalité politique comme celui de l'État de droit. »

Professeurs, pédagogues et mentors

Dans leur travail pédagogique, Stéphanie et Richard Balme sont souvent des mentors. « Sur le plan des idées et de la pensée, j'ai eu l'impression, plus que d'enseigner, de les guider, de les intéresser et de surtout de les aider à trouver des mots pour dire les choses dans un contexte chinois », dit cette professeure qui peut aussi enseigner en mandarin.

Son mari reconnaît avec plaisir que « beaucoup d'étudiants nous signifient qu'on leur ouvre un monde. C'est l'attitude pédagogique qu'ils apprécient : les écouter, être disponible pour les voir, travailler avec eux. C'est les faire parler, reprendre ce qu'ils disent et puis leur donner des conseils. Ils sont en demande de conseils presque personnels et puis c'est important d'être gentil ».

Comme dans d'autres secteurs de la société chinoise bousculée par son entrée fracassante dans la globalisation, « l'enseignement supérieur manque des ressources humaines qualifiées », analyse ce professeur qui a enseigné, entre autres, aux États-Unis, à Hong Kong et en Chine.

« À Paris, ajoute-t-il, on nous dit que ce sont les Chinois qui ont le plus de problèmes. Il y a un psychologue de service qui leur est destiné. Je pense qu'ils subissent une pression extrêmement forte, qui tient à un impératif de loyauté. Ces étudiants ne peuvent pas être autrement que patriotes. Je n'en ai pas rencontrés qui ne le soient pas ; ils le sont spontanément, gentiment. Ils se retrouvent à Sciences Po, à Paris avec les autres et on dit à Paris des choses accusatrices. Leur première réaction est de défendre leur pays et progressivement, car cela leur demande beaucoup d'ajustements avec les autres, ils se rendent compte qu'ils ne sont pas forcément les mieux informés sur leur pays. »

Interventionnisme chinois dans les universités étrangères

Ces échanges accrus d'étudiants et de professeurs entre les grandes universités mondiales et chinoises ne manquent pas de soulever des questions éminemment politiques et pas seulement en Chine. Fin 2014, des élus républicains se sont émus au Congrès américain des restrictions à la liberté académique rencontrées par certaines universités dans leurs partenariats avec des universités chinoises. Quelques professeurs américains, tel le professeur Perry Link, spécialiste des droits de l'homme, sont en effet interdits de séjour en Chine.

L'Association américaine des professeurs d'université[20] s'est, par ailleurs, publiquement inquiétée de la présence sur les campus de quatre-vingt-dix universités américaines des instituts Confucius. Ces écoles de langue et de culture chinoises sont financées par Pékin. En 2014, les universités de Chicago et de Pennsylvanie ont fermé les instituts Confucius qu'elles accueillaient.

Il est vrai qu'avec le temps, l'installation d'instituts Confucius au cœur des universités peut parfois finir par ressembler à celle d'un cheval de Troie. Ainsi, à Lyon, l'institut Confucius, qui avait ouvert ses portes en 2009 au sein de Lyon 2 et 3 pour se consacrer, sous forme d'association loi 1901, à des activités linguistiques et culturelles à destination du grand public lyonnais (conférences, enseignement à court terme, festival de films), les a brutalement refermées en septembre 2013. La partie de bras de fer entre le Hanban, qui dépend du ministère de l'Éducation chinois et qui cofinançait l'institut, et l'université de Lyon avait mal tourné, le Hanban ayant exigé la démission du président français de l'institut et coupé les vivres parce que l'université de Lyon refusait que les autorités chinoises participent en direct à l'enseignement et à l'attribution des bourses dans le département de chinois. Cet entrisme chinois allait de toute façon à l'encontre des principes et des lois régissant les universités publiques françaises.

Cette lutte d'influence qui s'est longtemps jouée à fleurets mouchetés dans les coulisses du monde universitaire, a récemment pris, en Chine

---

20. American Association of University Professors.

même, un nouveau tour. En janvier 2015, le ministre de l'Éducation, Yuan Guiren, sortait l'artillerie lourde. Lors d'une réunion avec les présidents des plus grandes universités du pays, il assenait ses directives : restreindre l'utilisation des manuels occidentaux et interdire la dissémination des « valeurs occidentales » dans l'enseignement supérieur. Quelques jours plus tôt, le monde universitaire chinois s'était vu ordonner de faire une priorité de « la loyauté au Parti, au marxisme et aux idées du président Xi ». L'administration Xi Jinping a bien compris que les universités sont un des terrains principaux sur lesquels se joue la bataille du *soft power*.

La transformation des personnes

Au-delà des questions politiques et institutionnelles qui le conditionnent, le passage par le système éducatif d'une autre culture n'est en effet pas neutre. Il transforme la personne à des degrés variables. Il peut l'ouvrir mais aussi la refermer. Il peut favoriser une relative sinisation, voire une resinisation, ou, au contraire, encourager un éloignement des racines chinoises. Il peut pousser à s'ancrer dans une autre culture, à devenir éventuellement citoyen de la planète, libre de se sentir chez soi là où l'on choisit de se poser. Les motivations de départ, la fortune et les origines familiales, les relations amicales ou amoureuses, le degré d'ambition affectent toutes ces transformations.

L'impact d'un séjour académique à l'étranger est lié au moment historique de cette rencontre. On peut distinguer trois périodes à partir de la réouverture des échanges. La période pionnière, qui court jusqu'en 1992, démarre à la toute fin des années 1970 avec la politique d'ouverture de Deng Xiaoping après le black-out des années de la Révolution culturelle pendant laquelle seulement 1 600 étudiants avaient pu partir dans d'autres pays, essentiellement pour se former aux langues étrangères. L'année 1979 voit partir à l'étranger seulement 1 750 étudiants et universitaires, dont une écrasante majorité de scientifiques. En 1981, l'entrée en Chine des tests d'anglais TOEFL[21] et de contrôle de connaissances GRE[22]

---

21. *Test of English as a foreign language.*
22. *Graduate record examination.*

et autres GMAT[23] permet aux Chinois de candidater formellement à l'étranger. Mais leur nombre reste encore très faible jusqu'en 1992, alors que les événements de la place Tian'anmen en 1989 provoquent un fort coup de frein dans les échanges dans les deux sens entre la Chine et le reste du monde.

La deuxième période démarre après le voyage dans le Sud de Deng Xiaoping, quand le nombre des départs annuels augmente brusquement. On passe de 2 900 départs en 1991 à 6 540 en 1992 et ce mouvement s'accélère pour arriver à 134 000 en 2006[24]. Cette inflexion de la courbe s'explique par le fait qu'avant 1992, ne partaient que des étudiants qui avaient obtenu des bourses du gouvernement chinois et, jusqu'en 2000, il était impossible à un étudiant chinois de partir étudier à l'étranger sans une bourse dans le pays d'accueil. Entre 1996 et 2006, l'augmentation annuelle moyenne va être de plus de 25 % alors que de plus en plus d'étudiants sont financés par leur famille. En 2014, 423 000 des 450 980 départs étaient autofinancés[25].

La dernière période démarre en fanfare en 2008. Elle est marquée par l'accélération triomphante de l'entrée de la Chine dans la globalisation. À tel point qu'aujourd'hui, les « mouettes » – ces nouveaux talents globaux que Wang Huiyao, fondateur du Centre pour la Chine et la globalisation, baptise ainsi parce qu'ils font de fréquents allers-retours entre la Chine et le reste du monde – commencent à remplacer les « tortues de mer »[26] – nom donné aux Chinois qui reviennent de l'étranger.

L'enjeu pour la Chine est désormais d'attirer ces talents globaux, qu'ils soient étrangers ou chinois, alors que de plus en plus d'étudiants chinois rentrent au pays. Entre 2004 et 2012, le pourcentage des retours est passé de 24 % à 41 %. Mais les experts soulignent que ceux qui rentrent sont plutôt des étudiants de niveau moyen, financés massivement par leurs familles, alors que les meilleurs élèves ont tendance à rester, occupant

---

23. *Graduate management admission test.*

24. Li Haizheng, « Higher Education in China : Complement or Competition to US Universities ? », in Charles T. Clotfelter (dir.), *American Universities in a Global Market*, University of Chicago Press, 2010, p. 269-304 (http://www.nber.org/chapters/c11599.pdf).

25. Selon le ministère de l'Éducation nationale chinois.

26. 海归 (Haigui)

par exemple, à la Silicon Valley, 35 % des postes de directeurs techniques et de laboratoires.

Aristocrate rouge

Hong Huang, un visage rond et très expressif, un humour caustique et tonique, est une des très rares Chinoises à être parties étudier aux États-Unis dès 1973, à l'âge de 12 ans. Issue de l'aristocratie rouge, elle a pu, grâce à sa mère, traductrice au ministère des Affaires étrangères et professeur d'anglais de Mao, se greffer sur un programme destiné à former les interprètes du ministère. Attablée à une terrasse du très chic centre commercial de luxe de Sanlitun, où elle a ouvert une boutique de créateurs de mode chinois, Hong explique dans un anglais parfait qu'en 1973, les jeunes n'avaient aucun choix : « Si on était sélectionné, c'était un honneur, un privilège basé sur la confiance. Et le système chinois n'encourage pas à se poser des questions. » A-t-elle été heureuse de partir aux États-Unis ? « C'était comme si on vous annonçait que vous étiez choisie pour aller sur la planète Mars. Vous iriez par simple curiosité. Et une fois sur place, tout semblait si nouveau, si différent, si frais que vous en perdiez tout point de référence culturelle. » Assez rapidement, elle s'installe dans une famille américaine, suit des cours dans une école pendant trois ans et demi et s'y fait des amis.

Rentrée chez elle en 1977, pour survivre psychologiquement, elle reprend sa vie comme si de rien n'était : « J'ai effectué une forme d'opération mentale d'auto-préservation en effaçant ma mémoire. Je n'ai pas une seule fois comparé ma vie de pensionnaire en Chine avec ma vie aux États-Unis. À 16 ans, je savais déjà que c'était dangereux politiquement. »

En 1981, elle décide de retourner aux États-Unis pour parfaire ses études. « Je suis allée à Vassar pour étudier les sciences politiques en deuxième année de fac. Je ne pense pas que les Américains étaient très curieux à l'égard des étrangers. Ils en recevaient tellement. Les seuls qui s'intéressaient vraiment à nous, c'étaient les professeurs, particulièrement les spécialistes de l'Asie de l'Est. »

Avec une pointe d'autodérision, Hong explique que ses allers-retours entre la Chine et les États-Unis entre 12 et 30 ans ont plus à voir avec des raisons sentimentales qu'un ambitieux calcul.

Depuis qu'elle a choisi de s'installer en Chine en 1991, elle a développé avec panache sa créativité dans plusieurs domaines. Elle a contribué à ouvrir la Chine non seulement dans les industries de la mode et du design mais aussi dans les mentalités et la vision du monde. Devenue auteure, actrice, journaliste, présentatrice télé, bloggeuse fameuse et personnalité médiatique, elle a été baptisée par CNN « l'équivalent chinois d'Oprah Winfrey ».

Ce parcours d'un membre de l'aristocratie rouge, que ses origines familiales ont mis très tôt sur orbite de l'hybridation, est exceptionnel. Mais durant la décennie suivante, un certain nombre de Chinois ont suivi et, rentrés au pays, ont permis à la Chine de faire de grands bonds en avant.

Du grand-père au petit-fils

Wang Yan, la quarantaine élégante, est un de ces *returnees* qui ont changé la face de la Chine. Il a cofondé Sina.com, un des principaux sites d'information chinois sur internet, dès 1995 alors qu'il était encore à Paris. Troisième génération partie étudier en France, il a imaginé ce portail avec trois amis alors qu'il suivait une maîtrise de droit à la faculté d'Assas. Son grand-père, expert en sonar, fut l'élève du physicien Paul Langevin. Rentré en Chine en 1956 après l'arrivée des communistes, il fut incarcéré. Son père, diplomate, est né en France.

Wang, élevé à Pékin par ses grands-parents, avait été volontaire pour partir en 1990. Après 1989, il n'était pas question pour lui de faire des études universitaires en Chine. Mais dès son arrivée, le compte à rebours a commencé. « J'avais besoin de bâtir quelque chose et de le faire en Chine. »

Vingt ans plus tard, après avoir été le CEO, puis le *chairman* de Sina, il a passé un an à la Kennedy School of Governance de Harvard à l'invitation du professeur Tony Saich. « J'ai fait une petite recherche et surtout j'ai pris très librement des cours aussi bien sur l'économie historique des États-Unis que sur la transition sociale de la Chine. Je me suis aussi intéressé à l'économie américaine avec Lawrence Summers et à l'éducation. » La prestigieuse école américaine attire le Who's Who de l'élite chinoise, la promotion de Wang Yan comptait parmi ses étudiants la fille du président Xi Jinping, inscrite sous un nom d'emprunt, ainsi que le fils de son rival Bo Xilai, un ancien membre du Politburo qu'il réussit à écarter du pouvoir.

Mais Wang insiste : son hybridation, qui nourrit sa créativité – il travaille actuellement sur un livre et une exposition sur l'histoire de la guerre sino-japonaise de 1894-1895, vue à partir des journaux occidentaux de l'époque –, ne l'empêche pas de tenir profondément à sa nationalité chinoise. « Mon grand-père forçait mon père à ne parler que chinois à la maison et, quand mon père a essayé de prendre la nationalité française, il l'a "engueulé". Et je ferais de même si mes enfants voulaient renoncer à leur nationalité chinoise. »

Le choix de ne pas rentrer

Dans les années 1980-1990, beaucoup d'étudiants chinois ont choisi de rester dans leur pays d'accueil. C'est le cas de Xu Yi, compositeur de musique contemporaine, qui a enchaîné un parcours complet au conservatoire de Shanghai puis à celui de Paris, où elle a obtenu un premier prix de composition et étudié deux ans à la villa Médicis. Son œuvre principale, d'inspiration taoïste, *Le Plein du vide*, a même été sélectionnée pour être au programme de l'option musique du baccalauréat. Bilingue, mariée à un chercheur, Stéphane Grumbach, lui-même bilingue, elle considère que la France l'a acceptée complètement et lui a beaucoup donné. « Dans mon domaine, l'Europe adopte des critères de vérité pour juger de la valeur d'une œuvre artistique, contrairement à la Chine où les gens voient les choses à court terme, de façon pragmatique et accouchent de mauvaises œuvres de commande. »

Xu est partie de Chine en 1988 grâce à une bourse française, laissant derrière elle une Chine « en pleine "Renaissance", stoppée net en 1989 ». « L'arrivée en France a été difficile. La France était belle mais je n'étais plus rien. » Pourquoi quitter la Chine ? « Pour sortir de mon bocal, répond-elle sans hésiter. La Chine était une vaste prison dont je sentais les limites. J'avais l'inspiration et les outils mais la France m'a appris des techniques qui m'ont nourrie. »

Xu, devenue entre-temps Yi Grumbach, est revenue en Chine au début des années 2000 pour suivre son mari. Sans enthousiasme. « La musique contemporaine que je compose est mal appréciée en Chine. »

Ses études en France, son mariage avec un Français et la naissance de leurs deux fils l'ont profondément changée. « Mes parents et ma sœur ne me trouvent plus très chinoise. Ce n'est pas méchant de leur part mais, aux yeux des Chinois, les vrais Chinois ne sortent pas du pays. Et je ne serai jamais non plus une vraie Française. » Cette position entre deux n'est pas toujours facile : « En France, il m'arrive d'être méprisée et d'avoir l'impression d'être une étrangère. En Chine, dans certains cercles fermés, je ne connais pas les codes. Je suis partie trop longtemps, trop jeune. Au conservatoire, j'étais comme au couvent. Je suis sortie du couvent pour aller à Paris. » Pourtant, Xu est contente d'avoir accès à ces deux cultures : « J'ai l'impression de vivre deux fois. »

La mission d'être un pont

Les étudiants étrangers ont aussi commencé à s'aventurer en Chine à partir des années 1980, voire la fin des années 1970 pour quelques pionniers, faisant preuve de volontarisme et d'un enthousiasme à toute épreuve.

L'expérience de Caroline Puel, journaliste et écrivain vivant en Chine depuis près de trente ans, prix Albert Londres et auteur d'un ouvrage de référence sur la Chine, montre le côté pionnier, à cette époque, de cette démarche. Aujourd'hui, mariée à un galeriste chinois connu, Cheng Xindong, elle a deux filles qui naviguent aisément entre les deux cultures et se souvient toujours avec nostalgie de sa plongée dans la vraie Chine.

D'entrée de jeu, elle tient à préciser que son identité est clairement européenne. « Il n'y a jamais eu d'ambiguïté là-dessus, sauf peut-être dans les tout premiers mois, et l'illusion a été très vite évacuée. Mais mon esprit s'est enrichi et j'aurais du mal à revenir dans un moule purement français parce que j'ai appris d'autres manières de voir le monde, d'autres réponses qui marchent. » Enfant, Puel a voyagé en Asie avec son père. « On ne voyait jamais un Chinois sortir de Chine. Cet énorme point d'interrogation sur la carte, allié à la puissance de la civilisation chinoise, a fondé mon attirance pour la Chine. »

Elle a grandi à La Réunion, une terre de métissage, où elle a beaucoup fréquenté les Chinois de deuxième et troisième génération auprès desquels elle a appris la langue.

Lors de ses études en sciences politiques, elle s'est spécialisée sur les réformes de Deng Xiaoping. Partie en stage en ambassade à Pékin en 1984, elle est frappée par la difficulté d'établir des contacts avec des Chinois. Mais elle trouve l'opportunité de lancer le premier jumelage universitaire entre la Chine et un pays occidental, et se glisse dans cet accord pour passer un an à l'Institut de diplomatie. « Nous étions deux étudiants étrangers à l'institut dans une Chine qui explosait de toutes parts. On discutait des nuits entières. » Depuis, Puel a fait sienne la mission de mieux expliquer la Chine aux Occidentaux. « Je n'ai pas la prétention d'avoir tout compris. Néanmoins, c'est l'idée de transmission, de compréhension et d'analyse permanente qui me porte. »

Chinois au Danemark et Danois en Chine

Au printemps 1992, les discours de Deng Xiaoping lors de son « voyage vers le Sud » marquent un tournant. Le nombre des étudiants qui partent augmente. Leurs profils se diversifient. À partir des années 1990, de jeunes étudiants chinois commencent très tôt leurs études à l'étranger parce qu'ils suivent leurs parents partis faire des affaires. Parallèlement, de jeunes étrangers commencent à affluer en Chine pour apprendre la langue d'une puissance montante.

Johnny Xiong, Xiong Zhe en chinois, 35 ans, petites lunettes, un physique avenant et des manières extraverties, a fait sa scolarité au Danemark à partir de 16 ans. Son père s'était installé en 1993 à Copenhague pour y créer une joint-venture chargée d'acheter des machines d'occasion venues de Suède et d'Allemagne. Aujourd'hui, Xiong travaille dans l'interculturel. Parfaitement bilingue, il circule comme un poisson dans l'eau entre les cultures. Chrétien, il affirme aussi son attachement viscéral aux valeurs chinoises : « J'ai été éduqué en Europe mais je suis fier d'être chinois. Je passe beaucoup de temps à lire et à commenter les classiques, Confucius en particulier. Je suis attaché aux valeurs familiales. »

Il évoque volontiers et avec le sourire son adolescence à Copenhague : « Le premier jour, c'étaient les montagnes russes. En première heure, le professeur d'anglais nous a balancé le roman en anglais de Sylvia Plath, *The Bell Jar*. Je n'étais absolument pas à la hauteur. Ma confiance en moi en a pris un sacré coup. En deuxième heure, en maths, j'ai reconnu un exercice que nous avions fait cinq ans plus tôt en Chine. Mon amour-propre est remonté en flèche et j'étais fier de la qualité de mon éducation de base. »

Xiong estime ne pas avoir été du tout traumatisé par son transfert. « J'étais le premier étudiant chinois dans l'histoire de cette école depuis 1870. J'ai trouvé le système éducatif danois très accueillant. Le Danemark est une société petite et homogène. Le conseiller d'éducation a reconnu mes difficultés et était satisfait de mes efforts. » Il évoque son adolescence avec des lumières dans les yeux. « Mes camarades de classe étaient ouverts, ma vie sociale divertissante. Mes parents avaient perdu le contrôle. Finies les longues heures d'école pour m'occuper de sept heures du matin à six heures du soir, finies les quantités excessives de travail à la maison. J'ai beaucoup regardé les informations sur CNN, la BBC, la télé danoise, ce qui m'a permis de perfectionner mon anglais. » L'évolution de ses relations avec ses parents l'a fait mûrir beaucoup plus vite qu'un adolescent chinois en Chine. « J'ai réalisé que mes parents n'étaient pas des dieux. »

Il reste au Danemark faire ses études supérieures malgré le retour de ses parents en Chine. « J'y ai démarré l'association des étudiants chinois au Danemark et j'y ai rencontré ma femme qui est chinoise. Mes amis n'en croyaient pas leurs yeux. Ils me voyaient comme une "banane". » Il souligne qu'il a choisi sa femme à cause de l'alchimie entre eux, de la qualité de leurs conversations, pas de sa nationalité. « C'est une merveilleuse banane, définitivement plus chinoise que moi. Notre vie à la maison, à Pékin, est d'autant plus chinoise que nous vivons avec mes beaux-parents. Mais nos meubles sont danois », plaisante-t-il.

Xiong se considère comme beaucoup plus occidentalisé que nombre de Chinois travaillant pour des multinationales, auprès desquelles il intervient en tant que spécialiste de l'interculturel. « Être adolescent au Danemark sans être entouré par une large communauté chinoise m'a formé mais ne m'a pas changé. J'adapte mes expressions et mon langage corporel à l'environnement mais je reste extraverti et vois toujours le monde avec des lunettes roses. »

Sa conversion au christianisme, un élément central dans sa vie d'adulte, remonte à ses années européennes mais il ne voit aucune contradiction entre ses valeurs chrétiennes et les valeurs chinoises de son enfance. « Être empathique est une qualité qu'on encourageait déjà dans mon enfance. Le communisme est la religion de ma famille. Mes grands-parents ont grandi à Yan'an au cœur du camp communiste. Beaucoup de mes comportements liés à mes convictions chrétiennes m'avaient déjà été enseignés dans ma famille. Aujourd'hui les valeurs chrétiennes me donnent un confort et des certitudes dans la vie, quelque chose à quoi me raccrocher. Malheureusement c'est aussi une cause de conflit majeur avec ma famille à qui on a appris à considérer la religion comme l'opium du peuple. »

Voir le monde sous un autre angle

Comme une image inversée, le jeune Danois Rasmus Duong-Grunet est parti, lui aussi à 16 ans, du Danemark vers la Chine, mais seul et de sa propre initiative. 30 ans, blond, courte barbe, yeux bleus, parfaitement à l'aise en chinois, il travaille comme responsable du développement commercial dans un cabinet d'architectes danois en plein cœur de la concession française à Shanghai. Il a épousé une Allemande dont la famille est d'origine cantonaise, bien moins chinoise que lui, murmurent ses amis.

« Je suis venu à Shanghai, où j'ai passé dix ans, parce que je m'ennuyais au lycée et voulais partir à l'étranger. Mes parents y avaient des amis. J'ai commencé à apprendre le chinois à l'université de Donghua à Shanghai tout en passant mon bac par correspondance. En 2000, cette ville était un endroit extraordinaire où il faisait bon vivre. » Après cinq ans de petits boulots, il décide de reprendre des études supérieures. Sa femme retournait en Allemagne ; il la suit puis ils se retrouvent à Copenhague.

Duong-Grunet choisit d'étudier les « rencontres interculturelles », élargissant ses centres d'intérêt « à l'anthropologie, à ce qui advient quand deux cultures se rencontrent, quand deux langages se mélangent ». En 2008, sa femme trouve un travail à Shanghai et lui un mastère à l'université de Fudan, consacré aux relations internationales et aux affaires politiques vues à partir d'une perspective chinoise. « Les professeurs avaient différentes opinions mais tous disaient "nous" plutôt que "eux" en parlant de la Chine. » Ce changement de perspective est crucial. « La plupart d'entre eux avaient été formés à l'étranger et étaient très conscients de leur rôle comme élite scientifique chinoise. » Il craignait le poids de la censure mais a participé à des discussions très libres. « Nous avons passé trois heures à parler du Tibet et j'ai réalisé qu'au Danemark, nous ne pouvions pas appréhender clairement la situation parce que nous ne connaissions pas le point de vue de l'autre ».

Xiong et Duong-Grunet jouent avec délices et sans complexes, dans leurs entreprises respectives, le rôle de pont culturel. Tous deux semblent très à l'aise dans leur peau d'hybrides culturels et ont gardé un souvenir heureux de leurs pérégrinations précoces – mais de plus en plus conscientes et réfléchies – à travers les cultures.

Le traumatisme du déracinement

Mais se déraciner peut aussi être un traumatisme. Certains se sentent menacés et se renferment dans leur coquille. Nombre d'articles soulignent les troubles alimentaires, voire psychologiques dont souffrent les étudiants chinois à l'étranger. D'autres fuient la difficulté et, jouant sur la masse critique des étudiants chinois dans les campus, restent entre eux, parlant chinois, mangeant chinois, se regroupant dans des associations qui leur sont spécifiques. D'autres enfin reviennent en Chine avec des préjugés renforcés, du ressentiment, de la frustration voire de l'animosité.

Mais il arrive aussi que des rencontres amicales ou amoureuses permettent de surmonter les traumatismes initiaux. C'est l'expérience qu'ont vécue, chacune à sa façon, les trentenaires Xu Jingjing en Grande-Bretagne et Marie Massard en France.

Xu Jingjing a passé sa licence et son mastère à Leeds en Grande-Bretagne. Devenue agent, elle raconte aux familles des candidats chinois au départ comment elle a réussi son intégration en recherchant délibérément les occasions d'interaction avec les Britanniques. « J'ai choisi de travailler dans une école de langues privée où allaient beaucoup de Chinois. C'était un univers très anglais et j'y ai rencontré ma logeuse qui m'a beaucoup influencée. Elle habitait une très jolie maison traditionnelle en dehors de la ville. » C'était la première fois que Xu vivait hors de Chine. « Elle m'a montré comment me comporter, comment communiquer avec les Anglais. Chaque dimanche, elle organisait un énorme brunch avec ses voisins. Pour mon anniversaire, elle a décoré son jardin et invité tous ses amis. Je me sentais comme une princesse. »

Ses amies restent pourtant essentiellement chinoises. « Durant mon mastère, un garçon anglais s'intéressait à moi mais j'étais assez traditionnelle et je n'arrivais pas à m'imaginer me réveillant un matin face à un visage complètement étranger. » Sans compter que son père l'avait prévenue avant de partir : « Ma chérie, tu vas probablement rencontrer quelqu'un qui te plaira pendant tes études. Surtout ne choisis pas un non-Chinois ! » Elle est consciente qu'autour d'elle, plusieurs amies chinoises recherchaient ouvertement des maris britanniques. « À l'époque, je les admirais. Je ne me sentais pas à l'aise avec les hommes anglais. Je les ai rejetés et maintenant je le regrette. » Xu Jingjing observe à son retour que les hommes chinois n'acceptent pas les femmes qui, comme elle, ne cachent pas leur force et leur personnalité. « Aujourd'hui, je suis en pleine confusion et je ne sais plus si je reste seule à cause de ma personnalité ou parce que j'ai vécu en Grande-Bretagne. »

Derrière les faux-semblants

Marie Massard, discrète, un visage sans aucun maquillage, vit avec son mari Paul et leurs deux filles à Chengdu dans une grande maison confortable. Elle anime la chambre de commerce française locale alors que lui est un cadre dirigeant de Saint-Gobain en Chine, seul non-Chinois dans une équipe de deux cents Chinois. Non-Chinois ? Pas si simple. Même si leur nom de famille « Massard » évoque plutôt un couple occidental bon teint, en fait, tous deux sont ethniquement chinois à 100 %. Lui, né au Cambodge de parents chinois, est un pur produit de la méritocratie française. Il a fait des études à l'École centrale et a appris le chinois une fois adulte. Elle est née à Yin Shan, une petite ville du Hunan, de parents médecins tous les deux, et, selon ses propres termes, « pauvres et jamais sortis de leur province ». Elle n'a quitté la Chine qu'à 23 ans, en 2000, pour faire des études à HEC, en France. Un rêve qu'elle caressait depuis ses premières lectures du Comte de Monte-Cristo, à 12 ans, dans la bibliothèque du petit hôpital où travaillait sa mère.

Elle se souvient avec des frissons de ses premiers mois à HEC. « J'ai dû m'adapter d'abord physiquement. Je ne digérais pas le lait de France. J'avais une diarrhée tous les jours et mes cheveux tombaient en masse. J'ai eu une allergie et je me suis rendu compte que cela arrivait à beaucoup de Chinois. Pour les cours aussi, c'était catastrophique. Au début je ne comprenais que 10 % du cours et je lisais beaucoup après. C'était épuisant d'entendre et parler tout le temps une langue étrangère. Le soir, je m'enfermais dans ma chambre pour ne parler à personne. »

Elle a pu finalement s'adapter grâce au soutien indéfectible de son futur mari, qu'elle avait rencontré à Pékin avant de partir. « Quand je l'ai vu pour la première fois, à part le physique, il n'avait rien de chinois, se souvient-elle. Il ne parlait même pas mandarin. Il m'avait invitée à manger des tomates farcies, un plat que je ne connaissais pas. » Et elle ajoute : « Au petit-déjeuner, encore aujourd'hui, après quinze ans de mariage, il ne mange toujours pas de plats chinois et se contente de pain et de café. » Elle l'a pourtant très vite admiré. « C'est un esprit critique qui cherche toujours à améliorer les choses. Cette tournure d'esprit était nouvelle et me plaisait. » Elle compare son mari à une mine d'or très profonde. « C'est inépuisable et il y a toujours des surprises. »

Après les tortues de mer, l'arrivée des mouettes

Après 2008, les échanges d'étudiants entre la Chine et le reste du monde augmentent de façon exponentielle. Les jeunes Chinois, comme d'autres nationalités, considèrent que le monde est à eux et choisissent où ils veulent étudier et vivre en fonction de critères personnels, qu'ils soient financiers, de confort, ou d'intérêt professionnel.

Lin Chunbin, étudiant en sciences de l'informatique, qui fait son doctorat à l'université de San Diego, dans le domaine des bases de données, a choisi les États-Unis après avoir fait un premier et second cycle à l'université du Peuple (*Renmin Daxue*) à Pékin. Plutôt que rentrer directement dans la vie professionnelle comme la plupart de ses condisciples, il a décidé de se lancer dans la recherche. Il envisage plutôt son futur aux États-Unis. « Cela m'est égal de ne pas vivre dans mon pays. Autour de moi, mes amis informaticiens, ingénieurs ou mathématiciens pensent de même. S'ils n'ont pas quelque chose de spécial comme une petite amie qui les attire et les retient en Chine, ils préfèrent rester aux États-Unis. » Lin explique ses raisons : meilleurs salaires et meilleurs services publics. « Dans le bus, le conducteur est poli. Sans parler du climat de Californie, juste le même que dans ma ville natale de la province du Fujian mais il n'y a pas de bonnes universités là-bas. » De toute façon, conclut-il, il a intérêt à faire son doctorat à l'étranger, ne serait qu'en termes de carrière, même en Chine. « Si vous voulez jouir d'une bonne réputation comme professeur d'université, il faut être allé étudier à l'étranger. Cela donne des points d'avance. »

L'avion, les phares et l'essence

Wang Xiongyu, Tiffany pour les Occidentaux, elle, a choisi de vivre et de se former sur tous les continents. Passionnée très jeune par l'Afrique, elle a opté, après de brillantes études à Fudan, pour des études de sciences politiques en Europe, à l'Institut d'études politiques de Paris. Elle a préféré cette voie à des études dans une université de l'Ivy League aux États-Unis. « Ceux qui partent aux États-Unis sont confrontés au tout économique, à l'utilitarisme. Ce n'est pas très différent de ce qu'ils pourraient trouver en Chine. Parmi ceux qui vont en Europe continentale, il y a deux catégories : les moins bons, pour qui c'est un second choix et qui y vont en traînant des pieds, et les très bons, qui choisissent délibérément l'Europe continentale parce que son éducation a une vraie puissance de *brainwashing*[27] qui oblige à une confrontation culturelle directe, sans merci dans ce continent qui a particulièrement développé les humanités. »

Tiffany utilise délibérément le mot « lavage de cerveau » dans un sens positif. « Psychologiquement, il y a une période, entre l'âge de 10 et 16 ans, où l'on établit son idéologie. Mais il existe une possibilité de se recâbler entre 24 et 27 ans. L'Europe, malgré sa décroissance économique, a cette capacité d'influencer les Chinois et le monde entier. »

Tiffany voulait échapper à un destin prédéterminé. « Je ne voulais pas faire comme les autres, rentrer dans une grande université américaine, puis travailler chez Procter & Gamble ou McKinsey et, après deux ou trois ans, faire un MBA avant d'entrer dans une entreprise de capital-risque ou une société d'investissement. Ensuite, j'aurais épousé quelqu'un de riche, comme moi. J'aurais eu une belle voiture, un bel appartement. J'aurais vécu aux États-Unis, entourée d'amis chinois. »

---

27. « Brainwashing » en anglais dans l'interview qui s'est déroulée en français.

Cette volonté de forger son destin ne l'empêche pas d'être lucide. « Mon diplôme n'est pas très connu. On me demande toujours de justifier mes capacités. C'est la raison pour laquelle je vais partir faire un MBA aux États-Unis. » Mais elle n'a pas de regrets. « Il est plus facile pour moi de faire un MBA maintenant que pour quelqu'un qui vient d'une université de l'Ivy League d'absorber en profondeur une culture européenne continentale, de se sentir à l'aise, authentique en sortant avec des Africains, des Latinos. J'ai fait le choix de vivre dans un monde ouvert où il n'y a pas seulement l'économie mais aussi la culture, la question du développement, une réflexion sociologique et philosophique. Et je suis persuadée que j'aurai une vie plus heureuse parce que j'ai appris à définir ce qu'est une belle vie depuis le début. »

Au-delà de son épanouissement personnel, Tiffany est convaincue que cette approche hybride, multiculturelle arme mieux pour s'attaquer à la complexité des problèmes. « Quand tu sors de ton idéologie chinoise et que tu as réussi en profondeur à t'intégrer dans une autre culture, tu as la capacité d'intégrer n'importe quelle autre culture. C'est une grande force dans le monde aujourd'hui. Les multinationales ont besoin d'envoyer des gens en Afrique, en Amérique latine. L'approche carrée, pragmatique a échoué. Il faut savoir écouter les gens. Ceux qui sont capables d'adapter leur *business model* à des populations différentes réussissent mieux leurs opérations. » Et Tiffany recourt à une métaphore aéronautique pour convaincre : « La persistance chinoise est comme l'essence, quelque chose qui pousse tout le temps. Le système, les outils, c'est la carlingue donnée par l'éducation américaine. Mais il faut aussi des phares. C'est la vision qu'offre une éducation européenne. Si tu as la carlingue et la destination, alors la persistance chinoise, c'est quelque chose de très fort. »

Avant l'université

Mais l'ouverture de la Chine à l'international dans l'éducation ne passe plus seulement par l'enseignement supérieur. Les parents chinois les plus riches envoient de plus en plus leurs enfants à l'étranger dès le lycée. Et dans les classes moyennes, la famille cherche à exposer l'enfant souvent unique, le plus tôt possible, à un curriculum international, quitte à faire des sacrifices financiers. Quant aux parents étrangers installés en

Chine à long terme et disposant de ressources plus modestes, ils n'hésitent plus à recourir à des scolarisations en école locale, plus avantageuses.

Pour l'instant, il existe encore des restrictions légales. Traditionnellement, les écoles chinoises n'acceptaient que des Chinois et les écoles internationales que des étrangers. Encore aujourd'hui, un enfant titulaire d'un passeport chinois doit impérativement, entre 6 et 16 ans, suivre un curriculum chinois et il n'est pas autorisé à fréquenter une école internationale à capitaux étrangers.

Mais les choses changent, comme le montre l'explosion du marché des écoles internationales en Chine. Elles sont passées, entre 2000 et 2013, de vingt-deux écoles pour 7 260 enfants à trois cent quarante-deux écoles pour 186 773 enfants, selon l'ISC, International School Consultancy Group, un institut britannique de référence dans le domaine des écoles internationales[28]. Cette explosion reflète à la fois l'augmentation du nombre de familles expatriées en Chine et celle des enfants chinois qui ont un passeport étranger ou hongkongais, soit parce que la mère est partie accoucher ailleurs, soit parce que les parents ont acquis un autre passeport par d'autres moyens.

Par ailleurs, les autorités poussent les écoles chinoises à introduire des sections bilingues qui préparent au baccalauréat international. ISC prévoit qu'il y en aura à court terme trois mille en Chine.

Enfin, les établissements privés chinois à destination des adolescents de 16 à 18 ans, dont les parents sont prêts à payer n'importe quel prix pour une éducation internationale, se multiplient.

Tu seras heureux, mon fils

Charlie et Lili, des noms d'emprunt pour un couple chinois, ont un petit Sam de 6 ans qui va bientôt entrer à l'école primaire. Ils habitent un duplex confortable et lumineux dans une résidence pour classe moyenne supérieure, au-delà du quatrième périphérique de Pékin. Dès le départ, ils tiennent à préciser qu'ils n'ont pas tous les deux le même projet éducatif

---

28. Selon ISC, une école internationale, quel que soit son niveau – de la maternelle à la fin du secondaire –, doit avoir un curriculum complètement ou partiellement en anglais et se trouver dans un pays non anglophone.

pour leur fils unique. Elle veut programmer de A à Z une scolarité qui conduira Sam dans une université américaine de l'Ivy League. Lui voudrait une éducation qui rende son fils heureux, tout simplement. Pour l'instant, Sam va dans une maternelle publique mais ses parents ont choisi pour lui, l'année prochaine, une école primaire chinoise bilingue : Beanstalk, qui leur coûte 135 000 RMB par an (15 800 euros). L'école est chinoise parce que Sam a un passeport chinois et que les écoles internationales à capitaux étrangers ne sont pas ouvertes aux citoyens de la République populaire, mais elle est bilingue. 30 % des cours sont en chinois, 70 % en anglais. Les parents ont fait ce choix pour pouvoir bénéficier d'un curriculum plus ouvert et plus libre que celui d'une école chinoise traditionnelle. « À Beanstalk, les professeurs écoutent les enfants qui peuvent développer leur personnalité », expliquent Charles et Lili qui apprécient aussi qu'il y ait moins d'enfants par classe. Lili aurait bien aimé qu'il y ait plus de cours en chinois car elle souhaite que son enfant maîtrise bien le chinois le plus tôt possible afin de pouvoir ensuite se consacrer à l'anglais mais ils n'ont pas trouvé d'école traditionnelle qui offrait ce degré de liberté. Le couple confirme que, dans leur résidence de classes moyennes supérieures pékinoises, plus de la moitié des enfants vont dans des écoles bilingues chinoises parce que les parents ne veulent plus du système scolaire traditionnel.

Se préparer pour étudier à Hong Kong

Une autre solution est d'envoyer son enfant dans la section internationale d'une école publique chinoise. C'est le choix de Guo Songpei, un patron de PME dans le textile, la quarantaine, tout de noir vêtu, qui nous reçoit dans le *club house* de sa résidence, au sol de marbre, attablé devant une tasse de thé *pu'er*. Il a inscrit sa fille dans la section internationale du lycée d'élite public numéro deux de Pékin, une des cinq premières de la capitale, où elle a pu entrer grâce à ses bonnes notes en fin de collège (*junior high*) et aux 100 000 RMB (11 700 euros) de frais d'inscription. La section internationale prépare à un double diplôme avec un lycée américain. « Je l'ai changée de système parce qu'elle avait peur du *gaokao* et moi aussi. C'est une folle compétition. Un enfant de voisins s'est suicidé en se jetant d'un immeuble à cause de la pression des examens. Maintenant, elle est plus détendue et profite des professeurs étrangers. Elle me pose spontanément des questions au-delà du programme. »

Une fois son diplôme en poche, sa fille pourra s'inscrire facilement dans des universités américaines ou hongkongaises. Guo préférerait Hong Kong. « C'est plus proche et j'ai des propriétés immobilières à Hong Kong. Au-delà d'un certain seuil de fortune, cela donne droit automatiquement à un permis de résident. » Il préférerait vivre à Hong Kong à cause de la sécurité alimentaire, de l'environnement propre. Et pour son deuxième enfant, un petit garçon né à Hong Kong, il veut un système d'éducation occidental « pour le rendre plus flexible dans des situations ambiguës, plus capable d'aller au-delà des réponses préétablies ». Et il ajoute : « S'il veut rentrer en Chine, en tant que parents, nous lui fournirons les ressources nécessaires pour cela. »

« Tester ou ne pas tester ? »

Peter Petite est professeur dans la section internationale du lycée public numéro deux que fréquente la fille de Guo Songpei. Venu du Texas, la cinquantaine, il parle avec passion et rigueur de son travail et évoque avec affection ses étudiants. « Le programme date de 2012. L'idée est de donner une expérience d'éducation lycéenne à l'américaine pour préparer les adolescents à partir étudier à l'étranger. » La section compte cent quarante lycéens en deux classes et en aura deux cent dix en 2013, soit un dixième du nombre total d'élèves du lycée. Les élèves ont des classes américaines et chinoises et ils ne passent pas le *gaokao*, se fermant ainsi automatiquement les portes des universités chinoises qui exigent le *gaokao* pour entrer. « C'est une décision que les enfants et leurs parents doivent prendre avant de venir ici car il leur sera pratiquement impossible de revenir dessus. »

Petite explique que la plupart de ses étudiants viennent des classes moyennes aisées ou supérieures, avec des parents qui ont eu une éducation universitaire. Très peu ont étudié à l'étranger. « Il n'y a pas d'aristocrates rouges. Ceux-là sont déjà partis en pension à l'étranger. » Ces classes internationales ont démarré il y a vingt ans mais ont gagné de l'importance récemment. « La Chine reconnaît qu'elle ne parvient pas à éduquer tous les étudiants comme elle le voudrait et qu'elle a besoin d'une éducation offshore mais c'est aussi une entreprise profitable et un business. Une année coûte environ 90 000 RMB (10 500 euros), soit la moitié des tarifs d'une école internationale étrangère en Chine. »

Petite enseigne l'anglais et joue aussi le rôle de conseiller d'éducation. « Nous leur apprenons à mieux parler anglais mais aussi à argumenter et à s'affirmer. Certains vont dans la bonne direction. Beaucoup se sentent encore très mal à l'aise face à ce type d'attentes. » Les interférences de l'administration rendent sa tâche encore plus difficile. « L'éducation est un des secteurs les plus conservateurs en Chine. Ils sont à l'aise avec ce qui est quantifiable et peut être mesuré. Nous sommes supposés fournir une éducation qui favorise une pensée critique et créative, qui apprend aux enfants à regarder le monde de façon nouvelle et différente. Mais beaucoup de nos hôtes ont du mal à comprendre. Chacun fait de son mieux, de bonne foi, mais il y a un gros problème de confiance. » Les parents s'attendent à ce que leur enfant soit admis dans les meilleures écoles du monde, s'il remplit certains critères. « Mais ils risquent d'être très déçus s'ils considèrent les lettres de motivation comme un exercice bien écrit et techniquement correct sans voir qu'elles doivent avoir du contenu et exprimer une conscience de soi réelle, profonde. » Peter Petite estime que seuls dix étudiants sur ses soixante-dix élèves sont vraiment motivés et ont, au-delà des capacités intellectuelles, « une volonté d'expérimenter, de prendre des risques, de poser les bonnes questions ».

« Tester ou ne pas tester ? » Les parents chinois sont obsédés par les examens et notamment le tout puissant *gaokao*. Ils souhaitent que leurs enfants y échappent mais ont peur de s'en éloigner. « On pense au monologue de Hamlet, le prince du Danemark, mais la mentalité chinoise prône plutôt : "Mieux vaut supporter une difficulté que l'on connaît que voler ailleurs vers des difficultés que l'on ne connaît pas." Conceptuellement, les Chinois reconnaissent les failles du système mais ils ne savent pas comment le changer. »

C'est un des dilemmes du gouvernement. Malgré toutes ses imperfections, les Chinois ont peur de perdre « un des derniers vestiges de justice sociale en Chine, qui permet à un fils de paysan de parvenir jusqu'au sommet, à l'université de Pékin ».

Laboratoires pour une réforme

La multiplication de sections internationales dans les bons lycées publics chinois est cependant en marche. Dans le cerveau de ses initiateurs, cette internationalisation répond à une volonté d'ouvrir le système éducatif chinois dans son ensemble. Jiang Xueqin, l'un d'entre eux, est l'auteur de *Creative China*, un ouvrage sur ses expériences dans les écoles publiques chinoises. Ce diplômé de l'université de Yale, né en Chine mais élevé au Canada, passionné d'éducation, fut aux avant-postes des sections internationales des lycées d'élite chinois, d'abord à Shenzhen en 2008, puis au lycée affilié à l'université de Beida sous la houlette de l'éducateur réformiste Wang Zheng. Il enseigne aujourd'hui à Tsinghua Fuzhong, un lycée affilié à l'université de Tsinghua.

« Depuis le premier jour, j'ai eu envie de me servir de ces programmes internationaux pour transformer la façon dont est fait l'enseignement en Chine. Aujourd'hui les élèves chinois apprennent seulement à passer des examens. Quand ils ont fini leurs études, ils n'ont aucune compétence. Je voulais utiliser cette plateforme comme un laboratoire pour expérimenter des réformes pour former des citoyens globaux, des gens qui pensent internationalement, dont les compétences permettent une réussite sur le marché global. »

Jiang est le fils d'une couturière et d'un cuisinier chinois qui ont émigré au Canada quand il avait 6 ans. « J'ai grandi dans un système qui mettait l'accent sur l'intelligence émotionnelle. Cela n'existe pas en Chine. Un des aspects de l'intelligence émotionnelle est l'empathie, savoir entrer en relation avec les gens, comprendre qu'on n'est pas seul au monde. En Chine, si vous réussissez un examen, vous êtes un dieu. Je veux mettre l'accent sur les talents personnels de chacun, leur contribution ; je veux développer l'esprit d'équipe, apprendre aux élèves à travailler avec des gens de différentes cultures, développer la tolérance et l'ouverture. »

Pour y parvenir, il a développé des projets concrets dans les lycées où il a enseigné. Les élèves dirigent un quotidien et font tourner un café ; ils partent en voyage et reçoivent chez eux des étrangers. « Nos lycéens sont les premiers de Chine à être partis en Afrique. Ils sont allés en Israël. Je voulais qu'ils aient une perspective globale, qu'ils remettent en question la façon dont la société chinoise voit les autres sociétés. Ils ont aussi accueilli chez eux des lycéens venus du monde entier. »

Si les étudiants, naturellement curieux à cet âge, étaient réceptifs, les parents, plus conservateurs et utilitaristes, ont été plus difficiles à convaincre. « Mais quand les enfants revenaient et parlaient de leurs expériences, les parents ont été de plus en plus convaincus et cela a rendu plus facile l'élaboration de projets plus complexes. Tous les élèves que j'ai eus venaient de familles riches et progressistes. »

Pourtant, malgré le succès, il interrompt l'expérience au lycée de Beida au bout de deux ans. « Il y avait un ressentiment souterrain. Beida est une grosse bureaucratie. Notre section est un tout petit segment de l'institution. Ce que nous faisions revenait à dire : "Hé ! vous devriez changer ! Il n'y a aucune raison de dire *meibanfa* – on n'y peut rien. Il y a plein de choses à faire." Nous étions tout simplement en train d'expliquer aux professeurs du lycée de Beida que leurs arguments étaient faux et irrecevables. »

Le grand marché des écoles internationales

À côté des écoles publiques chinoises se développe l'enseignement délivré par des écoles internationales à capitaux étrangers, dont la présence se multiplie pour capitaliser sur un marché qui promet d'être énorme.

Le nouveau campus de Harrow Beijing, une institution sœur de Harrow Londres, école d'élite anglaise fondée en 1572, est un domaine immense. Le propriétaire des lieux, un Hongkongais, a placé sa mère au frontispice de l'école aux côtés de Confucius, de Song Qingling, la mère spirituelle du communisme, épouse de Sun Yat-sen, de Winston Churchill, de Marie Curie et de John Lyon, fondateur de Harrow, dont la devise *Leadership for a better world*[29] est répétée à travers tous les bâtiments. Harrow Beijing, ouvert en 2005, a déménagé au-delà du cinquième périphérique en 2013 pour installer sa clientèle croissante – huit cents élèves en 2013 de trente-neuf nationalités différentes avec des frais de scolarité annuels de 185 000 à 242 000 RMB (21 650 à

---

29. « Leadership pour un monde meilleur ».

28 315 euros) – dans des locaux plus vastes, conçus comme une série de cours carrées aux murs de briques grises et aux grandes fenêtres. Une splendide bibliothèque au plafond cathédrale est nichée au dernier étage au cœur de l'école. Des espaces généreux réservés aux arts et au sport sont dotés du meilleur matériel. Tout est prévu pour inspirer l'envie de se cultiver, d'inventer, de se dépasser. Chaque classe d'âge, depuis l'âge de 3 ans jusqu'à 18 ans, a des locaux séparés.

Matthew Farthing, le proviseur, arrivait de Harrow Thaïlande quand il a démarré Harrow Beijing. C'est lui qui a dirigé la manœuvre pour la construction et le déménagement de l'école. Son principal défi a été – il est parti en 2014 – de servir un nouveau marché en maintenant l'éthique de l'école : « Harrow est une école britannique qui a une identité indépendante et une vision internationale. Durant la période coloniale, Harrow a formé à Londres des enfants du monde entier. » Pour lui, il ne s'agit pas de « copier un modèle mais de translittérer, de faire correspondre d'un pays à un autre, un service sur un marché nouveau tout en maintenant l'éthos de l'école souche. En Écosse, on parlerait d'un "clan". Les cinq écoles de la famille Harrow doivent être différentes mais refléter leur marché en partageant le même noyau. »

Lors d'un entretien en 2013, Farthing expliquait qu'il voulait inculquer à ses élèves une série de valeurs fortes : rendre ces enfants privilégiés plus conscients et sensibles à leurs propres talents et aux effets qu'ils ont sur les autres afin qu'ils quittent l'école avec un sens des responsabilités qui leur permette d'assumer un rôle de leadership dans le monde. « Il ne s'agit pas de former des jeunes qui deviendront les premiers dans leur domaine. C'est un principe de leadership au service des autres, une valeur d'un ordre très élevé. »

Il veut faire comprendre aux élèves la complexité du monde. « Pour les enfants, cela veut dire mieux se comprendre en relation avec les autres et être capable de faire des choix indépendants de leur bagage culturel. »

Farthing est très attentif au fait que les lycéens qui arrivent après 16 ans abandonnent souvent la voie royale chinoise. « Ils viennent d'écoles chinoises de haut niveau où ils excellaient. Ils entrent dans un monde où ils vont être extraordinairement aliénés quand ils travaillent dans une autre langue, quand ils font des choses que leurs parents leur ont demandé de faire et qu'ils sont critiqués pour leur incapacité à établir des relations à travers les cultures. Les attentes à la maison et à l'école sont en fait différentes. »

Pourquoi venir à Harrow, alors ? « Ils sont persuadés que Harrow leur donne accès aux meilleures universités du monde. Certains parents pensent que leurs enfants ne sont pas épanouis, que la pression constante des examens ferme leur esprit au lieu de les ouvrir. Ils veulent que leur enfant acquière plus d'expériences, d'occasions d'accomplissement personnel. » Il est conscient qu'un groupe, minoritaire, est là parce qu'ils pensent qu'être à Harrow est un signe d'appartenance à une classe élevée. « Cela m'amuse autant que cela m'ennuie. »

Une communauté de trente-neuf nationalités

Un des défis quotidiens de Farthing fut de bâtir une communauté avec trente-neuf nationalités dont certaines sont antagonistes. « Nous les envoyons grimper des montagnes, marcher et cuisiner ensemble. Nous essayons de reconfigurer les groupes pour un meilleur équilibre entre nationalités, genres et compétences linguistiques. Il m'est arrivé de parler à mes étudiants quand il y avait des conflits entre groupes, entre Coréens et Chinois par exemple. Je leur ai expliqué que le minimum qu'on attendait d'eux est d'être capables de s'entendre. » Il explique à ces élèves qu'à l'avenir, ils travailleront avec des personnes de cultures différentes. « Je leur dis : "Vous n'aurez pas besoin de devenir amis ou de les inviter chez vous, juste de travailler avec eux." Ce faisant, ils découvriront des choses subtiles dans la façon dont ils interagissent et cela changera leur comportement vis-à-vis d'autres avec qui ils ont un but commun. » Et peut-être finiront-ils par devenir amis. « C'est une chose merveilleuse que de comprendre une autre culture et une autre langue. »

Farthing est convaincu que les jeunes diplômés des écoles internationales vont apporter dans la société chinoise un changement qui n'a pas été assez étudié. « Ces enfants de familles riches qui sont envoyés à l'étranger reviennent extrêmement confus. Ils ne sont pas assez âgés pour hériter des affaires de leurs parents. Ils ne sont pas intéressés par le travail, ils n'ont pas grand-chose à faire de toute façon et ils n'ont pas besoin de travailler parce qu'ils ont beaucoup d'argent. Au moment où ils hériteront de la fortune familiale, ils seront plus mûrs et plus conscients des restrictions de la communauté dans laquelle ils sont retournés. Je pense que c'est une vraie menace pour la stabilité du pays. »

Les nouveaux internationalistes

Il trouve avilissant le terme de *third culture kids*[30] souvent appliqué aux élèves d'écoles internationales. Selon lui, ce terme implique que ces enfants ne s'intègrent nulle part et sont matériellement privilégiés mais culturellement déplacés. Il préfère le terme de « nouveaux internationalistes ». « Certaines personnes ont déjà cette vision globale et cet engagement politique sur l'internationalisme et cela depuis de nombreuses années. Mais les "nouveaux internationalistes" qui viennent d'écoles comme la nôtre arrivent à un moment intéressant de la globalisation, quand les nouvelles technologies forcent la communication en même temps qu'elles la limitent. Ils sont le groupe qui va prendre les positions de leadership dans l'industrie, les professions libérales, probablement pas la politique. Ils vont diriger le monde. Je vois des forces centrifuges qui conduisent à une unité économique et politique mais aussi des forces centripètes qui accentuent la ghettoïsation des groupes minoritaires, l'exclusivité culturelle et les exclusions, les fondamentalismes et les nationalismes violents. »

L'autre défi que doit relever Farthing – et qui s'aggrave avec le temps – est de répondre aux reproches de certains parents d'élèves occidentaux ou chinois occidentalisés qui accusent Harrow Beijing d'être de moins en moins une école internationale. Harrow Beijing abriterait, selon eux, trop d'Asiatiques et surtout trop de Chinois dont les parents ne parlent pas anglais, ce qui nuirait au niveau de l'école, à sa dynamique, voire à son éthique. « C'est une équation difficile à résoudre. On peut facilement confondre étranger/non étranger avec occidental caucasien/non occidental-non caucasien. J'ai des problèmes avec ces oppositions. »

Farthing rappelle qu'à l'ouverture, en 2004, il y avait dans Harrow Beijing plus de diversité ethnique mais une gamme de passeports moins large. Aujourd'hui, la forte domination dans l'école de la communauté

---

30. TCK, « un enfant de culture tierce », est un individu qui a passé une partie importante de ses années de développement dans une culture différente de celle de ses parents, selon la définition de David C. Pollock qui a créé ce néologisme. Cf. David C. POLLOCK et Ruth E. VAN REKEN, *Third Culture Kids. Growing Up among Worlds*, Intercultural Press, 1999, éd. revue Nicholas Brealey, 2009.

asiatique – surtout chinoise – est indéniable mais le proviseur tient à distinguer entre les différents profils d'élèves ethniquement chinois et détenteurs de passeports étrangers. Il y a les citoyens américains ou canadiens qui ont vécu toute leur vie à Pékin et ceux qui ne sont là que pour deux ou trois ans avec leurs parents. Il y a les enfants de passeport britannique qui viennent de Hong Kong et dont les parents chinois sont, eux-mêmes, détenteurs de passeports britanniques. Sans compter les Taïwanais, les Sino-Thaïs, les Sino-Malaisiens. « Difficile de s'y repérer », souligne-t-il, en ajoutant que l'école accueille aussi une minorité croissante de familles chinoises avec des passeports étrangers, qui ne parlent pas du tout anglais à la maison. « Les parents sont aussi loin de la culture anglophone que je le suis de la culture chinoise. Nous avons nommé des médiateurs culturels qui passent beaucoup de temps à faire passer des messages et à expliquer les positions de l'école. »

Farthing souligne qu'il faut une formidable confiance pour placer son enfant à Harrow et crédite les parents d'un certain discernement mais il reconnaît, en choisissant ses mots avec soin, qu'il y a aussi un héritage inopportun et presque post-colonial. « Certains parents ont le sentiment qu'il y a plus de sécurité et de valeur à l'extérieur de la Chine et que, à travers l'anglais, langue dominante du commerce, leurs enfants auront un meilleur accès à la richesse et aux opportunités. C'est pourquoi, comme de plus en plus d'autres, ils financent eux-mêmes des études à Harrow Beijing. »

Étrangers dans des écoles chinoises

L'International School Consultancy Group a aussi noté en Chine une tendance croissante dans les petites classes au mélange d'ethnies et de nationalités aussi bien dans les écoles internationales que dans les écoles chinoises, bilingues ou non. Et les parents ne maîtrisent pas forcément la langue et la culture de l'école où ils inscrivent leurs enfants.

Au cœur du CBD[31], le quartier des affaires, l'ensemble immobilier Soho loge les nouvelles classes moyennes aisées pékinoises. En son

---

31 Central Business District, situé au centre est de Pékin

sein se niche Family Learning House, une école maternelle bilingue Montessori, fondée par une architecte canadienne Karyn Robarts qui vit en Chine depuis longtemps. Le bâtiment se fond dans la blancheur environnante. Dès l'entrée, on note sur un bureau l'indice de pollution, des menus végétariens, un panneau prévenant qu'on est en train d'entendre un concerto de Beethoven et un distributeur de savon aseptisant pour se laver les mains.

Les locaux et le mobilier sont adaptés à la petite taille des deux cent vingt enfants entre 2 et 6 ans, de vingt-deux nationalités, qu'abrite l'école. Les deux tiers ont un passeport chinois. Comme l'école veut maintenir un certain équilibre entre Chinois et étrangers, les listes d'attente sont très longues pour les Chinois – quatre cents personnes – et quasi inexistantes pour les étrangers.

L'école insiste sur la formation du caractère en cherchant à mettre en pratique avec les enfants, tous les matins, les dix-neuf vertus cardinales fétiches de l'école. Le mot « vertu », aux accents confucéens, a été choisi à dessein. Tous les enfants sont vêtus d'un charmant uniforme qui évoque, dans des matériaux douillets, un style de vêtement traditionnel chinois : col Mao pour les garçonnets et tablier à manches bouffantes pour les fillettes. La scolarité coûte 86 000 RMB – 10 000 euros – par an. L'école cherche à impliquer au maximum les parents. Ils partagent les points forts de leur culture nationale avec tous les enfants qui s'initient auprès d'eux à l'art inuit canadien, au dîner de Thanksgiving américain, aux *jiaozi* (raviolis) et gâteaux de lune chinois, à l'étiquette coréenne ou aux épices indiennes. L'école organise même des festivals en fonction des fêtes des communautés.

Les fondateurs et la directrice chinoise ont choisi de cantonner l'école à un régime végétarien par mesure de sécurité alimentaire et l'école fait elle-même son lait de soja et ses petits biscuits avec de la farine bio. Elle mène des actions sociales, soutient un orphelinat.

Ce programme a été créé en collaboration avec le département de l'éducation morale de l'Académie des sciences de l'éducation de Pékin et l'école a été reconnue comme une maternelle modèle par les autorités du quartier de Chaoyang.

C'est là que Stephanie Ho, sino-américaine, ancienne correspondante de la radio Voice of America, et David Hathaway, son mari, caucasien américain, très à l'aise en chinois, vice-président pour l'Asie d'une société de consulting sur l'énergie, ont scolarisé leur fille Maggie. « Nous voulions une éducation bilingue car j'avais souffert de n'avoir appris le chinois qu'à 15 ans, plus tard que mon mari », explique Ho. La petite Maggie, 8 ans, jupe écossaise d'uniforme et chemisier blanc, raconte en mangeant son goûter qu'elle aimait bien ses profs à Family Learning House et se souvient qu'elle parlait plutôt chinois qu'anglais avec ses copines chinoises. Arrivée à Day Star Academy, sa deuxième école bilingue chinoise, elle se souvient que les toilettes de sa première école lui ont paru soudain très petites. À Dulwich, sa troisième école, elle aussi filiale d'une célèbre école britannique, elle trouve l'uniforme trop compliqué à enfiler.

Ses parents expliquent qu'ils ont abandonné Day Star Academy, une école chinoise bilingue, assez vite parce qu'ils trouvaient que les caractéristiques du curriculum Montessori ne résistaient pas à la pression du curriculum chinois. « Acquérir une langue est important mais les méthodes éducatives le sont tout autant. Nous voulions qu'elle commence à penser par elle-même. À Dulwich, l'enseignement est plus équilibré, probablement parce qu'il faut un passeport étranger pour y entrer. » Mais aujourd'hui la petite Maggie ne fait plus que du chinois langue étrangère et ne converse en mandarin qu'avec sa bonne.

Immersion totale

Rani et son mari ont inscrit, eux aussi, leurs deux enfants, Sachi et Taj, à Day Star Academy, après les avoir placés dans un jardin d'enfants de quartier, dès leur arrivée en Chine, il y a quatre ans, alors qu'ils n'avaient encore que 2 et 4 ans.

Australiens – caucasiens – tous les deux et travaillant dans l'événementiel et l'hôtellerie, en Chine, ils ont fait un choix pragmatique qu'ils ne regrettent pas. Comme l'entreprise du mari ne prenait pas en charge les frais de scolarité, ils n'ont pas eu d'autre choix que de plonger dans la culture la tête la première. « Nous avons envoyé nos enfants dans un jardin d'enfants chinois local où le seul anglais qu'ils apprenaient était des mots que les bambins chinois apprennent à l'école : yeux, nez, bouche, cheveux. »

Aujourd'hui avec le recul, Rani considère comme une chance d'avoir dû faire ce choix. « Maintenant, quand mes enfants parlent chinois, si vous fermez les yeux, vous ne pouvez pas deviner qu'ils sont étrangers. »

Eux-mêmes ne parlent pas de langues étrangères, si ce n'est un chinois moins bon que celui de leurs enfants. Par contre, ils sont de grands voyageurs. « Il y a un rite de passage en Australie. Quand vous quittez l'école, vous partez découvrir le monde. Nous l'avons fait avec mon mari. J'ai vécu quatre ans à Londres sans les enfants et nous avons beaucoup sillonné l'Asie. »

Les deux premières années ont été difficiles pour ses enfants. « Tout était un challenge. Ils ne savaient même pas demander à la maîtresse s'ils pouvaient aller faire pipi. Ils ont dû vraiment apprendre à observer. »

Le contact confortable et familier avec des pairs de leur culture leur a manqué. « J'ai moi-même été surprise par ce qu'on leur donnait à manger, des poissons avec arêtes, que leur maîtresse les aidait à manger. Mais j'ai trouvé leur régime alimentaire plus sain que celui de bien des enfants occidentaux. Et les exercices en musique du matin faisaient penser à la Révolution culturelle. »

Rani souligne que ses enfants ont développé des amitiés. « Cela a été plus facile pour ma fille dont la personnalité est plus compatible avec la discipline chinoise. Mon fils est plus individualiste, plus physique, ce qui n'est pas très conciliable avec la culture chinoise. » Les enfants n'ont pas été invités chez les copains du jardin d'enfants, parce que, dit-elle, la culture chinoise est plus fermée et les parents de cette école de quartier étaient peu internationalisés.

Mais les choses ont changé quand ils sont entrés à Day Star Academy qui accueille vingt et une nationalités et dont les parents d'élèves ont souvent un niveau de revenu élevé. « Ils ont l'esprit international, sont allés en université, parfois à l'étranger. Ils ont voyagé, travaillent dans des multinationales et veulent que leurs enfants développent des amitiés à travers les cultures. » Consciente de son propre niveau de vie, elle ajoute qu'à Day Star Academy, « quand nous regardons autour de nous, nous nous disons que nous sommes les plus pauvres ! »

Rani est satisfaite du curriculum chinois de Day Star Academy même si elle envisage de changer ses enfants pour une école bilingue qui utilise un curriculum plutôt singapourien ou hongkongais. « Beaucoup de parents occidentalisés trouvent que le curriculum de la Chine continentale contient trop de propagande. »

S'adapter en fonction de l'interlocuteur

Rani observe que ses enfants se conduisent différemment selon leur environnement. « En classe, ils font attention à cause de la discipline. En dehors de la classe, ils savent s'adapter en fonction de leur audience. Quand nous sommes avec des amis chinois et qu'on leur demande de dire merci, ils me répondent qu'ils n'ont pas besoin de le faire, que ça ne se fait pas. Et quand nous allons chez leur grand-mère en Australie, je n'ai pas à leur dire de ne pas mettre leurs lèvres sur le bol en aspirant leur soupe. »

Aujourd'hui, Rani et son mari ne veulent pas quitter la Chine. « Si nous partons maintenant, nous aurons fait le plus dur sans récupérer les bénéfices. Il faut rester à long terme. » Ils pensent y être encore au moins cinq ans et sont prêts à mettre leurs enfants dans un lycée chinois. « C'est une occasion unique dans la vie. Si on ne veut pas quitter sa propre culture, il vaut mieux rester chez soi. Nous et nos enfants sommes prêts à prendre un peu de risque et à renoncer à un peu de confort pour un gain à long terme. » Elle imagine ses enfants dans trente ans. « Ils seront capables de dire : "J'ai grandi en Chine et je suis allé dans une école chinoise." C'est mieux que de dire : "J'ai vécu en Chine mais je suis allé à l'école britannique." »

Et Rani conclut sur un mot d'enfant de sa fille. « L'ambassadeur d'Australie en Chine est une femme. Nous avons dit à Sachi, 8 ans, qu'elle pourrait devenir ambassadeur aussi quand elle sera grande. Elle a répondu : "OK, mais je pourrais choisir si je veux être ambassadeur d'Australie en Chine ou de Chine en Australie, puisque je suis moitié chinoise moitié australienne." Elle sait bien sûr qu'elle n'a pas de sang chinois. Mais elle se voit ainsi parce qu'elle comprend la culture et la langue chinoises. Cela montre la profondeur de sa connexion intérieure à la Chine. »

La question de la langue

La question des langues est un paramètre crucial de la construction d'une hybridité culturelle. Les parents en couple mixte choisissent –

volontairement ou non – très tôt, dès la naissance, la langue dans laquelle ils communiquent avec leur enfant. Ainsi Renaud de Spens, polyglotte au mandarin exceptionnel, marié à une Chinoise, veut que sa fille « soit une métisse culturelle et pas seulement une métisse de sang ». Ce métissage passe d'abord par l'acquisition des langues des deux parents. Il lui parle en français, son épouse en chinois. Ils veulent qu'elle soit bilingue.

Cet amoureux des langues est lui-même arrivé au chinois vers 16 ans par le biais des hiéroglyphes égyptiens qu'il a appris dès 13 ans, en parallèle au latin, au grec ancien, à l'allemand et à l'anglais. « Comme les hiéroglyphes avant, les caractères m'ont passionné, s'enflamme-t-il. Je suis tombé amoureux de la langue, je ne comprenais pas tout mais j'étais bien. C'était presque une seconde naissance, se retrouver soi-même comme un bébé. » Naître dans une autre langue, être dans une autre langue, Renaud de Spens pose de prime abord la langue comme une clé de l'identité.

Fu Jun, le doyen de l'École de gouvernance à l'université de Pékin, a fait son doctorat à Harvard. C'est un philosophe, passionné par le langage mathématique : il a installé un portrait d'Einstein dans son bureau. « Si l'on part du principe qu'il y a des différences culturelles, la première est la langue. Il faut comprendre la structure de la langue. » Il explique que la langue chinoise, par sa structure et son écriture en idéogrammes, est « comme des briques, des pièces différentes mais avec une séquence ambiguë ». « C'est pourquoi, ajoute-t-il, si je veux sérieusement théoriser, c'est en anglais et en mathématiques, pas en chinois. Avec l'anglais et les mathématiques, je sens que je contrôle plus l'ambiguïté. La langue chinoise est trop graphique, c'est une langue de "curiosité descriptive" mais qui n'est probablement pas adaptée à une curiosité explicative. »

La clé du bilinguisme

Le bilinguisme serait donc la capacité d'intégrer un autre mode de pensée, de s'approprier une autre structure mentale et d'y exister pleinement. Sans lui « on ne peut pas imaginer au-delà de sa propre langue », précise Fu Jun.

Cette capacité à mettre en ordre ce qui appartient à une langue et à une autre vient naturellement aux enfants bilingues de naissance. Ils sont très rapidement capables de combiner mentalement différents signifiants pour le même signifié.

Le phénomène du bilinguisme est relativement peu étudié en Chine où il est pourtant largement pratiqué entre le mandarin et l'une des langues nationales (comme le ouighour), régionales (comme le cantonais) ou dialectales (comme le shanghaïen). Les linguistes ont répertorié deux cent quatre-vingt-dix-huit langues vivantes en Chine et leur pratique est reconnue par l'article 4 de la Constitution chinoise. Mais le bilinguisme qui occupe la Chine aujourd'hui est celui qui peut être développé avec les langues étrangères et d'abord l'anglais.

Devant un parterre de couples mixtes, à Pékin, Xiaolei Wang, professeure à l'université de Pace dans l'État de New York et spécialiste du multilinguisme chez les enfants, partage ses récentes recherches. « Leurs capacités linguistiques mentales, dit-elle, leur permettent en quelque sorte de comparer les langues, d'en réaliser les différences. » Elle donne l'exemple des classificateurs spécifiques au chinois ou des genres des langues latines. « Ils ne savent pas les nommer mais ils les utilisent naturellement. Parce qu'ils vivent dans des systèmes linguistiques différents, leurs cerveaux reçoivent beaucoup plus de stimulations lorsqu'ils se développent et ceci dès le début de leurs vies. »

De Spens était bien conscient de la stimulation mentale qu'il imposait à son cerveau adolescent avec « douze – quatorze heures par jour à apprendre le chinois ». Encore émerveillé, il évoque « ce truc fabuleux avec le chinois : on peut se concentrer sur l'oral et faire travailler la partie droite et ensuite se mettre sur l'écrit et c'est l'autre partie du cerveau qui travaille. C'était tellement différent, tellement difficile, il n'y avait plus de racines. Ce fut un énorme choc culturel, une sorte de maladie mentale ; tu es obligé d'apprendre tous les jours comme une éponge mais c'est une sorte de syndrome de Stockholm. Tu te sens extrêmement proche des personnes qui vont t'aider à ouvrir un monde qui t'est totalement étranger et différent et, en même temps, tu t'éloignes de ce qui était proche ».

Dans sa quête radicale de l'altérité, il joue avec fascination à « un Lego culturel et intellectuel ». « Mais ça peut perturber certains », admet cet homme qui est désormais un des meilleurs spécialistes des médias sociaux en Chine.

Tous ceux qui ont appris une langue étrangère, a fortiori très différente de leur langue maternelle, ont fait l'expérience de la vulnérabilité, du malaise, parfois chez certains de l'angoisse qui accompagnent la perte des repères linguistiques familiers.

Au-delà de la perte d'un outil de communication, il s'agit de la remise en question des valeurs inhérentes à la langue. Les langues sont des vecteurs de valeurs culturelles dans la construction identitaire, explique Farthing, le proviseur de Harrow Beijing. « Certains jeunes, dit-il, résistent parce qu'ils ont l'impression de devoir renoncer à leur propre héritage culturel quand ils apprennent une autre langue. Je pense qu'ils se battent avec leur sentiment d'appartenance culturelle beaucoup plus qu'on ne l'imagine. Il y a une étude anthropologique à faire. »

L'école chinoise n'a pas encore fait évoluer son credo néo-confucéen. Présentée par les pédagogues chinois comme une nécessité inhérente à la mémorisation des idéogrammes, la répétition est une des constantes de l'enseignement de la langue chinoise. Dans les écoles chinoises les piliers de l'éducation traditionnelle prévalent encore ; la reproduction fidèle du modèle est érigée en dogme et l'autorité indiscutable du professeur en principe.

Passeurs de langue

C'est par souci de transmettre une filiation culturelle, pour elle fragile, et un héritage linguistique qu'elle n'avait pas reçu que Ho avait choisi pour sa fille une école chinoise. Mais l'approche pédagogique décidément trop traditionnelle l'a rebutée. Maggie devait apprendre par cœur sans les comprendre des poèmes en chinois classique et avait, en primaire déjà, des masses de devoirs à la maison. Son mari et elle ont préféré sacrifier la priorité donnée à la langue à l'épanouissement personnel de leur fille. Maggie va désormais dans une école anglaise et sa mère a choisi d'explorer ses propres racines, elle écrit un livre sur sa famille.

Faire le choix d'immerger ses enfants dans la langue chinoise et dans un établissement chinois implique d'accepter les règles qui y prévalent. La musique du matin aux accents de la Révolution culturelle surprend bien un peu la maman australienne de Sachi et Taj, et elle constate que la discipline et l'obéissance exigées conviennent mieux à sa fille qu'à son fils mais elle reste persuadée qu'elle a fait le bon choix pour ses enfants.

Les parents ont naturellement un rôle déterminant dans l'éducation de leurs enfants. Ils sont aussi les passeurs de leur propre langue et les garants de la filiation à leurs propres racines.

Certains ne souhaitent pas jouer ce rôle. Filip Noubel, un autre Pékinois polyglotte, franco-tchèque élevé en Union soviétique, se souvient que sa mère avait « un regard complexe et contradictoire sur le fait de transmettre la langue et la culture tchèques à ses enfants. À l'époque, c'était considéré comme une langue sans avenir. » Il la surprit d'ailleurs quand, jeune adulte, il décida de se l'approprier en s'installant à Prague.

« Les gens donnent un poids économique à une langue. C'est-à-dire que dans beaucoup de contextes, les gens se disent que leur langue n'a pas d'avenir, ne sert à rien, ou, au contraire, qu'il faut renforcer cette langue par rapport à une autre. » L'attrait toujours croissant de l'anglais pour les Chinois ou du mandarin pour les étrangers souligne, s'il en était besoin, cet aspect.

Noubel rappelle qu'il y eut « des générations de Chinois, à la fin du XIXᵉ siècle, qui faisaient leurs études au Japon. Les plus brillants allaient en Allemagne, en Angleterre. Ils parlaient tous quatre ou cinq langues. Ce n'est pas le cas avec cette génération-là. Est-elle en train de renaître ? »

L'engouement pour la langue de l'autre

On trouve une partie de la réponse dans les chiffres. Plus de trois cents millions de Chinois auraient étudié ou étudieraient l'anglais. En parallèle, l'engouement pour la langue chinoise ne fait que croître. Le gouvernement chinois a ouvert et subventionne plus de quatre cents instituts Confucius d'apprentissage du mandarin dans le monde et on voit les étudiants étrangers se bousculer pour venir étudier le chinois en Chine.

Cette frénésie linguistique est d'abord économique. Les langues sont des sésames pour conquérir des marchés. Indicateurs et facteurs d'influence, elles sont perçues et positionnées comme des outils du *soft power* à l'échelle des nations, en particulier entre la Chine et les États-Unis. Pour les individus, la compétence linguistique est un marqueur social et un garant de l'ascension qu'elle peut permettre.

Gary Wang, 48 ans, en est la parabole. Rien ne le prédisposait à son succès actuel. Petit dernier d'une famille de paysans pauvres du Jiangsu, une province au nord de Shanghai, à 5 ans, il tombe dans une poubelle où brûlaient des ordures. On était au début de la Révolution culturelle, il est mal soigné. Il lui reste de cet accident un moignon au bout du bras droit qu'il porte avec discrétion mais sans le cacher. « Cette tragédie a complètement changé ma vie, raconte-t-il d'une voix posée. Tous mes frères et sœurs vivent encore à la campagne. J'ai épousé une belle Shanghaïenne, nous avons deux filles adorables. Je conduis une Audi SUV. Je possède un appartement près du parc central. Je vis une vie qu'il était impossible à mes parents d'imaginer. »

Brillant élève, il est dans les premiers au concours d'entrée au lycée mais il est recalé en raison de son handicap. Inutile à la ferme, il décide d'étudier seul. « Pendant huit ans, j'ai étudié comme un fou », se souvient-il. Il n'a ni livre ni argent mais cultive l'amitié du bibliothécaire d'un collège voisin et nourrit son attrait particulier pour les livres et les articles en anglais. Ses premiers mots d'anglais sont *Un singe et un crocodile*[32], le titre d'un ouvrage emprunté.

Au fil des années, il noircit vingt-cinq cahiers de listes de vocabulaire, il relit les livres deux fois. Il rêve de devenir professeur de littérature américaine. « J'ai enseigné l'anglais au lycée pendant quatre ans, dans le Jiangsu et au Yunnan et j'aime dire que j'étais le meilleur professeur d'anglais en Chine », se vante-t-il avant de rajouter comme un clin d'œil : « J'ai une passion pour enseigner l'anglais par les blagues ! »

Aux débuts des années 1990, il décide d'aller tenter sa chance à Shenzhen, la ville de l'ouverture aux réformes. Sans contact et sans argent, il échoue deux fois. Sa troisième tentative, en 1992, sera la bonne, c'était aussi le bon moment. Deng Xiaoping venait de relancer les réformes en panne. Il trouve un emploi de jour de traducteur dans une joint-venture sino-espagnole et, le soir, il a un job de professeur d'anglais dans un cours du soir.

Il décline volontiers son CV. « Deux ans et demi plus tard j'étais secrétaire, puis consultant en marketing chez Sony. Huit ans plus tard, j'étais numéro deux de Sony Chine. Quand j'ai rejoint DuPont, à 37 ans, j'étais le plus jeune manager dans l'histoire de DuPont Chine. »

---

32 *The Monkey and the Crocodile*: *A Jakata Tale from India*

Cet homme, qui a rencontré un étranger pour la première fois à 22 ans et qui dut attendre 1997 pour voyager hors de Chine, recevait récemment l'Américain Marshall Goldsmith, une des stars du développement du leadership. Basé à Shanghai, Gary Wang a créé une plateforme d'*executive coaches*. Il les déploie pour ses clients dans toute la Chine, dans des multinationales et dans des entreprises chinoises d'envergure. Il s'est donné pour mission de développer le leadership en Chine. « Je crois, dit-il, que la Chine rattrape son retard en matière de *hardware* mais nous sommes encore des décennies en retard pour le *soft power*, particulièrement en leadership. » Il continue à travailler en anglais – 99 % de ses emails sont en anglais – et il ne lit qu'en anglais.

Sa passion pour l'anglais et sa détermination ont forgé le destin de Gary Wang qu'il a ancré dans la rencontre entre la Chine et le monde dont il est un des acteurs. L'apprentissage d'une langue, le contexte dans lequel il intervient, les raisons qui le motivent, l'âge, la valeur symbolique de cette langue au sein de la famille, dans la société en général sont autant de facteurs qui influencent la relation émotionnelle qu'on y attache et son acquisition elle-même. Pour Wang, apprendre l'anglais a transformé sa vie.

Un mouvement de masse

En trente ans, le nombre de Chinois ayant étudié à l'étranger a été multiplié par treize. Entre 2000 et 2013 le nombre des enfants scolarisés dans des écoles internationales en Chine a été multiplié par vingt-cinq. En un an, en Chine est arrivé un nombre de jeunes étrangers équivalent au total de ceux qui étaient venus en Chine pendant cinquante ans, entre 1950 et 2000. C'est dire la masse et la puissance de ces mouvements de balancier de la Chine vers le monde – et vice versa – ainsi que sa force potentielle pour générer des hybrides culturels.

Ce qui se passe dans le champ de l'éducation est d'autant plus important que cela correspond à un moment clé de la vie des personnes, quand elles sont les plus malléables, qu'elles sont en train de construire leur identité. Et, plus les enfants sont jeunes, plus cette flexibilité est là.

D'autre part, le monde de l'éducation est, par excellence, le lieu où observer la transformation des personnes à travers l'évolution de leurs valeurs et de leurs attitudes culturelles. C'est là que l'héritage culturel est transmis et s'actualise. C'est là que l'avenir se prépare.

Cette hybridation se construit aussi bien chez chaque individu que dans les institutions éducatives ou la société en général. Cette construction, située dans son contexte historique, suit une dynamique dans le temps où jouent, de façon concomitante, des freins et des accélérateurs qui génèrent, comme dans le champ des entreprises, des dilemmes.

On peut distinguer, dans le champ de l'éducation, quatre niveaux d'intervention – les parents, les enfants, les institutions éducatives et la société –, sachant que ces niveaux interagissent entre eux.

Les parents, moteur de transformation

Premier niveau : les parents. À noter qu'en Chine, ce sont encore eux qui prennent, dans l'écrasante majorité des cas, la décision d'envoyer leur enfant à l'étranger ou de le mettre dans une école internationale. Les enfants se plient à la décision des parents. Cette toute-puissance parentale vient du fait qu'ils financent très majoritairement l'éducation de leurs enfants à l'étranger. Ils les envoient donc plutôt au niveau du mastère et limitent ainsi la durée et les risques d'éloignement. Ils arbitrent ainsi entre l'envie de voir leurs enfants échapper aux défauts du système éducatif chinois et gagner des places dans la compétition mondiale et le désir que l'héritage familial chinois soit préservé et la loyauté au pays maintenue.

Avant 2000 et surtout avant 1992, ce furent d'abord l'État chinois puis les institutions éducatives des pays d'accueil qui financèrent les études à l'étranger. Seuls quelques parents de milieux très privilégiés, dont les lignées familiales avaient des liens avec l'extérieur, s'impliquaient dans ces choix. Pour le reste, jouait la méritocratie chinoise.

Aujourd'hui, pour les parents chinois, les principaux accélérateurs de ce mouvement vers l'hybridation sont la méfiance à l'égard de la qualité du système éducatif chinois et un doute sur la capacité de ce système à rendre leur enfant – unique – heureux. Ils connaissent ce système dont ils ont eux-mêmes souffert. Pragmatiques, ils pensent qu'une éducation à l'étranger est la garantie d'aller le plus loin possible pour un bon élève, et, pour un moins bon élève, d'échapper à la médiocrité des universités chinoises de second rang. L'enrichissement ultra rapide de la classe moyenne, conjugué avec la réalité de l'enfant unique, a permis à des parents chinois toujours plus nombreux de faire ce choix.

Une éducation à l'étranger, précédée ou non en Chine par des études en milieu scolaire ouvert à l'international, peut correspondre aussi à un besoin parental de sécurité et de garantie pour l'avenir : obtention d'un passeport étranger, connexions sur de nouveaux marchés, voire une forme de snobisme ou de revanche sociale. De façon moins cynique, cela peut être l'occasion pour certains parents de s'ouvrir à d'autres valeurs qui leur correspondent mieux ou les fascinent par le truchement de leur enfant.

Mais cette volonté de changement se heurte à des freins puissants qui peuvent handicaper la transformation effective des enfants : peur de l'éloignement de l'enfant, peur du mariage mixte, crainte des obstacles au retour et de la perte d'identité chinoise.

Pour l'instant, la montée du nombre des départs mais aussi celle du nombre des retours montrent qu'un certain équilibre, constamment changeant, s'est mis en place.

Les parents étrangers qui scolarisent leurs enfants en Chine jouent aussi un rôle important dans cette construction d'hybridité Chine-monde. Les plus audacieux sont ravis d'encourager leurs enfants à s'intégrer dans le système chinois. C'est, à leurs yeux, une chance économique et une occasion de vraie différence. Sans aller aussi loin, la simple augmentation du nombre d'expatriés en Chine renforce les occasions de contacts pour les jeunes générations entre enfants chinois et non chinois, sachant que l'interdiction d'aller en école internationale à capitaux étrangers pour les détenteurs de passeports chinois qui ont entre 6 et 16 ans bride ces échanges.

Par contre, les enfants de mariages mixtes, de plus en plus nombreux, ainsi que ceux des Chinois de la diaspora qui rentrent provisoirement ou non au pays remplissent les bancs de ces écoles. Dans ces catégories, il arrive fréquemment que les parents soumettent leur enfant à une double injonction qui peut créer des dilemmes qui handicapent la construction d'une identité harmonieusement hybride. Les enfants sont poussés par le désir des parents de leur transmettre la partie chinoise d'un héritage familial, plus ou moins bien vécu, mais ils sont freinés par le recul de leurs parents devant certaines caractéristiques du curriculum chinois qui leur déplaisent. Des ajustements doivent alors être trouvés. Ils sont plus ou moins satisfaisants.

Les enfants : tout dépend de la motivation

Deuxième niveau : les enfants, de la maternelle au doctorat. En Chine, encore aujourd'hui, les enfants sont relativement peu présents au moment de la décision de partir étudier à l'étranger. Le fait que ce projet soit plus celui des parents que celui de l'enfant explique en partie que beaucoup d'étudiants chinois à l'étranger ne soient pas très motivés et ne cherchent pas à s'investir dans le pays d'accueil. Résultat : ils ne s'aventurent pas très loin dans un processus d'hybridation culturelle.

Il est encore difficile, selon les meilleurs spécialistes, de mesurer l'impact de ces millions d'itinéraires internationaux chez les élèves et étudiants chinois car cette exposition sans véritable motivation peut avoir des effets contraires à l'objectif et générer des frustrations. Farthing, proviseur de Harrow Beijing de 2004 à 2014, est convaincu que les jeunes diplômés des écoles internationales vont apporter un changement dans la société chinoise qui n'a pas été assez étudié. Mais il souligne qu'« avant de devenir plus confiants dans leur indépendance d'esprit et plus adaptables dans différentes situations, certains enfants chinois vont devenir paradoxalement plus chinois ».

Quand l'exposition à l'international intervient très jeune, l'enfant s'approprie plus naturellement d'autres langues et d'autres cultures. Cet apprentissage a un impact jusque dans ses câblages neurologiques les plus essentiels. L'enfant acquiert une capacité à penser et à agir dans plusieurs systèmes culturels, un recul par rapport à tout formatage monoculturel. Mais la dynamique de cette hybridation dépend dès le départ de son entourage familial, éducatif et sociétal.

Petite souligne que dans ses classes internationales du lycée d'élite pékinois numéro deux, seul un enfant sur sept profite réellement de l'exposition concomitante à deux systèmes éducatifs.

La motivation de l'enfant et sa personnalité ont un impact capital sur le processus d'hybridation. Mais il ne faut pas négliger le poids du désir des parents ainsi que l'organisation même des études au sein de l'école qu'il fréquente, organisation qui est dépendante de stratégies nationales, voire internationales.

Ces dernières années, avec la multiplication des étudiants chinois à l'étranger, un jeune Chinois peut vivre à l'étranger comme s'il restait chez lui ou presque, en minimisant les occasions de rencontres avec les non-Chinois.

La question du retour de l'étudiant en Chine est centrale. Les chiffres montrent qu'on est passé d'un étudiant sur quatre en 2004 à près d'un étudiant sur deux en 2014. Mais même le choix d'une installation à l'étranger n'est pas synonyme d'hybridation. Certains étudiants choisissent de ne pas rentrer tout en étant relativement peu hybridés. L'oncle et la tante de Yu séparés de la Chine mais aussi des Suédois font fonction de contre-modèles pour le jeune étudiant en sciences politiques à l'aise dans sa peau de « talent global ».

Aujourd'hui, si l'immense majorité des étudiants qui partent à l'étranger continue à s'identifier comme d'abord chinois, on voit émerger une nouvelle « race » d'hybrides culturels mondialisés, qui ressemblent comme des frères et sœurs à leurs condisciples d'autres pays et que certains ont baptisés *global cosmopolitan*s ou « nouveaux internationalistes ».

La globalisation du monde de l'éducation

Troisième niveau : les institutions éducatives. Indicateur et symptôme de la mondialisation, l'éducation s'est elle-même globalisée. Les institutions éducatives sont à la fois instruments et sujets de ce phénomène qui prend une acuité particulière dans la rencontre entre la Chine et le monde.

L'évolution est saisissante, les établissements chinois n'accueillaient que trente étudiants étrangers en 1950, le chiffre est passé à 377 000 en 2014. Des universités et des écoles du monde entier ont reçu à ce jour plus de trois millions et demi d'étudiants chinois. Des écoles chinoises créent des sections internationales. Des écoles internationales s'installent en Chine.

La tradition voulait en Chine que les étudiants étrangers soient séparés des étudiants chinois et cantonnés dans des programmes spéciaux. Elle perdure dans de nombreux cas, comme à l'École de médecine de Nankin ou à l'École de gouvernance de Tsinghua. Mais désormais des écoles primaires chinoises accueillent des petits Australiens sans sourciller et des universités chinoises acceptent des étudiants étrangers dans leur cursus général pourvu qu'ils aient un excellent niveau de chinois, ayant réussi le plus haut niveau du HSK, équivalent chinois du TOEFL.

Quand on était, dans les années 1990, au Danemark, le seul Chinois dans une école internationale, on bénéficiait de la bienveillance des professeurs et de l'accueil d'une école ouverte. Quand, en Australie, un étudiant sur seize est chinois, les universités envisagent d'imposer des quotas.

C'est dire à quel point le paysage s'est transformé et la donne complexifiée. Le déséquilibre est flagrant et les réponses données par les institutions d'éducation en sont le reflet. L'internationalisation n'a pas commencé partout au même moment, n'a ni la même ampleur ni le même impact selon le contexte.

À l'étranger, il s'agit pour les universités d'attirer et désormais de gérer le flot et l'impact des étudiants chinois. Certaines, comme Sciences Po, mettent en place une véritable politique d'internationalisation. Recrutement en Chine, cursus ciblé, partenariats avec des grands établissements chinois, voire installation dans le pays, la Chine est au cœur d'une stratégie volontariste. Les grandes écoles de commerce mondiales rivalisent pour se positionner sur ce marché.

En Chine, les institutions hésitent encore quant à l'ampleur des transformations qu'elles souhaitent engager pour s'internationaliser. Les professeurs étrangers sont bien recrutés pour les sections internationales des lycées chinois d'élite mais Petite a vu les limites de sa contribution dans le dilemme pédagogique auquel font face tant l'école que les parents : épanouissement de l'enfant ou œil sur les notes. Ces contradictions peuvent finir par décourager les pédagogues innovants et prêts à tenter l'aventure de l'ouverture et de l'hybridation. Ainsi, les contradictions non résolues d'une section internationale d'un lycée d'élite pékinois ont fini par lasser son conseiller pédagogique sino-canadien qui a été embauché par un lycée rival.

Le proviseur de Harrow Beijing craint que la démographie à dominante chinoise des élèves ne transforme l'éthos même de l'école, héritage d'une tradition britannique de cinq siècles.

La guerre des cerveaux

Quatrième niveau : la société. Car c'est finalement bien de cela qu'il s'agit. Bastions de la transmission des savoirs et de l'héritage du passé, les établissements d'éducation ont pour mission de former les générations actuelles et futures.

Dans le contexte de la mondialisation et de la place qu'y occupe la Chine, ils sont devenus des lieux de transformation et ce faisant se transforment eux-mêmes. Ils sont au cœur de l'hybridation culturelle.

Tout comme les jeunes qu'ils servent, ils sont tiraillés entre freins et accélérateurs, et reflètent en cela les contradictions des nations dont ils émanent, aux prises avec la mondialisation.

La globalisation a ouvert le monde de l'éducation, en tout cas pour les classes moyennes, en Chine et dans le monde. Elle fait s'entrechoquer des modèles et se confronter des valeurs.

Quand la Chine envoyait ses premiers étudiants à l'étranger, leur feuille de route était claire : acquérir les connaissances qui faisaient défaut au pays pour nourrir son développement. C'était une stratégie délibérée de rattrapage.

Celui-ci, désormais déjà bien engagé, a justement permis de modifier la donne. Les étrangers viennent étudier en Chine, pour certains encore par fascination pour la Chine millénaire mais pour beaucoup par attrait pour la puissance économique chinoise, pour son marché. Ils veulent mieux comprendre ses rouages, se faire un réseau, y trouver leur place.

Ce même développement a donné naissance à une classe moyenne qui envoie ses enfants étudier à l'étranger, un investissement sur leur avenir. Pendant longtemps ils y restaient, ils sont de plus en plus nombreux à revenir en Chine. La Chine avait connu une fuite des cerveaux – un *brain drain* –, ses dirigeants orchestrent un *brain gain* que le marché soutient. La guerre des cerveaux est bel et bien engagée.

Les chiffres des migrations éducatives soulignent l'attrait que continue d'exercer en Chine une éducation dans les pays étrangers, en particulier aux États-Unis. Les propres enfants des cadres dirigeants du Parti ne font-ils pas leurs études à Harvard ou à Columbia ? Et rares sont encore les étudiants étrangers qui viennent faire leur PhD en Chine.

Le modèle chinois d'éducation tente avec hésitation de se transformer pour répondre aux besoins d'un pays qui est devenu une grande puissance économique et politique, pour devenir un aimant de savoir et un pôle de créativité. Mais il reflète lui-même les paradoxes d'un système dont il est l'émanation.

Comment transformer ce modèle – croisement d'une tradition néo-confucéenne et de principes léninistes –, intégrer l'élite d'une génération formée à l'étranger, attirer des talents étrangers en Chine alors même que l'éducation est devenue un marché mondial ? Les réponses sont d'ordre politique.

Chapitre 3

COURTISÉS ET REJETÉS, LES HYBRIDES CULTURELS
CHERCHENT LEUR PLACE EN CHINE

Le père Thierry Meynard ouvre doucement la porte d'une vitrine en
bois ciré et prend avec grand soin une édition originale datant de 1615.
De Christiana expeditione apud Sinas suscepta ab Societate Jesu, plus
connu comme le *Journal* de Matteo Ricci. L'ouvrage qui fit connaître
la Chine à l'Europe, il y a quelque quatre cents ans, est le joyau de sa
collection de livres rares.

Best-seller en son temps avec seize éditions – en latin, italien, français,
espagnol et allemand –, ce récit écrit en italien par le jésuite Matteo
Ricci, édité et traduit en latin par un autre jésuite, le Flamand Nicolas
Trigault, témoigne de la mission de la Compagnie de Jésus en Chine ;
c'est aussi le premier véritable ouvrage de sinologie, œuvre d'un prêtre
né à Macerata dans les Marches italiennes qui offrit ses services à la
cour de l'empereur Wanli (1563-1620). Son érudition, en particulier en
astronomie et mathématiques, et ses talents de cartographe avaient séduit
les intellectuels chinois de l'époque. Ricci avait étudié le mandarin,
collaboré au premier dictionnaire de la langue chinoise vers une langue
européenne (le portugais). Il traduisit les grands textes du confucianisme
et ses écrits permirent à l'Europe des Lumières de découvrir la géographie
de l'empire chinois ainsi que ses institutions et ses traditions. Il inspira
Leibniz et Voltaire. Il est reconnu comme le premier intermédiaire culturel
entre la Chine et l'Occident et toujours considéré comme le plus éminent.

Sur les traces de Matteo Ricci

Le Français Meynard est lui aussi jésuite, sinologue et philosophe spécialiste du confucianisme, une filiation au grand Ricci qu'il revendique jusque dans son rôle de passeur. Les cheveux gris très courts, des lunettes sur des yeux bleu pâle et une cravate sous un pull-over, il fait les honneurs de la collection d'ouvrages anciens du Beijing Center for Chinese Studies, une antenne des universités jésuites américaines ouverte en 1998 à Pékin et dont il fut un des premiers élèves. Discrètement hébergé par l'UIBE (University of International Business and Economics), ce centre qu'il a dirigé entre 2012 et 2014 accueille quarante-cinq étudiants étrangers en études chinoises. Dans un cadre de briques grises, typique des *hutong* pékinois, derrière d'élégantes portes en arceau, sont disposés des meubles chinois anciens sur lesquels une statuette Tang côtoie une vierge blanche aux bras ouverts et des pinceaux de calligraphie. Meynard enseigne aussi à l'université d'État Sun Yat-sen de Canton, étant à ce jour le seul professeur de philosophie étranger dirigeant les thèses d'étudiants chinois.

La contribution historique intellectuelle, particulièrement scientifique, des jésuites est désormais reconnue par le pouvoir communiste chinois. Les tombes de Ricci et d'autres jésuites se trouvent d'ailleurs – clin d'œil de l'histoire – dans l'enceinte de l'école du Parti communiste de Pékin. « On peut dire qu'aujourd'hui Matteo Ricci est très, très bien vu par les officiels et le monde intellectuel chinois. Pour le gouvernement chinois, Ricci représente une sorte d'époque dorée des relations diplomatiques entre l'Occident et la Chine. C'était avant 1842 et la guerre de l'Opium, et les relations étaient basées complètement sur l'équité, l'égalité », commente Meynard. Il se fait pourtant l'écho des controverses qui ont longtemps entouré en Chine communiste le rôle des jésuites : sont-ils une avant-garde du colonialisme, des missionnaires ou des scientifiques ? « Les intellectuels chinois reconnaissent aujourd'hui, de plus en plus, non seulement la contribution scientifique des jésuites mais également leur contribution religieuse », affirme le père Meynard.

Une présence jésuite soigneusement encadrée

À l'aube du XXIe siècle, il admet pourtant que la présence des jésuites – majoritairement étrangers – en Chine continentale est toujours soigneusement encadrée : « Nous ne sommes pas acceptés en tant que jésuites mais en tant qu'universitaires. » Il ne cache pas l'ambiguïté dans laquelle il travaille mais a choisi d'opérer à l'intérieur du système et s'en explique. « Rentrer dans le système c'est d'abord savoir quelles sont les limites de ce qu'on peut enseigner et dire en classe. Autant dans les discussions informelles il y a beaucoup de liberté, autant en classe ou dans les réunions, ça peut être parfois assez formel et il faut rentrer dans ce jeu. Dans notre département comme partout en Chine, il y a une double structure. » Et il glisse avec humour : « C'est un peu comme chez les jésuites, il y a le management et le parti. Dans mon département, il y a un secrétaire du Parti et c'est important de garder de bonnes relations avec lui. Chaque semestre ou chaque année, on a des rapports et on nous demande dans quelle mesure on suit la ligne du Parti. On ne va pas aller contre le système. »

Discret sur sa mission de jésuite, il ancre pourtant en Chine son engagement dans les ordres : « C'est ma rencontre avec la Chine qui a cristallisé ma vocation de jésuite et de prêtre », confie-t-il. Ce Bordelais, élève des jésuites, devenu ingénieur, découvre l'Asie d'abord par le Japon puis Hong Kong, apprend le chinois à Taïwan et voyage en Chine continentale. Après son noviciat en France et des études de philosophie, il convainc ses supérieurs de lui permettre de passer l'examen d'entrée en doctorat à l'université de Pékin, en 1998. « J'ai demandé au provincial chinois qui m'a donné la permission en pensant que je ne l'aurais pas. J'ai travaillé pas mal, il fallait mémoriser des livres en chinois et à l'époque c'étaient des manuels chinois très "emmurés" par l'idéologie marxiste. Je suis entré dans le jeu et finalement j'ai été admis dans le programme. J'y suis allé et j'ai commencé mes études de philosophie chinoise à l'université de Pékin et cela a été quelque chose de très fort et important. Ma formation s'est faite en allant en classe ou en lisant mais aussi dans les dortoirs de l'université où l'on passait des nuits à refaire le monde. C'est dans ces interactions avec les étudiants que j'ai beaucoup appris et formé des amitiés très fortes. »

Thèse sur le confucianisme en poche, il part pour l'université jésuite de Fordham aux États-Unis où il enseigne la philosophie chinoise et le bouddhisme à des étudiants américains. En 2006, il revient en Chine « pour créer des passerelles » et commence son enseignement à Canton. Prudent au vu de son statut de jésuite, il initie d'abord ses étudiants à la philosophie française mais choisit tout de même la philosophie politique : *Le Contrat social* de Jean-Jacques Rousseau, *De l'esprit des lois* de Montesquieu. « C'étaient des séminaires très intéressants pour les étudiants chinois, qui permettaient de lire ces textes-là, de pouvoir en parler. Pour eux, cela renvoie à des tas de questions sur leurs propres traditions politiques et sur la situation politique en Chine. Bien sûr, il faut faire attention dans les discussions mais il y a quand même une assez grande liberté dans les séminaires que je dirige à Sun Yat-sen et j'encourage les étudiants à parler. »

Quel mot pour dire l'âme

Il constate, de la même manière, une autre liberté de ton chez les professeurs chinois qu'il invite au Beijing Center. « Les professeurs chinois sont plus libres de parler quand ils s'adressent à un public étranger qu'ils ne le sont devant leurs propres étudiants chinois, confie-t-il. Cela stimule leur parole et pour les étudiants américains, c'est intéressant de voir des gens qui peuvent penser plus librement finalement parce qu'ils sont face à un public étranger. »

Il exige la même rigueur académique des professeurs chinois qu'il invite au Beijing Center que de ses étudiants de l'université Sun Yat-sen et il se réjouit de diriger plusieurs thèses. Deux étudiants travaillent sur l'interaction interculturelle entre la Chine et l'Occident aux XVIᵉ et XVIIᵉ siècles à travers les écrits des jésuites et des Chinois sur la philosophie occidentale, un autre se plonge dans les écrits de philosophie morale et politique d'un missionnaire italien installé dans le Shanxi. « Travailler sur ces textes-là, essayer de les comprendre, de les analyser, c'est voir à la fois comment ils s'ancrent dans la tradition occidentale et comment ils s'enracinent dans la philosophie chinoise », explique-t-il. Un autre de ses étudiants travaille sur un Père de l'Église, et un autre étudie la question de l'âme, en chinois *linghun*[1], un néologisme introduit par Ricci qui fait, maintenant, partie du langage commun en Chine.

Meynard jouit de ce va-et-vient intellectuel qui le guide. C'est sa raison d'être. Il en observe l'impact sur ses étudiants. « C'est un processus qui n'est pas linéaire. La personne part d'un vrai désir d'étudier quelque chose d'autre, de s'ouvrir car il y a cette idée que, dans la Chine d'aujourd'hui, cela manque, que les gens sont un peu cantonnés. » Il constate que ses étudiants sont prêts à faire des efforts considérables, à apprendre le grec ancien ou le latin pour entrer dans un domaine très spécialisé. « Pour eux, cela devient un univers, une porte d'entrée. Certains vont continuer dans ce sens-là, d'autres vont revenir à la question de leur identité culturelle et vont la vivre de manière plus ou moins apaisée. On voit des intellectuels chinois qui, au début, s'intéressent à des auteurs de la philosophie occidentale et, plus tard, reviennent à leur propre tradition. On observe comment certains arrivent à intégrer les deux, mais il y a des tensions parfois fortes chez d'autres personnes. »

Le père Meynard a, pour sa part, réussi cette symbiose intellectuelle. « J'essaye toujours d'être très humble, très respectueux. » Il dit vouloir comprendre les choses, s'attachant à ce qu'il lui semble important et intéressant d'étudier aujourd'hui en Chine. « Ma manière de penser, ce n'est pas tellement de venir apporter à des Chinois des pensées occidentales mais de rentrer en discussion et même de développer un rapport plus critique par rapport à mes propres traditions intellectuelles. Notre tradition philosophique et religieuse en Occident est parfois très dogmatique ou définitionnelle. Bien sûr, elle est basée sur des principes ou des valeurs auxquelles on croit mais parfois ça peut être très rigidifié, alors qu'en Chine il y a une manière d'appréhender les choses et même le divin qui est beaucoup plus fluide, ouverte, dynamique. Je crois que les traditions intellectuelles et spirituelles d'Occident ont beaucoup à apprendre de la façon dont les Chinois pensent le mystère de Dieu. Il est vraiment important de rentrer dans ces autres manières de penser. Pour moi, j'apprends beaucoup en Chine, et cela a changé mon rapport sur le monde, sur Dieu, sur l'Église. »

---

1. 灵魂.

Il se sent chez lui en Chine, un enracinement que les autorités chinoises ont reconnu en lui octroyant, non sans mal, le statut de résident permanent dont bénéficient à peine cinq mille étrangers[2]. « Quand je vois des étrangers en face de moi qui critiquent la Chine, parlent mal des Chinois ou disent "eux, les Chinois", je suis mal à l'aise. Je ne dis pas "eux", cela fait partie de moi », avoue-t-il.

Double narration officielle

« Eux », « nous », le rapport entre Chinois et étrangers est encadré fortement par les discours officiels sur l'histoire et la mémoire, où se juxtaposent, s'opposent et s'emmêlent plusieurs narrations qui naviguent entre ouverture et fermeture, interaction et isolement, inclusion et exclusion.

Dans l'immense hall du Musée national de Pékin, réouvert en 2011 après rénovation et qui longe tout un côté de la place Tian'anmen, la présence des services de sûreté n'est pas discrète. La forte hauteur de plafond accentue encore l'effet de gigantisme auprès du visiteur, qui, accueilli par les généraux de la Grande Marche, a le choix entre deux grandes expositions permanentes : « La Chine antique » ou « La voie du relèvement de la Chine »[3]. Selon son orientation, il aura droit à deux narrations très différentes. L'une, inclusive, exalte une coexistence harmonieuse et fructueuse avec les voisins ; l'autre, exclusive, adopte un ton nationaliste, voire vindicatif à l'égard des étrangers.

Ces deux expositions mettent en évidence le double discours officiel en Chine dans le récit de sa rencontre avec l'étranger. Un double discours qui a de profondes répercussions sur la façon dont la Chine aborde l'hybridité culturelle et comment elle se regarde et regarde l'étranger.

La première exposition, « La Chine antique », court du paléolithique à 1911. Elle cherche à montrer la construction d'une Chine unifiée mais diverse, en interaction constante avec les pays environnants et le monde plus lointain, une Chine multi-ethnique qui enrichit la civilisation humaine.

---

2. Chiffres du ministère de la Sécurité publique en 2011 : 4 752 titulaires de permis de résident permanent.

3. Traduction officielle en français de 古代中国 (*gu dai zhong guo*) et 复兴之路 (*fu xing zhi lu*), en anglais *Ancient China* et *The Road of Rejuvenation*.

Ses échanges extérieurs et intérieurs sont présentés comme paisibles. La construction avec ses voisins, l'arrivée du bouddhisme, de l'islam, les migrations intérieures et extérieures, les expéditions maritimes, les apports des missionnaires européens sont évoqués tout au long d'une exposition soignée et bien traduite en anglais, qui s'adresse autant au monde qu'au peuple chinois.

« La voie du relèvement de la Chine » court, elle, de la fin des Qing à nos jours. Exposition hautement symbolique puisqu'elle a été choisie par l'actuel président Xi Jinping pour évoquer, pour la première fois, le « rêve chinois[4] ». Elle vise avant tout le public chinois. Peu d'informations apparaissent en anglais et la rhétorique adoptée est marxiste-léniniste. Elle exalte la glorieuse histoire de la Chine, qui s'extirpe du colonialisme et du féodalisme pour développer une construction nationale sous la direction du Parti communiste. Les étrangers sont présentés avant tout comme des impérialistes sans pitié – Occidentaux et Japonais – à l'exception des Soviétiques et des autres amis de la révolution.

Apologie des échanges

L'exposition « La Chine antique » démarre sur une grande carte incluant Taïwan, le Tibet et les frontières actuelles. Sont exaltées les fortes fondations de la société chinoise – la naissance très tôt de son écriture, des rituels, de la musique, des bronzes – mais aussi l'interaction très précoce avec les ethnies environnantes. Il est fait mention que, dès l'époque des Xia, des Shang et des Zhou de l'Ouest – du XXIe au VIIIe siècle avant J.-C. –, « vivent en dehors des plaines centrales des ethnies connaissant un développement important et distinct, avec une culture unique et des contacts fréquents avec les peuples des plaines centrales ». L'exposition explique que, déjà sous les dynasties Qin et Han – 220 avant J.-C. à 220 après J.-C. – des échanges marchands et culturels entre la Chine et ses voisins sont encouragés grâce aux prémices des routes de la Soie vers l'ouest et vers le sud-ouest. Sous les Trois Royaumes (IIIe-VIe s.), grâce à d'importantes vagues de migration, « des peuples de différentes régions

---

4. 中国梦 (Zhongguo Meng).

partagent leurs façons de se vêtir, de manger ou de vivre ». Sous les Tang et les Cinq Dynasties (vi^e-xe s.), des étrangers vivent dans les villes chinoises et y apportent leurs cultures et leurs technologies, faisant de Ch'ang-An, la capitale, une « métropole internationale, qui s'enrichit en embrassant les cultures étrangères ». L'exposition montre aussi l'arrivée puis le développement du bouddhisme en Chine. Des cartes retracent les pérégrinations de moines chinois : Faxian vers l'Asie de l'Ouest, Xuan Zang en Inde et Jianzhen au Japon.

L'exposition met en évidence les migrations massives sous la dynastie Song (x^e-xiiie s.). Elle clame que sous les Yuan (xiiie-xive s.), d'origine mongole, le Tibet et d'autres territoires sont annexés. Elle raconte les voyages en mer sous les Ming (xive-xviie s.) et présente notamment les exploits de l'amiral Zheng He (début xve s.), considéré comme un héros national dont elle ne mentionne pas les origines musulmanes (Hui).

L'exposition choisit de présenter l'arrivée des jésuites à partir du xvie siècle sous le signe du dialogue entre Chinois et missionnaires européens qui font connaître des découvertes scientifiques occidentales. Elle expose une carte du monde, dessinée par Matteo Ricci en 1602 pour l'empereur de Chine, qui place la Chine au centre du monde mais montre pour la première fois aux Chinois que leur pays est un parmi une multitude d'autres.

L'exposition s'achève assez rapidement sur la période Qing (1644-1912). On explique que cette dynastie, mandchoue, qui vient d'au-delà des frontières du Nord-Est, a entraîné un renforcement de la multi-ethnicité mais aussi la centralisation. La fermeture des portes a conduit le pays, après un apogée, aux guerres de l'Opium et aux traités inégaux qui amorcent son déclin.

La reconstruction nationale

L'exposition permanente phare, « La voie du relèvement de la Chine », elle, a pour ambition claire de raconter la reconstruction nationale sous l'égide du Parti communiste. Elle démarre sur une vaste fresque murale en glaise ocre, qui mêle des thèmes iconiques de l'histoire chinoise – Grande Muraille, soldats en *terracotta*, route de la Soie, flotte de Zheng He – et des thèmes plus contemporains exaltant la grandeur chinoise

– barrages, navires de guerre, satellites, anneaux des JO. Elle annonce la couleur et veut montrer comment « le peuple chinois, après avoir été réduit à un état semi-colonial et semi-féodal depuis la guerre de l'Opium de 1840, s'est lancé dans la résistance contre l'humiliation et la misère, et a essayé de régénérer la nation dans tous les domaines ». Elle « met l'accent sur l'histoire glorieuse de la Chine sous la conduite du Parti communiste chinois où tous les groupes ethniques ont joint leurs forces pour parvenir à l'indépendance nationale et à la libération ». Elle montre que le peuple chinois « a choisi le marxisme, le Parti, le socialisme, la réforme et la politique d'ouverture » pour « construire un socialisme aux caractéristiques chinoises ».

Les souffrances du peuple chinois

Les premières salles évoquent les souffrances du peuple chinois durant la seconde moitié du XIXe siècle après les guerres de l'Opium. Une série de photos, d'objets et de documents mettent en scène les horreurs subies sous la férule impérialiste des Occidentaux et des Japonais : gravure du sac du Palais d'été, photos de cadavres et de décapitations, d'enfants exploités au travail, de travaux de masse et de fumeries d'opium, menottes et uniformes de prisonniers, rien n'est épargné pour figurer le drame chinois quand les puissances étrangères se partageaient la Chine. Viennent ensuite des reliques variées de la résistance nationaliste, comme cet habit nippon d'un révolutionnaire exilé au Japon qui broda, en signe de rébellion, le mot *Han* qui marque son identité chinoise, dans la doublure de son vêtement.

Après avoir évoqué rapidement la révolution de 1911, l'accent est mis sur les débuts du Parti communiste chinois. Une façade du bâtiment où naquit le Parti est reconstituée alors qu'une peinture de facture récente – 2011 – montre les premiers dirigeants du Parti, vêtus d'habits traditionnels, réunis en 1921 sur une barque pour leur premier congrès. La volonté de mêler a posteriori tradition néo-confucéenne et rupture moderne est évidente.

Le rôle de soutien de l'Union soviétique à la révolution chinoise est mis en valeur : un rapport en russe envoyé au Komintern est présenté dans une vitrine. Des salles sont consacrées aux grèves de 1925, aux atrocités de l'invasion japonaise, à la Longue Marche.

Le visiteur a droit à plusieurs représentations de Mao, méditant en haut d'une falaise dans une peinture traditionnelle sur papier de riz ou assis lisant le journal, une vareuse militaire sur les épaules, sous forme d'une sculpture de bronze. La jeunesse chinoise, nombreuse à visiter l'exposition, se fait volontiers prendre en photo devant le grand homme.

Hagiographie du pouvoir communiste

On débouche finalement sur une salle majestueuse et claire, dont la fenêtre donne en surplomb sur la place Tian'anmen. Y sont installés une reproduction d'un pan de la Cité interdite et un gigantesque tableau représentant la proclamation par Mao Zedong en 1949 de la République populaire de Chine, dominant la place Tian'anmen avec, à ses côtés, une affiche des notes de l'hymne national, dorées sur fond rouge.

Après cet apogée, l'exposition continue de façon moins soignée – comme si les concepteurs s'étaient donné moins de mal – à travers une succession chronologique de salles consacrées aux différents dirigeants de la dynastie communiste : après Mao, Deng Xiaoping, puis Jiang Zemin et enfin Hu Jintao. À noter que les épisodes historiques prêtant à controverse sont pratiquement passés sous silence : une seule photo de « hauts fourneaux » de fortune dans les campagnes pour le Grand Bond en avant, lancé en 1958, une seule photo de foule sur la place Tian'anmen pour la Révolution culturelle, une autre de foule en liesse après le procès de la Bande des Quatre, en 1980. Rien sur le 4 juin 1989.

Les concepteurs semblent affectionner particulièrement les photos représentant le développement économique : barrage des Trois-Gorges, chemin de fer reliant au Tibet, fermes éoliennes, équipements militaires ou spatiaux.

Côté relations extérieures, outre une alcôve consacrée au retour de Hong Kong dans le giron chinois en 1997, on voit surtout des photos de dirigeants chinois avec des officiels étrangers. Dans une vitrine pourtant, on aperçoit des mémentos venant des États-Unis : le texte du premier communiqué sino-américain, quelques morceaux de la lune, un drapeau offert par Nixon à Mao en 1972, un chapeau de cow-boy, cadeau fait à Deng Xiaoping lors d'un rodéo aux États-Unis.

L'exposition s'achève curieusement sur une vitrine consacrée aux téléphones. Des premiers appareils en bakélite aux plus récents portables, ils constituent tout un symbole de l'essor chinois. Et l'on quitte l'exposition sur une autre fresque murale en argile ainsi légendée : « D'une société semi-coloniale et semi-féodale à une nouvelle société d'indépendance nationale et de gouvernement par le peuple, d'une nouvelle révolution démocratique à une révolution sociale, d'une économie planifiée et centralisée à une économie de marché socialiste vibrante, d'une demi-fermeture à une ouverture complète. » La messe est dite…

Conçu par un Italien et réalisé par un Français pour un empereur mandchou

C'est justement contre ce credo qu'Ai Weiwei s'insurge. L'artiste chinois contemporain le plus connu internationalement est aussi le plus politique. Prolifique et éclectique, Ai Weiwei a vécu dix ans à New York. De retour en Chine, il fut au cœur de l'avant-garde artistique, conçut le « nid d'oiseau » – le célèbre stade olympique de Pékin – avant de basculer dans la critique ouverte du pouvoir en 2008. Depuis lors, il subit les foudres du gouvernement. Son passeport lui a été confisqué en 2012, il ne peut plus quitter la Chine. Il parvient cependant à exposer dans le monde entier, dirigeant à distance la présentation de ses œuvres.

Comme un pied de nez aux autorités chinoises, son œuvre *Cercle d'animaux-Têtes du zodiaque*, une installation dans deux versions, l'une en bronze, l'autre en or, fait depuis 2011 le tour du monde. La nature même de cette œuvre et le choix de la faire voyager du Danemark au Mexique, des États-Unis à Taïwan sont des attaques directes et délibérées du discours officiel qui sacralise tout particulièrement ces fameuses douze têtes d'animaux du zodiaque chinois. Ornements d'une grande fontaine, volés par des pilleurs français et britanniques lors du sac du Palais d'été en 1860, elles sont devenues le symbole de l'humiliation nationale, leur récupération une priorité, leur statut celui de trésor national. Ai Weiwei a choisi de surdimensionner les têtes comme pour souligner l'hyperbole du discours officiel et ironise : « Je ne pense pas qu'il s'agisse d'un trésor national, ça a été conçu par un Italien, réalisé par un Français, pour un empereur de la dynastie Qing (mandchoue) qui, en fait, avait envahi la Chine. Alors si on parle de trésor national, de quelle nation parle-t-on[5] ? »

En soulignant ainsi l'hybridité originelle de la fontaine, il remet en question l'appropriation qu'en a faite la Chine et « veut attirer l'attention sur les questions de pillage et de rapatriement tout en élargissant son exploration du "faux" et de la copie en relation à l'original[6] ». Finalement et en filigrane Ai Weiwei interroge : « Y a-t-il une vraie Chine ? » La question est iconoclaste pour le pouvoir communiste chinois qui entend bien que sa version de la Chine, érigée en vérité, ne soit pas remise en question.

Américain et membre du Parti communiste chinois

Sydney Rittenberg a longtemps cru à cette vérité. Il a même contribué à l'écrire comme traducteur et journaliste. Ce nonagénaire toujours éloquent et vif fut le premier Américain à devenir membre du Parti communiste chinois, en 1946. Il avait étudié la langue chinoise quelques années plutôt à Stanford, était venu en Chine en mission humanitaire pour l'armée américaine qui soutenait les forces chinoises anti-japonaises, puis était parti à la rencontre des dirigeants du Parti communiste dans leur base de Yan'an. Il ne quittera plus la Chine pendant trente-cinq ans dont quinze ans de détention.

Celui qui rêvait d'une société socialiste, en Chine mais aussi aux États-Unis, fut rapidement accusé d'être un espion par un envoyé de Staline. Il passe alors cinq années en prison, la première dans le noir absolu. Libéré et réhabilité à la mort du dictateur soviétique, il travaille à l'agence Xinhua, traduit les œuvres de Mao qu'il rencontre régulièrement puis dirige Radio Chine International.

Élargir les cercles

Quand commence la Révolution culturelle, il y croit toujours. Il lance lui-même des campagnes de « dénonciation » mais est à son tour pris dans

---

5. Interview sur le site www.zodiacheads.com
6. *Ibid.*

la tourmente et renvoyé en prison, cette fois pour dix ans de détention solitaire. Cet homme, qui avait adhéré jusque dans leurs extrêmes aux slogans maoïstes, confie avoir survécu à toutes ces années de prison grâce à un poème, *Outwitted* (« Plus futé ») d'Erwin Markham :

Ils ont tracé un cercle qui m'a isolé –
Hérétique, rebelle, une chose à rejeter.
Mais l'amour et moi avons été plus futés :
Nous avons tracé un cercle qui les a fait y entrer[7].

Rittenberg explique qu'il a justement voulu, par son engagement, faire bouger les frontières des cercles d'appartenance. « J'ai été admis dans leurs cercles, puis exclu, puis réadmis. J'ai toujours été un Américain mais, en Chine, j'étais un Américain qui faisait partie du cercle restreint de la révolution et j'étais accepté en tant que tel. C'était important pour moi. »

Il précise qu'il prenait soin de s'habiller à l'occidentale, en tout cas dans les villes, pour souligner son identité américaine. « Car il faut préserver son identité. J'ai toujours pensé que ce que je faisais en Chine était ce que je devrais faire pour le peuple américain, produire une nouvelle société démocratique, socialiste ; ce qui est dans l'intérêt de mon propre peuple. »

Il admet être profondément idéaliste, revendique même une naïveté qui lui permet peut-être d'éviter l'amertume. Son retour aux États-Unis avec son épouse chinoise qu'il avait rencontrée à Yan'an coïncide avec le début des réformes en Chine. Leurs enfants et petits-enfants se répartissent désormais entre les deux pays et depuis trente-cinq ans le couple fait des allers-retours, conseille les grands groupes industriels américains dans leur implantation en Chine, donne des conférences et des cours.

Rittenberg continue de vivre son rêve de jeunesse, celui d'être un pont entre la Chine et les États-Unis. Il regrette cependant de n'avoir pas été plus écouté dans son propre pays. Il se souvient avoir traduit plusieurs messages de Mao Zedong au gouvernement américain alors en proie à l'anticommunisme le plus virulent. Il est convaincu que Mao avait d'abord été séduit par les idéaux de Jean-Jacques Rousseau et de Benjamin Franklin. Il affirme qu'il aurait confessé avoir un temps pensé que la démocratie inspirée de Thomas Jefferson était l'avenir de la Chine :

---

7. « *They drew a circle that shut me out – / Heretic, rebel, a thing to flout. / But love and I had the wit to win : / We drew a circle that brought them in.* »

« L'Amérique était le seul pays étranger qui le fascinait vraiment et qui l'intéressait. C'est un pays qu'il admirait beaucoup. »

Si Mao a finalement préféré Lénine à Jefferson, c'est aussi, rappelle Rittenberg, qu'à l'époque « les révolutionnaires avaient le sentiment que tous les pays du monde étaient contre eux sauf la Russie. Cela a nourri un sentiment anti-étranger très fort. C'est aussi la dimension nationaliste du combat communiste qui a remis la Chine sur ses deux pieds. »

Les origines hybrides du Parti

Mao, un des rares dirigeants historiques du Parti communiste qui n'ait pas fait d'études à l'étranger, aurait donc lui-même hésité entre deux modèles venant de l'étranger. La doxa du Parti communiste chinois ne s'y attarde guère, pas plus que sur l'hybridité de sa propre genèse : le fruit de la rencontre d'une élite chinoise éduquée en Europe occidentale (Allemagne, Royaume-Uni et France) et du modèle marxiste-léniniste de l'Union soviétique.

L'hybridité est pourtant au cœur du débat sur la modernité chinoise : rupture ou filiation avec l'héritage chinois, intégration d'autres modèles (occidental ou soviétique) ou création autochtone. C'est ce même débat qui, dans ses errances maoïstes, a provoqué des millions de morts mais aussi propulsé la Chine là où elle en est aujourd'hui. La place que la Chine occupe désormais dans un monde globalisé le relance. Car derrière la « vérité » affirmée du Parti communiste, Ai Weiwei débusque l'hybridité et si Rittenberg valorise le nationalisme du Parti communiste chinois, il n'en a pas moins toujours refusé la logique d'exclusion des cercles d'appartenance.

Réalités combinées

Un philosophe chinois, Zhao Tingyang, écrivait récemment dans un livre de dialogue avec le penseur français Régis Debray[8] : « Pour

---

8. Régis DEBRAY et ZHAO TINGYANG, *Du ciel à la terre*, Les Arènes, 2014.

les Chinois, les idées occidentales ne sont pas seulement un stimulant externe mais une partie constitutive de la réalité chinoise ; l'autre partie n'étant autre que la Chine elle-même, comme les deux faces d'une même médaille. Parce qu'il a fallu concilier le caractère occidental et la nature traditionnelle de la Chine, cette conciliation peut par moments produire des réalités combinées difficiles à définir, comme "le socialisme aux couleurs de la Chine" ou la "modernisation à la chinoise" qu'aime à évoquer le gouvernement chinois. Malgré le côté maladroit et fourche langue de ces appellations, d'ailleurs mal définies, celles-ci expriment néanmoins la situation mixte de la réalité chinoise. » Mixité, hybridité, on est donc bien dans le registre d'une construction dynamique et complexe.

On a vu comment les hybrides culturels doivent réconcilier les tensions qui les habitent entre leur culture chinoise et leur culture étrangère et comment ils construisent leur identité en dessinant une spirale à travers la résolution progressive de leurs dilemmes. De la même manière, on peut représenter les tensions qui animent la Chine actuelle sous la forme de spirales imbriquées les unes dans les autres et on peut identifier les différents axes qui définissent ces spirales.

La première de ces spirales monde/Chine oscille entre un premier axe – l'ordonnée – qui indique un degré de proximité avec le monde et un deuxième axe – l'abscisse – qui indique un degré de proximité avec la Chine. Elle avance dans le temps qui constitue un troisième axe.

L'édifiante visite du Musée national a mis en évidence une double narration officielle qui illustre le regard que porte la Chine sur elle-même et sur les autres. Tant dans le ton que sur le fond, ces deux narrations semblent radicalement antinomiques. Et pourtant, derrière cette apparente contradiction, se révèlent, en fait, une série de dichotomies imbriquées les unes dans les autres de façon complexe : civilisation/nation, communisme/consumérisme, cosmopolitisme/nationalisme, inclusion/exclusion. Toutes ces dichotomies, à leur tour, déterminent des spirales et permettent d'observer et de comprendre la Chine dans sa complexité dynamique. Elles donnent aussi le contexte au sein duquel les trajectoires individuelles des personnes rencontrées plus tôt dans les entreprises, dans les écoles ou les universités évoluent. Elles définissent les freins et accélérateurs auxquels elles sont soumises.

Contre l'humiliation nationale

L'exposition intitulée « La voie du relèvement de la Chine » sacralise « l'humiliation nationale » pour mieux glorifier la naissance cathartique d'une nouvelle Chine communiste en 1949. Il n'est pas surprenant que la Chine, indéniablement humiliée pendant plus d'un siècle par les puissances étrangères (occidentales, russe et japonaise), veuille écrire sa propre vision de l'histoire. Il est intéressant toutefois que ce discours prévale encore soixante-cinq ans plus tard, qu'il remplisse les manuels scolaires et qu'il soit ravivé tous les mois de septembre depuis 2011 pour la commémoration d'une « journée nationale de l'humiliation ». Derrière le rappel insistant de l'humiliation nationale aux mains des étrangers affleure la xénophobie.

Alors comment comprendre ce que fut ce grand moment symbolique dans l'histoire de la Chine contemporaine et de sa relation au monde : la cérémonie d'ouverture des JO de Pékin ? Souvenons-nous, le 8 août 2008, à 8 h 08 du soir, 2 008 tambours en costumes anciens (le 8 est un chiffre de bon augure en Chine) frappaient à l'unisson puis un message s'affichait tout autour du stade olympique : « N'est-il pas glorieux de recevoir des amis qui viennent de loin[9] ? » Cette citation de Confucius avait été choisie comme un message de bienvenue et le slogan des JO était « un monde, un rêve[10] ». La Chine affirmait alors être ouverte au monde, avoir retrouvé sa juste place ; elle célébrait ses succès et regardait l'avenir avec confiance.

La Chine « pessoptimiste »

Le professeur William Callahan, un spécialiste britannique de la Chine, professeur de relations internationales à la London School of Economics, a créé un néologisme pour souligner cette apparente contradiction entre humiliations passées et confiance retrouvée. La Chine

---

9. 有朋自远方来, 不亦乐乎 ? *(you peng zi yuan fang lai, bu yi le hu ?)*
10. 同一个世界 同一个梦想. *(tong yi ge shi jie tong yi ge meng xiang)*

est, dit-il, une nation « pessoptimiste ». « Pour comprendre l'optimisme radieux de la Chine, il faut comprendre son pessimisme ancré. Pour comprendre les rêves de la Chine, il faut comprendre ses cauchemars. La psyché nationale chinoise mêle un complexe de supériorité et un complexe d'infériorité. »

En acceptant la dichotomie proposée au Musée national, celle de nation/civilisation, on peut aller au-delà de la bipolarité définie avec pertinence par le « pessoptimisme ». La Chine moderne, la Chine-nation en devenir depuis le début du XXe siècle, s'est finalement construite en faisant échec aux étrangers et sous la houlette du Parti communiste chinois, nous dit-on. Elle s'est alors fermée. Quand on nous présente aussi « la Chine antique », au Musée national ou lors de la cérémonie d'ouverture des JO ou tout simplement dans la perception qu'en ont la plupart des Chinois, c'est celle d'une Chine millénaire, d'une grande civilisation inclusive, qu'il s'agit.

Mais ce concept même de « civilisation » se nourrit à son tour d'une bipolarité que précise Callahan. « En Chine, parler de civilisation implique toujours une discussion sur la "barbarie". Ici la civilisation, c'est bien plus que des aphorismes confucéens ou des costumes de l'époque Tang que l'on a vus lors de la cérémonie d'ouverture des Jeux olympiques. Au-delà d'une série d'"objets", la civilisation doit être comprise comme un discours qui se forme en relation avec son opposé : la barbarie. La distinction civilisation/barbarie demeure le fondement émotionnel qui définit le sentiment chinois de l'identité et de la sécurité. »

L'étude des cartes anciennes est un outil précieux d'analyse des représentations collectives, car celles-ci révèlent, tracées sur papier, nos miroirs et nos filtres. Callahan a étudié la cartographie de la fin de l'empire Qing, le style *Huayi tu* – la carte de la civilisation et de la barbarie –, et observe que « les frontières ne sont pas entre des territoires mais entre des peuples et des cultures : la civilisation, les barbares ».

On peut ainsi voir que la Chine est placée au centre du monde et que les autres pays des plus proches aux plus lointains sont à peine identifiés, en tout petit, sous forme d'îles. « Ces cartes ne représentent pas un espace homogène d'égalité dans la souveraineté et la légitimité mais une hiérarchie de cercles concentriques dont la souveraineté diminue lorsqu'on s'éloigne de la capitale impériale pour aller vers la périphérie des provinces, des États vassaux et pour finalement arriver à la barbarie sauvage », observe Callahan. On visualise ainsi le *Tianxia*[11], « Tout-ce-qui-est-sous-le-Ciel » – la communauté universelle de la Chine antique puis impériale, à la fois d'inclusion telle qu'elle est présentée au Musée national mais qui porte aussi en elle l'exclusion.

Quand le vaincu civilise le vainqueur

Quand Ai Weiwei insiste sur la nature hybride des têtes du zodiaque, il rappelle que leur commanditaire était un empereur mandchou de la dynastie des Qing (1644-1911). Une autre grande dynastie fut celle des Yuan (1271-1368), elle était mongole.

André Chieng[12], un autre fin observateur de la Chine, parle, lui, de « reverse civilisation ». « J'utilise le mot dans un sens nouveau, nous explique-t-il. Regardez la façon dont la culture chinoise s'impose. Elle n'est absolument pas prosélyte contrairement à la culture occidentale qui a voulu imposer une prétention universelle de façon impérialiste et, la plupart du temps, avec un prétexte religieux. La conquête chinoise s'est passée différemment, de façon "inversée". Ce sont les autres qui l'ont envahie mais finalement ils se sont fait absorber. Les plus grands propagateurs de la culture chinoise ont été les Mandchous ! » Les Mandchous de la dynastie Qing qui régna sur la Chine pendant trois siècles étaient au départ des peuples nomades du Nord.

C'est dans un cadre qui fleure bon l'hybridité que ce consultant français, dont le grand-père avait immigré à Marseille, précise sa pensée. Sa femme Diana, architecte anglaise d'origine chinoise, a restauré avec un goût contemporain une maison traditionnelle sur une ruelle populaire d'un des *hutong* au nord de la Cité interdite. Cet homme grand, très policé, reçoit à sa table abondante comme un mandarin aurait reçu il y a cent cinquante ans. Il manie la langue de Molière avec volupté et précision. Il côtoie tant les puissants chinois que les grands capitaines d'industrie français qu'il a aidés à s'installer en Chine. Il suggère une piste qui permet de comprendre, si ce n'est l'hybridité, tout au moins la

---

11. 天下.

12. André Chieng, *La Pratique de la Chine, en compagnie de François Jullien*, Grasset, 2006.

cohabitation de ce qui semble opposé : « Je dirais que la société chinoise est essentiellement darwinienne. Les Chinois ne choisissent pas. Ils laissent tout se développer et s'imposent finalement ceux qui ont la super idée dans le sens de la lutte des espèces. »

Communisme et consumérisme

Cette lecture darwinienne donne un nouvel éclairage à la dichotomie, au premier abord irréconciliable, du communisme et du consumérisme dont les présences concomitantes caractérisent l'environnement chinois contemporain.

Il suffit à cet égard de rappeler que la Chine est gouvernée par un Parti-État. Le Parti communiste compte quatre-vingts millions de membres et il est la colonne vertébrale du pays qui contrôle toutes les institutions et des pans entiers de l'économie. L'Armée nationale de libération est son émanation. Fidèle à son héritage léniniste, il se caractérise par son opacité et se définit comme l'avant-garde éclairée de la nation chinoise. Ce principe fondamental a été explicitement rappelé à tous les cadres en avril 2013, dans un communiqué secret émanant du Comité central du Parti, intitulé « Communiqué sur l'état actuel dans la sphère idéologique », plus connu sous le nom de « Document 9[13] ». Celui-ci énonce sept interdictions parmi lesquelles « la promotion de la société civile qui tente de démanteler les bases sociales du Parti au pouvoir et de supplanter le Parti dans le leadership des masses ». S'ajoutent à la liste l'interdiction de promouvoir la démocratie constitutionnelle occidentale, les « valeurs universelles » de liberté et de droits de l'homme, le néolibéralisme, la liberté de la presse et de l'édition, le nihilisme historique et enfin la remise en question de l'ouverture et des réformes et de la nature socialiste du socialisme avec des caractéristiques chinoises[14].

Si le credo léniniste est fermement rappelé, la composante marxiste du dogme dont est issu le Parti communiste chinois semble s'être cependant perdue dans les étages des centres commerciaux qui pullulent en Chine.

---

13. http://www.chinafile.com/document-9-chinafile-translation
14. *Ibid.*

Marx et Engels n'ont qu'à bien s'accrocher car, selon le *Wall Street Journal*, se trouvait en Chine, en 2014, la moitié de l'espace des centres commerciaux en construction au monde même si ceux-ci risquent souvent de rester vides, selon le journal américain.

Béance des valeurs et religions

Si on ouvre la gangue léniniste du Parti communiste chinois, on constate un autre vide, la béance des valeurs. Et, depuis quelques années, il n'est question que de cela en Chine.

Les messes se succèdent en ce dimanche après-midi de juin dans l'église Chaoyang, juste à l'est du quatrième périphérique à Pékin. Le bâtiment est imposant, grands blocs de béton, soubassement en plaques de granit noir et une croix rouge discrète sur le clocher.

Un immense sapin en plastique vert qui semble oublié depuis Noël flanque l'entrée. Les boules rouges et blanches et les gros nœuds de rubans rouges ont été délavés par la pluie et décolorés par le soleil. Juste derrière, flotte en haut d'un grand mât le drapeau aux couleurs vives de la République populaire de Chine. Cette église « officielle[15] » a été construite en 2005 par le gouvernement en réparation des destructions ou des occupations de plusieurs églises au cours des décennies qui ont suivi la prise du pouvoir par les communistes en 1949.

En haut des marches, la grande salle peut accueillir cinq cents personnes, deux grands écrans de part et d'autre de l'autel projettent une cène aux couleurs criardes ; le long des murs, des caméras de surveillance mais pas de tableaux ou de sculptures : on est dans une église évangéliste. Un orgue moderne en bois clair couvre les murs à l'arrière.

Des officiants en aubes blanches passent à travers les rangées de bancs remplis de fidèles et distribuent des hosties avec des gants en plastique jetables. C'est la communion de la messe des jeunes. Et l'on voit dans l'assemblée des couples, certains avec des enfants en bas âge,

.

---

15. Église protestante officielle, le CCCTSPM – the China Christian Council and the National Committee of the Three-Self Patriotic Movement of the Protestant Churches in China –, structure approuvée par le pouvoir, à côté de laquelle existent des Églises protestantes non reconnues et qui opèrent dans une semi-clandestinité.

de nombreuses jeunes femmes ; près de la sortie, un homme ressemble aux anciens mandarins avec une partie du crâne rasé et une tresse haute et longue ; près de l'allée centrale, un couple mixte, elle, chinoise, en jolie robe d'été et chaussures Tod's, lui, caucasien, en bermuda et mocassins. Les fidèles forment un échantillon de la classe moyenne chinoise urbaine, en contact avec l'international. Ils ont souvent fait des études, parfois à l'étranger, ont en tout cas voyagé et parlent de plus en plus anglais.

La messe qui suit celle des jeunes est d'ailleurs en anglais pour un public plus clairsemé mais majoritairement chinois. Le pasteur américain fait lire aux fidèles, en chœur, à haute voix, un texte qui défile sur les écrans. C'est la parabole du riche insensé (Luc 12, 16-21) qui se conclut par ces versets : « Mais Dieu lui dit : "Insensé, cette nuit même, on va te redemander ton âme. Et ce que tu as amassé, qui l'aura ?" Ainsi en est-il de celui qui thésaurise pour lui-même, au lieu de s'enrichir en vue de Dieu. »

L'argent au cœur

Cette parabole a un écho particulier en Chine où l'accumulation des richesses le dispute au vide des valeurs. Le message est bien compris par Li Su Zhi, alias Lucky, la trentaine, pantalon blanc court et collier de perles. Cadre d'une société de production de films, elle a créé un groupe d'études bibliques à son travail. Elle s'est elle-même convertie il y a une dizaine d'années alors qu'elle travaillait en Afrique du Sud. « Avant, mon seul plaisir était l'argent, se souvient-elle. J'ai quitté la Chine pour ça. Mes parents voulaient toujours plus d'argent de moi et j'en avais beaucoup mais je n'étais pas heureuse. » Lors d'un voyage d'affaires en Chine, avec des collègues sud-africains chrétiens, elle rencontre un vieil homme à Pékin, à qui elle doit sa conversion. Elle fut touchée, dit-elle, par la sagesse qui émanait de ce vieux Chinois chrétien.

La conversion de Deborah Liu remonte à une vingtaine d'années. Cette belle femme qui a dépassé la quarantaine porte au cou une croix en brillants. Elle est originaire de Xi'an, à l'ouest de la Chine. Un cantique l'avait émue lorsqu'elle était allée pour la première fois à l'église avec une amie. « Cette nuit-là, j'ai décidé de faire confiance à Dieu, dit-elle, mais j'avais des doutes. J'avais eu une éducation rouge, politique, communiste.

Quand j'ai ouvert la Bible, la première phrase, à mes yeux, ne voulait rien dire : "Au commencement Dieu créa le ciel et la terre – Genèse 1." En classe, on nous avait appris que l'homme descendait du singe et que le monde était créé par le travail. Alors, au départ, la Bible a été un choc et je n'avais pas confiance. Puis, je suis allée à la chorale et j'ai adoré les cantiques, cela m'a apaisée. »

La cinquantaine, en costume sombre, « frère Nigel » est aussi venu chercher un peu de paix dans sa paroisse. De retour en Chine après des études au Canada, il fut d'abord bouddhiste pendant une dizaine d'années avant de se convertir récemment au christianisme. Il travaille pour une entreprise de logistique allemande et se trouve confronté à un dilemme qui oppose certaines pratiques professionnelles illégales et sa morale chrétienne. « Je suis venu à l'église pour demander conseil. Il s'agit de donner 80 000 RMB (9 500 euros) à un camionneur pour gagner un client car l'agent peut acheter les affaires ici. Je suis venu en parler avec le pasteur. Ce n'est pas légal mais nous avons besoin du business. L'entreprise a quatre-vingts employés et nous voulons qu'ils gardent leurs emplois. »

Conflits éthiques internes

Quelque temps plus tard, Nigel a pris sa décision. « Le pasteur ne m'a pas dit que je ne pouvais pas le faire. Il m'a dit qu'il comprenait que j'étais face à un dilemme et qu'aucune des options n'était bonne. Je lui ai répondu : "Je sais, j'abandonne." Il m'a conseillé de choisir ce qui me ferait le moins de mal. J'ai décidé de ne pas donner le pot-de-vin au client, c'est un délit. J'ai décidé de quitter l'entreprise. Dieu nous donne le libre arbitre de faire des choix : soit je suis la voie de Dieu, soit je suis celle de la société. »

Nigel, Deborah et Lucky sont assis avec trois autres personnes autour de Larry Price, un ingénieur du Colorado à la retraite, installé à Pékin depuis 2006 avec sa femme américaine d'origine chinoise. Il conduit un groupe d'études bibliques autour du sujet du jour : un extrait de l'Apocalypse de Jean.

« Je pose la question à tous les Chinois, dit-il. Croyez-vous en Dieu ? La réponse varie d'un non franc à un oui sonore mais la majorité n'a pas encore adhéré à l'enseignement (divin). Pourtant nombreux sont ceux qui cherchent Dieu, quelque chose de plus grand, de plus profond, que la richesse et l'éducation ne leur ont pas donné. Les gens ne veulent pas de cette culture sans paradis, c'est pour cela que le christianisme explose. Il répond aux questions, il leur donne un bon but dans la vie. »

Plus de chrétiens que de membres du Parti

Les communautés chrétiennes offrent aussi un ancrage dans une société en mutation, un cercle d'appartenance pour des gens déracinés par les migrations internes, un havre de sécurité dans une Chine marquée par une crise de confiance sociale que nourrissent, entre autres, les nombreux scandales alimentaires et sanitaires.

L'explosion du christianisme est indéniable. Elle est difficile à chiffrer. Il y aurait quatre-vingts millions de protestants en Chine (soit cent fois plus qu'en 1949), dont vingt-trois millions affiliés à l'Église officielle, et douze millions de catholiques dont la moitié sont membres de l'Église catholique non officielle, celle qui refuse le contrôle de Pékin en particulier sur la nomination du clergé, point de conflit récurrent entre le Vatican et les autorités chinoises.

À l'échelle de la population chinoise, ces chiffres peuvent sembler modestes mais ils n'en représentent pas moins 5 % de la population. Il y aurait donc plus de chrétiens en Chine que de membres du Parti communiste.

Les relations actuelles entre le pouvoir communiste, officiellement athée – rappelons-le – et le religieux sont complexes et la montée du christianisme même encadré n'est pas très bien vue. Frère Nigel s'est récemment fait convoquer pour « boire le thé », un euphémisme pour un interrogatoire par la Sécurité d'État. Les agents l'ont cuisiné sur les paroissiens non chinois et sur l'enseignement des pasteurs étrangers qui, lui a-t-on rappelé, ne devraient pas être là. « Ils m'ont dit : "On sait tout. On vous pose des questions pour que vous puissiez prouver que vous soutenez toujours le gouvernement chinois." J'ai répondu : "Bien sûr, je suis toujours chinois et bien sûr, je soutiens le gouvernement." »

Tests de loyauté pour les membres des Églises officielles, intimidation et parfois répression pour les Églises non officielles, le pouvoir est allé jusqu'à démolir en mai 2014 une église construite pourtant tout à fait légalement l'année précédente. L'incident s'est déroulé à Wenzhou, une ville de la province du Zhejiang au sud-est du pays, connue comme la « Jérusalem chinoise », en raison de son nombre d'églises. C'est justement la prolifération des églises évangélistes plus que la soi-disant hauteur excessive d'un clocher et de sa croix qui a attiré les foudres des autorités.

Ian Johnson, un journaliste canadien sinologue, prix Pulitzer et spécialiste de la religion en Chine, observe que « Wenzhou fut en son temps un modèle de ville athée, pendant la révolution. Tous les temples, sans exception, avaient été détruits. La disparition progressive des religions traditionnelles a ouvert la voie au christianisme. » Et il voit la destruction de l'église de Wenzhou comme le symbole de « la suspicion croissante du Parti communiste à l'égard du christianisme et des valeurs occidentales qu'il représente ».

Une menace pour le pouvoir chinois

La vocation universelle des valeurs chrétiennes est, en effet, clairement vue comme une menace par le pouvoir chinois. Il est significatif qu'un nombre disproportionné d'avocats engagés dans la défense des droits de l'homme soient protestants. Ils défendent en particulier la liberté d'expression, niée par l'État, comme étant un don de Dieu.

La Chine compte officiellement cinq religions : protestantisme, catholicisme, islam, bouddhisme et taoïsme. Les deux premières sont encore stigmatisées pour leurs origines étrangères. La troisième a longtemps été cantonnée à une pratique considérée comme ethnique par Pékin (vingt-trois millions de musulmans recensés) mais l'islam chinois se politise depuis quelques années. Les musulmans sont en grande majorité des Ouighours qui vivent dans le Xinjiang, une immense région, à l'extrémité occidentale de la Chine, aux frontières de l'Asie centrale. Certains résistent à la politique agressive de peuplement non musulman orchestrée par Pékin et se radicalisent. Le bouddhisme – pourtant venu d'Inde – et le taoïsme sont considérés comme des religions autochtones. Le bouddhisme qui compterait officiellement cent millions de pratiquants (cent quatre-vingt-cinq millions selon des estimations non officielles)[16] est particulièrement prosélyte. Certains temples sont, signe des temps, particulièrement actifs sur Weibo (le Twitter chinois) alors que le taoïsme, qui ne fait pas de prosélytisme, est marginal dans sa pratique monastique mais imprègne la société chinoise par son héritage philosophique, ses croyances et ses pratiques, de l'art divinatoire au *feng shui*, en passant par la médecine traditionnelle. Il attire d'ailleurs un nombre significatif d'étrangers qui viennent méditer en Chine dans ses temples.

Ces cinq religions ont été réprimées durant les décennies maoïstes alors que le confucianisme, colonne vertébrale de l'ordre impérial et matrice de la société chinoise traditionnelle, était violemment expurgé. Après trente ans de réformes économiques qui ont bouleversé la société chinoise, une quête de valeurs et de compas moral, une recherche de repères qui transcendent le matérialisme, ou simplement le besoin de rituels partagés, semblent nourrir le retour du religieux en Chine. Mais se limiter à ces cinq religions officielles ne donne qu'une vision partielle de la montée du religieux en Chine ou plutôt du retour du religieux. Johnson rappelle que, dans la Chine traditionnelle, le religieux était diffus. « Le religieux faisait tellement partie intégrante de la société chinoise que certains sinologues parlent de la Chine comme d'un État religieux, de l'empereur au paysan. » Il cite par ailleurs une enquête de 2007 selon laquelle « 77 % de la population croirait au lien entre moralité et punition divine et 44 % estimerait que la vie et la mort sont entre les mains du Ciel ».

Le retour triomphal du confucianisme

Les autorités chinoises ont conscience de ce retour du religieux et encouragent, avec une partialité assumée et désormais affirmée, la renaissance des croyances « chinoises ». « S'il faut être religieux, (pour l'État chinois) autant croire à quelque chose d'autochtone, commente Johnson, c'est moins politique. Confucius est pourtant bien sûr politique

---

16. PEW RESEARCH CENTER, http://www.pewforum.org/2008/05/01/religion-in-china-on-the-eve-of-the-2008-beijing-olympics/

mais les autorités mettent en avant l'aspect hiérarchique. Les dirigeants doivent être bons et ceux qui suivent doivent obéir aux règles, c'est une structure très verticale que les autorités trouvent bonne. Je pense que le gouvernement voit le confucianisme comme plus sûr. »

Confucius[17] a fait un retour triomphal en Chine populaire, au cours des dix dernières années. Voué aux gémonies pendant presque un siècle, accusé d'être la source de l'archaïsme impérial chinois par les républicains puis les communistes, son héritage avait été la cible privilégiée de la violence des gardes rouges qui avaient été jusqu'à profaner sa tombe.

En 2013, dans un geste sans précédent pour un dirigeant communiste chinois, le président Xi Jinping se rendait très publiquement à Qufu, la ville natale du vieux sage, où il soulignait l'importance du confucianisme et promettait de lire attentivement ses textes. Il marquait ainsi sa réhabilitation.

Les études nationales ont le vent en poupe

Les *guoxue* – les études nationales – ont le vent en poupe et Confucius figure en bonne place dans des groupes d'études, des clubs de lecture, des programmes télé et radio. Des écoles privées se réclament de la tradition confucéenne, dans l'apprentissage par cœur de passages entiers des classiques du maître et dans les valeurs de son enseignement, en particulier la piété filiale.

De plus en plus d'intellectuels chinois revendiquent leur filiation à Confucius. Il y a encore quelques années, l'école du Parti faisait venir des spécialistes de Taïwan – ils avaient été muselés en Chine populaire – pour briefer ses cadres sur les tenants de celui qui est considéré comme le fondateur de la tradition culturelle chinoise. La China Europe International Business School de Shanghai (CEIBS) organisait en 2010 un séminaire « Sagesse pratique pour le management issue des traditions classiques chinoises[18] ». Confucius était à l'honneur mais les experts chinois sur le

---

17. Confucius (551-479 av. J.-C.), philosophe, éducateur et personnage politique. Sa pensée a été transmise par ses disciples et transcrite dans le *Lunyu – Analectes*. Elle touche à l'éducation, à la place de l'individu et ses comportements dans la société, au modèle de société et de gouvernement.

18. « *Practical Wisdom for Management from the Chinese Classical Traditions* ».

sujet brillaient par leur absence et la plupart des communications étaient le fait de spécialistes étrangers.

Les enseignements de Confucius sont désormais au programme de plusieurs universités et l'articulation entre la tradition confucéenne et une morale sociale contemporaine émerge. L'université de Tsinghua confiait en 2014 un cours sur « le confucianisme et la responsabilité sociale des entreprises » à un des plus éminents spécialistes du confucianisme, lui-même confucéen, le Canadien Daniel Bell. Ce philosophe, de père juif et de mère catholique, porte des lunettes à la Harry Potter. Né à Montréal, il est diplômé d'Oxford, marié à une Chinoise, et a écrit, entre autres ouvrages, *China's New Confucianism*[19]. Il est intervenu récemment, en chinois, sur la méritocratie politique, dans des conférences internationales, jusqu'en Corée du Sud, pays à l'héritage confucéen très riche et vivant.

En Chine, il a constaté à l'égard du confucianisme « un soutien officiel bien plus important que par le passé. De nombreux universitaires sont financés par le gouvernement pour travailler sur le confucianisme. Ça s'appelle *Guo Xueyuan* – le Centre des études nationales – et c'est comme une académie nationale[20] mais ils travaillent essentiellement sur le confucianisme même si cela n'en a pas le nom. »

Bell vient lui-même de rentrer de Qufu d'où il est revenu enthousiaste. « Ce qui est encore plus intéressant, c'est ce qui se passe non officiellement. Nous avons visité à Qufu des écoles financées par des entrepreneurs, des parents pour que les élèves apprennent les six arts[21] définis par Confucius. Il y a des millions d'étudiants dans de telles écoles. Alors le confucianisme est-il une religion ? On peut en discuter ainsi que des nouvelles formes de rituels. Mais ce qui est clair, comme à Qufu, c'est que le marxisme n'inspire pas les gens et que le confucianisme est l'alternative qui va de soi. »

Le confucianisme peut souffrir, concède-t-il, d'une mauvaise image relayée par des décennies de propagande en Chine et de perceptions parfois stéréotypées à l'étranger : « autoritarisme, féodalisme, patriarcat ».

---

19. Daniel A. BELL, *China's New Confucianism : Politics and Everyday Life in a Changing Society*, Princeton University Press, 2008.

20. 国学院.

21. Rites (礼), musique (乐), tir à l'arc (射), conduite de char (御), calligraphie (书), mathématiques (数).

« Mais c'est vu, en particulier par ceux qui connaissent mieux, comme une manière plus douce de gouverner et d'organiser la vie sociale que la manière forte du marxisme-léninisme. »

Ce retour de balancier spectaculaire, qui trouve un réel écho populaire, a été savamment orchestré et est éminemment politique. Le regain d'intérêt du grand public pour Confucius s'était spectaculairement amorcé en 2006 avec une émission de télévision de vulgarisation présentée par Yu Dan, une professeure d'études des médias qui a su habilement proposer un pot-pourri des traditions chinoises avec un digest du confucianisme, accommodé d'un fond de taoïsme, saupoudré d'un peu de bouddhisme. Elle en a fait un livre, *Le Bonheur selon Confucius*[22], qui est devenu un best-seller avec plus de dix millions d'exemplaires (dont six millions piratés) vendus en un an en Chine.

Retour en grâce en interne et symbole pour l'étranger, Confucius est sorti de l'ombre. La cérémonie d'ouverture des JO, en 2008, débutait par un de ses aphorismes. Au moment de la réouverture du Musée national, en 2011, une statue de dix mètres du philosophe était érigée sur la place Tian'anmen, à deux pas du mausolée de Mao, suscitant, à l'époque, moult spéculations sur sa réhabilitation par le Parti, mais la statue fut déplacée, quelques semaines plus tard, dans une des cours du musée, moins en vue ; pour certains, Confucius clairement faisait trop d'ombre à Mao.

Le prédécesseur de Xi Jinping, le président Hu Jintao, avait emprunté au vocabulaire confucéen mais sans citer le maître quand il lançait, en 2006, le slogan qui devait marquer sa présidence : la construction d'une « société harmonieuse ». Aux oreilles étrangères, le mot d'ordre avait des tonalités orwelliennes mais il résonne en Chine des échos des valeurs traditionnelles ancrées dans le confucianisme. Le concept d'harmonie sociale est en effet au cœur même des principes énoncés par Confucius, il y a deux mille cinq cents ans. L'harmonie est garantie par un ordre social fondé sur une hiérarchie précise, un jeu infini et complexe de devoirs, d'obligations et de rites qui renforcent ces liens.

---

22. YU DAN, *Le Bonheur selon Confucius*, Belfond, 2009.

L'harmonie sociale, un concept difficile à traduire

Près de dix ans plus tard, l'accent reste mis sur l'harmonie sociale, souligne Bell. « C'est un concept difficile à traduire en anglais ou en français et c'est peut-être pour cela qu'il est difficile de promouvoir le confucianisme hors de Chine ou du monde de l'Asie de l'Est. Pour beaucoup, le concept pâtit de mauvaises connotations. Mais tous les Chinois savent que *he'er butong*[23] (littéralement : coexister dans la différence) – l'harmonie – n'est pas la même chose que le conformisme, l'uniformité, le consensus. En fait, c'est l'opposé. L'harmonie est plurielle par nature et présuppose que nous devrions avoir un ordre paisible au milieu de la diversité et que la diversité elle-même est valorisée pour des raisons esthétiques et morales. Voilà l'idée chinoise, confucéenne de l'harmonie. »

Quand l'administration Hu Jintao faisait de l'harmonie sociale son slogan, elle reconnaissait en creux l'existence de nombreux conflits sociaux, avance Bell qui y voit aussi et toujours en filigrane presque une critique de la lutte des classes et un rejet de la violence qui avait caractérisé les années maoïstes. Il admet aussi que les critiques du régime ironisent sur la manière dont le gouvernement sait les « harmoniser », en particulier par le recours à la censure sur les médias sociaux. « Ces mots ont pris d'autres connotations au-delà du confucianisme, ils ont leur propre vie dans un contexte contemporain. »

Le pouvoir politique chinois serait donc comme un bernard-l'hermite, endossant une coquille qu'il avait longtemps rangée au musée des fossiles. En ce début de XXIᵉ siècle, alors que la Chine occupe le devant de la scène mondiale, une quête profonde de valeurs émane d'une société en mutation accélérée, en rupture prolongée avec son passé, ayant longtemps associé modernité et valeurs occidentales. La Chine veut redéfinir son modèle en interne et pour l'image qu'elle projette dans le monde. C'est le « rêve chinois[24] », un slogan lancé en 2012 par le président Xi Jinping alors secrétaire général du Parti communiste chinois, pour à la fois nourrir la volonté de renouveau des valeurs nationales et pour donner corps au *soft power* chinois

---

23. 和而不同 - 和 : « ensemble, en harmonie », 而 : « et pourtant », 不同 : « différent ».
24. 中国梦 (*Zhongguo Meng*).

encore balbutiant. Le choix du nom des instituts culturels chinois créés sur le modèle des instituts français ou des *British councils* est révélateur. Les « instituts Confucius » célébraient leur dixième anniversaire en 2014 avec alors quatre cent soixante-cinq instituts dans cent vingt-trois pays.

Quelles valeurs chinoises pour le monde ?

Professeur à Beida, intellectuel engagé dans le croisement des idées, traducteur des classiques chinois, Confucius, Li Bai et des grands auteurs occidentaux comme Milan Kundera ou Jean-Marie Le Clézio, éditeur et conférencier, Dong Qiang est toutefois dubitatif. « Le problème de fond c'est que la Chine manque d'intellectuels capables de tenir un discours d'interprétation sur leur propre culture. Quand on évoque le *soft power* en Chine, on le trouve souvent associé à cet autre concept de "valeurs noyaux[25]". Or quelles sont ces valeurs de base que la Chine peut présenter au monde ? Aujourd'hui, on remet sur scène Confucius à travers les "études nationales" mais ce retour en arrière n'est pas bien digéré. La force d'une culture, c'est d'être capable de bien interpréter ses classiques. Or la Chine tâtonne, parle de Confucius, de Laozi, met en valeur des tombeaux récemment découverts, sans savoir vers quoi tout cela va mener. »

La difficulté pour la Chine d'interpréter ses classiques, de digérer son passé bute sur la confiscation du récit de son histoire par le Parti communiste, renforcée par le contrôle de la presse, la censure des médias sociaux et la répression de la dissidence. Le débat – car il y en a un malgré tout – est fortement muselé, en tout cas soigneusement encadré. Et, dans ces conditions, les « études nationales » apparaissent comme une gageure.

Faisons un bref retour en arrière : en 1911, la République met fin aux deux mille ans de la Chine impériale. L'arrivée au pouvoir du Parti communiste chinois en 1949 entérine la rupture avec le passé que la Révolution culturelle de 1966-1976 tente d'éradiquer une fois pour toutes en s'en prenant à ce que les gardes rouges appelaient « les quatre vieilleries : vieilles idées, vieille culture, vieilles coutumes, vieilles habitudes[26] ». Enfin, et pour

---

25. 核心价值观 (*hexinjiazhiguan*).
26. 旧思想 (*jiu si xiang*), 旧文化 (*jiu wen hua*), 旧风俗 (*jiu feng su*), 旧习惯 (*jiu xi guan*).

rappel, le verdict de Deng Xiaoping sur Mao n'a, à ce jour, pas été révisé : Mao avait raison à 70 % et tort à 30 %.

Cette tentative de refondation du discours national a minima passe par une réconciliation de la Chine-nation contemporaine avec la Chine-civilisation millénaire et ses fondements, ceux-là mêmes que l'on avait tenté d'enterrer. De la même manière, et pour cette fois-ci tenter de positionner la Chine dans la mondialisation, le concept du *Tianxia* qui définissait la vision que la Chine avait d'elle-même et de sa place dans le monde est désormais recyclé et réactualisé.

Tianxia, une utopie venue de Chine

Ainsi Zhao Tingyang, un des chefs de file du mouvement néo-confucéen, théorise en 2005 un nouvel idéal d'« institution mondiale », le système *Tianxia*, « Tout-ce-qui-est-sous-le-Ciel ». Il emprunte ce concept à la philosophie chinoise datant de la dynastie des Zhou de l'Ouest (1046-771 av. J.-C.) et il le transforme pour le projeter dans un monde globalisé. Il y voit un autre modèle d'universalité, comme une « famille mondiale », fondée sur les valeurs, non de l'individu, mais de « la relation ». Il s'agit, avouait-il, de repenser la Chine. « Le sens historique de "repenser la Chine" repose sur la capacité pour la Chine de retrouver son aptitude à penser, à reconstruire sa vision du monde, ses valeurs et ses méthodes et à penser l'avenir de la Chine, les concepts chinois sur l'avenir et le rôle de la Chine et ses responsabilités dans le monde[27]. »

Sur les axes Chine-monde, Zhao tente de tracer sa propre spirale. Il continue sa quête en Chine et hors de Chine. Ce philosophe chinois qui était un enfant pendant la Révolution culturelle a engagé une correspondance avec Régis Debray, le philosophe français qui fut le compagnon de route de Che Guevara. Ces échanges épistolaires, dont Régis Debray se félicite, ont été publiés.

« C'est un livre où un Chinois et un Français font une conversation, c'est-à-dire acceptent de se voir dans le regard de l'autre, acceptent de

---

27. ZHAO TINGYANG, 赵汀阳, *The Tianxia System : An Introduction to the Philosophy of a World Institution* (*Tianxia Tixi : Shijie zhidu zhexue daolun* 天下体系 : 世界制度哲学导论), Nanjing, Jiangsu Jiaoyu Chubanshe, 2005.

se penser à travers la pensée de l'autre. Je crois que c'est quelque chose d'un peu original. C'est très difficile d'ajuster deux vocabulaires, deux façons de voir le monde. Moi, ça m'a d'abord appris à mieux comprendre ma propre culture car on ne peut la comprendre qu'en la confrontant à la culture de l'autre et j'ai aussi appris qu'au-delà des accords plus ou moins convenus sur les choses et les mots, il y a tout de même une pensée autre que je ne suis pas sûr de toujours bien comprendre, de même que je ne suis pas sûr qu'il ait toujours bien compris ce que je voulais dire. Ce tâtonnement, cette élucidation de l'un par l'autre, de l'autre par l'un me semble vraiment original, il faudra poursuivre, il faudra que d'autres poursuivent », espère Debray[28].

La capacité à poursuivre est essentielle, elle est au cœur du travail de Zhao et selon lui au cœur du cheminement de la Chine elle-même. « La façon d'exister de la Chine est en soi une méthodologie. Ce que j'appelle la "Chine méthodologique" est une façon d'être flexible et changeante en fonction des circonstances. Cela peut expliquer le révisionnisme chinois : cette façon de "mixer et combiner" le marché libre et le contrôle gouvernemental, le capitalisme et le communisme, la modernité et l'antiquité, le système occidental et le système chinois, les valeurs occidentales et chinoises et de laisser les différents facteurs se modifier l'un l'autre. Si ce révisionnisme peut produire des phénomènes incohérents, il a au moins le mérite de compenser les défauts des uns par les avantages des autres, au point qu'on considère aujourd'hui que c'est une sorte de stratégie pratique qui ne réussit pas trop mal[29]. » Et si « la Chine méthodologique » de Zhao était en fait une Chine hybride ?

Du discours à la réalité

Concrètement, en Chine, l'hybridité est loin d'être encouragée officiellement. La loi exclut la double nationalité et le discours sur l'identité nationale encourage fortement les Chinois à rester loyaux à leur pays quand ils sont à l'étranger. Il stigmatise ceux qui s'en éloignent et

---

28. Interview de Régis Debray avec son éditeur (http://www.youtube.com/watch?v=4ktgobAi6FE).
29. Régis DEBRAY et ZHAO TINGYANG, *Du ciel à la terre*, Les Arènes, 2014.

influence la façon dont chaque citoyen chinois vit son identité culturelle, où qu'il se trouve. Souvent enjoints par leur nouvel environnement à endosser le rôle d'« ambassadeurs » de leur pays d'origine, les Chinois hors de Chine ont tendance à rester groupés, par crainte de perdre leurs racines.

De plus en plus de Chinois choisissent d'émigrer provisoirement ou définitivement – leur nombre a doublé entre 1990 et 2013, passant de 4,1 à 9,3 millions[30] (un quart d'entre eux choisissent les États-Unis) – et ces nouveaux Chinois d'outremer, de plus en plus aisés, s'ajoutent aux 48 millions de Chinois de la diaspora. Comme ces derniers, ils sont suivis de près par le bureau des affaires d'outremer du Conseil d'État à travers les politiques dites *qiaowu*[31], politiques extraterritoriales mises en place par le gouvernement – activités culturelles ou économiques – pour gagner le soutien des Chinois qui vivent hors de Chine.

La peur de perdre ses racines

Soumis à diverses pressions de son pays ou du pays d'accueil, replié sur sa communauté, un Chinois expatrié ne parvient pas toujours à enclencher une spirale positive, en matière d'hybridité culturelle. Il peut même s'enferrer dans une spirale négative.

Filip Noubel, lui-même profondément hybride et polyglotte – dix langues dont le russe et le chinois –, en a fait l'observation sur le terrain alors qu'il dirige à Pékin depuis huit ans une ONG chargée, en les exposant à l'étranger, de familiariser les Chinois avec des concepts et des façons de faire innovantes dans les domaines des médias, des ONG et du droit.

Il pense que, pour être à l'aise dans l'hybridité culturelle, il faut être rassuré sur son identité. Or « c'est loin d'être le cas pour beaucoup de ceux que j'ai rencontrés », observe-t-il en racontant qu'aux yeux de la plupart des Chinois, lui-même tombe immédiatement dans la catégorie *laowai* – littéralement la personne de l'extérieur – malgré son excellente

---

30. *Blue Book of Global Talents. Annual Report on Chinese International Migration*, Social Sciences Academic Press (Chine), 2014.

31. *Qiao wu* 侨务. Cf. James Jiann Hua To, *Qiaowu : Extra-Territorial Policies for the Overseas Chinese*, Brill Academic Publishers, 2014.

maîtrise de la langue. Personnellement, il ne se définit pas par rapport à un pays ou à un passeport, mais par rapport à « des valeurs et à la façon dont j'ai construit mon identité ». Ses proches amis chinois lui demandent souvent s'il ne craint pas de manquer de racines. « Ceux qui vivent aux États-Unis m'avouent leur angoisse de devoir choisir entre devenir américain ou rester chinois. Pourtant, ce sont des intellectuels, qui parlent très bien anglais et travaillent dans des ONG internationales. »

Noubel voit aussi beaucoup d'étudiants traumatisés par leur expérience aux États-Unis revenir au pays plus nationalistes qu'au départ. « Ils me disent : "On s'est fait tellement attaquer. On en a eu marre et donc on a adopté une ligne nationaliste assez dure." »

Selon Noubel, une des raisons de leur crispation douloureuse est le manque d'information en Chine sur leur propre histoire. « Mes amis chinois – comme mes amis russes – me disent souvent qu'accepter une autre vision, c'est un peu "cracher sur ses souvenirs d'enfance". Quand ils découvrent que l'enseignement qu'ils ont reçu était basé sur d'énormes mensonges, le choc remet en cause toute leur vie. Il y a de la honte, de l'orgueil blessé, de la nostalgie. Et c'est épuisant de tout remettre en question tout le temps. Alors, quand ils sont sommés de justifier ce que fait leur gouvernement, s'ils ne savent pas quoi répondre, ils reprennent le prêt-à-penser nationaliste. »

Finalement, Noubel n'est pas convaincu qu'il se crée une hybridation culturelle de masse. « Beaucoup de Chinois partent faire des études à l'étranger pour avoir un diplôme. Ceux qui se sont bien adaptés restent sur place et ceux qui reviennent en Chine ne sont pas vraiment hybrides. »

La course au passeport étranger

Acquérir un passeport étranger dans un pays où il a longtemps été extrêmement difficile d'avoir un document officiel pour sortir du pays, à cause de la volonté du régime de contrôler les mouvements de population, tente de nombreux Chinois. Cet objet de désir suscite de multiples stratégies pour l'obtenir. Preuve de sa haute valeur : les Chinois n'hésitent pas à en brûler la reproduction de papier pour honorer leurs ancêtres, au même titre qu'ils font flamber des reproductions de billets de banque ou de voitures de luxe.

Cette obtention oblige certes à renoncer officiellement à la nationalité chinoise puisque la double nationalité n'est pas permise en Chine. Pourtant cela n'arrête pas nombre de Chinois continentaux : une enquête par la firme shanghaïenne Hurun Report qui scrute le comportement des riches Chinois montrait que, en 2014, 66 % de ceux qui avaient émigré ou envisageaient de le faire étaient prêts à renoncer à leur passeport chinois.

Pour comprendre ce phénomène, paradoxal dans un pays en passe de devenir la première puissance économique mondiale, il faut saisir l'écart entre tactique et sentiment profond. La plupart du temps, l'obtention de la nationalité d'un autre pays est pour un Chinois, d'abord et avant tout, un choix très pragmatique qui ne remet pas nécessairement en cause en profondeur son identité chinoise. Traumatisés par le fait qu'un passeport chinois a été longtemps – et est encore, mais de moins en moins – un handicap pour se déplacer facilement dans le monde, certains préfèrent un passeport étranger qui leur facilite la vie. D'autres sont aussi inquiets pour leur sécurité financière, voire personnelle, à cause des risques que leur fait courir la manière dont ils ont acquis leur richesse. Et les récentes campagnes de Xi Jinping contre la corruption ont encore alourdi le climat. Ceci explique que nombre de Chinois aisés soient prêts à tout mettre en œuvre pour obtenir un nouveau passeport mais aussi pour en procurer un à leur enfant.

Certains vont jusqu'à le faire naître ailleurs qu'en Chine, délibérément, pour lui donner droit à un passeport étranger. Li Mei – un pseudonyme – est une femme d'affaires d'une quarantaine d'années qui a bien réussi. Après une enfance pauvre à la campagne, elle a su prendre le train de la croissance en marche très tôt et a monté avec ses amis une société qui vend de l'espace publicitaire au pied des ascenseurs de toute la Chine. Elle a mis au monde sa fille, qu'elle a eue tard, dans une petite clinique américaine du Middle West. Pendant son accouchement, à des milliers de kilomètres, dans le salon privé d'un restaurant chic de Pékin, sa bande d'amis a assisté via internet, en direct, à la naissance qu'elle a abondamment arrosée. Au moment de l'accouchement, Li parlait encore très peu anglais – depuis, elle a fait des progrès. Elle se sent plutôt bien en Chine, même si elle regrette la difficulté de se faire son propre jugement par manque d'informations. Elle n'a a priori aucun projet de quitter son pays et elle a ramené sa fille très vite chez elle à Pékin mais elle est contente d'avoir obtenu pour elle la nationalité américaine. Deux ans et demi plus tard elle hésite, pour la scolariser en maternelle, entre plusieurs écoles internationales européennes – anglaise ou française. Elle préfère, dit-elle, une éducation européenne à une éducation américaine, parce que la Chine est maintenant plus aisée et qu'elle a besoin d'histoire, de civilisation et d'art de vivre. Dans son cas, c'est simplement une assurance mais nombre de ces naissances à l'étranger – ou à Hong Kong – s'expliquent aussi par la politique de l'enfant unique qui oblige les couples qui souhaitent un deuxième enfant à partir accoucher ailleurs.

Citoyenne du monde et loyauté nationale

L'obtention d'un passeport étranger peut se conjuguer avec une loyauté sans faille à l'égard de la Chine. Un travail personnel se met alors en place pour, au fil des expériences et des engagements, résoudre des dilemmes et construire sa spirale positive d'hybridité.

Yan Lan, biculturelle et citoyenne du monde, déjà rencontrée dans ses bureaux de la Banque Lazard dont elle dirige les opérations pour la Grande Chine, a mis son ouverture culturelle, son professionnalisme et son intelligence au service des relations entre la Chine et le reste du monde.

Elle n'a aucun souci de racines. Elle vient de familles connues des deux côtés de son arbre généalogique. « Je suis née en Chine et j'ai fait des études en Suisse et aux États-Unis (Harvard), travaillé en France. Par rapport à mes amis chinois qui ne sont jamais sortis de Chine, je me sens très internationale et parfois je me demande si je suis chinoise, française ou autre. En fait c'est peut-être la curiosité qui me mène mais c'est aussi une tradition familiale. Mes parents étaient diplomates. Ma mère parlait anglais, français et italien. Elle a été élevée par des missionnaires dans une école religieuse pendant les années 1940 à Tianjin et m'a donné une éducation sinon internationale, du moins sans a priori. » Yan, après quinze ans à l'étranger, devenue avocate française, est revenue en Chine en 1998 pour diriger un cabinet d'avocats. « Je réalisais un rêve, une passion. » Depuis, elle s'est engagée pour différentes causes, celle des femmes et aussi celle de la défense du patrimoine chinois.

La famille de Yan lui a offert des modèles de référence. « Les souffrances que j'ai subies pendant la Révolution culturelle ont forgé mon caractère. Je suis optimiste, comme mon père ressorti sans amertume de sept ans de captivité solitaire. » Elle évoque aussi la mémoire de sa mère « ballottée comme une feuille sur la mer par le régime » et la figure de son grand-père paternel né paysan pauvre en Mandchourie dans le même village que le seigneur de la guerre Zhang Xueliang. « La famille de Zhang Xueliang l'a aidé à partir étudier en Écosse dans les années 1920. Il a été l'ami de l'écrivain Lao She et s'est converti au christianisme. Rentré en Chine, il a aidé à scolariser des enfants pauvres et a mené la rébellion contre les Japonais. Convaincu que les communistes étaient mieux placés pour bouter les Japonais hors de Chine, il est rentré au Parti et a connu Zhou Enlai, à Chongqing. »

Yan est fière de l'histoire de sa famille qu'elle rêve de pouvoir un jour raconter dans un livre. Elle se sent à sa place entre la France et la Chine. « Avec mon mari, nous sommes français de nationalité et chinois d'origine. Nous nous sommes mariés en France et notre enfant y est né. Nous avons été naturalisés. Au fond de notre cœur, nous sommes restés chinois mais nous sommes aussi citoyens du monde. » Son fils unique a terminé dans un lycée privé aux États-Unis une scolarité commencée au lycée français de Pékin. « À force de voyager, les frontières me paraissent parfois un peu floues. » Elle estime n'avoir jamais souffert de soupçon sur sa loyauté ni d'un côté, ni de l'autre. « La Chine est un grand pays qui, malgré beaucoup de langue de bois, accueille, absorbe, respecte. Avec mes amis même très haut placés dans l'administration, j'ai des dialogues amicaux et francs. En définitive, je pense que tout dépend des caractères des personnes. L'important, c'est de ne pas prendre un air hautain. »

Double nationalité interdite

Pourtant, cette flexibilité – pouvoir être chinoise de cœur, citoyenne du monde et titulaire d'un passeport non chinois – est un privilège qui n'est possible que dans un sens. La Chine accorde très peu de naturalisations. Il existe un énorme déséquilibre entretenu par le système officiel chinois qui interdit la double nationalité.

La loi chinoise sur la nationalité actuelle, qui remonte au 10 septembre 1980, précise en effet que la Chine n'autorise pas la double nationalité (article 3), qu'une personne née en Chine ou hors de Chine doit avoir au moins un parent de nationalité chinoise pour être chinois (articles 4 et 5). Elle précise aussi qu'une personne née hors de Chine même avec un parent chinois ne peut pas être chinoise si un de ses parents a renoncé à sa nationalité chinoise (article 5).

La loi encourage les Chinois ethniques à revenir au bercail. Un citoyen chinois qui adopte volontairement une autre nationalité perd automatiquement sa citoyenneté chinoise mais il peut la recouvrer à condition de renoncer à sa nationalité étrangère (article 13).

À cette interdiction de la double nationalité, une exception, celle des citoyens ethniquement chinois de Hong Kong qui, même s'ils bénéficient d'un passeport délivré par un autre pays, ont la nationalité chinoise. Les autorités chinoises considèrent ce passeport comme un titre de voyage.

L'article 7 stipule bien qu'un étranger peut demander à être naturalisé chinois mais il doit avoir des parents proches de nationalité chinoise, être installé en Chine ou avoir une autre « raison légitime ».

Rarissimes sont les étrangers non ethniquement chinois qui ont pu obtenir un passeport de l'Empire du milieu. Moins de cinq cents entre 2000 et 2010.

Caucasiens chinois : une denrée rare

Résultat : seuls quelques amis de la révolution sont devenus chinois. Même profondément intégré dans le pays depuis l'enfance, il reste très difficile d'être officiellement reconnu comme chinois. Michael Crook en a fait l'expérience. Né en Chine de deux parents caucasiens, il parlait uniquement chinois jusqu'à l'âge de 6 ans et encore aujourd'hui, s'adresse à ses frères, aussi caucasiens que lui, en chinois. « Je me sens Chinois. Je suis né ici, j'y ai été élevé. C'est ma première langue, c'est mon pays. » Pourtant, il lui a fallu batailler ferme pour obtenir sa carte verte chinoise – un titre de séjour permanent. Et sa double citoyenneté britannique et canadienne l'empêche de postuler à la nationalité chinoise même si, dit-il, il connaît beaucoup de gens qui, sous le manteau, ont un passeport étranger et un autre chinois. « Légalement, ce n'est pas reconnu. Si on entre en Chine avec un passeport étranger, on est considéré comme un étranger. »

Les dilemmes des « bananes »

Pour être reconnu en Chine comme chinois, inclus dans le cercle d'appartenance, la dimension ethnique est essentielle mais elle ne suffit pas. Certains Chinois d'outremer en ont fait la triste expérience en Chine. À commencer par l'ancien ambassadeur des États-Unis en Chine, Gary Locke. D'origine chinoise, lors de son départ en mars 2014, il fut traité de « banane pourrie » – banane parce que jaune à l'extérieur et blanche à l'intérieur – dans les colonnes de *Global Times*, un quotidien en langue anglaise publié par le Parti, virulent et parfois xénophobe.

L'animateur de télévision, Chelsey Mark – Mai Xiaolong en mandarin – sino-canadien de 34 ans, en Chine depuis douze ans, l'a bien compris et sait qu'il ne rentrera jamais par la grande porte dans le show-biz chinois, malgré ses ambitions et son travail acharné.

Fils d'un membre du Parlement canadien d'origine chinoise et d'une Canadienne d'origine franco-allemande toute blonde, arrière-petit-fils d'un Chinois venu construire en 1922 le chemin de fer canadien, ce jeune homme brun aux yeux noirs, qui pourrait passer pour un Sud-Américain ou un Africain du Nord, sillonne sans répit Pékin sur son vélo, ses disques de démo sous le bras. Il est le seul de toute sa large famille à être revenu en Chine et veut suivre les traces du grand Dashan, un Canadien blond parlant parfaitement le chinois. Mark Rowswell, alias Dashan, est devenu une star de la télévision chinoise depuis 1988.

Chelsey Mark s'est fait connaître en Chine en étant l'animateur de « NBA : Made in China » en 2007. Il présente toutes sortes de programmes pour enfants, d'émissions de voyages ou de programmes d'anglais. Il se catégorise lui-même comme un *mix*. « Si vous êtes un *mix*, les gens vous envient parce que vous êtes cette chose étrange, plus intelligente parce que vous avez plus de culture, et une base plus large dans le monde. »

Pourquoi les Chinois l'embauche-t-il ? « Je suis bon dans ce que je fais. Je suis jeune, pas trop moche. Je travaille dur et j'ai beaucoup d'énergie positive. Et puis, étant un *mix*, j'ai l'air étranger sans être trop exotique. »

Quand les gens le rencontrent pour la première fois, ils pensent qu'il est étranger, mais dès qu'ils lui parlent, ils s'interrogent. « Ils voient mon visage et pensent : "Ce n'est pas possible qu'il soit chinois", puis ils entendent mon mandarin – qui est OK – et me demandent : "Es-tu chinois ? Es-tu étranger ?" Je leur réponds : "Je suis étranger et sang-mêlé." Du coup, ils se réchauffent et si j'ajoute : "Mon père est chinois, pensez-vous que je sois chinois ?", ils réfléchissent un peu et rétorquent : "Chinois." »

Son père a d'ailleurs joué un rôle essentiel dans sa décision de venir en Chine. C'était pour lui un modèle mais il ne lui a pas appris le chinois. Il n'avait pas le temps et le petit Chelsey a dû se contenter de rendre visite une fois par an à des parents du côté paternel avec lesquels il ne pouvait pas communiquer.

L'animateur a grandi dans une ville du Manitoba, Dauphin, quasiment entièrement blanche. « Nous n'étions que deux familles chinoises. Quand j'étais enfant, j'avais l'habitude de dire : "Regardez-moi bien, je suis Chinois !" mais je ne pouvais pas dire un mot de chinois. C'était une part si importante de ma vie et, en même temps, ce n'était rien. Ne rien savoir, ça ne collait pas. »

Cantonné à des niches télévisuelles

À 22 ans, il part finalement étudier le mandarin en Chine avec une bourse. Quand l'épidémie de SRAS l'oblige à rentrer au Canada en 2003, c'est un gros choc culturel et il n'a qu'une envie : retourner en Chine.

En Chine, Mark a deux cercles d'appartenance : ses amis qui sont canadiens et chinois, et ses relations de travail, qui sont toutes chinoises. Il ne mélange pas ces cercles. « Je saute de l'un à l'autre. Je ne suis pas là pour briser les murs. C'est trop difficile. »

Son rêve ? Devenir l'animateur étranger le plus connu de Chine. Il souligne le mot « étranger, parce que n'étant pas chinois, je ne peux pas prétendre à plus ». Il sait qu'il est là seulement pour pimenter les programmes. Lui qui a sillonné la Chine profonde dans des shows itinérants où il a eu l'occasion de toucher son public, se voit comme un passeur, un « ambassadeur ». « Les Chinois de la Chine profonde ne rencontrent pas souvent d'étrangers. S'ils en rencontrent un sympathique, ils s'en souviendront toute leur vie et en parleront à leurs amis et cela influencera leur vision du monde. »

À sa connaissance, il est le seul métis de sa profession en Chine. « Honnêtement, pour un étranger, même un métis, réussir ici est très, très dur. Vous n'affrontez pas seulement des chocs culturels, vous affrontez tout le système. »

Qui maîtrise le chinois est chinois

Tous ces points de vue autour de l'identité chinoise et hybride interrogent encore et toujours le sens de ce que veut dire « être chinois ». Le psychanalyste Huo Datong, qui exerce et enseigne à Chengdu, dans le Sichuan, choisit une définition totalement à contre-courant : « Si on parle et écrit le chinois, alors on est chinois », pense-t-il. « Les idéogrammes organisent un système de l'univers. Maîtriser l'écriture du chinois, c'est accepter cette classification de l'univers et avoir une base de pensée chinoise. »

Huo Datong reconnaît que ce n'est pas la définition courante mais il rappelle que, durant la période impériale, alors que beaucoup de minorités étaient entrées en Chine, l'empereur classait les Chinois et les non-Chinois par le biais du confucianisme. « Être chinois, c'est une question de valeurs. Aujourd'hui, le confucianisme est en crise et la Chine a accepté beaucoup de valeurs morales occidentales. C'est pour cela que je fonde mon raisonnement sur des bases épistémologiques. Qui connaît le chinois est chinois. »

Huo Datong propose de traduire l'expression « hybridité culturelle » par *wenhua zhenghe*[32] qui insiste sur la notion d'intégration psychologique et qui implique des idées de mise en ordre et de combinaison.

Le cadre de la langue

Dans l'émergence de nouveaux concepts, cultures et langues sont intimement liées. Les mots sont essentiels pour structurer une pensée et permettre de concevoir, voire d'observer tout simplement certaines réalités. Or la prégnance du grand mythe de l'unité chinoise se retrouve dans la langue qui accepte toujours mal le terme d'hybridité culturelle, même si les choses évoluent. Après enquête, on constate qu'il n'existe pas encore vraiment de terme clairement établi pour traduire le concept

---

32. 文化整合 : 文化 (*wen hua*) : « culture », 整 (*zheng*) : « mettre en ordre », 合 (*he*) : « ensemble ».

d'hybridité culturelle aujourd'hui fermement installé dans le champ
scientifique anglophone.

Idiosyncrasie chinoise ? « La Chine, plus qu'ailleurs, est une culture
dans laquelle les choses se passent avant qu'on s'en rende compte et
qu'on le marque par des mots », justifie André Chieng, le consultant
franco-chinois, rencontré dans sa belle demeure pékinoise. « En Chine,
on a plus tendance à regarder les choses, à voir comment elles évoluent et
à s'intéresser beaucoup plus tardivement à ces questions de classement. »

Ce n'est peut-être pas si simple. Interrogé, l'expert traducteur-éditeur
Eric Abrahamsen avoue d'emblée que les mots qui lui viennent à l'esprit en
chinois sont plutôt péjoratifs. La double appartenance met les Chinois mal
à l'aise, à cause de l'importance culturelle des « cercles d'appartenance »[33],
explique-t-il. Il donne des exemples précis d'expressions souvent d'origine
communiste que les Chinois utilisent dans un sens péjoratif. Ainsi, le
chengyu[34] « lécher les bottes des étrangers[35] », forgé en 1949, est toujours
utilisé, parfois au second degré, sur internet. Il cite aussi le terme « traître
aux Han[36] », employé à l'égard d'un Chinois dont on estime qu'il fait une
faveur aux étrangers au détriment de la Chine. Et, ajoute-t-il, « comme
les étrangers étaient parfois qualifiés de "diables étrangers[37]", un Chinois
qui prétend être comme un étranger est souvent qualifié de "faux diable
étranger[38]". »

Abrahamsen ajoute que les Chinois, pour parler des hybrides culturels,
ont plutôt recours à des mots spécifiques dans un contexte précis. « Tortue
de mer[39] » est le terme consacré pour désigner ceux qui reviennent après un
long séjour à l'étranger. « Ce n'est pas péjoratif mais isole ces personnes
dans une catégorie à part. Et, si une personne émaille son discours de mots
en anglais, cela énerve beaucoup les Chinois. » À la « tortue de mer »,
les Chinois opposent avec humour la « tortue de terre[40] » pour désigner
leurs compatriotes qui n'ont jamais quitté leur village.

---

33. 群体归属感 (*qunti guishugan*).
34. 成语, une tournure idiomatique.
35. 崇洋媚外 (*chong yang mei wai*)
36. 汉奸 (*hanjian*).
37. 洋鬼子 (*yangguizi*).
38. 假洋鬼子 (*jiazyangguizi*).
39. 海归 (*haigui*).
40. 土鳖 (*tubie*).

Pour nommer les Chinois de la diaspora, nés à l'étranger avec un héritage culturel chinois, deux mots reviennent régulièrement : *huaqiao*[41] et *huayi*[42] qui partagent le caractère *hua* qui désigne les Chinois au sens large.

Certains mots, enfin, hérités eux aussi du communisme, qualifient positivement des étrangers qui peuvent être « des bons connaisseurs de la Chine[43] », voire des « amis de la Chine[44] ».

Néologismes

Pour désigner des concepts plus abstraits, les Chinois ont volontiers recours à des néologismes aujourd'hui souvent d'origine anglaise – au début du XXᵉ siècle, ils venaient du japonais – mais très peu utilisés : pour traduire « cosmopolite », les Chinois utilisent le mot de « citoyen du monde[45] » ou de « personne globale[46] ». Abrahamsen précise qu'en chinois, « cosmopolite » n'a pas la connotation de « personne non fiable », comme cela arrive en Europe mais de « gens chez eux nulle part ». Il observe qu'« hybridation culturelle » (*wenhua za jiao*)[47], qui applique à la culture le mot *zajiao* – hybridation – issu du vocabulaire de la biologie, commence à apparaître dans les médias ou dans le monde universitaire aux côtés de mots tels que conflits culturels[48], communication interculturelle[49] ou marginalité culturelle[50].

---

41. 华侨 (*hua*) : « chinois » et *yi* : « descendants ». Désigne des personnes qui ont émigré ou sont nées dans un pays étranger et en détiennent le passeport.

42. 华裔 (*hua*) : « chinois » et *qiao* : « personnes vivant à l'étranger ». Désigne des personnes qui vivent depuis longtemps à l'étranger et qui ont toujours un passeport chinois.

43. 中国通 (*zhongguo tong*).

44. 中国朋友 (*zhongho pengyou*).

45. 世界公民 (*shijie gongmin*).

46. 地球人(*diqiuren*).

47. 文化杂交.

48. 文化冲突 (*wen hua chongtu*).

49. 跨文化传播 (*kua wenhua chuanbo*).

50. 边缘人 (*bian yuan ren*).

Sous la lorgnette d'interculturalistes chinois

Johnny Xiong, interculturaliste chinois élevé en grande partie au Danemark, accepte de jouer le jeu des définitions. D'emblée, il précise que « les Chinois comprennent la valeur d'être occidentalisé, mais sont fiers d'être chinois et citent volontiers l'adage : "L'enseignement chinois est essentiel, l'enseignement occidental est pratique[51]" ».

Il souligne aussi que le « nationalisme chinois » peut amener à être le supporter d'Américains comme le basketteur taïwanais de la NBA, Jeremy Lin, qui ne parle même pas chinois.« Le concept de civilisation chinoise renvoie à quelque chose de relatif, insiste-t-il. Un Mandchou est plus intégré par la conquête des Han qu'un ressortissant d'une minorité du Xinjiang ou un Hui, mais, vus de loin, ils sont tous considérés comme des Chinois et leur succès à l'étranger rejaillira sur la Chine. C'est une approche par cercles, selon le principe de "moi et mon frère contre mon cousin" et "moi et mon cousin contre un étranger". Les peuples des pays de l'Asie du Sud-Est sont clairement vus comme des cousins, la Corée est plus éloignée, le Japon encore plus à cause de l'histoire, même si un collègue japonais sera considéré comme plus proche qu'un collègue occidental. Quant aux Indiens ou aux Pakistanais, ils sont considérés comme des gens du dehors, des *laowai*, des étrangers. »

Xiong souligne que l'expression TCK, *third culture kid*, très répandue dans le monde occidental, n'est pas du tout entrée dans le vocabulaire chinois. « Spontanément, les Chinois n'aiment pas les étiquettes qui leur donnent le sentiment d'être marginalisés et rejetés. Moi-même, bien que très ouvert, je n'aime pas les épithètes de "métis culturel" ou d'"hybride culturel" et je préfère être qualifié de "Chinois à l'esprit ouvert[52]" ou de "personne avec plusieurs backgrounds culturels[53]" parce que cela fait référence à des expériences plutôt qu'à une étiquette identitaire. »

Pour traduire le mot de « métissage biologique », Xiong propose l'expression assez répandue en Chine de « sang-mêlé[54] ». « La plupart

---

51. 中学文本, 西学为用 (*zhongxie wenben, xixue weiyong*).
52. 有开放心态的中国人 (*you kaifeng xintai de zhongguoren*).
53. 多重文化背景的人 (*duochong wenhua beijing de ren*).
54. 混血 (*hunxue*).

du temps, ce mot est neutre mais il peut aujourd'hui devenir flatteur. Qualifier un bébé de "sang-mêlé", par exemple, c'est dire qu'il est adorable. Aujourd'hui, avec la multiplication des mariages mixtes depuis l'ouverture de la Chine, il y a de plus en plus de métis et les Chinois remarquent qu'ils ont de plus grands yeux, un critère de beauté essentiel en Chine. » Par contre, *zazhong*[55] reste une insulte. « À l'origine, il signifiait mélange de races ou d'espèces pour un animal ou une plante. Il prend, à l'égard d'une personne, le sens injurieux de bâtard. »

En l'absence de terme consacré pour traduire « hybridité culturelle », Xiong donne à choisir entre deux termes qu'il a forgés lui-même : un terme littéraire qui insiste sur la variété dans le mélange culturel[56] et un terme qui met l'accent sur un mélange qui se fond en une seule entité[57]. C'est ce dernier que préfère sa collègue chinoise Helen Tian, la quarantaine, à qui l'empathie et une longue carrière dans les multinationales donnent de l'aisance dans des milieux divers. « Beaucoup de choses mélangées qui deviennent finalement une chose très unique. Ces personnes peuvent voir le monde de différents points de vue et cela génère de la créativité. »

Le linguiste Li Keyong, président de l'université SISU (Sichuan International Studies University) à Chongqing et maître d'œuvre du dictionnaire de référence en deux volumes franco-chinois, tient à préciser que, à sa connaissance, il n'existe pas de traduction du mot aujourd'hui en Chine, et choisit de créer un mot qui marque une fusion harmonieuse[58]. « C'est plus positif et cela fait partie de ce champ de l'interculturel même si ce n'est pas ce qu'on présente aujourd'hui dans ce domaine en Chine où l'on parle plutôt de choc culturel. »

Entre censure et stéréotypes

Certaines personnes sont à des postes clés pour faire bouger les lignes et jouer un rôle de catalyseurs. Les journalistes, dont les mots sont les outils et qui sont au cœur de la fabrication des représentations sociales, en font partie.

---

55. 杂种.
56. 文化杂 糅 (*wenhua zarou*), 杂 (*za*) : « différentes sortes », 糅 (*rou*) : « mélangées ».
57. 文化 融 合 (*wenhua ronghe*), 融 (*rong*) : « mélanger », 合 (*he*) : « ensemble ».
58. 文化融合 (*wenhua ronghe*).

Certains d'entre eux, parce qu'ils se sont construits dans l'hybridité culturelle et sont allés de l'autre côté du miroir, questionnent les stéréotypes. Mais en Chine, ils agissent dans un système où la parole est muselée.

Jaime Flor-Cruz s'est trouvé coincé en Chine en 1971, il avait 21 ans. Il y est encore et a longtemps dirigé le bureau de la télévision américaine CNN. À l'époque, cet étudiant philippin en journalisme était maoïste. « On avait lu le *Petit livre rouge*, on était inspirés par Mao. On voulait changer notre pays et le monde », se souvient-il. Il organise un voyage d'étude clandestin en Chine. Le dictateur Ferdinand Marcos scelle son destin quand il suspend l'habeas corpus avant de proclamer la loi martiale.

Pour Flor-Cruz et ses quatorze compagnons, il est trop dangereux de rentrer aux Philippines. Ils patientent pendant que leurs hôtes chinois leur font visiter nombre de cliniques d'acupuncture et d'écoles maternelles modèles, raconte-t-il en riant. Au fil des semaines, ils se lassent et demandent à faire quelque chose d'utile. On est en pleine Révolution culturelle. Ils sont envoyés dans une ferme d'État du Hunan, un traducteur les accompagne, c'est leur premier professeur de chinois. Il leur donne aussi des cours d'histoire, sa passion, et d'opéra de Pékin. Il deviendra bien plus tard ambassadeur de Chine auprès de l'Union européenne, ce fut pour Flor-Cruz « un de mes premiers mentors et mon inspiration ».

Des liens très spéciaux

Il s'embarque ensuite sur un chalutier en mer de Chine pendant deux ans. Il travaille son chinois en se liant avec l'équipage, en lisant et en apprenant par cœur un dictionnaire de slogans politiques. « Cela ne m'est plus très utile aujourd'hui », dit-il dans un sourire. Il profite de la réouverture de l'Institut des langues pour passer des examens et finit parmi la poignée d'étrangers acceptés à Beida (université de Pékin). Il étudie l'histoire aux côtés des étudiants chinois pendant quatre ans. « Je pense encore que c'est une des meilleures périodes de ma vie en Chine. » On est en 1977, la Révolution culturelle est terminée, Mao est mort l'année précédente. « C'était un moment particulier. Deng Xiaoping avait commencé les changements, les Chinois avaient espoir mais ils ne savaient pas dans quelle direction cela allait. J'ai appris plusieurs versions de l'histoire quand j'étais là-bas, ça n'arrêtait pas de changer. Il y avait les classiques marxistes et l'histoire de la Chine commençait en 1949 parce que personne ne voulait toucher ce qu'il y avait avant. C'est seulement la dernière année que les gens ont commencé à parler et à débattre. »

Flor-Cruz participe à ces débats à tel point que ses interlocuteurs parlent de « *zanmen zhongguo* – nous les Chinois –, en me mettant dedans », se souvient-il. « Alors je me suis dit, ils ont oublié que je suis un étranger et ils commencent à me traiter comme l'un d'eux. »

Parmi ses camarades, certains deviendront des cadres très haut placés du régime, tel Bo Xilai, qui fut un temps l'étoile montante du Parti communiste chinois avant de tomber en disgrâce et de finir en prison pour corruption. Flor-Cruz est resté en contact avec nombre d'entre eux. « À cause de cette période particulière, nous avons des liens très spéciaux qui ont duré. Ils me connaissent non pas comme un journaliste mais comme un ami. »

Car Flor-Cruz, encore étudiant mais voulant gagner sa vie, trouve un job de documentaliste-archiviste au bureau de l'hebdomadaire américain *Newsweek*. Il ne sait pas trop comment ses hôtes chinois vont prendre sa collaboration avec « un média impérialiste » mais il tente sa chance et celle-ci lui sourit. À Noël de cette année-là, alors que la correspondante est en vacances, s'ouvre, tout à coup, le procès de la Bande des Quatre[59], un événement politique considérable. Flor-Cruz écrit ses premiers articles et bluffe ses éditeurs par des informations qu'il est le seul à avoir. Un de ses élèves – car il donne aussi des cours d'anglais – n'est autre que le fils d'un des juges du procès. Il lui raconte ce qu'il entend dire à la maison ! Sa carrière de journaliste international est lancée.

Intermédiaire avec passion

Se retournant sur cette période charnière de sa vie, il se souvient : « J'ai bien sûr essayé de marier ce que je savais et les attentes de *Newsweek*. Je

---

59. Nom donné au groupe formé de quatre dirigeants chinois maoïstes champions de la Révolution culturelle : Jiang Qing (veuve de Mao Zedong), Wang Hongwen, Yao Wenyuan et Zhang Chunqiao, accusés de complot et de trahison et arrêtés en octobre 1976. Leur procès (novembre 1980-janvier 1981) se termine par la condamnation à mort de Jiang Qing et de Zhang Chunqiao, peine commuée en détention perpétuelle. Cette peine est infligée à Wang Hongwen et Yao Wenyuan écope de vingt ans de réclusion.

n'étais pas totalement d'accord avec la manière de présenter les choses des Chinois et n'étais pas totalement d'accord avec le ton de certains articles mais c'était un boulot. Ce n'était pas toujours sans accroc mais je crois que j'ai été reconnu par mon employeur *Newsweek* puis par *Time* comme un journaliste intègre. » Il continue à jouer ce rôle d'intermédiaire avec passion, auprès de ses éditeurs, de ses amis chinois qui sont aussi souvent ses sources, de ses collègues, il fut à deux reprises le président du Foreign Correspondents' Club of China (FCCC). Il fit partie du jury du slogan olympique « un monde, un rêve » et a expliqué aux nouveaux porte-paroles de plusieurs ministères – une fonction qui n'existe que depuis peu en Chine –, les attentes des journalistes étrangers.

Il est bien conscient des relations complexes et souvent conflictuelles qu'entretiennent les médias étrangers et le pouvoir chinois. Il constate que bien qu'un nombre croissant de ses confrères parlent chinois, il y a encore « un déficit de confiance du côté chinois. Les journalistes peuvent avoir une bonne connaissance (du pays) et parler la langue mais ils n'ont ni la confiance ni les contacts ».

Il faut aussi, ajoute-t-il, avoir des attentes réalistes sur ce que l'on peut changer. « J'ai récemment essayé de mettre en contact une de mes vieilles amies, la porte-parole du Congrès national du peuple (Parlement) et le FCCC. Je pense qu'elle veut vraiment changer les choses. J'ai organisé deux dîners avec des journalistes étrangers. Je suis frustré car j'ai essayé de lui faire comprendre que cela marcherait mieux avec une conférence de presse plus spontanée. Elle a échoué, ça n'a pas changé. Mais même si elle a échoué, cela ne veut pas dire qu'elle ne veut pas le faire », conclut-il, fort de trente-cinq années passées en Chine.

L'avant-garde bien informée

He Nong essaye aussi de faire changer les choses. Il est le correspondant à Bruxelles du quotidien *Clarté*[60], le journal intellectuel du Parti. Grand amateur de vin et de gastronomie, ce francophone accompli au sourire parfois malicieux vient d'envoyer un article à Pékin en défense du système

---

60. 光明日報.

de santé publique européen. « Le rôle principal d'un gouvernement, c'est d'abord d'assurer le droit à l'éducation, le droit d'avoir accès à des soins quand on est malade, des soins normaux, corrects et aussi d'avoir une fin de vie correcte. Ce n'est pas encore le cas en Chine », constate-t-il. Il déplore aussi que « les journalistes, les grands dirigeants, les chercheurs lisent surtout la presse anglo-saxonne. Mais la presse anglo-saxonne parle souvent de la crise (européenne) d'un point de vue assez négatif. Nous, les Chinois francophones, ou les confrères germanophones, nous avons des points de vue différents de ceux des Chinois qui ne comprennent que la presse anglophone. Depuis trente ans que la Chine fait des réformes, elle s'est aussi américanisée. »

Une nouvelle, venue justement des États-Unis, avait fait naître sa vocation de journaliste. Un correspondant chinois à Washington avait écrit que le fils du président Reagan était au chômage. « La conclusion était : vous voyez, ce système américain est absurde, le fils du président est au chômage ! Mais si on réfléchit en profondeur, cela veut dire que même le fils du président peut être au chômage. J'avais un peu plus de 12 ans et j'ai compris que c'était un métier incroyable, c'était avoir une possibilité unique d'influence, pour mieux faire comprendre l'étranger que les Chinois ne connaissent pas assez. »

Il vient ainsi de poster sur Weibo (le Twitter chinois), après une nouvelle tuerie dans une école, un message intitulé « Pourquoi les États-Unis n'interdisent pas les armes » : « J'essaie d'expliquer que les Américains n'ont pas la même logique : "Nous le peuple n'avons pas confiance, nous avons besoin d'armes car si un jour le gouvernement tire sur nous, qu'est-ce qu'on va faire ?" C'est ça l'origine, la raison d'autoriser les armes aux États-Unis et ça, les Chinois n'arrivent pas à le comprendre. »

He connaît les règles dans lesquelles il opère mais met en avant sa propre déontologie. « Je ne dis rien contre mon pays. Je pense que mon rôle, c'est d'aider à mieux comprendre. Ce n'est pas la même chose que critiquer le système. Tous les journalistes ont une conception différente de ce métier, ce que j'ai compris c'est qu'il faut que je raconte tout ce que je vois ici, le plus objectivement possible à mes lecteurs et à mes dirigeants. »

Car la fonction d'un journaliste chinois à l'étranger est double. « Chacun écrit pour son média grand public mais notre mission, c'est aussi d'écrire

pour nos dirigeants pour leur faire mieux comprendre ce qui se passe »,
explique-t-il avant d'ajouter dans un grand éclat de rire qu'il était par
exemple hors de question qu'il écrive pour son journal sur la nomination
au prix Nobel de la paix de l'écrivain dissident Liu Xiaobo mais qu'il
a rédigé un rapport pour les dirigeants du Parti. « Bien sûr quand Liu
Xiaobo est élu, tu ne peux pas écrire que c'est une bonne chose pour la
Chine. Il faut comprendre cela (rires), tu es payé comme cadre quand
même (rires) pour être là et informer ; on n'est pas payé pour critiquer
notre système mais on peut donner des conseils, rapporter les réactions
des autres. On est payé pour être l'avant-garde, pour être bien informé,
pas pour être ennemi de notre système. »

Journaliste sans le statut

Zhang Yajun a refusé de servir ce système. Cette jeune femme
rayonnante a eu le choc de sa vie quand celui qui allait devenir son
mari, un étudiant américain en histoire chinoise à l'université de Pékin,
détruisit un des mythes de son enfance. L'ouvrier modèle Lei Feng est une
création du Parti, lui annonça-t-il. Sa première réaction fut l'incrédulité.
Éducation communiste classique, issue d'une famille modeste de Tianjin,
cette élève brillante avait été recrutée par le Parti à l'université. Elle
ne s'y est pas investie. À l'inverse, elle prend du recul, une enquête de
terrain lui révèle la pauvreté de certains coins de Chine, son petit ami
lui montre un documentaire sur les événements de la place Tian'anmen
en 1989. Après un séjour en France pour compléter ses études, elle
franchit le pas et décide, au retour, de travailler comme *news assistant*
d'un journal américain, *The Christian Science Monitor*, une publication
de référence basée à Boston.

Très vite, elle se passionne et « 2008 fut l'année la plus inoubliable
de ma vie, dit-elle. J'ai eu de telles expériences. Nous sommes allés au
Tibet (couvrir des émeutes), au Sichuan (pour le tremblement de terre),
on a dormi sur le sol, on a vu beaucoup de cadavres et puis il y a eu les
Jeux olympiques. En tant que journalistes, nous étions les premiers à
voir ce qui se passait dans le pays ».

Sherpas indispensables

Mais si Zhang se définit comme une journaliste, elle n'en a pourtant pas le statut et en est ulcérée. Elle dit son indignation dans un mémoire sur le statut des *news assistants* qu'elle a finement baptisés les « sherpas des médias ».

« Deux cents jeunes Chinois, la majorité des femmes, ont une influence déterminante sur la couverture mondiale de l'actualité en Chine. Ces *news assistants* sont responsables de trouver des idées de sujets, du reportage et de l'enquête de background réalisés par les organes de presse étrangers en Chine. Leurs contributions sont rarement mentionnées pas plus qu'elles ne leur sont attribuées, en partie en raison de l'interdiction qui est faite par le gouvernement chinois à des citoyens chinois d'être crédités dans des médias étrangers. De plus, et bien qu'ils fassent profil bas, ils sont souvent l'objet de pressions de la part du gouvernement, de leurs concitoyens et même de leurs collègues étrangers. »

Les « sherpas des médias » ont un rôle complexe et délicat. Ils sont vus avec suspicion dans un pays où le nationalisme est souvent attisé et le patriotisme de rigueur. « Beaucoup de gens nous considèrent comme des traîtres et nous accusent de vendre notre pays à des médias étrangers pour un salaire. Beaucoup de Chinois pensent que les médias sont contrôlés par des gouvernements étrangers de la même manière que les médias chinois sont contrôlés par le gouvernement chinois. »

Les services de renseignement chinois tentent régulièrement de s'assurer de la loyauté de certains, ils en intimident d'autres et en arrêtent parfois quelques-uns. Un assistant du *New York Times* a été ainsi condamné pour trahison en 2004 à trois années de prison. Le métier de *news assistant* en Chine peut être réellement périlleux.

C'est finalement l'interdiction de signer de son nom son travail qui a eu raison de la passion de Zhang. « Si ce n'était pas pour cette règle, je n'aurais jamais quitté la presse. Je veux être journaliste mais il n'y a pas d'avenir en tant que journaliste en Chine. » De ses années de sherpa, elle a « compris l'importance du journalisme et la responsabilité des médias de dire la vérité au public et d'agir comme un contrôle sur le gouvernement plutôt que comme son porte-voix. » Elle travaille désormais pour un cabinet international de communication.

Au cœur des écoles de gouvernance

Autre lieu privilégié pour mesurer dans quel contexte – entre freins et accélérateurs – l'hybridité émerge en Chine : les écoles de gouvernance de Tsinghua et Beida. Une visite dans ces viviers de hauts fonctionnaires et de leaders chinois, lieux de rencontre avec des étudiants venus du monde entier, permet d'observer comment sont formées les élites politiques du pays, quels modèles leur sont transmis, quelle place est réservée à l'hybridité culturelle dans le système.

Xue Lan est à la fois fondateur et patron de la prestigieuse école de gouvernance de Tsinghua, une des universités les plus anciennes du pays. Il a eu l'idée de créer cette école à son retour des États-Unis en 1996, sentant le besoin de former des futurs cadres ancrés dans la réalité chinoise, avec une vue globale et la patte Tsinghua. Rêve réalisé en 2000. « À ce moment-là, il n'y avait aucune formation professionnelle académique à destination des hauts fonctionnaires. » Il veut faire comprendre à ses étudiants que l'administration publique est une science sociale, avec des théories fondamentales. « Nous voulions mettre l'accent sur les points communs avec d'autres pays en termes d'administration publique. Dans le passé, on a beaucoup dit que la Chine était un pays immense et compliqué et que ce qui se passait ailleurs ne nous concernait pas. Je dis qu'il est impossible de raisonner ainsi maintenant. La Chine est un acteur extrêmement important sur la scène mondiale. Ce qui s'y passe a des répercussions dans le monde entier et ce qui se passe dans le monde a d'importantes répercussions en Chine. »

Loyauté et ouverture

L'université de Tsinghua, depuis sa création en 1916, a toujours été un lieu d'échange académique entre Est et Ouest. « Tsinghua a été une des premières universités chinoises à faire venir des professeurs formés à l'étranger, qu'ils soient chinois ou non. » Xue est persuadé que les hauts fonctionnaires, s'ils doivent certes être loyaux au peuple et au pays qu'ils servent, doivent aussi s'inspirer de l'expérience d'autres pays. « La loyauté est quelque chose que le gouvernement exige mais cela ne veut pas dire que nous n'apprécions pas les expériences d'autres pays, dans d'autres cultures. Quand on négocie avec un gouvernement étranger, on doit bien connaître la position de l'autre afin d'obtenir un meilleur résultat. La Chine est en train de passer d'une économie planifiée à une économie de marché. Il y a beaucoup à apprendre d'autres pays. »

L'école de gouvernance de Tsinghua accueille d'ailleurs de nombreux étudiants étrangers, curieux de comprendre ce qui se passe en Chine. Ils viennent de pays en voie de développement, émergents ou de pays développés. Mais, dans le même temps, nombre de Chinois partent se former à l'étranger et y restent. « Je suis même surpris que certains reviennent enseigner en Chine, étant donné la faiblesse du salaire d'un professeur d'université, comparé à ceux de Yale ou de l'université de Chicago, confie Xue, à peine 3 000 RMB (380 euros). Je dois à tout prix générer du revenu afin de les compenser et de leur rendre la vie plus aisée. »

Xue note que plusieurs leaders communistes – Deng Xiaoping, Jiang Zemin – avaient fait leurs études à l'étranger. Ce n'est plus vrai aujourd'hui. « C'est une question de génération. Les leaders actuels avaient 18 ans au moment de la Révolution culturelle. Au moins, ils ont reçu une éducation universitaire. » Il note que le ministre des Sciences et Technologies, Wan Gang – il n'est pas membre du Parti –, a étudié à l'université de Tongji puis en Allemagne, où il a reçu un doctorat de l'université de technologie de Clausthal, avant de travailler de nombreuses années pour la firme automobile Audi.

Xue reprend volontiers à son compte l'idée d'hybridité culturelle mais souligne que cela exige une réacclimatation pour les Chinois formés à l'étranger de retour en Chine. « Beaucoup sont vraiment internationaux, en particulier s'ils ont fait à l'étranger des études de premier cycle universitaire. Souvent, c'est très bien de les avoir. Ils voient les choses différemment et peuvent travailler avec des gens formés en Chine. Mais pour cela, il faut d'abord qu'ils apprennent à mieux comprendre la société chinoise et à mixer ce qu'ils ont appris à l'étranger avec la réalité chinoise. Ils peuvent alors travailler de façon constructive, même si c'est à travers des conflits, et produiront un meilleur résultat. »

Lui-même considère qu'il a été formé à trois écoles, toutes trois indispensables : ses jeunes années de collège à la campagne dans une région reculée du Hebei qui lui ont permis de comprendre vraiment comment fonctionnait la société chinoise, l'université en Chine, puis l'université aux États-Unis.

Dans les hautes sphères de la philosophie

Le doyen de l'école de gouvernance de Beida, à Pékin, Fu Jun, a un profil différent. Bel homme, un peu dandy – traits fins et petites lunettes rondes – à la culture profonde et ostensiblement éclectique, diplômé de Harvard, philosophe de formation, il choisit de placer d'emblée la question de l'hybridité culturelle sur le plan philosophique, en évitant le champ politique et les questions trop concrètes. Il évoque longuement l'importance des langues qui déterminent l'imaginaire, et regrette que le mandarin conduise à un esprit plus descriptif que théorique.

Revenu sur le thème de son mandat de doyen de l'école de gouvernance d'une des universités de référence en Chine, il explique qu'à ses yeux, une école de gouvernance a pour mission de former des technocrates, pas de définir une vision. Elle n'en a ni la capacité ni les compétences, estime-t-il. « Une école de gouvernance est une école professionnelle, qui n'est pas particulièrement conçue pour imaginer le futur. Il s'agit d'abord de stratégie. C'est une école de métier en quelque sorte. Un métier s'intéresse au stock de connaissances déjà existant pour résoudre des problèmes précis. »

Former au marché

Concrètement, Fu a pour objectif d'améliorer les connaissances de ses étudiants – dont une partie est un marché captif de fonctionnaires chinois déjà au travail – sur le rôle du gouvernement à l'égard du marché. « Aller vers le marché, ce n'est pas un slogan. Pour que les gens continuent d'aller dans la bonne direction, il faut qu'ils acquièrent les connaissances qui les persuadent qu'en continuant dans cette voie, la croissance sera au rendez-vous. »

Fu est convaincu que la différence de valeurs entre la Chine et le reste du monde n'est pas si grande. « Il n'y a pas d'un côté la Chine et de l'autre le reste du monde. Le problème est stratégique. C'est une question de séquence : marché, État de droit et démocratie, qu'est-ce qui vient en premier ? Probablement, nous devons commencer par le marché et, en même temps, travailler dur pour établir l'État de droit, dans l'espoir que va grossir une classe moyenne qui permettra d'ouvrir le système. Les histoires britannique et américaine montrent la même séquence. Mais aujourd'hui les gens mélangent réalité statique et processus, et nous accusent de ne pas promouvoir la démocratie qu'ils définissent par une personne, une voix. »

La dimension internationale de l'école est importante, à ses yeux, pour élargir son rayonnement et mettre en évidence les points communs. Plus de soixante-dix nationalités y sont présentes et elle collabore avec l'université de Columbia, Sciences Po ou la London School of Economics (LSE). « Je mets l'accent sur le caractère général de la connaissance. Chaque pays, quels que soient ses choix, a des problèmes de hiérarchie et doit trouver le moyen le plus efficace d'allouer ses ressources. Il y a des différences entre gouvernement des hommes, gouvernement par la loi et État de droit. Aucun arrangement humain n'est parfait. Certains pays sont plus efficaces pour régler des problèmes que nous devons gérer et pour cela, nous invitons des professeurs de LSE ou Sciences Po. Nous ajoutons des cours sur le contexte donné par des professeurs chinois, des cours sur les relations entre la Chine et les autres pays, des cours sur le progrès technologique, l'innovation, sur le rôle des politiques publiques pour enrichir l'environnement. »

En termes de publications, l'école de gouvernance est prise entre plusieurs feux. « Dans le champ des politiques publiques, nous ne pouvons pas, en tant qu'organisation, avoir une direction claire. Nous devons publier dans des revues internationales mais cela serait plus facile si c'était dans le champ de l'économie, des mathématiques ou de la physique. »

L'école de gouvernance de Beida collabore avec l'école du Parti mais sur une base individuelle et d'une manière ponctuelle, précise Fu. « Ils nous commandent des études au cas par cas. À mes yeux, il vaut mieux travailler ainsi que sur un plan plus institutionnel, qui nous transformerait davantage en extension bureaucratique. S'ils ont des formations, ils invitent nos enseignants. S'ils ont des projets de recherche, ils engagent certains de nos professeurs qui sont compétents et nous faisons de même avec les leurs. »

Fu insiste sur le caractère indispensable de l'autonomie de l'école de gouvernance : « L'école de gouvernance est une partie de l'université et en tant qu'universitaires, nous devons avoir le sentiment que la politique est un état transitoire. Nous devons être sensibles à la politique mais pas trop proches. Nous y sommes parvenus, je dirais relativement bien. »

Les écoles de gouvernance forment les cadres de la bureaucratie chinoise. Mais si l'hybridité culturelle gagne du terrain dans le champ économique et l'éducation, elle reste bloquée dans les rangs de l'administration et la sphère politique, comme l'expliquent deux acteurs importants de l'ouverture, porte-paroles des *returnees*. Wang Boming et Wang Huiyao maîtrisent bien la culture anglo-saxonne et sont, à peu de chose près, de la même génération que le président Xi Jinping, qui n'a jamais vécu hors de Chine[61].

Le club d'élite des returnees

Wang Boming est le directeur de la publication de *Caijing* qui fut un temps à l'avant-garde éditoriale en Chine. Un physique d'apparatchik massif, la cigarette constamment aux lèvres, il nous a reçues en 2012 dans ses bureaux aux boiseries sombres, sentant le tabac, assis sur un fauteuil carré familier des visiteurs des administrations chinoises.

Né en Pologne, de père diplomate, il a passé vingt ans de sa vie à l'étranger et est diplômé de l'université de Columbia. Vice-président du China Securities Industry Institute et président du Stock Exchange Executive Council (SEEC), il a été dans les années 1980 économiste à la Bourse de New York et a joué un rôle important dans l'établissement des Bourses de Shanghai et Shenzhen. Avocat des idées occidentales dans la sphère économique, il s'est engagé pour l'ouverture en créant le Club 2005 qui rassemble les élites intellectuelles revenues de l'étranger dès les années 1980 et 1990 dans tous les domaines. Le but du club : utiliser les élites de retour en Chine comme lobby pour encourager l'intégration de la Chine dans le monde. « Nous sommes cent cinquante,

---

61. Wang Boming est né en 1955 et Wang Huiyao en 1958 alors que l'actuel leader chinois a vu le jour en 1953.

tous *returnees*, nous confiait-il à l'époque. Nous comprenons ce qui se passe hors de Chine. Nous voulons établir un réseau entre nous, échanger des idées qui viennent de l'Ouest et les introduire en Chine. » La plupart des membres reviennent des États-Unis, certains de France, d'Allemagne ou d'Angleterre.

Tous les membres du club sont des *returnees* qui « ont réussi ». « Le club est très sélectif. Nous devons pouvoir communiquer à peu près au même niveau. Tous ont passé au moins cinq à dix ans à l'étranger et travaillent soit dans des multinationales, soit dans des firmes chinoises de haute technologie ou sont des entrepreneurs. Il y a même des musiciens ou des artistes connus mais très peu de membres du gouvernement. »

Lors de l'interview, Wang parlait d'un sentiment de dette à l'égard de la société chinoise. « La Chine est en pleine transformation. Les gens ont différentes idées et il y a un débat. Dans notre club, nous croyons à des valeurs universelles, à la différence d'autres écoles de pensée qui croient dans un modèle chinois et dans le "Consensus de Pékin". » Ce dernier remet en question le « Consensus de Washington » au nom duquel les gouvernements occidentaux ont promu, par des aides conditionnelles, un modèle d'aide au développement fondé sur l'économie de marché. Pékin propose une approche diplomatique qui promeut un modèle à la chinoise basé sur l'intervention d'un état fort et insiste sur le respect de l'autodétermination des pays. « Ceci restreint, à notre avis, la capacité de la Chine d'apprendre du monde. Nous avons eu des discussions chaudes lors de débats mensuels avec des économistes chinois ou avec M. Kissinger que nous avons invité. Le club encourage aussi ses membres à être des modèles inspirants. »

Lors de l'interview réalisée avant l'arrivée au pouvoir de Xin Jinping, Wang soulignait qu'il soutenait la « nouvelle droite », les partisans de la libéralisation de l'économie chinoise, et choisissait résolument les valeurs de rationalité, de diversité et de liberté, même s'il n'était pas d'accord avec le Consensus de Washington. « La Chine a besoin de réformes économiques, disait-il. Nous ne sommes pas satisfaits de ce qui se passe en Chine. Le pays a besoin d'un cadre légal renforcé et de réformes politiques. Dans les années 1990, la Chine est retournée en arrière. Nous avions besoin d'être bien nourris et vêtus. Mais au XXIe siècle, nous voulons écrire librement ce que nous pensons. À l'heure actuelle, les écrivains et journalistes chinois sont censurés.

C'est un problème. » Il considérait que le rôle de son magazine était d'« apporter un peu de rationalité ». « Nous sommes une plateforme. Nous présentons différentes écoles de pensée. Nous ne forçons personne à partager nos valeurs. C'est au lecteur de choisir. Et nous nous tenons éloignés des radicaux. »

Depuis, ce magazine indépendant et pionnier, qui sortait des informations inédites et était devenu l'un des plus influents du pays, s'est fait progressivement recadrer.

De nouvelles générations plus individualistes

Wang est convaincu que les hybrides culturels comme lui jouent un rôle d'avant-garde : « C'est un fait : des centaines de milliers de jeunes partent chaque année étudier à l'étranger et beaucoup rentrent attirés par la prospérité de la Chine. Qu'on aime cela ou pas, ils jouent un rôle dans la société et influencent leurs amis. La Chine est de plus en plus intégrée dans le monde et adopte des valeurs mondialisées. Ceux qui sont nés dans les années 1980 ou 1990 passent sur le devant de la scène. Leur système de valeurs aussi. Notre génération met l'accent sur la responsabilité sociale, collective. Eux sont plus individualistes et se sentent responsables d'abord d'eux-mêmes. C'est une grande différence. Ils ne représentent pas encore le courant principal mais, plus le temps passe, plus ces valeurs universelles vont s'appliquer. » Le directeur de la publication souligne que cela prendra du temps. « J'ai vécu dans une Chine très pauvre, où je gagnais seulement 4 à 5 dollars par an dans un total isolement. C'était il y a seulement trente ans. »

Le patron de *Caijing* reconnaît n'avoir jamais été tenté d'être membre du Parti. « Quand j'étudiais à l'étranger, la question ne se posait pas. Ensuite, je n'en ai pas senti l'urgence et je n'en éprouve toujours pas le besoin. »

En fin d'interview, il confie qu'il a un demi-frère de mère allemande, auteure connue. « Finalement, l'identité est plus une affaire d'éducation et de vécu que de sang. Mon frère est plus chinois que moi. Élevé à la campagne, avant les communistes, il a grandi avec des valeurs chinoises traditionnelles. Il est actuellement à Hambourg en famille pour soigner sa mère. »

Après les tortues de mer, le temps des mouettes

Autre figure dans le monde de l'hybridité culturelle, Wang Huiyao. La cinquantaine, à l'aise en anglais, ce promoteur des talents globaux en Chine est vice-président de la principale association des *returnees* chinois, la Western Returned Scholars Association qui regroupe plusieurs centaines de milliers de Chinois revenus de l'étranger. Il a fondé en 2008 un des rares *think tanks* privés chinois, le Centre pour la Chine et la globalisation, qui rassemble des statistiques précises concernant les mouvements de personnes entre la Chine et le reste du monde. Ses publications sont souvent citées par la presse et il conseille le gouvernement pour encourager le retour des talents chinois. Il intervient régulièrement aussi bien dans des grandes universités chinoises qu'à la Brookings Institution, à Harvard, dans des organisations internationales ou chez des chasseurs de têtes mondiaux. Il a publié une quarantaine de livres.

Pour désigner les hybrides culturels en Chine, dont il estime faire partie, il a d'ailleurs inventé, en pionnier, en 2004, un mot nouveau : les « mouettes ». « Entre la Chine et les États-Unis, il y a un flot quotidien de plus de dix mille personnes qui prennent plus d'une centaine de vols. Quand je suis parti pour la première fois aux États-Unis en 1984, il fallait passer par Shanghai et il n'y avait pas de vol direct pour San Francisco. » Il distingue ainsi les *returnees* – les fameuses tortues de mer – « qui reviennent et travaillent pour le reste de leur vie en Chine avec un esprit changé » et les mouettes qui continuent à sillonner le monde.

Un lettré outremer

Wang est issu d'un milieu lettré. Son arrière-grand-père maternel était le président de la première université chinoise dans le Hunan ; son oncle un condisciple de l'homme d'État Zhu Rongji. Il a quitté la Chine en 1984 avec une bourse du Canada, où il a passé son doctorat et a travaillé pour une multinationale puis pour le gouvernement québécois qu'il a représenté à Hong Kong. Le voyage dans le Sud de Deng Xiaoping en 1992 l'a convaincu de revenir au pays pour créer une entreprise. Il multiplie alors les allers-retours entre la Chine et l'Amérique du Nord. La question des talents globaux commence à le passionner. Il va y consacrer sa vie. Il commence par écrire un livre sur les premiers Chinois partis étudier à l'étranger après la Révolution culturelle, qui devient un best-seller, puis il raconte ses expériences entre l'Est et l'Ouest dans un ouvrage réédité huit fois. « Dans la préface et la conclusion, j'insistais déjà sur ce concept d'hybridité culturelle. »

Wang est convaincu que la mondialisation profite à la Chine. « Depuis que la Chine a rejoint l'OMC, le commerce chinois a été multiplié par huit, le PNB par six, les investissements à l'étranger par soixante. » Mais, souligne-t-il, il y a trois étapes dans la globalisation : les mouvements de marchandises, les mouvements financiers et ceux de personnes. « En matière de gouvernance mondiale, pour les marchandises, il y a l'OMC, pour les finances le FMI alors que, pour les talents, il n'y a rien. »

Wang souhaite que les Chinois partent à l'étranger et en reviennent. Il encourage ce qu'il estime être un cycle vertueux. « À travers la globalisation, le multiculturalisme se répand et c'est un mouvement en boule de neige qui continue. Si vous êtes un citoyen chinois, vous faites aussi partie du paysage de la globalisation. Cette mentalité se développe en Chine et ce mouvement massif de talents va changer le pays en fonctionnant comme un catalyseur. »

Mais il prévient : « En Chine, il existe une division entre les talents qui sont à l'intérieur et ceux qui sont à l'extérieur du système. Si vous êtes diplômé en Chine et que vous entrez dans le gouvernement ou une entreprise d'État, vous êtes dans le système, vous êtes promu et pouvez aller loin. Mais ceux qui reviennent de l'étranger et qui veulent rentrer à nouveau dans le système peuvent avoir un problème parce qu'ils n'ont pas été dans la continuité, à l'intérieur du système. »

Selon Wang qui travaille étroitement avec le gouvernement sur ce thème, au sein du pouvoir central et même dans les régions, des dirigeants souhaiteraient plus d'ouverture dans l'administration. Devant trois mille membres de l'association de *returnees*, Yu Zhengsheng, un des sept membres du Politburo, regrettait que, durant les années Jiang Zemin, beaucoup de *returnees* fussent au gouvernement alors que depuis Hu Jintao leur nombre a baissé. Aujourd'hui, le pourcentage de membres du gouvernement avec rang de ministre et une longue expérience internationale n'excède pas 5 % et ceux qui ont cette expérience préfèrent ne pas en parler ouvertement.

La course aux talents globaux

Wang a personnellement rédigé les « Plans des 1 000 talents » destinés à attirer des experts de très haut niveau en Chine, pour le compte du département de l'Organisation du Parti communiste, où il dirige un groupe d'étude sur la question des talents globaux. Il a constaté que, parmi les *returnees* qu'il a réussi à attirer, très peu d'entre eux travaillent dans la fonction publique. Pour lui, ce manque d'ouverture de l'administration est moins une volonté politique que le fruit du mode de recrutement, qui s'effectue seulement au sortir de l'université, par voie d'examen. Il regrette que, parmi les diplômés chinois du programme de mastère de la Harvard Kennedy School of Government, trois ans de suite, alors que beaucoup avaient choisi cette voie en espérant travailler pour le gouvernement chinois, aucun n'ait finalement pu le faire. « Ils sont embauchés dans des banques d'investissement, des entreprises privées ou des organisations sociales. »

Pour lutter contre les freins à l'ouverture, Wang invoque régulièrement la figure de Deng Xiaoping qui avait passé cinq ans en France. Il note que le père de la politique d'ouverture de la Chine poussait ses compatriotes à partir faire des études à l'étranger tout en les encourageant au retour en leur garantissant la liberté d'aller et venir. Il était convaincu que même si seulement 10 % revenaient, la Chine en bénéficierait. « Deng Xiaoping était un homme totalement différent à cause de ces cinq années d'expérience à l'étranger. Il a changé la Chine parce que c'était un globaliste. Dans un système où tout le monde est là depuis le début de sa carrière, il y a des limitations. Nous avons besoin de gens qui viennent de l'extérieur du système, de talents qui viennent du monde entier. »

Face à ces freins, à ce manque de sang neuf, il identifie des accélérateurs : le fait que la Chine est la première bénéficiaire de la globalisation, l'héritage de Deng Xiaoping, les forces globalistes installées à l'intérieur – Banque mondiale, OMC, multinationales, entrepreneurs, high-tech et internet. « Il y a beaucoup de forces qui poussent la Chine vers l'avant, des forces sociales, culturelles, la culture globale. La Chine devient de plus en plus forte, les compagnies chinoises deviennent globales. Toute la question est d'arriver à gérer ce mouvement de personnes, ce trafic. La Chine envoie déjà cent millions de touristes dans le monde. On prévoit d'ici à 2020 qu'ils seront quatre cents millions. Tous les pays s'ouvrent pour accueillir les Chinois. »

Rééquilibrer les flux

Reste qu'aujourd'hui alors que deux cent soixante-quinze mille Chinois étudient aux États-Unis, seulement quinze mille Américains étudient en Chine et, si on compte seulement ceux qui passent un diplôme, le chiffre descend à quelques milliers. « Il y a un déficit d'étudiants et un déficit de migration. La Chine a près de dix millions de citoyens à l'étranger alors que le nombre d'étrangers en Chine au dernier recensement de 2010 était seulement de huit cent mille, et le fossé a tendance à se creuser. »

Wang a essayé de s'attaquer – jusqu'ici en vain – à l'interdiction de la double nationalité et à la difficulté d'obtenir une carte verte. « La loi sur la citoyenneté remonte à 1980, au sortir de la Révolution culturelle. C'est une loi vieille et conservatrice, qui définit la citoyenneté de façon restrictive. Nous sommes partisans de relâcher ces exigences car bien sûr il y a des problèmes. Le passeport chinois ne vous mène nulle part. Il y a seulement trois ou quatre pays qui ne demandent pas de visa. Le ministère des Affaires étrangères sent bien le problème alors que la demande touristique est là. C'est un gaspillage de temps et de ressources quand d'un côté on a cent millions de voyageurs chinois par an, et de l'autre quelque dix millions qui vivent hors de Chine et trois cent mille *returnees* qui font des allers et retours. Sans compter que beaucoup d'enfants ont deux passeports de toute façon. »

Comme on l'a vu, la question du passeport est récurrente en Chine. En l'absence d'une double nationalité, les Chinois sont sommés de choisir, mais renoncer à la citoyenneté chinoise a un prix. « Sans passeport, vous ne pouvez acheter ni terre, ni propriété, ni même d'appartement en Chine. Avant 1954, la Chine reconnaissait la double nationalité. Le Dr Sun Yat-sen, premier président de la République de Chine, avait deux passeports : américain et chinois. »

Wang a proposé de créer une véritable carte verte qui donne les mêmes droits qu'aux États-Unis. En 2012, un tel document a été évoqué. « Cependant, quelque part, cela s'est arrêté. Le ministère des Ressources humaines et l'Organisation centrale voulaient plus de talents mais le ministère de la Sécurité publique veut garder le contrôle. Ils ont des mandats différents. » En dix ans, ils ont émis seulement cinq mille cartes vertes et la plupart ont été accordées à des parents de citoyens chinois ou à des Chinois d'outremer. « J'ai proposé au Congrès national du peuple, l'année dernière, un visa pour les talents. C'est devenu une nouvelle loi mais ce visa n'a jamais vraiment été utilisé. Il n'a pas été mis en place. »

Le « rêve chinois »

Wang se vante d'avoir contribué à lancer en Chine le concept de « rêve chinois ». « En 2009, dans mon livre *La Guerre des talents*[62], je proposais de dupliquer le "rêve américain" et de créer un "rêve chinois" en invitant les talents du monde entier à venir en Chine réaliser leur rêve. »

L'idée a fait son chemin en passant par Li Yuanchao, alors à la tête du département de l'Organisation du Parti. En 2011, ce membre du Politburo, qui fit en 2002 un passage par la Harvard Kennedy School of Government, est le premier membre de haut rang du gouvernement chinois à utiliser ce terme, lors du lancement dans le Guangdong du « Plan des 1 000 talents » à destination des experts étrangers. Xi Jinping, prenant la tête du Parti communiste lors de son XVIIIe congrès, en novembre 2012, lui donne une tout autre dimension, plus politique, dans un discours prononcé le mois suivant, lors de l'inauguration de la grande exposition du Musée national de Pékin, « La voie du relèvement de la Chine ». De la course aux talents globaux au discours sur la revitalisation glorieuse de la Chine, le « rêve chinois » allait devenir un leitmotiv des discours officiels et susciter de nombreuses interprétations.

---

62. *Talent War – The Competition for the Most Scarce Resources in the World*, Beijing, CITIC Publishing House, 2009.

Chapitre 4

QUEL AVENIR INVENTENT-ILS ?

Au quinzième étage des bâtiments blancs qui abritent l'Institut d'automatique de l'Académie des sciences chinoises, près de Zhongguancun, la « Silicon Valley » pékinoise, le bureau de Ma Songde est vaste. En face de la porte d'entrée, une grande photo le montre serrant la main de Deng Xiaoping. Cheveux en brosse poivre et sel, vêtu d'un petit blouson, cet homme de 72 ans, très vif, parle bien un français émaillé de mots anglais. Il a dirigé l'Institut d'automatique pendant quatorze ans. Il a été aussi à l'origine de la fondation, en 1997, du LIAMA, le plus gros laboratoire scientifique sino-européen en Chine, par des Chinois de l'Académie des sciences et des Français de l'INRIA[1]. Ce laboratoire se consacre à la recherche en informatique, automatique et mathématiques appliquées. Devenu vice-ministre des Sciences et Technologies, il a été en charge, au sein du gouvernement chinois, de 2000 à 2006, des relations entre la recherche et le monde de l'industrie dans le secteur des hautes technologies. Aujourd'hui à la retraite, vice-président de la Western Returned Scholars Association, ce scientifique de haut niveau, chaleureux et détendu, formé à l'étranger – en France puis aux États-Unis – avant

---

1. L'INRIA est un organisme public de recherche dédié aux sciences et technologies du numérique.

de revenir en Chine dès 1986, nous reçoit alors qu'il revient d'un séjour en Californie, où vit sa fille.

Le grand exode scientifique

« Je suis parti en 1979 quand Deng Xiaoping a décidé d'envoyer des milliers d'étudiants chinois se former à l'étranger. J'ai atterri par hasard à Paris pour faire une thèse à l'INRIA. » À 33 ans, il a déjà passé trois années – de 1963 à 1966 – à l'université de Tsinghua, avant sa fermeture pour cause de Révolution culturelle. De 1966 à 1976, il est envoyé à la campagne, puis travaille comme ouvrier dans une usine pétrochimique dans la banlieue de Pékin, « mais j'ai continué à espérer que les choses changent ». Il reconnaît sa dette à l'égard de Jean-Claude Simon, professeur de l'université de Paris VI, qui travaillait sur la reconnaissance des formes en informatique et qui, de passage en Chine, l'a invité à Paris.

Sept ans plus tard, en 1986, quand il rentre, après un séjour à l'université du Maryland, en Chine à la demande de l'Institut d'automatique et de sa femme, nostalgique de la Chine, il constate que tout est à faire. « Le plus difficile, c'étaient les machines. L'investissement pour acheter un gros ordinateur était de 2 millions de dollars alors que mon salaire mensuel n'était que de 20 dollars. » Le rattrapage a lieu de 1986 à 1996 mais jusqu'en 2004-2006, après un premier cycle universitaire en Chine, presque 100 % de ses étudiants partaient à l'étranger, surtout aux États-Unis. « Il a fallu attendre 2006 pour que, dans mon domaine, la reconnaissance des formes et l'architecture de l'informatique, presque tous les étudiants commencent à rester en Chine et y trouvent du travail. »

Forces et failles d'un système en plein développement

Aujourd'hui, Ma, pionnier de l'ouverture scientifique chinoise, porte un regard sans complaisance sur les forces et les failles du système de recherche scientifique de son pays. « Beaucoup de projets de recherche en Chine consistent à améliorer les résultats de recherches initiées ailleurs, aux États-Unis et en Europe. Les scientifiques en Chine publient beaucoup, y compris dans les meilleures revues, mais la plupart de ces recherches ne sont pas originales. »

Dans le domaine de la recherche appliquée, l'ancien vice-ministre déplore un manque de lien entre laboratoires et industriels, « même si les choses commencent à bouger dans le secteur des communications ». Il observe un manque de vitalité du capital-risque en Chine, par rapport aux États-Unis. Après sa retraite, il a d'ailleurs choisi de s'y consacrer en étant partenaire de NEA, une grosse société de capital-risque américaine de la Silicon Valley qui a investi en Chine près de 100 millions de dollars dans l'informatique, l'énergie, la médecine. Il déplore aussi l'insuffisance de l'investissement en recherche fondamentale dans son pays : alors que, en matière de R&D, la Chine est le deuxième plus gros investisseur derrière les États-Unis, seulement 5 % de ces dépenses sont consacrées à la recherche fondamentale, contre 15 % aux États-Unis.

Pour Ma, les freins à la recherche et l'innovation en Chine sont d'abord culturels. « L'innovation n'est pas une tradition culturelle de l'Asie, même si le Japon et la Corée du Sud se défendent bien. L'éducation dans l'école et dans la famille ne pousse pas à être innovant ou original. Dans la philosophie de Kong Zi (Confucius), tout doit rester dans l'ordre, le maître, l'élève. On ne peut pas faire quelque chose qui mécontente le professeur. »

L'ancien vice-ministre rêve pour la Chine, sans le dire tout haut, d'une modernisation qui ne soit pas seulement industrielle mais politique. « Un système comme le nôtre, au début, c'est bien parce qu'on peut tout se permettre mais, à la longue, c'est de plus en plus difficile. »

Le père fondateur du LIAMA a su attirer à la tête de son « bébé » une nouvelle génération de personnalités fortes et complexes comme lui, ouvertes au monde et capables de comprendre les logiques de plusieurs cultures et d'en tirer le meilleur parti. L'un d'eux est un Français très lié à la Chine, l'autre, son successeur, est un Chinois qui a passé treize ans à l'étranger.

Un Français à l'Académie des sciences chinoise

Stéphane Grumbach, épaisses lunettes et un sourire plein d'humour, parle très bien chinois et a une épouse franco-chinoise. Il vient aussi de l'INRIA. En 2006, il est devenu le premier étranger habilité à diriger des thèses en Chine, toutes disciplines confondues. Un titre qui lui vaudra un portrait dans le *Quotidien du peuple*. D'abord employé au service scientifique de l'ambassade de France en Chine, il prend la tête du LIAMA en 2006. Ces deux expériences lui ont permis d'observer aux premières loges l'évolution rapide du rapport de forces entre la Chine et le reste du monde dans la recherche scientifique de haut niveau. « En 1997, quand le LIAMA est créé, la puissance scientifique chinoise était pour ainsi dire inexistante. Elle va s'affirmer considérablement au fil du temps. Les institutions chinoises disposent aujourd'hui de moyens très importants et voient leur budget augmenter de près de 20 % par an, quand celui des institutions européennes stagne, voire diminue. » La Chine a remodelé massivement son outil de recherche et elle s'est fortement ouverte à la coopération internationale. Grumbach est conscient de certains effets négatifs qu'entraîne cette ouverture – existence de plagiats voire de faux –, mais « c'est vrai de tous les pays qui poussent à outrance à la publication ».

Son double regard et sa maîtrise des deux cultures permettent à Grumbach une démarche comparative qui évite la caricature et l'amène à poser la question de l'importance des motivations dans l'innovation scientifique. « La Chine, qui forme une grande quantité de scientifiques, a un projet politique de puissance et met sa recherche au service de ce projet. En France, les réformes sont difficiles malgré les discours. Nous manquons d'un projet politique porteur pour les sciences. La plupart des cursus scientifiques connaissent une désaffection et nous nous interrogeons sur l'impact de la science. »

Il est convaincu que l'exode massif de talents chinois qui partent se former à l'étranger est un calcul intelligent parce qu'ils peuvent prendre le meilleur des deux systèmes et rentrent en nombre suffisant. « Ceux qui ne rentrent pas dirigent des étudiants de l'extérieur. La diaspora chinoise joue un rôle fondamental dans la recherche chinoise. Le seul point d'interrogation – auquel je ne sais pas d'ailleurs répondre – est la capacité de la Chine à faire véritablement émerger un esprit de quête scientifique, à vouloir juste comprendre comment le créateur a créé le monde. »

Un conseil scientifique mondial et des équipes chinoises délocalisées

Le directeur du LIAMA aujourd'hui aux manettes est un Chinois, spécialiste de l'imagerie du cerveau. Jiang Tianzi est rentré au pays à l'appel du gouvernement, dans le cadre du « Plan des 1 000 talents ». La cinquantaine élégante, il parle avec passion de sa recherche et explique, dans un anglais parfois hésitant, comment il joue de ses contacts à l'extérieur et à l'intérieur de la Chine pour développer Brainnetome, le laboratoire qu'il a créé à partir de la Chine. Cet ambitieux projet de recherche vise à identifier les réseaux du cerveau grâce à la neuro-imagerie et à trouver des biomarqueurs qui permettront de mieux soigner des désordres psychiatriques. Pour cela, il fait travailler, à l'intérieur comme à l'extérieur de la Chine, des équipes quasi entièrement chinoises (ethniquement), tout en recrutant un conseil scientifique très international, avec des personnalités éminentes venues aussi bien de Cuba que du MIT, en passant par l'Angleterre, l'Allemagne et l'Australie.

Ce proche de Ma a passé sa thèse en Chine continentale, à l'université du Zhejiang, puis est parti en 1996 compléter sa formation en Australie, en Allemagne – au Max Planck Institute, où il s'est initié aux neurosciences –, au Royaume-Uni et aux États-Unis. Une carrière internationale qu'il recommande aujourd'hui à ses étudiants pour « s'ouvrir l'esprit ». Devenu un chercheur de tout premier plan, il attire des collègues éminents du monde entier dans les colloques qu'il organise en Chine.

Il se souvient encore du terrible choc culturel à son arrivée à l'étranger. « La langue était le défi le plus difficile. Heureusement, mes recherches en Australie portaient sur les mathématiques qui sont un langage universel. » Mais à Leipzig en Allemagne, tout devient plus ardu car il s'intéresse désormais au cerveau. « J'avais changé d'orientation. Quand je suis parti à l'étranger, je savais que j'étais à la recherche d'un nouveau champ scientifique auquel consacrer ma vie. »

Jiang propose avec Brainnetome d'étudier, à partir de la Chine, comment la maladie d'Alzheimer, la schizophrénie, la dépression affectent des réseaux cérébraux. Ses équipes sont aujourd'hui leaders dans un domaine où les États-Unis investissent aussi beaucoup d'argent. Elles sont soutenues financièrement par le gouvernement chinois à travers notamment un gros projet du ministère des Sciences et Technologies, baptisé « Programme

973 », auquel trente institutions chinoises – universités, hôpitaux – participent. « Nous avons reçu plus de 4 millions de dollars sur cinq ans pour Brainnetome. Un autre projet concerne le développement de l'équipement de détection de l'activité cérébrale pour lequel nous avons reçu près de 7 millions de dollars sur quatre ans. Nous sommes aussi soutenus par des pays asiatiques et par le gouvernement australien. » Jiang explique l'intérêt du gouvernement chinois par le souci de suivre le vieillissement massif de sa population mais il insiste sur le fait que son projet peut avoir des répercussions bénéfiques pour le monde entier.

Entre soi

Pourquoi choisir des équipes monoculturelles ? Il s'explique volontiers. « J'ai attiré beaucoup de Chinois de la diaspora qui sont revenus grâce au "Plan des 1 000 talents". À Pékin, je travaille avec trois professeurs titulaires qui ont quitté les États-Unis parce qu'ils pensaient que la communication avec moi serait plus facile du fait que je suis chinois. » Il ignore leur nationalité. « C'est du ressort de leur vie privée. Ils ont peut-être un passeport étranger et un visa permanent. » Huit personnes travaillent aujourd'hui dans son laboratoire pékinois, trois à l'université des sciences électroniques et de la technologie de Chengdu et trois étudiants et un postdoc à l'université de Queensland à Brisbane. Pour les gérer, Jiang se déplace beaucoup. « Je vais à Brisbane et à Chengdu. Certains chercheurs viennent aussi à Pékin et nous travaillons par vidéoconférence dans deux langues de travail : l'anglais et le chinois. » Il précise que, dans son champ de recherche, l'obtention de résultats est facilitée par l'accès plus aisé en Chine à des « ressources humaines », entendre « des patients atteints par exemple de schizophrénie ». « L'environnement est beaucoup plus confortable qu'en Occident, où nous n'avons accès qu'à de très petits groupes de patients. »

Jiang est bien conscient que son doctorat obtenu en Chine est une faiblesse dans un environnement très compétitif, mais son talent lui a permis de surmonter l'obstacle. Aujourd'hui des collègues veulent l'attirer aux États-Unis ou en Australie, mais il préfère garder son poste de professeur titulaire en Chine. « Ici, tout est plus facile : j'ai à ma disposition plus de ressources humaines, plus de subventions gouvernementales, plus de patients et plus de population. » Et il est convaincu que ce qu'il est parvenu à faire dans son domaine – attirer à lui des chercheurs du monde entier – est en train de se répliquer dans d'autres secteurs en Chine, comme ceux des nanotechnologies ou des technologies quantiques.

Un chercheur globalisé, au service de la Chine

La collaboration étroite entre Chinois de Chine continentale et Chinois de la diaspora se retrouve en effet dans de nombreux laboratoires. Steven-Shuli Wen, déjà rencontré à l'université de Harbin, fait depuis plusieurs années des allers-retours entre cette ville du Nord de la Chine, Taïwan et la Californie, où il a effectué des recherches de pointe dans les énergies renouvelables. Son maître de recherche, Américain né à Taïwan, vit aux États-Unis depuis plus de trente ans et Steven a reçu une bourse de la part du gouvernement chinois. Son doctorat en poche, il espère aller poursuivre ses études à l'université de Berkeley qui semble intéressée par sa recherche. Mais il reste persuadé que la Chine est le meilleur endroit où travailler dans son domaine parce qu'elle s'est développée très vite et a d'énormes besoins, notamment dans l'Ouest. Ses études finies, il compte devenir professeur à l'université de Harbin pour combiner les idées américaines et chinoises. Son but est donc de se former dans certaines technologies pour les mettre au service de son pays. Il s'est positionné à un niveau international, encouragé par ses maîtres. Il a déjà publié des papiers au Danemark et a été sollicité pour rejoindre une équipe danoise après le doctorat mais il préfère l'université américaine de Berkeley. En attendant, il projette d'aller d'abord dans un laboratoire à Taïwan. « Mon directeur de thèse veut faire de moi un étudiant international ! »

Une stratégie inédite

Ce choix de construire sa spécialité et de se construire soi-même dans des allers et retours entre la Chine et le reste du monde est typique des profils de scientifiques de haut niveau que cherche à développer et attirer le département de l'Organisation du Comité central du Parti, qui a lancé en 2008 le « Plan des 1 000 talents », puis en 2011 le « Plan des 1 000 talents experts étrangers ». Ces deux plans ont été conçus par Wang Huiyao, « *Mr. Global Talent* » de la Chine continentale, avec pour objectif de faire revenir au pays les Chinois partis se former à l'étranger et d'attirer les meilleurs esprits mondiaux dans l'université et dans l'entreprise en leur offrant des crédits, des équipes et un excellent matériel. Jusqu'à récemment, l'écrasante majorité des étudiants scientifiques de haut niveau chinois, une fois leur doctorat en poche, ne rentraient pas en Chine. Oak Ridge Institute for Science and Education, qui dépend du département de l'Énergie américain et fait autorité en la matière, annonçait qu'en 2009, 89 % des scientifiques de nationalité chinoise qui avaient obtenu un doctorat aux États-Unis y restaient. Un chiffre qui a désormais commencé à descendre légèrement pour atteindre 85 % en 2011.

« Au niveau national, nous avons déjà réussi à attirer plus de quatre mille grands experts », s'enorgueillit Wang, qui souligne qu'il s'agit là « d'un programme nouveau qui n'a jamais été essayé dans un autre pays et qui a donné l'exemple aux provinces ». Un de ses atouts est de pouvoir être démultiplié à l'infini dans l'immense Chine. « Le département de l'Organisation du Comité central du Parti est une organisation puissante. À cause de son engagement, tous les gouvernements locaux ont fait des efforts pour faire venir des talents de l'étranger et cela a fait passer le message "Faites rentrer les talents" du haut en bas de la chaîne de commandement. »

Le système a permis indéniablement d'accueillir en Chine des chercheurs de très haut niveau venus de l'étranger. Mais il a connu quelques cas de dérapages bien documentés : non seulement il est arrivé que des recherches effectuées ailleurs soient attribuées à des laboratoires d'accueil chinois mais des subventions originellement destinées aux chercheurs invités ont été détournées par l'administration des laboratoires d'accueil[2].

Par ailleurs, le gouvernement a confié à un autre organisme, la SAFEA – China State Administration of Foreign Experts Affairs –, le soin d'attirer les talents étrangers de premier plan. En 2014, ils étaient trois cents

2. Mara HVISTENDAHL, « Scientist Alleges Fraud in China's "Thousand Talent" Foreign Expert Program », *South China Morning Post*, 3 novembre 2014 (http://www.scmp.com/news/china/article/1631317/chinas-programme-recruiting-foreign-scientists-comes-under-scrutiny).

grands experts étrangers à avoir franchi le pas, des personnalités de très haut niveau, parfois proches de la retraite – ils ont jusqu'à 65 ans pour postuler. Parmi eux, Jules Hoffmann, prix Nobel français de biologie en 2011, qui a ouvert un laboratoire à Canton. Américains, russes, européens ou japonais, ils sont attirés par des avantages importants : la possibilité de continuer à travailler, même une fois dépassée la limite d'âge dans leur pays, dans de bonnes conditions, de disposer d'une carte blanche avec un salaire bien plus important qu'un Chinois. Le gouvernement met à leur disposition des laboratoires et des équipes clés en main. Des doctorants travaillent pour eux. Pourtant les limites de ces programmes sont aujourd'hui mises en évidence assez ouvertement par la presse chinoise : outre le poids, pour certains, de la dégradation de leur qualité de vie, au bout d'un certain temps, ces éminents chercheurs, moins bien introduits que leurs collègues dans le système, perdent des financements. Résultat : ils ne restent pas forcément très longtemps.

Chinois ou pas chinois ? C'est toute la question

Une des particularités de ces plans 1 000 talents est de séparer nettement les circuits administratifs qui attirent les étrangers ethniquement chinois, qu'ils soient d'origine continentale ou de la diaspora, des autres. Cette distinction n'est pas neutre et met en évidence une vision ethnique qui met l'accent sur l'appartenance à la grande « famille » chinoise, quel que soit le passeport. Elle a un impact concret, par exemple sur les conditions d'arrivée en Chine. Pour les talents considérés comme ethniquement chinois la limite d'âge est de 55 ans alors qu'elle est de 65 ans pour les autres. Le cas le plus délicat est celui des métis biologiques, nés de parents chinois et non chinois. A priori, ils sont catégorisés comme étrangers par l'administration chinoise. Mais cela semble dépendre aussi du degré de métissage. Un candidat de mère japonaise et de père chinois, portant un nom chinois, pourra éventuellement choisir le statut qui lui semble le mieux adapté à son cas.

Quant aux plus jeunes de passeport étranger, les incitations visent plutôt à ce qu'ils séjournent temporairement en Chine et fassent des allers et retours. De toute façon, pour parvenir à garder les jeunes talents étrangers venus se former en Chine, il faudrait d'abord résoudre la question des visas, car, pour l'instant, tout travailleur étranger doit justifier d'au moins deux ans d'expérience professionnelle pour demander un visa de travail en Chine et son obtention s'avère de plus en plus difficile.

Bâtir la confiance

Wang voit deux intérêts à cultiver ces talents globaux en Chine : ils aident à l'innovation, qu'elle soit scientifique ou sociale, et ils apportent de nouvelles façons de penser. « Quand Deng Xiaoping a ouvert le pays, il a invité les étrangers à venir créer des joint-ventures, des filiales pour montrer à la Chine comment se moderniser et cela a beaucoup aidé la Chine à apprendre très vite. Maintenant les entreprises ont joué leur rôle mais il y a encore beaucoup à apprendre des entreprises sociales, des associations, des universités. Nous avons besoin de créer de nouveaux modèles, de nouvelles manières de faire les choses : comment construire des maisons pour personnes âgées, comment traiter les questions d'immigration ou d'intégration. Les étrangers peuvent jouer un rôle de catalyseurs. » Wang plaide donc pour une circulation des talents, comme celle des valeurs, des techniques et du capital. « Avec les nouvelles technologies, le mouvement des talents va être la solution future pour échanger les idées et construire la confiance. Il est important d'avoir plus de personnes qui font l'aller-retour. »

Cette vision inclusive n'est pas contestée par Grumbach qui a fait partie de ce mouvement mais il s'interroge pourtant, comme beaucoup d'autres, sur le bien-fondé du partage des connaissances dans le domaine de la recherche scientifique de haut niveau en sciences dures : « La science est-elle un monde ouvert ou un monde de rivalité ? » Dans certaines ambassades étrangères en Chine, on s'interroge aussi sur les limites de la collaboration. « Nous sommes là pour défendre les intérêts de notre pays, explique-t-on dans une ambassade occidentale et, en termes d'intelligence économique, nous sommes vigilants, y compris à l'égard de chercheurs de notre nationalité, d'origine chinoise. J'observe que, alors que nous les voyons comme des citoyens, la Chine les voit comme une communauté. »

On souligne toutefois une conséquence positive de l'engagement de ces compatriotes d'origine chinoise. « Leurs racines chinoises leur permettent souvent d'établir un lien de meilleure qualité avec les Chinois et ils comprennent mieux le système et peuvent être plus efficaces. » Ce diplomate, bon connaisseur de la R&D en Chine, encourage les entreprises de son pays à venir en Chine faire de la recherche, du développement ou simplement de la veille, voire à recruter des compétences. « On a besoin d'accroître le nombre de nos chercheurs ici pour savoir ce qui s'y passe de façon plus vraie et précise. » Et il ajoute que s'il faut être vigilant sur la présence de chercheurs de Chine continentale ailleurs dans le monde, il n'en reste pas moins qu'il y existe une tradition d'accueil et qu'« un chercheur donne ses recherches à son pays d'accueil ».

Alors que la Chine s'apprête à avoir le plus gros PNB mondial, elle continue d'envoyer massivement des étudiants à l'étranger pour relever un niveau scientifique encore insuffisant. En parallèle, en Occident, le mot d'ordre semble être de ne pas fermer la porte tout en prenant certaines précautions et en recherchant la réciprocité. Rester pragmatique sans céder aux fantasmes.

Open source ou violation des droits de propriété intellectuelle ?

La question des droits de propriété intellectuelle et des brevets est, notoirement, une pomme de discorde entre entreprises chinoises et étrangères. Pourtant, certains activistes chinois plaident pour le droit à la copie. Ils arguent que l'innovation en *open source* permet le progrès et inspire la prochaine révolution industrielle. Ils rapportent de l'étranger de nouveaux concepts comme les *hackerspaces* et voient dans le *shanzhai*[3] une des voies prometteuses d'innovation industrielle en Chine. Le gouvernement chinois suit avec attention leurs idées dont il cherche même à s'inspirer pour booster la créativité chinoise.

David Li est un de ces passeurs qui font prendre en Chine la greffe du *maker movement*. Informaticien taïwanais, il a étudié l'informatique aux États-Unis où il a vécu dix ans avant de cofonder, en 2011 à Shanghai, Xin

---

3. 山寨, une méthode de développement sauvage, surtout dans le secteur informatique. À partir de contrefaçons innovantes de produits de grandes marques étrangères, des bricoleurs de génie adaptent les produits au marché chinois.

Che Jian, le premier – et le seul jusqu'à ce jour – *hackerspace* indépendant en Chine. Depuis, l'idée a fait son chemin et le gouvernement de Shanghai, y voyant une façon d'encourager l'innovation industrielle et de gagner de l'argent, s'est emparé du concept pour créer de façon systématique de très officielles « maisons de l'innovation ». Fin 2014, elles étaient au nombre de soixante-dix dans la région de Shanghai, selon Li.

L'activiste taïwanais souligne le caractère paradoxal de la réussite de cette greffe alors que le mouvement était né à Munich en Allemagne en 2004 en réaction à la Chine atelier du monde et à la perte progressive en Occident de savoir-faire artisanaux et industriels. Depuis, souligne Li, le *maker movement* a évolué et « d'une *subculture*, il est devenu une nouvelle industrie, une nouvelle façon de démarrer et organiser un business, de fabriquer des choses ». Dans un travail de recherche qu'il mène en collaboration avec l'Institute for the Future de Palo Alto aux États-Unis, l'université de New York, celle d'Irvine en Californie et celle de Fudan à Shanghai, il note qu'en arrivant en Chine, cette culture innovatrice s'est révélée très compatible avec certains aspects de la culture locale. « C'est une façon différente de produire de la technologie. Traditionnellement, dans la technologie, il y a beaucoup de propriété intellectuelle ce qui implique de lourds coûts de brevetage, d'avocats, de matériel, de design. La culture maker implique le pouvoir de l'*open source* et du partage. Elle signifie que chacun peut se dresser sur les épaules des autres pour avancer, plutôt que marcher sur la tête des autres pour les pousser au fond. »

Li voit dans le *maker movement* et le *shanzhai* une source d'innovation puissante. Elle passe nécessairement par une forme d'hybridation puisqu'il s'agit d'adapter un produit d'origine étrangère à la culture locale pour le réexporter éventuellement vers d'autres marchés émergents. « Tout un écosystème s'est développé à Shenzhen. Dans l'industrie du téléphone mobile, le *shanzhai* représente aujourd'hui un quart de la production, soit près de deux cents millions de téléphones mobiles. Sony, Ericsson ou Motorola ont pratiquement disparu. Les fabricants *shanzhai* ont commencé en se copiant mutuellement, en observant les innovations des autres. Quand ils ont suffisamment grossi, les Nokia, Motorola n'ont pas pu suivre le rythme. Les fabricants *shanzhai* se sont mis à dessiner des téléphones avec sept haut-parleurs parce que les paysans chinois dans les champs, les ouvriers sur les chantiers de construction voulaient des téléphones pour écouter de la musique à un volume suffisamment fort pour dominer le bruit des outils. »

Pour Li, il s'agit tout simplement de la troisième révolution industrielle. « Il n'est plus question de transfert de propriété intellectuelle, du système ancien de fabrication de masse. On fabrique en plus petites quantités et chacun a sa chance de participer. » Et il souligne qu'en Chine, ce phénomène d'*open source* a pris une ampleur exceptionnelle, véritablement révolutionnaire, à cause de son échelle. La récupération politique en Chine ne l'inquiète pas. « Nous ne sommes pas avalés, nous sommes reconnus comme un moyen de booster la créativité. Ils peuvent faire l'interprétation qu'ils veulent. Ce n'est pas une activité politique endoctrinée. Cela concerne des gens. Ils commencent à prendre des outils et expérimentent à nouveau le plaisir d'apprendre en faisant. » Il s'agit de permettre aux gens de vivre leurs passions. « La passion, c'est cela l'innovation d'aujourd'hui. La prochaine étape du développement, c'est de faire des gens des artisans, des *makers*. »

Les sciences humaines, parentes pauvres

Si l'on s'écarte du domaine des sciences dures et des technologies, il existe un autre domaine de la recherche où, de l'avis même de ceux qui sont chargés de la mettre en place, cette circulation des grands experts intellectuels, cette globalisation des talents, fonctionne beaucoup moins bien en Chine. C'est celui des sciences humaines. Les remarques d'un officiel du Parti à l'été 2014, accusant l'Académie chinoise des sciences sociales (CASS) d'être « infiltrée par des forces étrangères », alors qu'il s'agit de l'institution chinoise la plus respectée au monde dans son domaine[4], en dit long sur l'ouverture du pays.

Fu Jun, économiste et esprit encyclopédique formé à Harvard, doyen de l'école de gouvernance de l'université de Pékin, analyse sans complaisance les contradictions et les défauts qui empêchent le système universitaire chinois de produire, comme le souhaiterait le président Xi Jinping, une

---

4. La CASS est classée au 20ᵉ rang sur les cent meilleurs *think tanks* mondiaux, selon un rapport de l'université de Pennsylvanie.

R&D de pointe en sciences humaines, à travers des *think tanks* de niveaux comparables aux plus grands *think tanks* occidentaux.

Une bonne université devrait continuer à repousser les frontières de la science, estime Fu qui reproche aux universités chinoises « de confondre le niveau de l'analyse théorique qui cherche à s'approcher de la Vérité et celui du pragmatisme qui relève de la stratégie ». Dans son champ académique, qui est l'économie et la gouvernance, l'organisation même des universités ne fait pas assez, selon lui, la distinction entre départements théoriques et écoles professionnelles. « On a tendance à considérer le département d'économie comme une école de commerce en utilisant les champs de la théorie économique comme cadre d'analyse pour une politique économique. Et comme nous sommes surtout engagés dans des analyses de politique économique, nous mettons l'accent sur ce qui est spécifique et non ce qui est général. Or, souligne-t-il, un grand penseur, un prix Nobel potentiel doit regarder ce qui relève du générique. »

Fu est convaincu que la prochaine étape sera la plus difficile : « La croissance extrêmement rapide nous a permis de combler l'écart technologique avec les pays avancés mais cette croissance va ralentir et nous n'avons pas appris aussi sérieusement les techniques "métaphysiques", celles qui s'appliquent aux institutions, à l'État de droit, aux moyens de poser des limites au pouvoir, que les techniques "physiques", celles que l'on peut toucher du doigt. »

Après trois décades de réformes et d'ouverture, la Chine produit 11 % du PNB mondial avec 20 % de la population mondiale. « Les pourcentages manquants seront difficiles à gagner. Il faudra apprendre au-delà des techniques *hardware*. »

Les limites de l'utilitarisme

Fu reconnaît les limites que le système politique chinois impose au développement de la connaissance. « Il est indéniable que la nature d'un gouvernement et de la bureaucratie dans tous les pays est d'être conservatrice. Que les personnes créatrices s'investissent plutôt sur le marché que dans la bureaucratie ne me surprend pas. Et la Chine a un problème particulier. Elle est en retard pour atteindre et dépasser les frontières de la connaissance. Un retard lié à ces arrangements hiérarchiques. Certaines personnes en sont conscientes, d'autres non. » Il estime que le système universitaire chinois est marqué par le pragmatisme, l'utilitarisme et l'empirisme, des valeurs qui handicapent sa recherche et relèvent, selon lui, aussi bien de tendances culturelles que de la main du Parti qui veut surtout développer une « sagesse pratique ». « Le confucianisme traite de questions pratiques, pas assez de questions intellectuelles. Pour nous et nos enfants, à quoi sert de soulever des questions potentiellement brillantes ? Pourquoi s'embêter avec cela ? C'est inutile. » Et Fu d'ironiser : « Il n'y a aucune raison d'attirer des talents intellectuels en sciences sociales. Le pays n'en a pas besoin. Cela n'a rien à voir avec ce que nous faisons. De la sagesse pratique, oui. C'est pourquoi nous attirons beaucoup d'ingénieurs. Les meilleurs experts mondiaux en sciences sociales ? Les gens deviendraient très nerveux ; ces intellectuels mettraient en lumière le grand fossé, deviendraient des éléments d'instabilité. C'est une question de masse critique. On peut en accepter un petit nombre peut-être, et à condition qu'ils contrôlent le niveau de leur voix. »

L'élimination des sept sujets tabous

Les propos du doyen de l'école de gouvernance de l'université de Pékin, recueillis au printemps 2014, étaient tout aussi pertinents que prémonitoires. Les mises en garde et les rappels à l'ordre se multiplient depuis lors. En janvier 2015, le ministre de l'Éducation a carrément demandé de restreindre l'usage des manuels occidentaux dans les universités. L'Académie des sciences sociales de Chine (CASS) s'est fait recadrer, accusée d'avoir subi des « influences étrangères ». Les grandes universités chinoises, celle de Beida à Pékin, celle de Fudan à Shanghai et celle de Sun Yat-sen à Canton, ont été tancées. Selon le magazine bimensuel *Qiushi*, publié par l'École centrale du Parti communiste, Beida s'est alors engagée à « guider les enseignants et les étudiants pour renforcer leur faculté de jugement sur les questions politiques sensibles ». Les universités ont été mises en demeure de bannir de leur enseignement et de leur recherche, tout comme les publications des maisons d'édition ou de la presse, les « sept sujets venus de l'étranger », considérés, dans le cadre de la campagne de redressement idéologique menée sous la houlette de Xi Jinping, comme non patriotiques et dangereux. Les consignes avaient été données avec le fameux « Document 9 » qui rappelait le rôle d'avant-garde du Parti et donnait une liste de sept interdits, la plupart portant sur la promotion des valeurs et des modèles occidentaux[5].

Mieux vaut aller aux États-Unis

Fu estime que mieux vaut aller aux États-Unis pour préparer un doctorat en sciences sociales. « Pour faire sérieusement de la recherche académique, il faut fréquenter les meilleures universités mondiales, où est produit un savoir fondamental de pointe, et pas seulement de la recherche appliquée. La plupart de nos étudiants se forment d'abord ici puis vont aux États-Unis acquérir des connaissances plus sophistiquées. Ils reviennent ensuite profiter de la croissance pour faire de l'argent en Chine. » Sans aucune gêne, il encourage ses meilleurs étudiants à partir faire un doctorat aux États-Unis car, estime-t-il, certaines grandes universités situées sur le territoire américain sont non seulement américaines mais aussi chinoises, européennes. Ces universités devenues globales sont, à ses yeux, les prémices d'un changement plus profond dans le monde de la recherche, avec la constitution de communautés à l'échelle mondiale, libérées des frontières et des intérêts locaux. « La communauté intellectuelle est encore organisée sur la base des États-nations mais, à long terme – un terme que nous ne verrons probablement pas de notre vivant –, ce ne sera plus le cas. »

En conclusion, ce philosophe et mathématicien avant d'être économiste déplore le manque de *soft power* de la Chine, une lacune qu'il attribue à une difficulté à atteindre le sublime. « Il faut être proche du divin pour y parvenir. Cela n'a rien à voir avec la question de la taille qui conditionne le *hard power* alors que le *soft power* relève de la compréhension profonde. Il faut pouvoir satisfaire ce que j'appelle "la curiosité explicative". Jusqu'ici, nous, Chinois, avons démontré notre capacité à satisfaire "la curiosité descriptive". Je suis conscient qu'aucune explication humaine

---

5. Voir p. 195, note 13.

n'est parfaite mais certaines sont meilleures que d'autres, et c'est ce qui rend une culture attractive et convaincante. Et cela est complètement lié à la poursuite de la Vérité. »

La recherche appliquée d'abord

Moins à l'aise dans les idées abstraites et obnubilée par le rattrapage, la Chine fait donc, pour l'instant, surtout de l'adaptation et de la recherche appliquée. Une bonne partie de celle-ci est financée et opérée par les entreprises fortement soutenues par l'argent public car le gouvernement souhaite que la Chine ne reste pas uniquement l'atelier du monde. La Chine a aussi une politique systématique d'importation de technologies à haute valeur ajoutée pour accélérer son rattrapage.

La R&D chinoise a théoriquement des programmes tous azimuts, mais ses secteurs d'innovation forte sont les nouveaux matériaux, les technologies de l'information, en particulier les objets et les applications liées à la téléphonie mobile. Agilent Technologies, une compagnie américaine implantée en Chine depuis les années 1980, est un des lieux où cette recherche appliquée s'est mise en place en s'appuyant sur des collaborations entre poids lourds chinois et compagnies internationales, grâce aux talents de Chinois ouverts au monde.

David Wei, déjà rencontré, directeur général d'Agilent Technologies China Communication Operation depuis 2013, ancien patron Chine des laboratoires du groupe rebaptisé Keysight, explique comment aujourd'hui leurs recherches en Chine se focalisent sur le software, notamment sur des applications de communication, avec, par exemple, un important partenariat soutenu par l'État avec China Mobile, l'opérateur numéro un en Chine, pour travailler sur la prochaine génération de communication sans fil, la 5G, où se livrent de véritables guerres de standards.

Des chercheurs qui bougent

Deux cents chercheurs permanents, dont dix étrangers, travaillent dans ses laboratoires. « Une majorité a des diplômes chinois, mastères ou doctorats. Mais nous embauchons aussi de plus en plus de Chinois qui ont étudié en Europe ou aux États-Unis », explique Wei qui estime qu'il peut recruter des gens de très bon calibre venus des meilleures universités de Chine. « Quand ils travaillent avec nos collègues étrangers, nous avons besoin qu'ils aient certaines compétences. Ils doivent pouvoir apporter de nouvelles idées qui font avancer les choses. Comme nous travaillons avec des laboratoires dans différents pays du monde – le groupe dépense de 13 à 15 % de ses revenus en R&D –, nous avons donc besoin de personnes avec des backgrounds différents, qui viennent de partout, y compris de l'extérieur de la Chine. Nous travaillons aussi en lien très étroit avec des clients d'autres pays et nous envoyons donc nos chercheurs à Barcelone, à Munich. » La *lingua franca* est l'anglais, ce qui n'est pas un problème selon Wei qui assure que tous les chercheurs sont à l'aise dans cette langue qu'ils pratiquent au quotidien.

Le patron de Keysight Chine est convaincu que son pays va occuper de plus en plus une position de leadership dans certains domaines techniques, tels que la communication sans fil : « Les Chinois doivent résoudre les problèmes que pose leur énorme population. La demande est là et dans la communication sans fil, il y a de fortes pressions à innover. Beaucoup de scientifiques du monde entier sont sur le coup et les Chinois continentaux travaillent avec des laboratoires ailleurs sur la planète comme nous avec Munich. » Wei souligne lui aussi qu'il est difficile de dire aujourd'hui s'il s'agit de recherche chinoise ou globale. « Nous avons des partenaires dans des universités et dans l'industrie. Nos clients, qui sont aussi nos partenaires dans l'innovation, viennent de différents champs de la communication. Ce sont des compagnies très globalisées comme Ericsson ou Nokia ou des grandes sociétés chinoises, privées ou d'État. »

Volonté systématique de rattrapage

Finalement, dans le domaine de la recherche en sciences dures, beaucoup d'allers et retours de chercheurs ont eu lieu entre la Chine et le reste du monde, d'abord essentiellement de la Chine vers l'extérieur puis, de plus en plus, du reste du monde vers la Chine, créant au passage de vrais processus de transformation individuelle favorisant la créativité. Mais ce métissage culturel s'est fait de façon encadrée, à travers une stratégie pensée avec soin de rattrapage scientifique en vue du développement économique et de la montée en puissance nationale. Les parcours d'hybridation culturelle des chercheurs y sont vus comme un sous-produit, dont on peut éventuellement profiter mais qu'il faut maintenir soigneusement dans des limites. On retrouve cette volonté d'encadrement par exemple dans la ségrégation entre Chinois ethniques et non-Chinois dans les programmes d'incitation au retour des talents globaux. On la retrouve aussi dans le choix, pour des raisons de confort, de travailler plutôt au sein d'équipes homogènes et ethniquement chinoises, même si les comités scientifiques peuvent être très internationaux.

Dans les sciences humaines, la situation est encore plus encadrée puisque là, après une période de rattrapage, on voit apparaître récemment à nouveau une fermeture et une méfiance accrue à l'égard des influences étrangères.

On retrouve finalement le choix de l'hybridité culturelle dans des parties plus appliquées ou plus marginales de l'innovation, que ce soit dans le développement récent des *hackerspaces* en Chine, dans l'innovation issue de la copie du *shanzhai* ou, dans le secteur privé, avec les recherches menées par les multinationales et plus récemment par certaines entreprises chinoises qui s'internationalisent. Les secteurs de l'internet ou de la téléphonie mobile en sont un très bon exemple.

Une Mecque chinoise de l'internet et du mobile

En ce matin de mai, ils se pressent aux portes du Centre des congrès de Pékin, construit pour les JO de 2008, tout à côté du stade aux allures de nid d'oiseau. Côté grand public, ils sont jeunes, robes courtes d'été pour les filles, en minorité, et jeans et tee-shirts pour la majorité de garçons. Ils sont nombreux et zigzaguent entre les barrières de sécurité, patiemment, portable en main, qui écoutant un message sur Weixin (micro-message en mandarin), qui consultant son compte Weibo (micro-blog en mandarin), qui regardant une série télé. Entre voisins, on scanne son QR, les codes-barres carrés, en guise de présentation, on secoue son portable pour transmettre ses coordonnées. La cinquième *Global Mobile Internet Conference* – GMIC 2014 – accueille vingt mille personnes en deux jours avec un slogan aux ambitions planétaires : « Mobiliser les prochains cinq milliards ».

Côté intervenants, sur scène, le gotha mondial de l'internet et du mobile est là, les vice-présidents de Facebook – pourtant interdit en Chine – et de Google – totalement bloqué depuis juillet 2014 –, les CEO de Xiaomi, Sina, Baidu, Mail.ru, les présidents de Nokia, TLC et Acer, les fondateurs de NativeX et de Coursera. Tables rondes, présentations relayées par des écrans géants se succèdent sur la scène centrale dans un décor sobre blanc, sous un éclairage bleu. Sur les côtés, d'autres écrans affichent en direct les messages des participants sur Sina-Weibo, le Twitter chinois.

Deux étages d'exposants accueillent des sites de réservation d'hôtel, des développeurs de jeux, des navigateurs en ligne et de nombreux fabricants d'automobiles en pleine révolution numérique avec les voitures connectées. Six salles de conférences drainent professionnels et curieux autour de quatre grands thèmes. Pour ceux qui s'intéressent au marketing, le *Mobiz Summit* promet de « traverser les frontières et de connecter les futurs » et fait le lien entre les acteurs des industries traditionnelles de la santé, de l'éducation, de la finance, de la publicité et des fournisseurs de solutions internet mobile. *G-startup* met en compétition cent soixante-dix-huit jeunes entreprises qui, selon le cahier des charges, « incarnent l'innovation et ont un potentiel de globalisation », quatre des dix finalistes sont chinoises, la gagnante sera allemande.

Au *Global Game Summit* se mêlent professionnels des plateformes de jeux, éditeurs, distributeurs, investisseurs et médias. Le *Mobile Finance Summit*, une nouveauté du GMIC 2014, fait échanger des poids lourds chinois comme Alibaba, Baidu et Tencent avec des développeurs d'applications et des financiers comme Sequoia.

À l'origine, un fils de paysan

GMIC est le plus grand événement de l'internet mobile en Asie, à la fois conférence, foire et grande messe où innovation et business se rencontrent, petits et grands acteurs se côtoient, Chinois et étrangers se mélangent. Et GMIC a fait des petits, à Tokyo, à New Delhi et même au saint des saints : Mountain View dans la Silicon Valley où se trouve le siège de Google.

Derrière ce succès, un fils de paysan chinois qui, il y a trois ans, ne parlait pas l'anglais. Wen Chu n'a pas encore 40 ans. Fluet, il porte jean et lunettes à monture noire et parle avec passion. Après des études de littérature chinoise à la modeste université du Jiangsu, une région qui touche Shanghai, il s'est rapidement lancé dans le monde de l'internet en Chine en créant une première puis une deuxième startup. Il fait son premier voyage à l'étranger en 2008, au Japon, avec d'autres fondateurs de startups chinoises. Il est attiré par le succès des pionniers japonais de l'internet sur mobile : i-mode, Gree et DeNa. « Nous voulions apprendre d'eux et coopérer avec eux mais ça n'a pas marché. D'abord le Japon et la Chine ont des problèmes historiques ; les Japonais et les Chinois ne se font pas confiance. Ensuite, l'internet sur mobile était, à l'époque, une nouvelle industrie. L'iPhone n'existait pas encore. L'internet mobile japonais était le meilleur, meilleur que celui de la Silicon Valley. Les compagnies japonaises nous ont dit : "Pourquoi devrions-nous partager des informations avec vous ? Pourquoi devrions-nous coopérer avec vous ?" Je me suis dit alors qu'il fallait trouver une solution pour changer cela. »

Construire la confiance sino-japonaise

Il crée avec des fondateurs de startups chinoises de l'internet mobile un club de CEO : le Great Wall Club[6] (GWC) qui compte rapidement soixante-dix membres. « On a alors essayé de coopérer avec les entreprises japonaises. Tous les mois, j'amenais un fondateur chinois à Tokyo. On dînait ensemble, chaque fois on était une douzaine. On a commencé par échanger sur le marketing, à leur expliquer nos intentions, et, de plus en plus, à présenter les opportunités de la Chine comme marché. Dîner après dîner, rencontre après rencontre, on a appris à se connaître, à se faire confiance et ils ont vu aussi une opportunité d'affaires. Après six mois, les CEO de l'internet mobile japonais ont finalement compris qu'ils avaient plus besoin de la Chine et du marché chinois que nous n'avions besoin d'eux. La Chine est un marché immense. »

---

6. « Club de la Grande Muraille ».

Les efforts de Wen sont consacrés quand le fondateur d'i-mode, Takeshi Natsuno, accepte de devenir le *chairman* du chapitre japonais du GWC. Il amène dans son sillage trente autres membres japonais en disant : « C'est très important et utile pour l'industrie japonaise, il nous faut un pont vers la Chine », se souvient Wen avec fierté. Il avait atteint son premier objectif.

À la conquête de la Silicon Valley

Dans la foulée, il lance la première *Global Mobile Internet Conference* (GMIC) à Pékin. « Et nous avons organisé de plus en plus de dîners, de plus en plus de voyages pour les gens du business, à Singapour, en Corée, au Japon. » Fort de sa présence en Asie, il se fixe, très vite, un second objectif : conquérir la Silicon Valley. « Nous avons conclu que si nous voulions créer une conférence de l'internet mobile qui soit vraiment globale, il nous fallait être présent dans la Silicon Valley qui est maintenant le centre de l'industrie de l'internet mobile. »

En 2012, Wen va à San Francisco. « Je ne parlais pas l'anglais mais je le pratique depuis, dit-il dans un anglais fortement accentué mais respectable. C'est un miracle pour moi. » Au-delà de son handicap linguistique, il peine au début. Il ne connaît personne et personne ne veut le voir. Il ne se décourage pas et avec son équipe organise, quelques mois plus tard, la première GMIC-US à Mountain View. Ils attendaient mille personnes, la conférence en accueillera cinq mille venues de cinquante-six pays et, consécration suprême, le dernier jour ils rencontrent Mark Zuckerberg. Le fondateur de Facebook, dont l'épouse est d'origine chinoise, ne leur dit pas alors qu'il apprend le mandarin. Il l'a révélé lors de son passage à l'université de Tsinghua de Pékin, en octobre 2014, en répondant en chinois avec un fort accent américain aux questions des étudiants.

Si Zuckerberg et d'autres innovateurs de la Silicon Valley regardent à leur tour le GWC et ses conférences en Californie et à Pékin en particulier avec un réel intérêt, c'est, explique Wen, « parce que l'industrie de l'internet mobile est aujourd'hui un business global et le marché chinois est le plus grand au monde ».

Globaliser en se globalisant

Wen avait compris dès le départ le potentiel du marché chinois qui comptait plus d'un demi-milliard d'utilisateurs d'internet sur mobile en juillet 2014, soit 83 % de l'accès à internet dans le pays. Il se félicite aussi d'avoir regardé au-delà des frontières de la Chine. Il a contribué à la globalisation du business de l'internet mobile à partir de la Chine et ce faisant s'est lui-même mondialisé. « Avant GWC, j'étais un petit fondateur de startup dans l'industrie de l'internet mobile en Chine, d'ailleurs un peu en avance en lançant un réseau social internet mobile qui n'a pas marché. Mais, quand j'ai commencé GWC, quelque chose a changé et cela a aussi changé ma vie. J'ai découvert des idées différentes venant de gens différents. Par exemple, j'ai la chance aujourd'hui de pouvoir rencontrer et parler aux principaux penseurs de l'industrie de l'internet et du mobile. Ils peuvent m'apprendre des choses, Jack Ma (Alibaba), Lei Jun (Xiaomi), Mark Zuckerberg. Cette année je vais même suivre un programme à Harvard ; je ne sais pas ce que je veux y apprendre mais je veux y aller et apprendre quelque chose. »

Cette soif d'apprendre en particulier des autres est la clé du succès de Wen. Une visite dans ses bureaux de Pékin à la veille du GMIC 2014 révèle qu'il a su s'entourer d'une équipe cosmopolite pour mieux compenser son manque d'expérience internationale. Des Indiens portant le turban sikh, des Japonais, des Coréens, des Français, des Chinois, au total une cinquantaine de personnes dans un *open space* exigu échangent en anglais et en chinois, souvent avec l'aide de Google Translate. Pour son équipe rapprochée, il a recruté une New-Yorkaise de parents iraniens et des Chinois très internationalisés. Bo Yiqun, le cofondateur du GWC et son vice-président, a été formé en France et a travaillé plusieurs années pour Plus Eight Star, une société de consulting et d'expertise sur l'innovation dans l'internet et le mobile en Asie. Son assistante Zheng Luchang a fait ses études en Hongrie où elle a découvert le vin. Elle est devenue depuis l'une des quelque trois cents dégustateurs diplômés de Chine.

San Francisco, en plus jeune et plus énergique

Vatsal Bhardwaj assiste au GMIC, venu directement de Californie où il dirige Storm8, une startup spécialisée dans les jeux d'arcade, les MMORPG[7] et les *casual social games* (puzzles, jeux de cartes). Né en Inde, il a fait ses études d'ingénieur à Duke University et un MBA à la Sloan School of Management du MIT. Il n'a pas perdu les intonations chantantes de l'anglais d'Inde. Il ne savait pas trop à quoi s'attendre à Pékin et confie qu'il ne savait même pas comment s'habiller. « C'est la même manière de s'habiller que ce que je porte pour travailler tous les jours, constate ce trentenaire en polo noir et pantalon beige. J'ai l'impression qu'ici c'est comme une extension de la Silicon Valley mais avec quelque chose de spécial. Il y a de l'excitation, les gens parlent d'idées, c'est très motivant. À de nombreux égards, je suis surpris, c'est très bien organisé. On pourrait être à San Francisco mais, comment dire, je sens vraiment une plus forte énergie et c'est plus jeune. Les gens qui participent semblent avoir plus envie de partenariat. Le problème n'est donc pas le manque de partenaires mais de savoir à qui on peut faire confiance et avec qui on va bien communiquer sur la durée. C'est le plus grand challenge. »

Bhardwaj regrette de ne pas être venu deux ans plus tôt. Il entend bien ouvrir un bureau à Pékin l'année prochaine et cherche justement des partenaires qui l'aident à comprendre ce qui se passe en Chine dans son domaine. « La première barrière est la langue, ensuite, la manière avec laquelle les gens utilisent le téléphone et celle de jouer, qui sont assez différentes. » Il explique comment par exemple dans un jeu de récolte classique en Occident, les joueurs sont encouragés à continuer de jouer. « S'ils ne reviennent pas pour faire leur récolte, ils la perdent. C'est la même mécanique en Chine mais la récolte ne va pas pourrir, c'est votre voisin qui vient la récolter – c'est drôle. C'est la même idée de prendre soin de ses biens mais c'est une manière différente de l'illustrer. C'est ce qui rend ce marché difficile », admet Bhardwaj qui découvre en même

---

7. *Massively multiplayer online role-playing games*, en français : jeux de rôle massivement multi-joueurs.

temps la spécificité du marché chinois et la compétition effrénée qui teinte souvent les relations sociales en Chine.

Comme pour tant d'autres, la Chine fait clairement partie de la stratégie de développement de Storm8. « Il ne s'agit pas de gagner le plus d'argent possible, précise-t-il, mais que le plus de gens possible jouent à nos jeux. C'est pourquoi je suis intéressé par la distribution des produits dans les applications pour mobile en Chine. C'est différent parce que c'est fragmenté et c'est intéressant parce qu'ils ont trouvé des manières d'atteindre beaucoup de gens qui autrement ne téléchargeraient pas leurs applications. Ils vont dans chaque recoin et en cela c'est innovateur. »

Exporter l'innovation venue d'Asie

Dave Westin vient pour la troisième fois en Chine. « Je pense désormais comprendre les opportunités, les cultures, les acteurs et la dynamique », affirme cet Américain d'une quarantaine d'années au teint mat des gens originaires du Sud du sous-continent indien. Il a compris l'attrait des innovations chinoises pour les entreprises étrangères et l'intérêt croissant des entreprises chinoises de l'internet et du mobile de s'implanter à l'étranger. Sa société Mobile UA Fellowship veut se placer à la croisée de ce va-et-vient. Elle est en partenariat avec GMIC pour les contenus, les contacts et la billetterie pour mieux jouer les intermédiaires d'un côté et de l'autre du Pacifique. « Si on y parvient en premier et si on fait du bon boulot, on peut damer le pion à nos concurrents. Ils sont toujours sur des modèles d'éditeurs publicitaires d'Europe de l'Ouest ou américains. Ils n'ont pas réussi à pénétrer le marché chinois à cause des problèmes de langue et des difficultés à trouver quelqu'un en qui faire confiance. Ils ne savent pas comment s'y prendre. »

Westin tire déjà les fruits de son positionnement et de ses liens avec GMIC. Il prévoit que la société de marketing qu'il a lancée en parallèle entre les États-Unis et la Chine, il y a deux mois, atteindra un chiffre d'affaires de plus de 2 millions de dollars en moins d'un an.

Il est fermement convaincu que l'innovation dans le secteur de l'internet mobile qui vient d'Asie et de Chine en particulier peut s'exporter. « Les Coréens, les Japonais et les Chinois, parce qu'ils viennent des MMORPG, ont une mécanique des jeux, une qualité des images bien supérieures ici à celles des *casual social games*. Cela séduit les Occidentaux. Et les flux de monétisation sont plus aboutis parce qu'ils existent, ici en Chine, depuis plus longtemps. Bien avant qu'il y ait des cartes de crédit, c'était longtemps la seule manière pour une entreprise de gagner de l'argent. Ils ont eu le temps d'y penser. »

La monétisation, un néologisme récent, se réfère à la manière de gagner de l'argent sur internet, par les contenus, le trafic ou la publicité. La Chine semble particulièrement créative à cet égard. Les ténors de l'industrie ne s'y trompent pas, ainsi Rick Liu est de tous les GMIC. Il est en charge du développement international de NativeX, une société basée dans la Silicon Valley et leader mondial de la pub dite indigène. « C'est un type de publicité qui fait intégralement partie du contenu, explique-t-il. C'est la même chose que pour l'acquisition d'une langue, il faut s'immerger pour acquérir une aisance totale, culturelle et linguistique ; votre publicité doit se fondre jusqu'à se confondre avec le contenu original. Si l'utilisateur aime un contenu qui l'engage, la probabilité qu'il s'engage avec le publicitaire est bien plus élevée. »

Rick Liu est lui-même capable de se fondre dans de nombreux environnements. Il parle quatre langues dont le mandarin. Né à Taïwan de parents chinois continentaux, l'un du Nord, l'autre du Sud, il a grandi entre le Brésil et l'Argentine. Diplômé de la Stanford Business School, c'est un vétéran des jeux et du marketing en ligne. Il s'est taillé une solide réputation lors de son passage chez le géant japonais des jeux en ligne DeNa dont il a piloté le développement aux États-Unis.

Il a été séduit par le modèle novateur de plateforme offert par Wen dont il est un des soutiens actifs. Habitué des événements du genre GMIC en Californie, où ceux-ci sont courants et le plus souvent ouverts à tout le monde, il apprécie tout particulièrement le concept plus exclusif du GWC, un club de patrons dont on devient membre sur invitation seulement et dont les droits d'entrée sont élevés. Il souligne la dynamique positive créée par l'organisation en parallèle des GMIC accessibles au grand public.

La Chine copie les business models qui marchent

Pour ce spécialiste des pubs indigènes, le marché chinois est un terrain idéal en raison de sa segmentation même et bien sûr de sa taille. « Dans un pays comme la Chine, qui représente plusieurs fois la population américaine, le nombre d'utilisateurs de mobiles est plus grand que l'ensemble de la population américaine. La Chine est un immense marché qui continue de grandir et, pour ce qui est des contenus, on n'en est qu'au début. »

Fort de sa capacité personnelle de naviguer avec aisance entre San Francisco et Pékin, ce professionnel chevronné évalue posément mais sans détour la nature des innovations dans son secteur en Chine. « Quand de nouveaux *business models* marchent, la Chine les copie. Google a eu du succès, Baidu est apparu, il y a eu Facebook suivi par RenRen, ebay arrive, Alibaba est là dans la foulée. En l'absence de Google, il y a actuellement beaucoup de réseaux de distribution en Chine mais il n'y a pas la capacité qui existe en Europe ou aux États-Unis. Je pense que la Chine est très bonne pour adapter et, d'un point de vue de business, pour trouver la manière la plus judicieuse de faire du profit plutôt que de se concentrer sur le développement de quelque chose de nouveau. Je pense que l'innovation tant en Occident qu'en Chine est nourrie par la nécessité. L'environnement compétitif aux États-Unis requiert des entreprises qu'elles innovent pour rester compétitives. Faire des affaires en Chine ne demande pas le niveau d'innovation nécessaire aux États-Unis. À l'inverse, si la Chine veut être compétitive sur le marché global, elle doit être innovante. »

L'évolution d'une idée, de la copie à l'innovation

Benjamin Joffe est un expert mondialement reconnu de l'internet et du mobile en Asie où il vit depuis 2000. Fondateur de Plus Eight Star, la société de conseil pour laquelle a travaillé Bo Yiqun, le partenaire de Wen au GWC, il a suivi les évolutions du monde digital d'abord depuis le Japon, puis la Corée, enfin la Chine. La trentaine, cet ingénieur français qui aime porter des casquettes à carreaux parle, en plus de l'anglais indispensable, le japonais, le coréen et le mandarin. Dans le débat – particulièrement animé quand il s'agit de la Chine – qui oppose innovation et copie, Joffe a créé le concept de « darwinisme digital ». « À quel moment parle-t-on d'innovation et à quel moment de copie ? C'est en fait un continuum et de loin cela peut être trompeur. Il y a plusieurs façons d'être créatif mais une façon assez simple est d'aller voir comment les choses sont faites ailleurs et comment ça peut être adapté chez soi. Si l'environnement est très proche, c'est de la copie, ce sera limité. Mais si on a des écosystèmes différents et si on les laisse évoluer, ils évolueront différemment. »

Joffe donne l'exemple de Tencent, une des plus grosses sociétés internet de Chine qui a démarré en faisant une copie d'ICQ, un programme informatique de messagerie instantanée développé en 1996 par la société israélienne Mirabilis, racheté par AOL puis par Mail.ru. « ICQ s'appuyait sur la publicité mais ce modèle ne marchait pas pour la Chine, alors Tencent a changé le modèle, l'a adapté et il est devenu plus gros en Chine. C'est de l'hybridité. » QQ, le service de message instantané de Tencent, propose des jeux, de la musique, des achats, des micro-blogs et des chats. « Quand je regarde les trois plus grosses boîtes de l'internet chinois – Tencent, Alibaba, Baidu –, toutes les trois ont reçu des influences étrangères. Pour Tencent, le patron est très local mais il a commencé par adapter ICQ, un service israélo-américain, pour la Chine et s'est inspiré des modèles rendus populaires en Corée du micro-paiement et des objets connectés au numérique. Chez Baidu, Robin Li a bossé aux États-Unis. Jack Ma d'Alibaba a été exposé au e-commerce assez tôt en allant aux États-Unis. »

Les valeurs de General Electric chez Alibaba

Joffe raconte aussi comment dans ses premières années, Alibaba n'allant pas très bien, il avait embauché Savio Kwan. Chinois, né à Hong Kong, de passeport et d'éducation britanniques, il avait passé quinze ans chez General Electric. Il a aidé à redresser Alibaba et a formé les valeurs de l'entreprise. « C'est quasiment comme le Bodhidharma qui amène le bouddhisme zen en Asie depuis l'Inde. Il a amené les valeurs de General Electric, de Thomas Edison à Jack Welch dans une boîte de e-commerce chinoise. GE avait décroché de ses propres valeurs et, situation amusante et assez paradoxale, les valeurs de GE étaient plus vivantes chez Alibaba qu'au sein de GE. Comme le bouddhisme zen est plus actif au Japon qu'en Chine où il est passé et en Inde d'où il vient », compare ce passionné d'Asie.

Il rappelle l'aphorisme de Jack Ma à qui on demandait pourquoi eBay n'avait pas marché en Chine : « EBay a essayé de faire atterrir des avions de chasse dans des rizières. » EBay, explique Joffe, est arrivé en espérant qu'il y aurait des habitudes et des infrastructures similaires. Il revient à son thème préféré : « Les différences des écosystèmes sont des opportunités ou des contraintes d'hybridation. » Ma a clairement su saisir les opportunités. Lors de son entrée en bourse aux États-Unis, en septembre 2014, Alibaba a levé 25 milliards de dollars, la plus grosse introduction en bourse jamais réalisée à cette date. Ayant pignon sur rue aux États-Unis, l'entreprise sait aussi capitaliser sur ses racines chinoises. Ses laboratoires de R&D ainsi que ceux des autres géants chinois de l'internet, Tencent, Baidu (le moteur de recherche), sont désormais à la pointe de l'innovation en matière de reconnaissance vocale et visuelle, justement parce qu'ils sont chinois. Pour écrire sur un clavier d'ordinateur ou de téléphone portable, la langue chinoise impose de passer par le *pinyin*, la transcription phonétique en alphabet latin des caractères, pour choisir ensuite le caractère voulu. La saisie est fastidieuse.

« On observe de plus en plus de développements dans tout ce qui rend l'interface avec la machine plus facile, en matière de reconnaissance de la voix et des images mais aussi de la reconnaissance faciale, des yeux en particulier, explique Mark Natkin, le directeur de Marbridge Consulting, une société de conseil en high-tech, basée à Pékin. Nous l'avons vu récemment – en janvier 2015 – avec la weBank d'Alibaba qui permet que mon ordinateur prenne une photo de mon visage, la fasse correspondre à une banque de données et ouvre un compte bancaire pour moi – en fait tout ce qui raccourcit les étapes ou rend l'interface plus aisée avec mon portable ou mon PC. »

Lors d'une table ronde à Pékin en mars 2015, il échange avec Josh Gartner et Kaiser Kuo, le premier en charge de la communication internationale de JD.com (un site de vente en ligne), le second de celle de Baidu. Gartner admet que les grandes avancées technologiques, jusqu'à présent, ne sont pas venues de Chine mais souligne l'apport chinois quant aux « technologies de progression » : « Si vous prenez Wechat (Weixin), c'est une idée totalement novatrice par rapport aux autres applications de messages. » Il estime qu'on ne peut pas dire que Wechat est une pâle copie de MIME[8]. « Ce serait comme dire qu'un iPhone est une pâle

---

8. MIME est une norme de cryptographie et de signature numérique de courriel.

copie d'un Blackberry. Ce sont ces "technologies de progression" que des entreprises, ailleurs dans le monde, finissent par adopter. C'est dans ce domaine que l'on va voir le plus d'avancées en Chine. »

Kuo de Baidu ajoute que, par rapport à leurs concurrents occidentaux, les entreprises chinoises ont un autre avantage qui nourrit l'innovation : elles sont à cheval sur deux marchés différents. « Nous sommes dans une ville qui a 78 % de pénétration internet et plus de 100 % pour les téléphones portables, avec un très grand nombre de smartphones, le niveau très élevé de la 4G des villes côtières et un bon degré de sophistication des usagers et des consommateurs. Mais si on va dans les régions sauvages de la province du Hebei, qui n'est pas si lointaine, on trouve un faible niveau de pénétration et un niveau correspondant, faible, de sophistication. Pour servir les besoins de ces gens, il ne s'agit pas d'abêtir la technologie existante. C'est en fait un défi technologique comme avec les recherches en langage naturel par exemple. Quand des gens tapent des phrases entières dans un moteur de recherche, il nous faut construire des systèmes intelligents, capables de comprendre. Il faut tout faire correspondre à ce qui sera, selon nos suppositions, l'interface la plus intuitive sur un téléphone portable. Ce sont des interfaces vocales et visuelles. » Les rumeurs enflent sur la qualité d'innovation des systèmes de reconnaissance vocale et visuelle que Baidu serait en train d'affiner dans ses laboratoires.

Shenzhen, capitale du Invented in China

Joffe continue de favoriser les croisements, d'encourager le métissage à partir de la Chine. Toujours à l'affût de l'innovation, il a rejoint l'accélérateur @HAXLR8R qu'un de ses amis a lancé à Shenzhen. Les accélérateurs sont des incubateurs privés d'entreprises. Ils aident dans les phases initiales pour les idées, la constitution d'équipes, le financement, du mentorat et de la formation. Cette ville de quinze millions d'habitants à côté de Hong Kong, créée ex nihilo pour être la zone pilote des réformes lancées par Deng Xiaoping en 1979, a longtemps été la capitale du *Made in China*. Elle ambitionne de devenir celle du *Invented in China*. @HAXLR8R l'a bien compris et fait venir du monde entier des entrepreneurs qui travaillent sur des produits techniques. Joffe explique que l'accélérateur les aide à innover en les mettant en contact avec des usines manufacturières qui ont l'expertise de la fabrication, de l'assemblage de composants, permettant en cela de trouver de meilleures solutions pour des produits techniques. Un nouveau produit de cuisine sous vide est ainsi né grâce à l'accélérateur en brassant des experts en électronique américains, des designers irlandais et des hackers chinois talentueux. Joffe se définit « comme un expérimentateur biologiste. Je les aide à s'ouvrir à ce qu'il faut pour être compétitifs mondialement, je leur apprends comment communiquer de façon mondiale, comment travailler avec des gens d'autres pays, comment arriver à hybrider les gens. Je clarifie et je les équipe de méthodes de pensée, de nouveaux points de vue et de nouvelles approches et le plus vite possible. »

Lui-même un des horlogers du grand mouvement de balancier entre la Chine et le monde, il observe toujours avec grand intérêt comment les *business models* dans le digital venus d'Asie, comme celui des micro-transactions, au départ coréen, adapté en Chine, attirent de plus en plus les grandes sociétés de jeux vidéo mondiales qui abandonnent leur ancien modèle de vente de software. Il se passionne pour le succès fulgurant de Xiaomi – grain de riz en mandarin – qui pourrait bien donner du grain à moudre à Apple. Ses smartphones sont apparus sur le marché en 2011 et pour la seule année 2014, il s'en était vendu soixante et un millions. Son introduction en bourse devrait battre tous les records. Xiaomi doit son succès à la qualité de ses produits et à son *business model* innovant consistant à ne vendre qu'en ligne. « Le patron de Xiaomi, Lei Jun, n'a travaillé ni à l'étranger ni dans une multinationale en Chine, constate Joffe. Il a recruté des anciens de Microsoft et de Google, mais un seul est étranger : le Brésilien Hugo Barra ; c'est une boîte très chinoise. Il a probablement beaucoup lu mais finalement c'est le travail du patron d'avoir une vision, de lancer le scénario, de choisir les acteurs et les ressources. »

Lei, homme de vision, adhère aussi à celle de Wen et du GWC dont il est le *chairman* pour la Chine. Car Wen ne se contente pas de faire se rencontrer des gens de premier plan et d'influencer la dynamique du business. Conscient d'être à un moment charnière de la rencontre de la Chine et du monde, il veut écrire l'histoire au sens propre, être le garant de la mémoire de la saga de l'internet mobile au début du XXIe siècle, à partir de la Chine et dans ses ramifications mondiales. « Je souhaite que GWC ne pense pas qu'au business mais pense aussi aux histoires personnelles de nos membres, à leurs idées, à leurs *business models*. J'enregistre tous les discours d'ouverture de nos membres, je sauvegarde les photos, les dîners. Nous documentons tout, en Chine, dans la Silicon Valley, à Tokyo. C'est très important. Ainsi, il y a quatre ans, Lei Jun était déjà un investisseur célèbre en Chine mais pas encore le dieu du business qu'il est devenu aujourd'hui, Xiaomi étant tellement en vue. Il me disait alors qu'il ne pouvait rien faire dans la Silicon Valley. GWC a arrangé presque tous ses voyages, organisé ses rendez-vous en Californie, à Tokyo. Un jour, dans dix ans, dans vingt ans, je pourrai montrer à Lei Jun toute son histoire, il aura alors immensément réussi ou peut-être aura-t-il perdu. C'est comme une église, riche ou pauvre – cela n'a pas d'importance –, on vous documente, on vous entend, on entend votre histoire de l'internet mobile. »

Les débuts de Sina.com

Wang Yan a écrit une des premières pages de cette histoire, en 1995, quand il crée Sina avec trois copains de lycée. La bande est alors éparpillée entre Pékin, Shenzhen, les États-Unis et pour lui Paris mais elle avait une vision commune, raconte-t-il, attablé devant un hamburger dans un restaurant de Pékin. La quarantaine, il a les manières raffinées d'un fils de bonne famille, grand-père physicien de renom, père diplomate, tous ont vécu en France. « Dès le début, on a voulu faire de Sina une fenêtre pour que le monde voie la Chine et pour que la Chine voie le monde. C'était très audacieux, pas réaliste mais ça a réussi. » En effet, Sina entre au Nasdaq en 2000.

« Quand on a commencé, il n'y avait même pas de kiosque à journaux dans les rues, en Chine. On a d'abord fait un magazine sur CD-Rom et on voulait qu'il soit en sept langues. Le premier numéro est sorti mais, comme nous devions échanger des emails pour nous coordonner à travers la planète, tout d'un coup, on s'est dit : pourquoi ne fait-on pas quelque chose sur internet ? Internet c'est le futur, le CD-Rom c'est le passé. Par manque de temps on s'est limité à l'anglais et au chinois et après on a abandonné l'anglais. On a fermé complètement la fenêtre pour le monde. On a retenu seulement la fenêtre pour que les Chinois regardent le monde. » Au départ l'équipe produit ses propres contenus mais comprenant vite qu'internet requiert que ceux-ci soient rapidement renouvelés, elle décide de les faire créer par les internautes. Sina lance un forum et des *chat-rooms*. « C'était en 1996, l'année 1 de l'internet en Chine, il n'y avait que quelques dizaines de milliers d'internautes », se souvient Wang mesurant le chemin parcouru quand les spécialistes prévoient que la Chine comptera sept cent cinquante millions d'internautes en 2018.

Sina marque définitivement l'histoire des médias sociaux en Chine avec le lancement de Sina-Weibo en 2009. Le service de micro-blogs, croisement de Twitter et de Facebook avec encore d'autres fonctionnalités, comptera, à son pic, six cents millions d'utilisateurs inscrits selon le magazine *Forbes*. Il bouleverse le paysage de l'information. Les Chinois observent leur pays et se parlent. Les citoyens y dénoncent des fonctionnaires corrompus, des activistes y font campagne et des célébrités y ont leur compte. Pendant plusieurs années les bloggeurs et les censeurs jouent au chat et à la souris. Les comptes des critiques les plus virulents sont supprimés, la règle des « cinq infractions et suspension » est instituée, frappant ceux qui postent cinq fois en quarante-huit heures des sujets dits « sensibles ». Sina-Weibo, après avoir fait la sourde oreille, est finalement contraint par les autorités d'imposer à ses utilisateurs qu'ils dévoilent leur identité. Le chat semble bien avoir gagné. Sina-Weibo a perdu un grand nombre de ses utilisateurs alors qu'un nouvel acteur des médias sociaux lancé par Tencent prenait son essor sur le mobile : Weixin – Wechat en anglais, apparu en 2011, compte quatre cents millions d'utilisateurs en 2015 mais les réseaux privés de Weixin sont plus restreints que ceux de Sina-Weibo qui sont publics et une censure très opaque y est appliquée.

Le poids de la censure

Depuis l'arrivée au pouvoir de Xi Jinping en 2013, la censure a la main encore plus lourde : fermetures de comptes, arrestations de bloggeurs en vue tel Charles Xue, suivi par douze millions de personnes sur Sina-Weibo, au prétexte qu'il avait payé les services d'une prostituée. Ce Sino-Américain, milliardaire investisseur dans l'internet, avait dénoncé les scandales alimentaires, les bas salaires et la passivité du public. Après plusieurs mois de détention, il fut libéré après s'être repenti à la télévision. La méthode de la confession publique est familière en Chine et rappelle des chapitres sombres de l'histoire du pays.

Pour renforcer un peu plus le message et bien marquer la ligne rouge à ne pas franchir, un des patrons de la censure sur internet et les médias sociaux, Lu Wei, a convoqué, en août 2013, un « Forum sur les responsabilités sociales des célébrités de l'internet » et leur a fourni des directives d'autocensure en sept points, spécifiées par le Comité central du Parti communiste dans le « Document 9[9] ». Celles-ci portent en particulier sur le droit, le socialisme, l'État et la moralité.

Alors qu'une chape de plomb s'est abattue sur les médias sociaux en Chine par un contrôle étroit de leurs contenus, les plateformes portées par le marché continuent de se développer et innovent. Pékin est vue par beaucoup comme la deuxième Silicon Valley. Le quartier de Zhongguancun, près des grandes universités de Haidian, revendique d'ailleurs ce titre. Ils viennent du monde entier pour comprendre ce marché qui fait tourner les têtes par sa taille, pour se faire des contacts, franchir la barrière de la suspicion pour trouver des partenaires de confiance et de plus en plus observer de près de nouveaux *business models*, comprendre le succès de la monétisation chinoise et de la pub indigène. Ils sont à l'affût du *Invented in China*.

Wang avait nourri sa vision dans une tradition familiale bien ancrée d'ouverture à l'étranger et c'est de Paris qu'il lance Sina avec des technologies développées à l'étranger. Vingt ans plus tard, c'est de la Chine dont il n'avait jamais franchi les frontières que Wen élabore à son tour sa vision. Il est d'abord inspiré par les succès qui viennent de l'étranger mais, au fil des années, au fur et à mesure que le marché chinois se développe, que l'écart technologique se comble, son club de CEO et ses conférences de l'internet mobile s'exportent et contribuent à une connaissance désormais multipolaire de cette industrie.

Entre citoyen du monde et Grande Muraille

Le digital est engagé en Chine dans une spirale complexe entre copie et innovation, entre poussées du marché et freins du politique, entre ouverture

---

9. Voir p. 00, note 00.

et fermeture. La Chine fait coexister le GWC, le « Club de la Grande Muraille » de Wen et son ambition explicite de faire de ses membres « des citoyens du monde », et la Grande Muraille de la censure. Car en parallèle à celle qui règne à l'intérieur du pays, il faut plus que jamais passer par un VPN[10] – un réseau privé virtuel, un programme qui permet de contourner le blocage – pour la franchir. En janvier 2015 les autorités lançaient une chasse aux VPN, pour refermer la fenêtre que Wang avait voulu ouvrir sur le monde. Il a pris ses distances avec l'entreprise qu'il avait fondée. Il milite dans un petit parti indépendant du Parti communiste chinois et consacre une partie de sa fortune à l'éducation des jeunes de talent qu'il va aussi chercher dans les campagnes grâce à une fondation qu'il a créée. Il souhaite faire émerger une nouvelle élite. Alibaba est entré au capital de Sina-Weibo en 2013 et les deux géants chinois ont lancé conjointement, l'année suivante, un service de paiement en ligne. À défaut d'être une agora, l'internet mobile chinois est solidement positionné sur le marché de l'e-commerce. Quant à Wen, il a quitté Pékin et s'est installé avec sa famille à San Francisco.

Si Shenzhen au sud et Zhongguancun à Pékin sont considérés comme les Silicon Valley chinoises, Shanghai, la cosmopolite, la rivale située au milieu du pays sur la côte est – où eut lieu en 2010 la première Exposition universelle en Chine –, mise plutôt sur la création dans les domaines du luxe, de la mode et de l'art contemporain pour peaufiner son image de métropole mondiale de tout premier plan.

Les ambitions créatives de Shanghai, la cosmopolite

28 mars 2014, en plein cœur de Shanghai, tout près du Bund où se promenaient dans la première moitié du XXᵉ siècle, les étrangers des diverses concessions, le soir tombe. Déjà, les lumières brillent dans ce quartier qui redevient à la mode, bobo aux caractéristiques chinoises : des échoppes de nouilles et de *xiaolongbao*[11] avoisinent des galeries d'art ultra branchées, nichées presque en catimini dans de vieux immeubles décrépits en pierre de taille, que ne renierait pas le baron Haussmann.

---

10. *Virtual private network.*
11. Spécialité shanghaïenne de raviolis.

Au 240 Beijing Dong Lu, la fête bat son plein dans un bâtiment de trois étages, ancien siège de la banque régionale de Ningbo, construit dans le style Art déco des années 1920 et récemment rénové par une jeune holding d'origine occidentale, SuperChina[12]. Les autorités locales ont offert à ce petit conglomérat d'entrepreneurs internationaux, qui fait depuis 2004 l'interface entre les plus grandes marques de luxe du monde et les riches consommateurs chinois, l'usage de l'immeuble parce qu'elles voyaient d'un bon œil s'installer un haut lieu du design et du style dans ce quartier qu'elles voudraient développer autour du luxe et de la création.

Ce soir, de jeunes Chinois et des étrangers montent et descendent, un verre à la main, les escaliers d'honneur et se hissent jusqu'au *roof top* où un mélange serré papote et ondule au son d'un orchestre de *world music* ponctué par des tablas. Sur un canapé jaune canari style années 1950, deux élégantes Chinoises consultent leur iPhone et prennent des photos. Thibault Villet, le directeur français de Glamour Sales, une des sociétés du groupe, site de ventes privées de marques de luxe, fait visiter les nouveaux locaux à une délégation d'hommes d'affaires chinois.

« J'ai gardé en l'état le bâtiment et dégagé les volumes d'origine », explique l'architecte Marcelo Joulia, Argentin flamboyant, lui aussi partenaire dans SuperChina. Le patron et fondateur du cabinet Naço, installé à Paris, Buenos Aires et Shanghai, a choisi de mettre en valeur la symbolique chinoise et de rajouter de l'énergie et des couleurs. Des tapis et des néons colorés, aux formes dynamiques, ont été réalisés sur mesure. Moulures, plinthes et parquet d'époque ont été conservés. Partout ont été accrochées des œuvres contemporaines : calligraphies du Shanghaïen Pan Jianfeng, œuvres de Basmat Levin, une artiste née à Jérusalem et qui vit à Shanghai, peintures de l'Argentin Federico Bacher en résidence à Shanghai ou photographies du Français Patrick Wack.

Les autorités locales ont d'abord été choquées par ces choix esthétiques mais elles ont fini par se ranger à l'avis de l'expert quand Joulia a justifié sa posture en évoquant tous les héritages architecturaux perdus en Chine. Il n'a pas précisé que c'était aussi une manière élégante de dépenser moins.

---

12. SuperChina regroupe aussi bien le site Glamour Sales que des agences de relations publiques et d'organisations d'événements, des restaurants, une maison de production de programmes TV et un cabinet d'architecture.

Un tango endiablé

À travers ses nouveaux locaux, l'Argentin a l'impression de réaliser avec ses partenaires un vieux rêve : celui de fonder une maison de la création. Son équipe shanghaïenne est complètement cosmopolite et interagit sans aucune difficulté en chinois, espagnol, français, anglais ou japonais. Un mélange qui reflète bien l'esprit du lieu. « Des milliers d'entreprises du monde entier sont déjà venues nous voir. La création est dans la façon de concevoir des toilettes ou la grande table où je fais dîner nos clients et que s'approprient nos employés chinois pour déjeuner. Ce bâtiment révèle une synergie Occident-Asie. Ça tourbillonne comme un tango endiablé entre deux univers qui se respectent. » Le mot d'hybridité culturelle, familier à ses oreilles sud-américaines, ne lui fait pas peur. « Pour moi, hybridité, ce n'est pas un mélange, une colle ou une jonction. C'est un tango basé sur la séduction, respectueux et charnel, un tourbillon ; je te pousse, je te tire, j'utilise la répulsion pour ne plus coller. » Et il ajoute : « Cet immeuble était une carapace, un bâtiment avec des murs épais pour pouvoir abriter des coffres-forts. Ce n'était pas nous du tout mais c'était intéressant. Il fallait le respecter, respecter le passé tout en y mettant notre énergie tournée vers le futur, faire ressentir dans le bâtiment cette énergie, cette vibration, cette émotion et la Chine. Nous nous sommes permis de danser ce tango à deux, parce que c'est notre futur. »

Ce tango, ils le dansent aussi en interne dans la gestion du personnel chinois, comme l'explique Isabelle Chouvet, une des fondateurs de SuperChina, petite blonde bourrée d'énergie, grande voyageuse ayant vécu et travaillé au Moyen-Orient et au Japon avant de s'installer en famille à Shanghai. « L'international, j'y suis tombée quand j'étais petite, grâce à une famille profondément engagée dans l'univers associatif et l'interculturel », explique-t-elle. « À SuperChina, nous avons la chance que les gens restent. Ils sont tous très jeunes, des enfants uniques qui recréent une nouvelle famille au sein de l'entreprise. Quand ils arrivent, ils se demandent sur quelle planète nous vivons, mais, une fois qu'ils comprennent, ils se développent avec nous. Ceux qui partent le font pour créer leur entreprise, et nous les encourageons dans un esprit startup. »

Une floraison de jeunes marques hybrides

La dynamique de SuperChina est emblématique de cette hybridité culturelle en marche dans le monde de l'art, du luxe et du style de vie à Shanghai. Une hybridité que cultive sans complexe la mégalopole cosmopolite, prête à jouer de son passé des années folles précommunistes pour peaufiner une image de sophistication et se hisser au firmament mondial, non seulement à cause de son marché sophistiqué ou de ses capacités de production mais aussi de sa créativité.

Dans cet univers du luxe stimulé par le marché, une floraison de jeunes marques autochtones créées par des hybrides culturels a éclos. Ils veulent s'adresser au monde à partir de Shanghai. Qiong Er Jiang et Alison Mary Ching Yeung en font partie. Toutes deux, dans des styles quasi opposés, partagent la volonté de poser leur marque en Chine et de montrer qu'une marque de luxe peut y naître et y prospérer. Elles incarnent cette nouvelle génération créative cosmopolite mais préoccupée par son identité chinoise.

Jiang, longs cheveux noirs lisses et brillants et visage expressif, dotée d'une énergie palpable, a opté pour la sobriété et le classicisme chinois revisité. Issue de la nomenklatura intellectuelle, cette talentueuse designer trilingue a étudié et travaillé en Chine et en France, à Nice. Elle s'est alliée à Hermès, un joyau du luxe français, pour créer et développer en commun la marque Shangxia[13], dont le script très cadré s'appuie sur des thématiques qui coïncident avec le retour vers la tradition et la réhabilitation des classiques voulus par le régime. Son côté politiquement correct lui a d'ailleurs valu d'être invitée à la table d'honneur du dîner d'État offert par le président François Hollande à Xi Jinping en mars 2014, lors de sa visite officielle en France. « Le président français a présenté ma marque comme un enfant mixte, né des cultures française et chinoise », s'enorgueillit la créatrice qui vient juste de rentrer et savoure visiblement cette reconnaissance officielle.

Dans sa boutique showroom décorée par le Japonais Kengo Kuma, les alvéoles blanches tissent au mur un cocon de soie et génèrent une atmosphère de calme et de volupté, à la fois primitive et futuriste. Les produits fidèles à la tradition chinoise mais modernisés sont faits de

---

13. 上下.

matériaux précieux : porcelaine en coquille d'œuf, feutre en cachemire, bois de zitan, bambou tressé. La marque présente dans ses vitrines de petits coffrets mystérieux, vendus 200 euros, qu'elle appelle des « objets culturels » et qui empruntent à la logique de la création artistique contemporaine et à celle du marketing qui joue sur des thèmes politiques dans l'air du temps, aux résonances parfois ambiguës.

Pour mieux faire sentir l'esprit de Shangxia, Jiang nous entraîne dans la pièce de cérémonie du thé aux murs de briquettes de thé, où elle a coutume de recevoir ses « clients amis » – l'expression est d'elle. « Shangxia signifie en chinois "dessus-dessous", explique-t-elle, mais au-delà, le terme fait référence à une philosophie basée sur le taoïsme et le confucianisme, où l'on est à la recherche d'un équilibre entre deux forces – tradition et modernité, travail manuel et haute technologie, vitesse et lenteur. L'idée est de ne pas avoir à choisir mais de les faire se rencontrer et de trouver une harmonie. »

Ce concept l'a inspirée pour créer cet art de vivre chinois pour le monde. Passionnée par les savoir-faire traditionnels, elle voulait remettre en valeur sa culture chinoise de façon moderne et la partager avec le monde entier. Inspirée par la simplicité et la modernité des meubles Ming, de la porcelaine Song ou des textiles Han, son destin bascule avec sa rencontre avec Patrick Thomas et Pierre-Alexis Dumas qui, à la tête d'Hermès, souhaitaient partager leur philosophie avec une autre civilisation. Tout de suite, se souvient-elle, il y a eu un échange en profondeur : « Shangxia a été vraiment une co-création, comme un enfant, avec une grossesse qu'on a vécue ensemble. »

L'authenticité : une arme à double tranchant

Appliquant la philosophie d'Hermès, Jiang s'est attelée à identifier systématiquement et à faire travailler les meilleurs artisans de Chine. Un pari difficile car « en Chine, il y a soit des grands maîtres qui produisent quelques pièces annuelles très chères, soit des artisans de masse sans créativité. Et certaines traditions n'ont pas survécu à la Révolution culturelle. » Elle a donc misé sur ce qu'elle appelle l'authenticité : « Shangxia ne vend pas un concept mais partage un art de vivre concret en étant respectueux vis-à-vis de la culture chinoise. Les Chinois ont changé et attendent de l'authenticité. Pour nous accompagner dans cette recherche d'authenticité, nous avons fait appel à un comité d'experts car les artisans sont difficiles à repérer et à faire travailler dans la Chine d'aujourd'hui. »

Mais cette quête d'authenticité soulève parfois des questions quand elle s'empare de sujets sociétaux et politiques lourdement chargés. Ainsi, reprenant le concept mystérieux d'« objet culturel », Jiang explique que Shangxia a voulu créer, au-delà des collections de vêtements et d'objets de décoration, quelque chose de « totalement libre culturellement », qui aborde chaque année un angle nouveau pour exprimer un point de vue. Le premier objet traitait de la question de l'héritage et de l'émotion, à travers le prisme des souvenirs de famille et de la mémoire de la Révolution culturelle. Un véritable défi. Une équipe de Shangxia a passé, explique-t-elle, deux ans à interviewer mille familles et cent récits familiaux ont été retenus avec leurs photos, leurs télégrammes, leurs mémentos et leurs journaux intimes. Ils ont été reproduits pour être vendus dans des petits coffrets. L'objectif selon Jiang est de montrer la force de la valeur famille en Chine. « Même s'il y a eu pendant cette période des hauts et des bas, quoi qu'il arrive, les gens cherchent toujours l'amour et la beauté, l'émotion à travers la famille », dit-elle sans sourciller en parlant d'une période connue pour les terribles drames familiaux qu'elle a engendrés. Le deuxième objet culturel créé et vendu par Shangxia a porté sur le thème des rapports entre l'homme et la nature. « Avec le développement moderne, nous oublions la nature. Pour renouer le dialogue, nous sommes allés pendant un an et demi à la rencontre de minorités dans les endroits les plus reculés de Chine pour en retirer des messages à l'usage des citadins. » Le prochain « objet culturel » sera consacré aux livres et au digital. « Les deux ont l'air opposés, mais notre rôle n'est pas d'obliger à choisir. Il est de faire dialoguer, réfléchir, rencontrer ces opposés et d'essayer de trouver un équilibre à un moment donné, une harmonie. »

Heureuse comme une « plante hybride »

Jiang est à l'aise, dit-elle, dans sa peau de « plante hybride ». Ses expériences entre la Chine et la France, son mariage avec un Français l'ont persuadée que la meilleure façon d'être hybride est de fusionner dans son esprit les différentes cultures. « Tout devient toi. Tu n'es pas

50 % française et 50 % chinoise. Shangxia, comme moi-même, nous sommes 100 % chinois et 200 % international. Les vrais hybrides sont ceux qui sont authentiques, 100 % eux-mêmes dans leur culture d'origine et totalement à l'aise à l'international. » Elle dit n'avoir jamais ressenti de blocages, seulement des challenges qui ne s'arrêtent jamais. Et elle est ravie de jouer un rôle dans la deuxième étape du redéveloppement de la Chine. « Notre pays a mis trente ans à quitter la pauvreté. En 1980, j'avais 4 ans et ma mère avait un salaire de 5 euros. Depuis 2010, la Chine aborde l'étape du développement culturel. Réussirons-nous à conquérir le monde avec notre culture, nos valeurs ajoutées ? C'est toute la question. »

Elle évoque ses amis entrepreneurs qui, après avoir gagné de l'argent en fabriquant pour d'autres dans leurs usines, ont envie de créer leur marque. Elle observe que le gouvernement encourage ce genre d'initiative. « Ce n'est pas la Chine qui freine, c'est le monde qui n'est pas prêt à ouvrir ses yeux et son cœur pour nous souhaiter la bienvenue. » Un de ses amis a quatre mille hôtels en Chine et veut développer une chaîne milieu de gamme qui offre une expérience et une décoration chinoises contemporaines. Son mari a créé une marque de joaillerie avec un designer chinois. Elle voit autour d'elle plein de petits artisans qui reprennent le flambeau familial de façon plus créative que leurs parents et vendent sur internet. « C'est très vivant et dynamique. Les gens ont envie de *Created in China*. » Reste encore dans le cas de Shangxia à transformer l'essai car la marque peine encore à trouver sa rentabilité.

Created in China

Alison Mary Ching Yeung, surnommée la « Louboutin de Shanghai » par le magazine *Elle*, se bat elle aussi pour le *Created in China*, mais en optant pour un style déjanté et provocant aux antipodes du classicisme revisité de Jiang. Un visage asiatique couronné de longs cheveux blonds relevés dans un chignon en désordre, des chaussures et des vêtements extravagants, cette Sino-Britannique à l'accent *posh*, de père chinois, diplomate dans des organisations internationales, et de mère anglaise, est installée depuis 2008 à Shanghai où elle a choisi de jouer la carte de la sensualité, en créant des chaussures « qui donnent des orgasmes » et des chaussons « qui vous rendent zen ». Dans son atelier où dominent le violet et l'argent, elle a installé un Mao portant collier de perles à côté de la reine d'Angleterre de profil tandis qu'une chaussure à talon à plumes s'égare entre des guerriers de *terracotta* mauves.

Comme son homologue Jiang, elle n'hésite pas à afficher son hybridité jusque dans le nom de sa marque qui reprend son nom de jeune fille Mary Ching, un comble, plaisante-t-elle, « quand on sait que le caractère Ching (请) signifie naïveté et chasteté ». Et elle rêve aussi de prouver qu'une marque de luxe peut être chinoise et de qualité en ciblant une nouvelle génération de *fashionistas* shanghaïennes patriotiques friandes de ses chaussures risquées.

Mon « Chingdom » pour survivre

L'hybridité est plus qu'une carte de visite pour cette battante qui reconnaît volontiers qu'elle a créé son royaume, son « Chingdom », parce qu'elle ne s'intégrait dans aucun monde. « J'avais besoin d'un "Chingdom", d'un endroit auquel m'identifier. J'ai créé ce monde parce que je ne trouvais ma place nulle part. Toute l'identité de mon "Chingdom", c'est de ne pas trouver sa place, d'être différent. Nous avons appris à relier des points pour que les gens nous acceptent et nous continuons à le faire avec des chaussures. »

Dès le départ, elle a dû se frayer une voie entre les fortes valeurs éducatives chinoises de son père et son isolement au milieu d'un pensionnat de jeunes filles qui ne lui ressemblaient pas. Elle rêvait de devenir créatrice de mode et collectionnait les prix artistiques mais a accepté, pour son père, de passer par une double formation – business à King's College et mode à Central Saint Martins. Après un court passage par une banque d'affaires, elle bifurque et part s'installer avec son amoureux chinois à Shanghai où elle renoue avec ses racines en apprenant la langue paternelle. Saisissant des opportunités, elle fonde son entreprise en 2009 et se délecte à travailler avec des artisans locaux, tout en regrettant de ne rencontrer aucune grande marque chinoise. « Nous vendons en Chine, à Singapour, au Japon. À l'origine, nous vendions 60 % en Chine mais plus nous sommes exposés à l'international, plus nous vendons à l'étranger. Beaucoup d'acheteurs chinois nous achètent en Europe. C'est l'histoire de la poule et de l'œuf. Les Chinois nous remarquent en Europe et les

Européens en Chine. J'ai renoncé. Qu'ils se débrouillent ! » Aujourd'hui, elle adapte son discours à sa cible. « Nous avons commencé comme une marque chinoise, puis comme une marque sino-britannique et finalement comme une marque britannique avec des caractéristiques chinoises. Dans notre communication, tout dépend de qui pose la question. Pour les acheteurs chinois, il faut être soit chinois soit britanniques, pour les acheteurs internationaux, britanniques, pour la presse, nous pouvons être chinois et pour les clients nous sommes sino-britanniques. »

Reconnaissance mondiale à partir de Shanghai

Elle observe qu'aujourd'hui la plupart des toutes nouvelles marques de luxe nées à Shanghai ont été fondées par des Chinois partis étudier à l'étranger et revenus en Chine. « Il existe une sorte de communauté de créateurs qui sont hybrides culturellement et s'adressent au monde à partir de Shanghai. Ce qui nous rend uniques ? Sortir du lot en étant basés à Shanghai. Ici, il y a un nouvel intérêt, une demande, une vibration. La culture arrive avec des foires d'art contemporain, de nouveaux musées. »

Pour elle, ce qui suscite la création à Shanghai, c'est moins l'inspiration que la facilité d'accès. « On peut s'asseoir avec les fabricants, les artisans, les fournisseurs et vraiment sentir se faire la fabrication. On comprend les matériaux, leur provenance. Nous avons eu un artisan local qui tissait et du coup, nous pouvions intégrer plein de choses. C'était *fun*. » Mais elle travaille aussi en Italie. « C'est toute la tension entre l'Est et l'Ouest. En Italie, les fabricants de chaussures sont des familles qui pratiquent de génération en génération mais leurs enfants ne veulent plus reprendre les usines. » De toute façon, elle remet en question les définitions trop nationales. La réalité, observe-t-elle, c'est que des usines en Chine sont dirigées par des Italiens et en Italie par des Chinois.

Finalement, après avoir longtemps hésité entre ses deux amours, la Chine et l'Angleterre, elle se sent à l'aise. « Autrefois, c'était la guerre dans ma tête. Aujourd'hui, j'aime avoir accès au meilleur des deux. » Et elle est convaincue que sa créativité lui a sauvé la vie. Aujourd'hui, elle constate qu'elle a gagné une reconnaissance des deux côtés et même au-delà : « Nous exposons au Victoria and Albert Museum à Londres pour représenter le design contemporain chinois. L'INSEAD et le MIT ont choisi d'étudier le cas de mon entreprise et Harvard Business School vient enquêter sur mon innovation pour en faire un modèle pour son MBA. Est-ce que j'aurais pu faire la même chose en Angleterre ? Oui. Est-ce que j'aurais eu la Harvard Business School à ma porte en aussi peu de temps ? Probablement pas. »

Alors chinoise ? Anglaise ? « Vous pouvez me demander d'où je viens, où je suis née, quel est mon passeport ou vous pouvez me demander où est mon cœur. Je vous dirai que mon cœur est à Shanghai. J'y vis et j'y travaille. Est-ce que cela ne suffit pas à me rendre chinoise ? Tout le monde vous voit différemment, vous ne savez jamais, c'est un peu la quadrature du cercle car chacun a sa propre perspective. » Elle se sent acceptée par les Chinois, dit-elle. « J'ai l'air chinoise et j'ai des références chinoises. Même si je n'ai pas grandi en Chine, j'ai grandi avec des habitudes chinoises. À voir les choses que j'aime et ce que je fais, les Chinois me reconnaissent comme une des leurs. » En fait, conclut-elle, pour les gens comme pour les produits, ce qui compte, ce n'est pas l'origine mais ce qu'on veut être.

Du bon usage des marques

Jusqu'où cette hybridité culturelle revendiquée par une poignée de créateurs shanghaïens visant le marché mondial peut-elle aller aujourd'hui en Chine, du côté des consommateurs comme de celui des créateurs ? S'arrête-t-elle aux objets ou va-t-elle jusqu'au cœur des personnes et de la société ? S'agit-il d'un vrai processus d'hybridation ou d'un patchwork, d'une juxtaposition sans transformation de la personne ? L'hybridité achoppe-t-elle sur des limites sociétales, politiques ?

Catherine Becker, philosophe et anthropologue du contemporain, est une spécialiste des marques globales, notamment en Chine. S'appuyant sur une fine connaissance du terrain, une longue pratique professionnelle du marketing international et une maîtrise des concepts philosophiques, elle part du constat que les marques globales se construisent aujourd'hui à travers plusieurs cultures, et choisit le métissage culturel – qu'elle préfère à hybridation culturelle – pour définir et encadrer son travail sur les marques globales en Chine. Elle a d'ailleurs baptisé sa société de marketing international, qu'elle a cofondée à Shanghai en 2010, Metis

Jujing et elle fait travailler à dessein des équipes à contre-emploi : les Chinois en Europe et les étrangers en Chine.

Pour elle, le rapport aux marques étrangères est un indicateur de l'évolution de la société chinoise en profondeur, de son hybridation. Contrairement à l'Occident où les marques définissent des valeurs individuelles choisies, les marques en Chine servent, selon elle, à placer chacun dans l'ordre social d'une société fragmentée. En faisant entrer les multinationales et leurs marques, la Chine a aspiré des espèces de « dieux venus d'ailleurs » pour s'en servir comme distinction sociale.

Boucles rousses, grande et mince, en jean, bottes et blouson de cuir, elle nous recevait en 2014 dans son appartement au 400 Bei Suzhou Road, dans un immeuble Art déco qui appartenait à Victor Sassoon, le « Rothschild d'Asie », qui y logea pendant la Deuxième Guerre mondiale les Juifs d'Europe centrale venus se réfugier à Shanghai. Elle y vit dans un mélange harmonieux et contrasté de sculptures contemporaines et de meubles anciens chinois. Dans les parties communes qui semblent ne pas avoir été touchées depuis des lustres, circulent toujours de vieilles Chinoises sorties toutes courbées de chromos des années 1960.

Stratège des marques mondiales, Becker se régale sur le territoire chinois qui lui permet d'observer à l'œuvre la transformation des piliers de la globalisation que sont les grands noms du luxe occidental sous l'assaut de la classe montante chinoise. « Au départ, pour internationaliser une marque, on travaillait sur la marque dans le pays d'origine, sur ses adaptations et ses évolutions à l'international, et on cherchait à éviter que le message ne soit trop détourné. Aujourd'hui, on s'est rendu compte qu'une marque, c'est de la co-construction. »

Elle évoque le cas de Vuitton, qu'elle a conseillé en Chine à partir du début des années 2000. « Au départ, la marque était destinée aux héritiers, un signe du bon goût. Dans les années 2000-2005, elle est devenue en Chine une marque qui raconte du "signe", de l'énergie et du succès social. L'histoire de Vuitton en Chine s'est révélée être l'histoire des succès de la Chine et aujourd'hui la marque Vuitton en Chine est en train de retransformer Vuitton, d'en faire la marque de l'hyper consumérisme, du luxe accessible. »

Familiarité entre métissage et pensée chinoise

Son choix du métissage comme clé de voûte de son approche ne doit rien au hasard. En philosophe, elle est retournée à l'étymologie du mot « métis » qui, dit-elle, renvoie en français aux idées de tissage et de ruse. « La déesse Métis incarnait chez les Grecs l'intelligence rusée, la capacité à savoir tirer parti des circonstances. » Elle ajoute que la pensée grecque a opposé le domaine de l'être, de l'un, de l'immobile, du limité et celui de devenir, de l'instable, de l'illimité. Du coup, « la Grèce antique, qui a choisi l'option de penser par essence et par antinomie, a barré la voie à la *métis*. » Comparant pensée grecque et pensée chinoise, elle voit une familiarité entre pensée chinoise et métissage culturel. Celui-ci joue avec les polarités, une conscience aiguë de l'aller et retour entre l'un et l'autre, selon les situations. Pour la pensée chinoise, tout n'est que transition et déroulement.

Becker souligne cependant que l'absence de mémoire handicape la Chine dans cette recherche de solutions créatives et innovantes par le métissage. « Non seulement il n'y a pas de mémoire de la Révolution culturelle mais la Révolution culturelle elle-même a refusé la mémoire de ce qui l'a précédée. Et la tension actuelle entre communisme et capitalisme rend certes la Chine hybride mais d'une hybridité négative parce que le pays est fragmenté, toujours dans une juxtaposition, dans du côte-à-côte. » La philosophe du marketing est persuadée qu'on ne peut pas être dans une synthèse et une synergie individuelle quand le rapport au temps n'existe pas, quand il n'y a ni histoire, ni mémoire, ni droit de penser. « Le métissage c'est précisément la construction, dans le temps, de l'identité comme un devenir. »

En 2014, à la veille de la publication de son livre sur les marques en Chine[14], elle envisageait même de quitter ce pays dont l'absence de liberté la désespérait. La Chine est en train de « rater la contemporanéité », martelait-elle parce que le métissage n'y est pas vraiment possible par manque de temps, de liberté et de mémoire. « La Chine a toujours essayé

---

14. Catherine Becker, *La Marque rouge. Shanghai, luxe, art et mémoire*, Éd. du Cherche-midi, 2014.

de s'ouvrir sur ce qui lui permettait de s'enrichir, mais elle se referme quand elle a peur. Il faut que le monde permette à la Chine de s'ouvrir et l'empêche de se refermer. »

Hybridité et art contemporain chinois

Sous toutes les latitudes et quelles que soient les époques, les artistes ont toujours été des baromètres et des ambassadeurs de la créativité d'un pays. Qu'en est-il dans la Chine contemporaine ? Et quelle place prend l'hybridité culturelle dans ce monde de l'art alors que les autorités parient sur l'art contemporain pour développer leur *soft power* et que les artistes et les collectionneurs chinois prennent d'assaut le marché mondial de l'art ? L'art chinois contemporain est-il un art exclusivement pour la Chine ? En quoi entre-t-il en résonance avec le reste du monde ?

À l'évidence, le monde de l'art contemporain joue un rôle particulier dans la Chine du début du XXIᵉ siècle. Les artistes contemporains ont en effet ouvert des brèches depuis 1989 au point d'avoir acquis pour nombre d'entre eux une renommée internationale. Certains sont même devenus les plasticiens les plus cotés sur le marché mondial. D'un autre côté, si, comme ailleurs, ils incarnent les idées d'avant-garde et reflètent les bouleversements de la société, ils sont aussi, plus qu'ailleurs, une fenêtre sur la Chine qui est difficilement décryptable pour un monde qui ne comprend pas le mandarin.

Un musée privé parie sur la création

Larys Frogier dirige depuis 2012 le Rockbund Art Museum, un musée privé créé au moment de l'Exposition universelle de Shanghai en 2010. La Fondation Rockefeller, en charge de concevoir la rénovation de la concession britannique de Shanghai où se trouve le musée niché dans les locaux de l'ancienne Royal Asiatic Society, et Sinolink, une compagnie basée à Hong Kong qui développe de grands projets urbains en Chine, se sont alliées pour établir ce fleuron de l'art contemporain dont elles ont confié les rênes à un étranger. Objectif : professionnaliser le musée et surtout susciter la création, une mission originale dans le paysage muséal chinois qui compte quatre cents créations de musée par an, essentiellement des établissements privés qui cherchent à accroître leur visibilité et « donner de la face » aux collectionneurs-propriétaires.

Chauve, le teint mat, les sourcils bien dessinés, ce fils d'une mère danoise, allemande et anglaise et d'un père polynésien et chinois accepte sans problème cette identité d'hybride. Il ne parle pas chinois et n'avait jamais vécu en Chine mais il a saisi l'opportunité quand Thomas Ou Yaping, patron de Sinolink et collectionneur désireux d'apprendre, est venu le chercher. Le thème de l'hybridité apparaît d'ailleurs dès l'entrée du musée, avec les grandes sculptures d'animaux hybrides de l'artiste contemporaine indienne Bharti Kher qui travaille sur les métamorphoses entre animaux et humains.

Frogier évoque de sa voix douce les défis que pose le développement de la création dans un contexte où sévit la censure, où les relations entre luxe et art contemporain sont parfois incestueuses et où l'équipe chinoise et peu internationalisée est prise entre réflexes nationalistes et relative ignorance de la scène artistique chinoise. « Ils ont besoin d'avoir une figure d'autorité mais je préfère leur donner les moyens de prendre de plus en plus d'initiatives. »

Entre nationalisme et fascination pour l'étranger

Au-delà des questions de formation, il discerne un lourd enjeu politique. « Énormément de musées sont dans l'affirmation d'une puissance chinoise. Et cela peut être dangereux. » Son équipe lui reproche d'ailleurs de présenter trop d'artistes étrangers, bien qu'ils aient exposé, à plus de 70 %, des artistes chinois. « Quand je leur demande ce qu'ils attendent de cette identité-là, s'ils souhaitent copier d'autres musées où on glorifie la tradition chinoise sans bien la définir, leurs réponses sont ambiguës. Ils me reprochent de mettre en place des projets internationaux tout en étant passionnés par eux. Ils veulent des projets chinois mais ne savent pas lesquels. Ils critiquent mes propositions mais ne sont jamais dans un désir de prospection. » Frogier voit là le fruit de leur rapport à l'histoire. « J'essaie de leur faire comprendre que pour être constructif, il ne faut pas être obsédé par l'identité nationale mais bâtir cette identité à partir d'un processus de recherche et de réflexion. Et je refuse absolument qu'ils se réfugient dans cette identité nationaliste en me cantonnant à l'international. »

Il souhaite développer une véritable coopération entre équipes locales et internationales alors que galeries et musées se précipitent en Chine pour vendre et acquérir des œuvres. « En deux ans, j'ai rencontré plus de responsables de structures internationales qu'en dix ans en France. » Pour entraîner son équipe, il ne va vers l'international que si ses équipes co-conçoivent, co-produisent et co-distribuent les projets et il met en place des plateformes de création. « Nous sollicitons 50 % au minimum d'œuvres nouvelles. Tous les projets qu'on lance ici sont financés à 100 % par le Rockbund Art Museum. Nous invitons des commissaires internationaux. Nous essayons de trouver l'équilibre entre l'international et la Chine. » Outre le président et sa femme, un comité d'experts constitué de directeurs de grands musées internationaux soutient cette ambitieuse initiative mais Frogier souligne que ce projet reste chinois. « Auparavant il y avait des fondations comme celle du Belgo-Suisse Ullens, des projets internationaux qui pouvaient avoir du succès en Chine mais les Chinois veulent maintenant leurs propres structures. »

Avec le support de la fondation Hugo Boss, il a mis en place une plateforme de recherche pour des projets sur les connexions à l'intérieur de l'Asie, qui se démarquent des représentations traditionnelles de l'Asie venant d'Occident. « Entre l'Indonésie et Taïwan, entre Hong Kong et Pékin, se tissent des frictions identitaires qui m'intéressent. L'Asie n'est pas un espace clos mais un continent géographique qui se modifie au cours de l'histoire. » Il considère l'Asie dans sa porosité, ses rapports économiques et sociétaux. « Il faut regarder comment la globalisation est en train de prendre forme ici, comment les artistes la représentent, comment, avec les musées et les commissaires, ils interrogent ces questions identitaires et d'ouverture internationale. »

Frogier est impressionné par l'autonomie que lui laisse le couple dirigeant. « Ils veulent voir comment on peut, dans un contexte de mutation, inventer un musée qui ne relève pas uniquement d'une identité chinoise ou d'un modèle international mais qui soit un croisement qui reste à inventer. C'est pour cela que je suis là. »

L'impact des lieux sur l'identité culturelle

Et les artistes de la diaspora chinoise ? Comment interrogent-ils l'identité chinoise ? Font-ils bouger les lignes ? Frogier n'en est pas convaincu. « En parcourant le monde, ils construisent quelque chose qui leur est propre. Mais leur position est ambiguë : à l'extérieur, ils tiennent un discours en opposition mais en Chine, ils cherchent à gagner de l'argent. »

Mathieu Borysevicz, consultant et galeriste américain, sinologue, marié à une Chinoise, n'est pas du même avis. Dans sa galerie shanghaïenne, Mabsociety's Bank, il leur consacre une exposition qui, comme son nom – « Topophilia » – l'indique, interroge l'impact des lieux sur l'identité culturelle. « Ces artistes vivent tous le type de vie en transit, se déplaçant d'un point à un autre en Chine continentale ou dans les autres Chines, toujours dans des lieux à fortes populations chinoises. L'exposition est en relation avec les endroits. Comment affectent-ils les identités culturelles ? Qu'est-ce qui fait de nous des Chinois ? » Borysevicz reconnaît que l'exposition pose plus de questions qu'elle ne donne de réponses. « Je me suis rendu compte que beaucoup étaient très actifs sur le circuit international. Leurs œuvres étaient montrées et collectionnées dans les plus grands musées du monde mais elles n'étaient pratiquement pas visibles en Chine. C'était un moyen de montrer des œuvres d'artistes ayant un background chinois. »

Au-delà du fossé qui sépare les artistes de la diaspora chinoise du monde de l'art contemporain en Chine, l'expert souligne le manque d'hybridité des artistes du continent jusqu'à aujourd'hui, un état de fait qui pourrait évoluer dans le futur. « Beaucoup d'artistes chinois voyagent à l'étranger et y exposent. Mais leur sensibilité reste marquée par une approche "dedans versus dehors". » Il s'interroge sur la profondeur de l'intégration des artistes chinois dans le monde. « De plus en plus, les nouvelles générations nées dans les années 1980 et 1990 étudient et vivent à l'étranger. Elles parlent des langues étrangères alors que ce n'est jamais le cas pour ceux qui sont nés dans les années 1970 ou avant. Ces nouvelles générations s'intègrent de plus en plus et d'ici à vingt ans, je suis convaincu que le monde de l'art contemporain chinois sera plus intégré. Reste qu'aujourd'hui, tous les artistes chinois exposent à l'étranger mais ils font des allers et retours sans être réellement engagés hors de Chine. Ils ne font pas de résidences à l'étranger. Certains ont des galeries à l'étranger mais ils communiquent surtout à travers des traducteurs. Ce n'est pas une réelle collaboration. »

Cela s'explique. L'art contemporain est récent en Chine et vient d'Occident. Le marché, en assurant des revenus aux artistes, les isole d'une certaine façon. Aux yeux du reste du monde, les artistes de Chine continentale restent exotiques. On leur fait une place depuis un certain temps déjà. On commence même à leur commander des œuvres, mais cela reste encore lié à leur territoire. Au fond, se demande Borysevicz, « depuis les réformes économiques, la grande question que se posent tous les créateurs, c'est : "Comment peut-on être chinois et engagé dans le monde contemporain ?" »

Joe Camel et le marché

Zhou Tiehai et Pan Jianfeng, deux artistes shanghaïens connus et connectés à l'étranger, inscrivent leur travail dans cette interrogation avec des approches radicalement différentes.

Zhou s'était rendu célèbre dans les années 1990 pour son approche satirique de l'art contemporain chinois. Sa « signature » était alors la mise en scène systématique dans des tableaux de Joe Camel, un chameau sorti des affiches de la marque éponyme et intégré dans des reproductions de tableaux de l'histoire de l'art occidental. Vingt ans plus tard, il est installé au cœur de M50, un cluster créatif de Shanghai, créé par les autorités locales dans d'anciennes friches industrielles pour encourager les « industries culturelles » et favoriser le tourisme et le commerce. Ses locaux, vides et immenses, sentent le tabac froid. Derrière son bureau, son chameau fétiche en habit de cour regarde le visiteur l'œil mi-clos tandis que, la cigarette aux lèvres, dans un anglais approximatif, Zhou explique qu'il est trop occupé pour continuer la création artistique. Dès 1996, il avait commencé à collaborer avec le Suisse Lorenz Helbling, fondateur de ShanghArt, une galerie chinoise pionnière créée par un Occidental. Le succès venu, il a sillonné l'Europe. « J'étais invité et j'avais beaucoup de choses à apprendre. Notre pays aussi. » En 2009, il prenait la direction d'un musée privé fondé par la banque Minsheng à Shanghai. « Je voulais en faire un véritable musée, à l'occidentale. En Chine, la plupart des musées sont mauvais. Ils louent leur espace et beaucoup d'expositions ont lieu mais elles sont de valeur très inégale. » Aujourd'hui, il accuse l'art contemporain chinois d'être encore au stade de rattrapage et l'art occidental d'être en panne. « On ne peut pas toujours faire du nouveau. Et en Chine, les artistes se répètent parce qu'ils sont devenus une marque. Pour les Chinois qui investissent dans l'art contemporain parce que le marché immobilier, la Bourse et l'or baissent alors que le marché de l'art ne cesse de grimper, c'est plus facile comme ça. »

L'encre et la vie

Aux antipodes de ce cynisme désabusé où le marché finit par éliminer la création, Pan, un visage très rond et le front dégarni, a fait le chemin inverse vers toujours plus de création. À 40 ans, il a même décidé de se consacrer entièrement à son art en laissant sa femme diriger son agence de graphisme, une des plus innovantes de Chine, et prépare une grande exposition pour le Musée d'art contemporain de Shanghai. Son appartement/atelier est sobrement installé dans un modeste quartier shanghaïen. En ce jour férié, il s'occupe de son jeune fils. Dans son salon, quatre grands panneaux de papier de riz truffés de petits visages dessinés à l'encre sont alignés[15]. Chaque figure est différente mais l'effet de masse diffuse une impression intense de vie. Dans un coin, sont entreposés pinceaux et pierres à encre. Des plaques de feutre ont été placées au sol pour absorber l'encre. Aux fenêtres, des plantes en pot, une petite statuette Tang. Derrière, des paysages de tours urbaines anonymes sont noyés dans du gris. D'une voix douce, dans un anglais très clair, Pan explique qu'il peint ces myriades de petits visages ordinaires pour exprimer le fort désir chinois de survivre.

Pan a appris la calligraphie avec son père, lui-même calligraphe durant la Révolution culturelle. « Notre famille a toujours enseigné cet art. Quand nous étions enfants, je devais m'exercer tous les jours. L'odeur de l'encre et le pinceau font partie de moi, sont dans mon sang en quelque sorte. Mon père était mon maître et je haïssais la calligraphie à l'époque. » Il a continué pourtant et, plus tard, a étudié à l'université de communication

---

15. L'un d'entre eux est en couverture de cet ouvrage.

visuelle et de design de Hangzhou, puis en Angleterre à Birmingham avant de travailler dans une agence de publicité.

Son passage par une université britannique lui a permis de mesurer l'écart entre la créativité des écoles d'art européennes et chinoises. Il juge les formations artistiques en Chine peu créatives et peu compétentes. « L'université ne peut pas former les étudiants correctement car les professeurs n'ont pas assez d'expériences. Le marché s'est développé très rapidement et le système éducatif est beaucoup plus lent. Les gens, comme nous, qui travaillent dans des agences internationales, qui connaissent le *branding*, la communication, la culture locale sont le chaînon manquant. »

La calligraphie est une identité

Son succès a démarré auprès de multinationales qui voulaient utiliser la calligraphie pour introduire leurs marques sur le marché chinois. Le fait de bien parler anglais et de maîtriser la calligraphie en a fait très vite un partenaire intéressant. « Je sais comment communiquer visuellement. Je suis ouvert d'esprit, je comprends la culture locale et je connais les moyens contemporains de créer n'importe quoi. »

Dans son agence, pour embaucher, il ne regarde que l'expérience de travail, sans trop se préoccuper des études : « La qualité d'une personne prime. Quand on rencontre un candidat, on voit comment il parle, comment il présente son travail. » Il préfère, sans aucun doute, embaucher un Chinois qui a étudié à l'étranger à condition qu'il soit suffisamment ouvert et patient. « Nous avons besoin de cette qualité parce que nous travaillons dans une industrie en retard et il faut avoir de la patience pour se battre. Les délais sont terribles. Nous devons apprendre aux clients chinois ce qu'est un bon design et quels procédés permettent de le créer. Nous devons apprendre aux clients étrangers ce qu'est la beauté de la calligraphie. »

Aujourd'hui il veut inspirer les gens et communiquer avec le monde à travers son travail. Ce désir de créer est plus fort que celui de gagner de l'argent, une rare priorité qu'il ne retrouve guère chez les jeunes générations autour de lui. « Les jeunes designers ne sont pas assez courageux. Ils vivent comme leurs parents et font ce que leurs parents leur demandent. Ils se marient, s'endettent. Et le système éducatif ne les forme pas pour être eux-mêmes. Dans ce grand pays, on n'est pas supposé être quelqu'un de différent et d'étranger. On court à l'échec. C'est difficile. »

Aujourd'hui il a trouvé un bon équilibre. « Je fais de la peinture et garde mon fils. Je suis davantage moi-même. Je sais créer un bon design, fort et simple. J'ai beaucoup appris et beaucoup souffert. Et maintenant je veux me concentrer sur mon monde intérieur, créer quelque chose d'unique et de bonne qualité. »

La calligraphie pour lui n'est pas un choix mais une identité. « Pour moi, la calligraphie ressemble à l'art du thé. C'est une compétence de base, un goût, une identité et aujourd'hui, une façon de méditer comme le yoga. C'est un outil pour savoir qui on est. Quand on tient un pinceau et qu'on se concentre sur l'unique trait, on doit vraiment être calme et en paix. » En Chine, ajoute-t-il, calligraphier est aussi ordinaire que manger du riz parce que c'est associé à l'écriture et au langage. Toute la question est de savoir créer une nouvelle beauté, plus contemporaine. « Nous devons diversifier notre culture. C'est très important. »

En Chine, artistes, conservateurs de musées et galeristes naviguent entre les Charybde et Scylla du marché et du politique. La création, qui devrait nourrir ce terrain par excellence du *soft power*, en paye le prix. Car il s'agit bien du *soft power* chinois, du rayonnement culturel et de l'image qu'il donne du pays tant en interne qu'à l'extérieur.

L'art contemporain pour traverser les murailles

La cinquantaine élégante, Cheng Xindong à la même aisance séduisante à Pékin, à Paris, à La Havane, à Sydney qu'au Cap. Premier président de l'Association des galeries chinoises, il a été nommé, en 2012, commissaire général par le ministère de la Culture, en charge de la promotion de l'art contemporain chinois dans le monde. Il participe en pleine conscience à la diffusion du *soft power* de l'Empire du milieu : « Je suis convaincu depuis bien longtemps de la force et de l'importance de l'art contemporain pour aider les gens à se comprendre dans la mondialisation », dit-il assis à une table en verre, à côté de sculptures de bronze monumentales, dans une de ses galeries de Dashanzi à Pékin – le célèbre quartier 798 – qui fut le vivier de l'art contemporain chinois.

« Au début, l'art contemporain était underground et l'État a essayé de le bloquer, l'argument étant : la Chine n'a pas besoin de penseurs. Après 1989, le pouvoir voulait préserver la stabilité du pays et le régime. Il se méfiait de la création qui réveille, qui donne des idées. Mais heureusement le marché a donné un souffle aux artistes, aux créateurs. Il leur a permis de survivre. Ils sont arrivés à trouver des passages, à traverser les murailles, avec une force qui est maintenant mondialement reconnue. »

Après trente ans de réformes économiques qui ont propulsé la Chine aux premiers rangs de la mondialisation, les dirigeants communistes ont pris la mesure du déficit de *soft power* dont souffre leur pays et sélectionnent à partir de 2010, précise Cheng, une partie de l'art contemporain chinois pour promouvoir son image. « Celui qui ne pose pas de risque, celui où la création n'est pas une critique du régime. Évidemment le pop art est exclu, la violence est exclue et tous les sujets tabous. Ils veulent développer l'art abstrait, quelque chose de neutre, et se sont tournés vers la recherche de l'esthétisme qui utilise les pinceaux et l'encre, c'est-à-dire la modernité dans la tradition. »

Cheng insiste pourtant auprès de ses interlocuteurs officiels : « Il faut évidemment montrer la diversité de la création chinoise. Je leur dis qu'il faut profiter de l'influence qu'elle a acquise dans l'art. » Il a exigé qu'on ne lui impose pas les artistes qu'il présente mais accepte que certaines pièces de son choix soient supprimées. Il admet faire une présélection mais veut « toucher à chaque fois la ligne rouge. Il vaut mieux s'en approcher un peu, puis faire trois pas en arrière mais continuer d'avancer car elle est invisible ». Ainsi, lors d'une récente exposition, un jeune artiste avait fait un panda en plastique gonflé dont la tête transparente était comme celle d'un superman. « Il avait appelé son œuvre *Mr. Big*, en référence à la Chine dont le panda est l'animal symbole. Il fallait absolument montrer cette pièce mais j'ai suggéré qu'il enlève le titre, pour éviter d'être trop précis. » Cheng connaît bien le fonctionnement des censeurs. « Ils ne regardent pas de très près, ils cherchent s'il n'y a pas un détournement de Mao Zedong », dit-il en souriant. *Mr. Big* – sans titre – a été exposé. « Dans mon cœur, je suis toujours un petit garde rouge, ajoute-t-il avec une pointe d'ironie – il était enfant lors de la Révolution culturelle –, j'ai envie de faire la révolution mais il y a plusieurs manières de la faire, comme Ai Weiwei – et on a besoin de lui – ou avec douceur en travaillant sur le long terme. »

Un itinéraire romanesque

Depuis plus de vingt ans, il fait donc le pont entre l'art contemporain occidental et chinois. Il a découvert le monde de l'art à Paris où il est arrivé en janvier 1989. Il raconte volontiers son histoire où ambition et curiosité, charme et charisme écrivent des épisodes romanesques au fil des transformations qu'a connues la Chine.

Dans l'effervescence du début des années 1980, il est étudiant en chimie analytique à l'université de Hangzhou d'où il est originaire et candidat au Parti communiste. Leader étudiant, il organise des débats hebdomadaires, invite des journalistes, des professeurs d'art, des entrepreneurs qui viennent tout juste d'apparaître avec les réformes. Il s'occupe aussi des fêtes, danse le tango. Sa disgrâce coïncide avec la chute du secrétaire général du Parti communiste, le réformiste Hu Yaobang. Cheng est alors « critiqué », évincé du Parti et envoyé dans une petite ville pour travailler dans une usine pharmaceutique. Il y passe deux ans pendant lesquels son seul loisir est une tasse mensuelle de Nescafé dans un petit bar. Elle coûte près d'un dixième de son salaire, il la fait durer des heures.

Il part enfin faire un mastère à Xi'an, l'ancienne capitale. Il redevient candidat au Parti, organise d'autres fêtes, invite des réalisateurs de cinéma comme Zhang Yimou qui vient d'être primé à Berlin pour son film *Le Sorgho rouge*. Un dignitaire local du Parti veut lui faire épouser sa fille mais il est tombé amoureux d'une étudiante française. C'est elle qu'il épouse. En janvier 1989, il obtient une bourse pour continuer ses études à Paris et le jeune couple prend le Transsibérien – Pékin - Oulan-Bator - Moscou - Berlin - Paris. « C'était mon premier voyage à l'étranger, je ne voulais pas aller trop vite, se souvient-il. C'était l'époque où chacun cherchait son chemin. On ne connaissait pas l'avenir. On était excité par ces changements, on rêvait beaucoup. Je suis arrivé à la gare du Nord vers six heures du matin. J'ai eu un grand choc, je n'avais jamais vu autant de néons. Pour moi c'était un nouveau monde et je me suis dit qu'il fallait que je réfléchisse bien à mon avenir. »

Il prend son temps, divorce et travaille pendant trois ans comme barman au théâtre des Bouffes du Nord. Peter Brook et sa troupe cosmopolite viennent de monter le *Mahabharata*. Il se lie avec ce grand metteur en scène passionné de culture asiatique qui lui fait connaître le tout-Paris culturel et politique.

Va-et-vient dans l'art contemporain

Sa première rencontre avec l'art contemporain remonte à 1992 avec Mark di Suvero, un sculpteur américain connu pour ses œuvres monumentales abstraites en acier, présentées par la Galerie de France. Il y fait un stage et « tout de suite j'ai aimé ce métier parce qu'on vit avec l'art, avec l'artiste et en même temps, une galerie est une plateforme qui, à travers l'art, crée des liens dans tous les domaines, avec la société entière ». Il commence à exposer des artistes chinois à Paris puis présente Pierre Soulages en Chine en 1994. Dans un va-et-vient qui sera sa marque, il organise la première grande exposition d'art contemporain chinois à Paris en 1995, lance « un musée itinérant de l'art contemporain » en Chine avec des artistes de renom tel Daniel Buren au Temple du Ciel à Pékin. Il présente des artistes chinois à la galerie Tretiakov à Moscou et crée la Foire de l'art contemporain à Shanghai en 1997. Il participe à un premier projet officiel en 2012 avec une grande exposition à Taïwan puis c'est l'Europe de l'Est, les musées nationaux d'Athènes, de La Havane, du Caire, de Mexico, ensuite l'Australie pour l'ouverture du Centre culturel chinois sur le thème de « la nouvelle identité culturelle », choisi à dessein par Cheng dans un pays d'immigration et aussi pour être l'écho de la nouvelle Chine.

Réinstallé à Pékin depuis 1999, il a fondé une famille avec une journaliste française, grande spécialiste de la Chine, Caroline Puel. Ils reçoivent à leur table des hommes politiques étrangers et chinois, leur font rencontrer des artistes. Ils servent foie gras et pousses de bambous frais, *huangjiu*-vin jaune et grands crus bordelais, des mélanges qui reflètent bien leur double appartenance. « La Chine est mon pays d'origine et la France mon deuxième pays. Ce sont mes deux bases mais comme j'ai étudié les sciences, je sais que deux points ne sont pas suffisants. Il faut toujours un troisième point pour créer l'espace et c'est le reste du monde. » Cet homme qui se définit comme un « agitateur d'idées » constate que le reste du monde ne connaît pas assez la Chine, la vraie Chine, tout comme la Chine ne connaît pas le reste du monde. « On en est simplement au début. »

De l'exil intérieur à l'assignation à résidence

Alors que Cheng sillonne la planète pour présenter l'art contemporain chinois avec la bénédiction prudente et sélective des autorités de Pékin, Ai Weiwei, le célèbre artiste chinois, ne peut pas quitter son pays depuis 2012. Il est privé de passeport, des caméras de surveillance épient son studio, à Caochangdi dans la banlieue nord de Pékin, et les censeurs de l'internet bloquent son nom et toute référence à ses œuvres.

Fils du poète Ai Qing, il l'a suivi, enfant, avec le reste de la famille dans son exil intérieur après la « Campagne des cent fleurs » et les purges qui l'ont suivie. La réhabilitation de son père et sa reconnaissance comme un des plus grands poètes chinois du XXe siècle ont longtemps donné à Ai Weiwei une grande marge de manœuvre. Il commence à se former à Pékin, puis vit à New York pendant plus de dix ans. Dans le bouillonnement de l'East Village des années 1980, il découvre Marcel Duchamp, Andy Warhol et Jasper Johns. Il se lie d'amitié avec le poète Allen Ginsberg.

De retour en Chine, il est à l'avant-garde de l'art contemporain. Il varie les supports : vidéo, musique, photographies, architecture, installations conceptuelles. Il donne de la voix sur les médias sociaux, alors balbutiants, multipliant critiques et campagnes. Celle qu'il lance en 2008 lui vaut les foudres du pouvoir. Un tremblement de terre a détruit plusieurs villes dans la région de Wenchuan, dans le Sichuan, ensevelissant dans les décombres des milliers d'enfants dont les écoles avaient été victimes dans leur construction de la corruption rampante du pays. Il met en ligne plus de cinq mille noms que le pouvoir veut taire. Il est passé à tabac.

Enfant terrible mais un temps courtisé par le pouvoir – il avait participé à la conception du nid d'oiseau, le stade des Jeux olympiques qui venaient d'avoir lieu –, il ne cessera plus d'être dans le collimateur du pouvoir. Un de ses studios est démoli, il est détenu au secret pendant quatre-vingt-un jours en 2011 puis accusé de fraude fiscale. Le bras de fer qu'il a engagé avec les autorités chinoises en a fait « l'artiste le plus puissant au monde » pour *Art Review*.

La puissance d'Ai Weiwei, un homme trapu, est dans la force de son message ouvertement politique et délibérément sans concession : « Le contrôle omniprésent de l'État sur l'art et la culture n'a laissé aucune place à la liberté d'expression dans le pays. Depuis soixante ans, toute opinion dissidente a été réprimée. L'art chinois n'est qu'un produit : il évite tout engagement significatif[16]. »

Il parvient à claironner son propre engagement au monde entier, malgré son assignation à résidence en Chine. Il multiplie les expositions qu'il organise à distance depuis son studio pékinois. Chantre du métissage, il avait questionné la valeur de trésor national des têtes d'animaux du zodiaque chinois de la fontaine du Palais d'été qu'il avait détournées pour souligner leur hybridité. Cette exposition fait encore le tour du monde. Une de ses séries, en or, s'est vendue pour 2,9 millions de livres sterling dans une vente aux enchères à Londres, en février 2015.

À la barbe de ceux qui veulent le museler et le confiner en Chine, il parvient en 2014, toujours à distance, à organiser, dans le célèbre pénitencier d'Alcatraz au large de San Francisco, désormais désaffecté, une grande exposition. Le défi du choix du lieu est un camouflet pour les autorités chinoises mais son message a des ambitions universelles.

Transcendant sa propre expérience de la restriction de liberté, Ai Weiwei présente une série d'installations visuelles et sonores, en hommage aux activistes politiques réprimés dans le monde. Dans *With Wind* un immense dragon est peint de fleurs, symboles pour chacune des pays qui répriment la liberté d'expression parmi lesquels l'Arabie saoudite et l'Éthiopie, et recouvert de citations de dissidents célèbres. Dans une autre salle *Trace* montre des portraits en Lego, comme des images pixélisées, de cent soixante-seize activistes politiques. Les États-Unis, pays hôte de l'exposition, n'échappent pas à sa critique, on y voit les portraits de Martin Luther King Jr., d'Edward Snowden, de Chelsea Manning et de Shaker Aamer, toujours détenu à Guantanamo.

Définir l'art comme un outil de subversion, dans le cas d'Ai Weiwei dans une approche devenue délibérément militante, c'est entrer en conflit ouvert avec le pouvoir chinois pour lequel l'art doit « servir le peuple et le socialisme ». Le président Xi Jinping l'a rappelé fermement, en octobre 2014, devant un parterre d'artistes et d'écrivains. Ce slogan reprend mot pour mot celui que Mao Zedong avait lancé, en 1942, dans son discours sur l'art et la littérature à Yan'an, cadrant l'art comme un

---

16. Aɪ Wᴇɪwᴇɪ, « China's Art World Does Not Exist », *The Guardian*, 10 septembre 2012.

outil de propagande. Quelque soixante-dix ans plus tard, ce recadrage aux échos volontairement maoïstes est d'autant plus frappant que la Chine voudrait aussi que son *soft power* rayonne. Cheng s'interroge : « Comment peut-on devenir la première puissance du monde en sacrifiant la création ? »

Deux réalisateurs français pour représenter la Chine

Le choix, bien maladroit, du film d'un réalisateur français pour représenter la Chine aux Oscars en 2014 fut un exemple criant du sacrifice de la création. Le *soft power* chinois avait du plomb dans l'aile malgré le titre du film retenu : *Le Promeneur d'Oiseau* de Philippe Muyl, un remake de son film antérieur, *Le Papillon*, sorti en 2002, qui avait rencontré un grand succès en Chine. Le grand-père français est devenu chinois, la gamine délaissée par sa mère est, à Pékin, une gosse de cadres supérieurs trop pris par leurs carrières ; au Vercors et à ses somptueux paysages sont substitués ceux du Guangxi des minorités Dong et des vues tout aussi superbes. Dans les deux cas, le grand-père et la petite fille s'apprivoisent mutuellement lors d'un voyage initiatique. La fable volontairement « apolitique », selon le réalisateur, n'a pas eu à souffrir de la censure. « J'ai seulement dû réduire le temps d'attente des passagers dans un bus tombé en panne pour montrer le bon fonctionnement du système dans le pays. Cela n'allait pas trop loin[17]. » Mal distribué en Chine, bien accueilli en France, le film n'est pas allé très loin ailleurs : la Chine n'a pas eu d'Oscar.

Un autre réalisateur étranger a fait un tabac en Chine. *Le Dernier Loup* de Jean-Jacques Annaud a eu 12 millions d'entrées en Chine dans les quinze jours qui ont suivi sa sortie, en février 2015. Il s'agit d'une adaptation en 3D du roman de Jiang Rong, *Le Totem du Loup*, le deuxième best-seller dans l'histoire de l'édition chinoise derrière le *Petit livre rouge* de Mao Zedong. La société de production chinoise Forbidden City avait sollicité le cinéaste français pour qu'il vienne tourner en Mongolie-Intérieure un sujet qui se déroule pendant la Révolution culturelle. La rencontre entre

---

17. Interview de Philippe Muyl (http://www.france-chine50.com/zh-hans/node/321).

l'entreprise de production chinoise et le célèbre réalisateur animalier français a permis la création d'un film à vocation universelle, consacrée par son succès au box-office, et dans laquelle les Chinois, y compris à l'étranger, sont fiers de se reconnaître.

La représentation de la Chine à l'extérieur de ses frontières est aussi l'œuvre de réalisateurs chinois dont les talents sont reconnus mondialement et que le pouvoir courtise parfois. Ainsi, Zhang Yimou a réalisé la cérémonie d'ouverture des JO en 2008 et Jia Zhangke a tourné le documentaire *I wish I knew* – un regard très personnel sur Shanghai qui a été présenté pendant l'Expo 2010. Quatre ans plus tard, Jia Zhangke était soigneusement écarté de la sélection officielle chinoise à Hollywood, bien qu'il ait reçu, en 2013, le prix du meilleur scénario au festival de Cannes pour son film *Touch of Sin* – « un soupçon de péché ». S'inspirant de faits divers révélés sur Sina-Weibo, il met en scène, en quatre récits, une Chine en proie à la violence. Son film n'a jamais été distribué officiellement en Chine, il circule en DVD piratés. Jia Zhangke le déplore et a d'ailleurs offert de dédommager ses producteurs pour leur manque à gagner.

Quand Hollywood courtise la Chine

Car il y a beaucoup à gagner dans le marché du cinéma en Chine. Les studios d'Hollywood l'ont bien compris et lorgnent ce marché prometteur avec un intérêt grandissant. Son box-office a eu une croissance de 27 % en 2014 pour des revenus de 3,6 milliards de dollars, alors qu'aux États-Unis la croissance s'est limitée à 1 % pour un total de 10,9 milliards de dollars[18].

Les sociétés de production ne ménagent pas leurs efforts pour s'attirer les bonnes grâces du pouvoir. MGM n'a pas hésité à changer l'ennemi chinois de son remake de *Red Dawn* (*L'Aube rouge*), les méchants sont devenus les Nord-Coréens. Warner Bros a coupé quarante minutes de *Cloud Atlas*, pour se débarrasser de scènes jugées sexuellement trop

---

18. Agence Bloomberg, 2 décembre 2014, citant la Motion Picture Association of America.

explicites pour la distribution en Chine. Pour *Iron Man 3*, Disney a filmé une scène spéciale pour la Chine, avec des acteurs chinois.

Tous ces efforts portent leurs fruits et les investissements sont désormais croisés. DreamWorks créait, en 2012, Oriental DreamWorks en partenariat avec les groupes d'État Shanghai Media Group, China Media Capital et Shanghai Alliance Investment Ltd. À l'automne 2014, le conglomérat privé Fosun investissait 200 millions de dollars dans Studio 8, une startup lancée par Warner Bros ; Sony distribuera les films produits.

Comme dans d'autres secteurs, le marché nourrit les échanges, fait se rencontrer les hommes et multiplie les objets de consommation. Cette conjugaison de talents chinois et non chinois produit-elle pour autant des objets culturels inédits ? La voie est étroite. Quand il s'agit de divertissement et des médias, ces objets de consommation, qu'ils soient à usage interne ou externe, ont des contenus rigoureusement filtrés et sélectionnés. La création en paye le prix. Si les autorités préfèrent le portrait onirique d'une Chine lisse, comme colorisée par le regard d'un réalisateur étranger, à la vision tout en aspérités, sombre, d'un réalisateur chinois, c'est qu'il y va de la manière dont la Chine – en tout cas ses autorités – veulent qu'elle se voie et la montrer au monde. On touche au cœur du « rêve chinois », de sa représentation et de son orchestration. *Zhongguo Meng* – le « rêve chinois » – est le slogan de l'ère Xi Jinping.

L'émergence du « rêve chinois »

Xi Jinping, déjà secrétaire général du Parti communiste mais pas encore président, l'a lancé fin 2012, lors de l'inauguration du Musée national de la place Tian'anmen, et l'a défini comme « la grande renaissance de la nation chinoise ». Depuis, le « rêve chinois » figure dans les manuels scolaires, est l'objet de compétitions, de discours, des « rêveurs modèles » sont primés dans les entreprises et il a même son émission de téléréalité.

Le rêve de Xi Jinping est celui d'une « renaissance ». Comme si pour se projeter dans l'avenir la Chine devait sortir de la gangue de son passé pour faire sa mue avec, comme dans toutes les spirales d'hybridité, une force potentielle de créativité, que le pouvoir veut contrôler. Le « rêve chinois » sonne comme un écho au « rêve américain » qu'il semble vouloir estomper en interne et détrôner à l'extérieur. Son émergence coïncide avec la fin du rattrapage, dans laquelle la Chine est engagée depuis un peu plus de trente ans, et avec son statut retrouvé de grande puissance. Il est dans l'air du temps depuis que la Chine s'interroge sur son *soft power* et le monde sur l'identité de la Chine contemporaine.

Wang Huiyao, rencontré dans son Centre pour la Chine et la globalisation, revendique la paternité de l'expression. Entre 2008 et 2012, livres, articles, éditoriaux ont nourri, en Chine, un débat qui a largement dépassé le cadre du Parti, où il a fait rage, sur fond de succession opaque mettant en jeu des réseaux complexes d'intérêts économiques et d'allégeances régionales et personnelles. La définition du « rêve chinois » était au centre de la bataille implacable pour le pouvoir entre les fils de deux anciens cadres dirigeants du pays, Xi Jinping et Bo Xilai, condamné à la réclusion à perpétuité en 2013. Ce « prince rouge », tout-puissant secrétaire du Parti à Chongqing – la plus grande mégalopole du pays –, était le chef de file de la « nouvelle gauche » critique à l'égard des réformes jugées trop libérales et pro-globalisation.

La variété des perspectives

William Callahan, professeur à la London School of Economics, avait créé le néologisme « pessoptimiste » pour décrire la Chine de 2008. Il a analysé les pôles du débat qui s'est engagé depuis lors. Le « rêve chinois » est en fait éminemment hybride. Derrière le slogan, il faut voir une tentative de réconcilier les nombreux dilemmes qui tiraillent la Chine entre des modèles, des héritages et des valeurs multiples. La réconciliation de ces dilemmes permettrait de définir la modernité chinoise et de la projeter dans l'avenir.

Ce débat, admet-il, ne se fait pas à armes égales : certaines voix sont réprimées, d'autres à l'inverse encouragées. Sinologue et fin observateur du pays, il en a identifié les principaux protagonistes dans *China Dreams : 20 visions of the Future*[19]. Il les regroupe en trois grandes catégories : les « héritiers » avec Xi Jinping et Bo Xilai – le premier ayant fait taire

---

19. William A. CALLAHAN, *China Dreams : 20 visions of the Future* (« La Chine rêve : 20 visions de l'avenir »), Oxford University Press, 2013.

le second –, les dissidents comme Ai Weiwei et Liu Xiaobo – le prix Nobel de la paix détenu depuis 2008 –, et les « citoyens intellectuels [20] » parmi lesquels il recense des bloggeurs, des romanciers, des cinéastes, des universitaires et des artistes. « Plutôt qu'être clairement pro- ou anti-Parti communiste, les citoyens intellectuels représentent un large éventail de points de vue, allant des fondamentalistes raciaux et des militaristes aux libéraux et cosmopolites. »

La variété des perspectives au sein de l'intelligentsia chinoise s'exprime autour de quelques grands thèmes que Callahan a répertoriés. Un des principaux débats sur le « rêve chinois » porte, selon lui, sur la relation que doivent avoir les objectifs économiques et politiques.

« Il y a aussi un débat entre les valeurs d'égalité et celles de hiérarchie. Les arguments en faveur de l'expansion des valeurs égalitaires sont très forts en Chine », précise le professeur de sciences politiques. « Mais une nouvelle tendance est carrément en faveur de l'élitisme et de la hiérarchie », ajoute-t-il. Dans cette tendance, il place Xi Jinping dont l'accès au pouvoir « affirme le droit des princes à gouverner » et Zhao Tingyang et son *Tianxia* – « Tout-ce-qui-est-sous-le-Ciel » –, un système de gouvernance mondiale avec la Chine au centre.

Il identifie une troisième thématique autour du concept de civilisation que certains ancrent dans la tradition confucéenne et d'autres dans la « civilité du vivre ensemble démocratique » sur des valeurs cosmopolites – une idée qu'il faut aller chercher à Taïwan où elle est défendue par la ministre de la Culture Lung Ying-tai. Callahan constate que « l'accent mis sur les idées indigènes de civilisation chinoise constitue une réaction à l'argument "libéral" (au sens anglo-saxon du terme), qui voudrait que la Chine soit ouverte à une civilisation globale avec des valeurs de démocratie, constitutionalisme, libre-échange, droits de l'homme et État de droit ».

Des cheminements individuels complexes

Il est symptomatique que nombre des acteurs de ce débat aient séjourné, étudié, travaillé à l'étranger, aux États-Unis en particulier. Certes Xi

---

20. *Citizen intellectuals.*

Jinping, dont la fille a fait ses études à Harvard, n'y a eu lui-même qu'une expérience de quinze jours, dans une ferme de l'Iowa en 1962, mais presque tous les intellectuels et artistes qui se sont fait entendre ont été formés hors de Chine, qui à l'université de Chicago, qui à celle de Harvard. Ils en sont revenus porteurs de leur hybridité mais ce parcours n'implique pas pour autant un casting prévisible. En fait, il peut être, a contrario, paradoxal. Pan Wei, un théoricien du modèle chinois, inspiré de ses traditions rurales, a un doctorat de l'université de Californie-Berkeley alors que le plus célèbre dissident chinois, Liu Xiaobo, emprisonné pour être à l'origine de la Charte 08, inspirée de la Charte 77 des dissidents tchécoslovaques, a toujours vécu en Chine.

Ces positionnements croisés et souvent antagonistes reflètent des cheminements individuels complexes entre des polarités multiples que le débat sur le « rêve chinois » a révélées. La futurologie, discipline longtemps occidentale, a récemment émergé en Chine et en grande partie grâce aux hybrides culturels. Les futurologues chinois esquissent, selon Callahan, trois scénarios géopolitiques qui impactent tant la Chine elle-même que le reste du monde : le premier aboutit à « une convergence à travers la multipolarité et de multiples civilisations : la Chine a sa place dans la société internationale ». Le second amène à « une combinaison des valeurs occidentales et chinoises pour un nouvel ordre de civilisation mondiale… reste à savoir quelles valeurs occidentales et quelles valeurs chinoises et comment elles se combinent ». Enfin la troisième option : « la divergence : de l'occidentalisation à l'orientalisation. Le monde est organisé par l'ordre mondial chinois ».

Rêves chinois au pluriel ou au singulier ?

Callahan avait pris soin d'écrire « rêves chinois » au pluriel et il les a explorés dans leur complexe multiplicité. Mais le slogan du « rêve chinois » figé par Xi Jinping en 2012 s'orthographie au singulier et muselle désormais les interprétations. Quel qu'il soit, il deviendra pourtant réalité d'ici à la moitié du XXIe siècle, a promis le président chinois.

Avant que le thème ne soit à la mode et ne devienne un mot d'ordre, l'écrivain et cinéaste Dai Sijie avait fait des rêves, au sens propre de l'onirisme, la matière de son second roman publié en français, en 2003.

Le Complexe de Di (Di est l'abrégé d'Œdipe) est le récit de l'odyssée du premier psychanalyste chinois de retour de France où il s'est formé aux théories freudiennes. Il parcourt en train le Sud de la Chine et analyse les rêves de ceux qu'il rencontre.

L'idée de ce roman était venue à Dai Sijie lorsqu'il tournait, en Chine, l'adaptation de *Balzac et la petite tailleuse chinoise*, son premier roman qui lui avait valu une renommée internationale. Dans les montagnes du Hunan, pour occuper les soirées, il racontait la psychanalyse à son équipe principalement chinoise. « Ils hurlaient de rire, se souvient-il dans un bar parisien. Je me suis dit : je vais faire un roman comique avec la psychanalyse pour thème mais ce n'est pas facile de faire rire les gens et c'était très difficile d'écrire en français. J'ai dû beaucoup travailler. » Faute d'être publié en chinois, Dai Sijie continue d'écrire ses romans en français.

Siniser la psychanalyse

Pour le personnage du psychanalyste, il s'est inspiré d'un de ses vieux amis sichuanais, Huo Datong, qui est réellement le premier psychanalyste chinois contemporain. La soixantaine, celui-ci reçoit dans son bureau à Chengdu, la capitale du Sichuan. Les cendriers débordent et sa fillette dessine sagement dans une salle contiguë. Sur une table basse des livres sont rassemblés en deux hautes piles distinctes : français, chinois.

Le travail de Huo Datong l'engage dans un va-et-vient constant entre deux sources d'inspiration, celle qu'il a trouvée en Occident et celle qui lui vient de Chine. Non content d'avoir réintroduit la psychanalyse en Chine, il veut la refonder dans les valeurs chinoises, réconciliant freudiens et lacaniens au passage. Il considère enfin que la psychanalyse permet de faire une synthèse entre les pensées chinoise et occidentale. La première introduction de la psychanalyse, au début du XXᵉ siècle, avait alors participé à un mouvement plus large d'ouverture à la culture occidentale, via le Japon et la traduction à partir de l'anglais des textes de Freud.

Mêlant ambition intellectuelle et modestie personnelle, Huo Datong a réintroduit la formation psychanalytique en Chine en 1994. Il a fait école. Une cinquantaine d'étudiants venus de tout le pays suivent actuellement son séminaire de psychanalyse, créé en 2002 à l'université du Sichuan.

Le parcours est exigeant. Il demande d'abord aux étudiants d'apprendre le français pour lire les séminaires de Jacques Lacan dans le texte et requiert une étude approfondie de l'analyse des caractères chinois. « Ils reçoivent deux formations, une formation occidentale proprement dite avec la psychanalyse lacanienne et freudienne et une formation de relecture de l'écriture chinoise », explique le professeur.

« Je suis en train de construire une théorie, une synthèse de la pensée freudienne et lacanienne sur la base de la pensée chinoise, d'une logique chinoise. Pour Freud, dans l'inconscient, il n'y a que des représentants visuels mais Lacan dit que l'inconscient est structuré comme un langage, avec des signifiants et des images phonétiques. Il y a là conflit entre freudiens et lacaniens mais justement les idéo-phonogrammes chinois[21] sont des représentants phonétiques et visuels qui font des combinaisons. Lacan avait d'ailleurs étudié le chinois. Je prends le tout Freud et la pensée freudienne et la pensée lacanienne. » Son cours s'intitule *Anatomique au regard du psychique*, il y travaille encore.

Très tôt dans sa propre formation, il a exploré les pistes qu'offre la culture chinoise. Dans un premier mémoire, *Complexe des générations*, il complétait le postulat freudien du complexe d'Œdipe entre parents et enfants par la relation des générations. « Il y a une relation horizontale, celle du sexe ; le complexe d'Œdipe traite de la relation sexuelle entre le père, la mère et l'enfant mais il y a une relation verticale plus accentuée chez les Chinois avec la piété filiale. »

Un déplacement psychique

Il engage ses étudiants à marcher dans ses pas et à s'approprier les grands théoriciens de la psychanalyse, pour mieux se réapproprier leur propre culture, et pour cela, affirme-t-il, « il faut faire un déplacement psychique vers une culture extérieure. On ne connaît pas la montagne de Lu Shan quand on est resté à l'intérieur de la montagne ; pour la connaître, il faut aller à l'extérieur de la montagne », dit-il en citant un

---

21. Les idéo-phonogrammes, qui représentent plus de 90 % des caractères chinois, sont des composés d'un caractère utilisé pour le sens (la clé) et d'un autre ayant une valeur phonétique.

aphorisme chinois connu. Ce déplacement et les allers-retours qui l'ont suivi ont fondé sa propre quête intellectuelle et nourri sa créativité. Il ouvre de nouvelles perspectives à la psychanalyse et contribue au débat sur l'identité chinoise contemporaine. Il se définit comme un pont entre diverses influences et présente sa théorie comme une synthèse dynamique qui, insiste-t-il, est en cours d'élaboration. Hybride culturel revendiqué, il fait un parallèle entre ses propres influences et celles de son pays.

Il s'est formé, dit-il, auprès de cinq Occidentaux : Marx, Einstein, Freud, Lacan et Michel Guibal, son psychanalyste, lui-même disciple de Lacan. « Grâce à Marx, j'ai connu la philosophie occidentale, grâce à Einstein, j'ai appris la pensée occidentale des sciences, par Freud, je suis entré en psychanalyse et j'ai poursuivi avec Lacan et Guibal. Mais je suis, d'abord, un psychanalyste chinois. Psychanalyste est un métier occidental, je ne suis pas un taoïste ou un bouddhiste. Alors quand je dis que je suis un psychanalyste chinois, cela implique que la psychanalyse soit sinisée. »

L'impact de la théorie des mutations

« La pensée chinoise a été bloquée par les influences occidentales à partir du XIXe siècle mais elle est restée vivante dans l'univers familial, dans la sphère de l'intime. Dans les écoles, on apprend un savoir occidental dès le jardin d'enfants. Il n'y a pas de lien. La psychanalyse permet de créer un pont. Elle apporte un espace où les Chinois peuvent faire une intégration de la pensée chinoise et occidentale. » Il précise que les intellectuels de sa génération ont tenté de réaliser cette intégration dans différents domaines mais sans vraiment y parvenir.

« La pensée chinoise est une pensée ancrée dans la théorie de mutations du Yin et du Yang. C'est justement grâce à cette logique souple qu'on peut avoir une réforme économique précapitaliste et en même temps garder le régime communiste. » Mais, rappelle-t-il, « le communisme est un courant idéologique occidental, le marxisme est une pensée occidentale qui empêche la Chine de construire un régime démocratique basé sur la liberté de la parole. En Chine, on doit faire une intégration des pensées occidentales et de la pensée chinoise. Pour faire cette intégration, on doit connaître la base commune de ces deux pensées et pour cela il faut la liberté de la parole, de la réflexion et de la pensée ». Il précise qu'il parle de son champ professionnel, « je suis psychanalyste, je ne fais pas de politique ». Il explique par exemple comment les *Cahiers de psychanalyse*, auxquels il contribue, restent une revue clandestine qui n'est pas acceptée officiellement par le gouvernement : « Toutes les revues sont contrôlées par le Parti et tout ce qui est publié dans cette revue n'est pas reconnu par l'université. Or il faut des revues qui publient des travaux qui mettent en exergue les tendances nouvelles de la pensée, mais c'est trop tôt. »

Libération et liberté de parole

Huo Datong fait un parallèle clair entre la libération de l'individu dans une cure psychanalytique et la libération de la société par une parole collective. « Sans liberté de la parole, on n'aura pas de nouvelle pensée ni pour l'individu ni pour la société. » Mao Zedong avait bien compris que la psychanalyse, dans son exploration de l'inconscient, pouvait mettre en danger son propre rêve de la Chine. Il l'avait interdite.

Un demi-siècle plus tard, Huo Datong, fondateur de la psychanalyse chinoise, estime qu'il est encore trop tôt pour publier sa théorie dans son intégralité. Il affirme qu'elle n'est pas totalement aboutie, évoque un traité de métaphysique en maturation. « La Chine actuelle connaît un changement trop rapide, le monde en général va trop vite. Alors je demande aussi à mes étudiants d'aller lentement. Pour un psychanalyste, il faut travailler tout doucement. »

Mais la liberté de parole chère à Huo Datong n'est pas à l'ordre du jour. Hong Huang, grande figure des médias chinois, en a longtemps été un des symboles tout comme Han Han, pilote de course, chanteur, essayiste, et beau garçon. Les comptes Sina-Weibo de ces bloggeurs vedettes ont compté six millions de *followers* pour Hong Huang et des dizaines de millions pour Han Han.

Ce jeune Shanghaïen, né en 1982, avait fait une entrée fracassante sur la scène médiatique chinoise à l'âge de 17 ans, avec un premier roman, *Triple porte*[22], qui s'est vendu à vingt millions d'exemplaires. Il est vu comme

---

22. 三重门 (san chong men), 韩寒, 作家出版社, 2000.

le porte-parole de sa génération, celle des *ba ling hou*[23], née après 1980 et qui a profité à plein des réformes de l'ère post-maoïste. Il n'a jamais vécu à l'étranger et a grandi dans une Chine en pleine métamorphose, à l'heure de l'internet. Ses blogs sont caustiques et souvent amusants mais il ne franchit jamais le pas qui le marquerait comme dissident, en appelant à un changement de régime.

Hong, que nous avions déjà rencontrée à la terrasse d'un café pékinois du quartier cosmopolite de Sanlitun, s'est formée dans un va-et-vient entre la Chine et les États-Unis où elle a fait ses études supérieures et, avant cela, secondaires, dès 1973, quand les portes de la Chine ne s'entrebâillaient que pour quelques rares privilégiés. Fille de la nomenklatura maoïste, elle a un passeport américain. La cinquantaine, ronde et enjouée, elle mélange les genres, patronne de presse, actrice, référence dans le monde de la mode chinoise et bloggeuse. Elle ancre son irrévérence dans son hybridité : « Ma grande gueule, je la dois à l'Amérique où le droit de parler est inaliénable. J'ai des droits pour lesquels je ne dois pas avoir à me battre, ce sont mes droits en tant qu'être humain. »

Elle revendique tout aussi fort son ancrage dans ce qu'elle considère comme des valeurs anciennes chinoises. « L'argent ne m'excite pas. Dans ce sens je ne suis pas américaine. Je suis très vieille Chine. Je suis uniquement disposée à consacrer tout mon temps et mon énergie à une activité qui ait du sens, au-delà de la récompense financière. » Elle est en cela très décalée par rapport à son cercle de richissimes amis.

Non contente de promouvoir la créativité des jeunes designers chinois, elle a profité de l'espace créé par les médias sociaux pour se faire entendre, malgré la censure, mesurant bien le rôle social des blogs, un outil sans précédent en Chine. Mais elle a aussi mesuré que cet instrument nouveau et puissant, pour contrôlé qu'il soit, pouvait aussi attiser dangereusement la vindicte populaire. Elle a fait part de ses craintes sur son blog en 2012, lorsqu'une hôtesse de l'air, frappée à bord d'un avion par un militaire, a fait circuler des photos de ses blessures sur les médias sociaux, déchaînant un tollé à l'issue duquel le militaire fut mis à pied.

---

23. 八零后, littéralement, après 1980.

La loi, le pouvoir et les réseaux sociaux

Pendant plusieurs années, les médias sociaux, Weibo en particulier, furent en effet l'agora où les frustrations de la population chinoise devant l'arrogance et l'impunité des officiels pouvaient s'exprimer, en se jouant de la censure. Ils furent à la fois soupape et thermomètre de l'opinion publique chinoise. « J'hésite à reposter le nom et la photo de l'homme qui a attaqué l'hôtesse de l'air, écrivait alors Hong sur son blog. L'internet ne peut pas remplacer la loi. De mon point de vue, il doit être considéré par le public comme innocent jusqu'à ce qu'il soit reconnu coupable par la loi[24]. » Commentant ses hésitations, elle ajoutait : « Mais la justice chinoise n'est pas comme cela : on est considéré comme coupable jusqu'à être prouvé innocent. Je ne crois pas que les condamnations et les insultes en ligne doivent remplacer l'importance de la loi. » Elle a finalement reposté le message. « Il ne sert à rien de douter, expliquait-elle. Ce n'est pas le moment de se taire et de ne rien faire. »

Mais Hong ne blogge plus guère depuis 2013 et ne donne plus d'interviews. En 2014, elle était très prise, se justifiait-elle, par son rôle dans un film. Han Han aussi est allé voir du côté du cinéma, il a réalisé son premier long-métrage, *Le Continent*, sorti en juillet 2014. Les médias sociaux (Weibo, Weixin) sont pourtant toujours là et comptaient, en 2014, plus de six cents millions d'utilisateurs actifs, soit près de 46 % de la population, mais le pouvoir leur a coupé les griffes. Celui-ci a repris en main depuis plusieurs années les médias traditionnels qui avaient des velléités d'indépendance. Depuis 2012, l'administration Xi Jinping a mis au pas les médias sociaux, nous rappelle Renaud de Spens déjà rencontré autour de sa passion pour la langue chinoise. Auteur du *Dictionnaire impertinent de la Chine*[25], il est aussi un spécialiste de la blogosphère chinoise.

« Il faut voir cela dans un contexte mondial, nous dit-il. Des penseurs américains, des pères du web disent eux-mêmes que le web a été un formidable accélérateur de liberté jusqu'à ce que l'État s'y intéresse de

---

24. Gady Epstein, « Hung Verdict », *The Economist*, 21 novembre 2012 (http://www.economist.com/news/21566394-six-million-reasons-pay-attention-hung-verdict).

25. Renaud de Spens avec Jean-Jacques Augier, *Dictionnaire impertinent de la Chine*, François Bourin, 2012, éd. revue et augmentée, Books Editions, 2014.

près. En Chine, c'est encore plus prégnant. Il y a encore des choses sur Weibo mais ce n'est plus du tout le moteur d'où sortaient des affaires et des mobilisations citoyennes et Weixin est peut-être aussi en train de mourir. Il n'y a pas de relais, c'est récupéré à la fois par le Moloch étatique et la société de consommation. Dans une version optimiste, on peut dire que les idées ou les personnes qui s'y exprimaient sont en hibernation, dans une version pessimiste, qu'elles sont reconditionnées à faire autre chose. »

Les censeurs du web chinois auraient donc gagné la partie. Ils célébraient en tout cas leur victoire, en prime time à la télévision, lors des fêtes du Nouvel An, en février 2015. Sur une mélodie qui semblait sortie des cartons de partitions des chœurs de l'Armée rouge soviétique, la chorale de l'administration du Cyberespace – en clair les censeurs de l'internet – chantait tout sourire : « Cinq mille ans d'histoire se concentrent pour illuminer l'innovation » et entonnait, en crescendo, le refrain : « Internet superpuissance, dis au monde que le rêve chinois soulève la Grande Chine vers la prééminence. » Des commentateurs ironiques ont relevé sur les médias sociaux chinois qu'« internet superpuissance »[26] était, à l'oral, l'homonyme de « pays des murs de l'internet ». Le clip de cette chanson qui faisait le tour du web est passé à la trappe. Les internautes chinois ont eu leur petite revanche : le censeur s'est censuré.

Des romans policiers pour promouvoir la loi

L'importance de la loi évoquée par Huang est la passion de He Jiahong. Spécialiste de droit pénal et des techniques d'enquête anticorruption, il enseigne à l'université du Peuple de Pékin. La soixantaine menue, il a des allures de mandarin moderne. Ses mains très fines se posent sur son bureau encombré de livres et de revues, il sourit. « Les livres de droit sont barbants. Les gens leur préfèrent les romans. » Fort de ce constat, cet auteur prolixe d'ouvrages juridiques écrit aussi des romans policiers à succès : « En tant que professeur de droit, je pense que le roman est une très bonne manière de promouvoir l'idée de primauté du droit dans ce pays. »

---

26. 网络强国 (wang luo qiang guo). Le son « qiang » correspond à deux caractères : l'un 强 signifie fort, l'autre 墙 signifie mur.

Son héros Hong Jun est avocat, un *junzi*[27] – un homme d'honneur dans la tradition ancienne tant taoïste que confucéenne – de retour en Chine, après avoir fait son doctorat de droit aux États-Unis. Ses intentions sont explicites dès le premier roman, *Crime de sang*[28]. « Je veux aider les gens ordinaires à défendre leurs droits et aider la Chine à construire un État de droit », annonce sans détour Hong Jun. On le découvre, au début du roman, heureux d'être de retour au pays : « Ici, il est le patron, uniquement responsable de lui-même et de ses affaires, dit le narrateur, son seul maître est la primauté du droit. Cela semble noble mais, dans la Chine nouvelle dans laquelle il est revenu, presque impossible à définir. »

Comme son personnage, He s'est donné pour mission de contribuer à cette définition. Dans sa double identité, il conseille le gouvernement dans ses efforts de révision de la procédure pénale, dirige des recherches juridiques, organise des conférences d'experts et défend la cause de l'État de droit, roman après roman.

Il est pourtant venu au droit par défaut. Issu d'une famille mandchoue de militaires du Kuomintang, il fut un jeune communiste convaincu. Lors de la Révolution culturelle, à 16 ans, il se porte volontaire pour aller travailler dans une ferme dans le Heilongjiang, au nord du pays. Il conduit les tracteurs, écrit des poèmes révolutionnaires et un premier roman largement autobiographique qu'il n'a pas publié. La classification de sa famille comme « contre-révolutionnaire historique » lui bloque l'entrée au Parti et aux universités, quand elles ouvrent à nouveau en 1977. De retour à Pékin, il travaille comme plombier sur les chantiers. Pour obtenir la main de la jeune médecin qu'il aime, il réussit, deux ans plus tard, l'examen d'entrée à l'université – désormais ouvert à tous –, à la surprise de ses futurs beaux-parents qui avaient exigé pour l'accepter comme gendre qu'il soit diplômé. Il a le choix entre économie et droit. Mauvais en maths, il choisit le droit. « Je n'y connaissais rien car, pendant la Révolution culturelle, il n'y avait pas de droit en Chine. Alors j'ai abandonné mon rêve d'écrire de la littérature et je me suis totalement consacré à l'étude du droit. »

---

27. 君子.
28. He Jiahong, *Crime de sang*, Éd. de l'aube, 2006.

Diplômes en poche, il intègre le corps professoral de l'université du Peuple où il avait fait ses études et qui comptait nombre de spécialistes de la Constitution soviétique. En 1989, un quart de siècle après la rupture avec l'URSS et en pleine ouverture aux pays occidentaux, He est invité à Northwestern University près de Chicago dans le cadre du Comité d'échange de l'éducation juridique entre les États-Unis et la Chine[29], financé par la Fondation Ford. « Ce programme qui a duré une dizaine d'années a influencé la réforme du système juridique en Chine. La plupart des juristes importants actuels sont, comme moi, passés par ce programme. » Il avait dû repousser son séjour d'un an en raison des événements de la place Tian'anmen et repartira aux États-Unis pour faire son doctorat.

Les influences étrangères sur le droit chinois

L'influence américaine sur le système juridique chinois faisait alors suite à une série d'autres influences étrangères. Dès la fin de l'empire au début du xxᵉ siècle, en transitant par le Japon de l'ère Meiji, les influences européennes – en particulier allemande et française – se sont fait sentir avant de céder la place à celles de l'Union soviétique avec l'avènement de la Chine communiste. « Notre système juridique est maintenant une espèce de mélange, de la *common law*, du système continental européen, soviétique et de notre tradition chinoise », observe He Jiahong qui participe depuis plusieurs années à des échanges croissants avec des experts européens.

Depuis son retour en Chine, il y a une vingtaine d'années, il a poursuivi ses travaux universitaires et repris la plume romanesque, s'inspirant de cas réels. Ainsi, pour *Crime de sang*, une erreur judiciaire dans la province du Heilongjiang qui avait défrayé la chronique est au cœur de l'enquête menée par son héros, l'avocat Hong Jun. En parallèle, le professeur He a dirigé un groupe de recherche sur les erreurs judiciaires. Dans son roman comme dans son rapport, il identifie l'extorsion d'aveux par la torture

---

29. Committee on Legal Education Exchange with China.

comme une des causes récurrentes dans presque tous les nombreux cas d'erreurs judiciaires.

Les aveux sont un des piliers de la tradition juridique chinoise. Le principe de la confession souvent forcée, sujet tabou au début de sa carrière, fut ensuite largement débattu pendant une dizaine d'années. Le Code de procédure pénale fut finalement réformé, en 2012, pour interdire les aveux contraints. « Pour mettre fin à la pratique de la torture, nous avons beaucoup à faire, d'abord changer la mentalité des forces de police et la manière traditionnelle de mener une enquête. Il nous faut donner plus de place aux preuves. Jusqu'à présent, il y a encore des tortures en Chine, c'est toujours un problème mais pas autant que dans les années 1980-1990. La situation s'améliore et la forme de la torture aussi. Les policiers utilisent plus ce que nous appelons "la torture douce", plus seulement physique en frappant mais psychologique, avec de longs interrogatoires par exemple. »

La réforme du système juridique chinois, en cours depuis une trentaine d'années, déborde celle du droit pénal, elle a aussi touché au droit commercial, au droit de la propriété. Et pour la première fois de son histoire le Parti communiste chinois se prononçait en faveur de « la primauté du droit », lors du plénum de son Comité central en octobre 2014. Mais cet engagement à « gouverner selon la loi », traduction littérale de l'expression du mandarin *yifa zhiguo*[30], n'est pas synonyme d'« État de droit », tel qu'il est compris dans les démocraties occidentales. Certes la Constitution chinoise, qui garantit, entre autres, la liberté d'expression et les droits de l'homme, s'est vue ainsi réhabilitée. Les officiels doivent désormais lui prêter allégeance et un « jour de la Constitution nationale » est inscrit au calendrier. Mais en matière de primauté, celle du Parti communiste n'est aucunement remise en cause. Pour bien clarifier le message, le Parti claironne son nouveau slogan : « La gouvernance socialiste par la loi avec des caractéristiques chinoises ».

Ce recadrage est intervenu sur fond d'une campagne anticorruption sans précédent depuis les purges de l'ère maoïste, qui a permis à Xi Jinping de consolider son pouvoir au sein du Parti et de répondre aux demandes de la population chinoise, lasse des abus de pouvoir des officiels

---

30. 依法治国.

de tous niveaux. En parallèle, une répression sévère s'est abattue sur tous les secteurs de la société civile qui avaient petit à petit émergé, en échappant au Parti.

Militer de façon créative

Filip Noubel travaille au cœur de la société civile chinoise, depuis 2006, comme directeur d'une ONG qui fait des formations pour les journalistes et les juges. Elle est financée en grande partie par des subventions du Département d'État américain mais aussi d'agences onusiennes, de la Commission européenne et pour ses programmes en Chine également par des fonds scandinaves et français.

Gestes calmes et regard vif, cet homme d'une quarantaine d'années, de père tchèque et de mère française, a grandi en Ouzbékistan, en Russie, puis en Grèce. Il a étudié le japonais, le chinois, vécu au Kirghizstan, au Népal et travaille pour une organisation totalement internationale dont le siège est à New York. Il parle couramment une dizaine de langues et navigue avec discrétion et finesse d'une culture à l'autre. Son hybridité culturelle assumée est sa boussole et la source de sa créativité.

À la tête d'une petite équipe, à Pékin, il organise des formations, des rencontres et des voyages pour des « intellectuels professionnels » chinois : des journalistes et des juges mais aussi des avocats, des personnels d'ONG et des cadres d'entreprises.

« Au départ notre portfolio c'était l'État de droit mais c'est un mot qui est devenu un peu tabou. Alors on travaille beaucoup sur des questions d'environnement et sur la visualisation des données qui présente des avantages par son aspect scientifique et un côté design. Cela fait moins peur que l'État de droit. Bien sûr, on y travaille encore mais à travers ces projets-là et on est très créatif, on met beaucoup de choses sous le même chapeau : genre, santé publique, protection de l'environnement et de l'héritage culturel mais en fait on traite bien de l'État de droit. »

Noubel avait commencé avec des formations classiques sur les aspects juridiques de l'accès à l'information et la protection de la vie privée. « Mais au bout de deux ou trois ans j'étais frustré, je ne voyais pas les résultats. Je voulais du concret, du personnel et du long terme. Je me suis dit de façon intuitive qu'on peut travailler en Chine mais d'une autre façon : prendre des Chinois et les faire sortir de Chine. Par mon expérience soviétique, je sens que les gens de 30 ans et plus ont dans la tête une "muraille de Chine". Ils en souffrent, parfois l'utilisent pour se protéger ou pour essayer de se construire mais c'est en même temps un obstacle. Pour percer cette muraille, il faut les jeter dans des réalités néerlandaises, vietnamiennes ou kenyanes et constamment discuter avec les étrangers sur place, entre eux et avec moi qui ne suis pas chinois mais qui comprends leurs codes, leurs questions, leur incompréhension aussi. »

Voyages aux Pays-Bas, en France, au Vietnam, aux États-Unis, en petits groupes, en privilégiant les rencontres aux banquets protocolaires. « Je vois que sur le long terme les intellectuels professionnels chinois qui ont changé le plus sont ceux qui ont fait partie de nos voyages. » Noubel cite par exemple le cas d'un juge qui, deux ans après sa visite à la Cour suprême des Pays-Bas, l'appelle pour lui dire : « Cela m'a tellement marqué qu'il faut que j'en parle à des collègues, il faut qu'on change certains aspects de la loi chinoise. » Noubel s'en félicite : « Chez ces gens-là, la graine a été plantée et maintenant c'est un arbre. »

La pollinisation des idées

Adepte de la pollinisation des idées, il fait se croiser métiers, réseaux et nationalités. Il s'agace de voir que « le narratif sur la Chine à l'extérieur est aussi bloqué que celui de la Chine sur le monde extérieur. Si je parviens à déstabiliser les gens des deux côtés, j'ai réussi. Je cherche des liens, des choses inconnues ou difficiles à comprendre mais qui ont un effet miroir. C'est comme ça que j'arrive à faire des choses entre des cultures qui s'ignorent comme la Chine et l'Afrique par exemple ». Il a ainsi emmené, en 2014, un groupe de journalistes chinois au Kenya. Il s'était fait accompagner, comme interprète, par une jeune Kenyane qui fait ses études d'ingénieur en aéronautique en Chine qu'elle avait d'ailleurs préférées à la voie royale du MIT où elle avait été acceptée, parce qu'elle voit « dans les États-Unis le passé et dans la Chine l'avenir », expliquait-elle de retour à Pékin.

Reportages sur l'invasion des produits de consommation chinois bon marché dans le bazar de Nairobi, pour un grand quotidien, sur l'impact du trafic d'ivoire dont la Chine est le plus gros client, avec une visite à l'orphelinat des éléphants, diffusé par CCTV – la télévision nationale chinoise : « On a amené un bout d'Afrique dans la vie quotidienne avec une efficacité qui permet de toucher cinq cents millions de personnes à partir d'un groupe de six personnes », constate Noubel.

Pour lancer un projet sur les LGBT (Lesbiennes, gays, bisexuels, transsexuels), il est d'abord allé mûrir son idée en Californie à l'Institute for the Future. De retour de la Mecque de la futurologie et des méthodes créatives, il démarche auprès des entreprises un jeu de sensibilisation à la diversité. « Les LGBT est un sujet, en Chine, qui est toléré du moment qu'il est invisible même si en réalité 10 % de la population des cols blancs urbains est LGBT. Il faut dessiller les yeux et trouver un instrument dans la culture commune chinoise : c'est le jeu. Les Chinois sont les plus gros joueurs du monde. » Jeu de cartes, plateforme interactive de questions-réponses en ligne, vidéo, application, il teste, se heurte à de sérieuses réticences parfois inattendues. Un responsable des ressources humaines scandinave d'une grande société lui lance : « Ça fait bien longtemps que c'est résolu », alors qu'un interlocuteur chinois refuse de se voir « imposer des valeurs occidentales ». Il se place entre les deux et persiste, jouant savamment de la notoriété de certains grands groupes internationaux dont il admire les avancées en matière de politique de la diversité et avec lesquels il collabore. Son objectif avoué est de parvenir à terme à toucher aussi les grandes entreprises chinoises en particulier publiques qui, dans leur développement accéléré à l'étranger, se heurtent à des législations, des mentalités qu'elles ne comprennent pas. « Comme toujours, c'est pour planter une petite graine, sans vouloir faire la révolution, introduire des concepts. »

Nous avons perdu le sens de la ligne rouge

Un grand cabinet international de communication lui prête désormais ses locaux et son savoir-faire pour introduire le concept du *story-telling* auprès d'ONG environnementales pour qu'elles améliorent leur propre communication. Noubel, qui a fait de la discrétion un principe et de la persistance son mantra, est pourtant las. « C'est le dernier espace que j'essaye de créer mais je suis à bout de souffle. Dans la société civile, les médias libéraux, les intellectuels publics de droite – dans le sens chinois du terme[31] – c'est la castagne. Les gens sont arrêtés, mis en prison, à droite mais aussi à gauche, et à l'intérieur du Parti, ils sont passés au bulldozer. Il y a des purges partout : à l'intérieur, à l'extérieur, à droite, à gauche, étrangers, hongkongais, chinois, fils de, fille de, connu, pas connu, actif, pas très actif. Tout le monde passe au laminoir. Ce qui est le plus difficile pour nous, c'est que nous avons perdu le sens de la ligne rouge. »

Sa collègue chinoise Vivian Wu en a fait la douloureuse expérience en mai 2014. Belle chevelure, visage expressif, cette jeune femme charismatique a vu quinze policiers faire irruption chez elle au milieu de la nuit. Ils ne lui permettent pas de mettre un soutien-gorge, tout juste a-t-elle le temps de prendre un élastique pour s'attacher les cheveux, espérant pouvoir éviter la tonte qui est de mise pour les détenues. Car Wu Wei – Vivian en anglais – sait qu'elle part en prison. Elle y passera un mois. Son crime : être l'amie de Pu Zhiqiang. Ce célèbre avocat qui a défendu aussi bien Ai Weiwei que des paysans abusivement expropriés avait lui-même été arrêté quelques jours auparavant. Il a été accusé « d'obtention illégale d'information, de fomenter des troubles et d'incitation à la haine ethnique et au séparatisme », des crimes punissables de nombreuses années de prison.

Diplômée des meilleures universités chinoises, Wu a fait de brillantes études en anglais et en journalisme. « Dans tout ce que je fais, j'ai toujours suivi mon cœur, je prends ce qu'il y a de mieux dans la culture chinoise et dans la culture occidentale », dit-elle en guise de présentation. Forte tête, elle avait fait le désespoir de ses parents respectueux de l'ordre établi par le Parti quand elle avait préféré à une carrière au Conseil d'État un stage au *South China Morning Post*, le grand quotidien hongkongais de langue anglaise qui, en raison du statut spécial de Hong Kong, échappait à la censure des médias.

Entre mensonge et incompréhension

Ce premier séjour hors de Chine populaire fut déterminant. De retour à Pékin, elle devient *news assistant* pour le même journal et, très vite, parvient à signer ses propres articles. Elle va parler aux fermiers, aux

---

31. Dans la terminologie chinoise héritée du marxisme-léninisme, la droite est définie par ses positions en faveur du libéralisme économique, du constitutionalisme et des valeurs de l'État de droit et de la liberté d'expression.

instituteurs et, se souvient-elle, « plus j'apprenais sur cette société, plus je découvrais que quelque chose n'allait pas avec le système politique. Je sais que les médias locaux mentent mais aussi que la plupart des correspondants étrangers ne comprennent pas la Chine. La Chine est compliquée, ce n'est pas noir et blanc, ce n'est pas que la censure. La Chine a sa propre culture, son histoire. Moi j'ai cette émotion, j'ai cette motivation d'expliquer, de dire la vérité. J'ai besoin d'être un pont ». Certains de ses collègues chinois l'ont bien compris et lui passent des informations qu'ils ne peuvent pas publier eux-mêmes. C'est à cette époque qu'elle fait la connaissance de Pu Zhiqiang. « Très peu de journalistes locaux chinois pouvaient parler avec ces dissidents et faire que leurs voix soient entendues et parler aussi avec des cadres de haut niveau du Parti – les réformistes –, des écrivains et des intellectuels. Pour moi, c'était vraiment une époque dorée. J'ai beaucoup aimé, ça a duré six ans. »

À partir de 2008, elle constate que la censure devient plus sévère et que le *South China Morning Post* commence à pratiquer l'autocensure, alors que Pékin renforce son contrôle sur Hong Kong ; elle est aussi lasse d'être moins bien payée que ses collègues étrangers. Elle démissionne l'année suivante et rejoint l'ONG que dirige Noubel « pour travailler avec d'autres forces, pour changer la société, pour comprendre comment les ONG travaillent et jusqu'où elles peuvent aller. Je veux former des journalistes parce que je sais à quel point ils manquent de professionnalisme mais je sais aussi à quel point ils peuvent être potentiellement bons ».

La menace de l'exil

Pendant cinq ans, elle prend aussi le pouls politique du pays, conseille Filip Noubel sur la gestion des risques pour qu'une organisation internationale telle que la leur puisse survivre en Chine. Son flair l'a bien servie jusqu'à sa détention. Des larmes dans la voix, elle en fait le récit. Interrogatoire après interrogatoire, on lui demande pourquoi elle fréquente Pu Zhiqiang, « un traître à la patrie, un homme dangereux ». « Pourquoi ne profites-tu pas maintenant de ta réputation, de ton succès, pour passer du temps avec ta famille ? As-tu pensé à émigrer ? » Wu s'accroche, répond qu'elle pense qu'il y a encore de la place pour elle en Chine, qu'elle est patriote, qu'elle veut amener des changements et continuer à être une femme d'influence. « Mais la bulle a explosé, pour dire la vérité, je ne pense pas que je puisse jouer un vrai rôle, visible dans les cinq ou dix prochaines années. »

Noubel voit dans la détention de sa collègue un « dégât collatéral » dans l'installation au pouvoir de Xi Jinping et de son équipe : répression des voix dissidentes, à droite, avec de nombreuses arrestations dont celle de Pu Zhiqiang et purges, à gauche, avec en point d'orgue, la condamnation de Zhou Yongkang, le chef de la Sécurité publique et un des neuf membres du Comité permanent du Politburo du Parti communiste chinois, le saint des saints du pouvoir. Le mandat de Xi Jinping se terminera en 2023. « D'ici là, les intellectuels chinois seront tous laminés », avance-t-il. Wu prépare son départ pour l'étranger et Noubel envisage à contrecœur de quitter aussi la Chine, car sa créativité a été mise en échec et l'hybridité des idées qu'il incarne et qu'il défend n'a pas sa place. « En Chine, la question de l'hybridité est une bombe politique et la bataille de l'hybridité est loin d'être gagnée », observe-t-il avec tristesse.

La dimension politique de l'hybridité culturelle

La dimension politique de l'hybridité culturelle est bien sous-jacente. Cependant, dans un déni imposé par le pouvoir chinois qui la voit comme une menace, ni ses conséquences sociologiques ni son rôle politique ne sont véritablement analysés en tant que tels en Chine populaire. Ce sont deux Hongkongais qui l'abordent en termes clairement politiques. Ils observent son émergence, la nomment et soulignent sa force créative.

Précurseur dans l'étude de l'hybridité culturelle d'un point de vue « chinois », le psychosociologue Chan Kwok-bun, a également pris la mesure de sa dimension politique, en Chine en particulier. « L'étude de l'identité est autant une étude de la personne en elle-même que de l'autre et de sa capacité à tolérer la différence. La question de l'identité est donc d'abord et surtout politique », constate-t-il. Il n'a fait sien le terme d'hybridité que récemment, dans un de ses derniers ouvrages qui ose en faire son titre, *Hybridity : Promises and Limits*[32]. Il y a quelques

---

32. CHAN KWOK-BUN, *Hybridity : Promises and Limits*, Sitter Publications, 2011.

années, il utilisait encore le mot « cosmopolitisme[33] », bien qu'il se fît alors déjà l'avocat de « l'éducation de l'esprit par un langage qui reste encore à découvrir[34] ». Ses hésitations et sa propre évolution lexicale indiquent bien que c'est l'émergence d'une réalité sociale grandissante qui impose petit à petit que celle-ci soit pensée, conceptualisée et nommée mais comme du bout des lèvres.

Nous le retrouvons dans son club joliment désuet du Helena May, au pied du *Peak* à Hong Kong. Il y est arrivé quand il avait un an et juste après la victoire des communistes en Chine. Il y a été élevé, avant de partir faire ses études supérieures au Canada. Dans un pays qui se définit par son multiculturalisme, ce chercheur se voit alors rapidement enfermé, à contrecœur précise-t-il, dans son ethnicité pour étudier la diaspora chinoise. Au fil des années, il y prend goût et en devient l'un des spécialistes. Il part un temps enseigner à Singapour d'où il va travailler sur les diasporas chinoises en Asie du Sud-Est et en Australie, puis revient s'installer à Hong Kong. Il a créé le Centre de recherche en sciences sociales de la Baptist University et mène désormais de nouvelles recherches, en particulier sur la créativité et l'innovation, les réseaux d'affaires et le capitalisme chinois, les identités ethniques, le transnationalisme, les migrations. L'hybridité culturelle en demeure le fil conducteur.

Auteur prolixe, il a publié une dizaine de livres, certains en anglais, aux États-Unis ou au Canada, les autres en chinois, à Hong Kong. Bien qu'il dirige des ouvrages collectifs, il déplore ne pas être en contact avec ses collègues de Chine continentale. Une analyse des recherches universitaires qui ont été récemment publiées sur le continent, en chinois, sur l'hybridité culturelle ne fait apparaître qu'une douzaine d'articles dont très peu sont fondés sur une enquête de terrain originale.

Chan Kwok-bun a bien donné quelques cours à la Beijing Normal University et conduit quelques recherches en Chine continentale mais il n'en a pas fait l'axe principal de son travail. Il est vrai que Hong Kong est un terrain particulièrement riche, le territoire passé de la tutelle britannique à celle de la Chine en 1997 se veut encore aujourd'hui le

---

33. CHAN KWOK-BUN, *Chinese Identities, Ethnicity and Cosmopolitanism*, Routledge, 2005.
34. *Ibid.*

lieu de rencontre entre l'Est et l'Ouest. Le chercheur met toutefois en garde contre les faux-semblants : « L'hybridité fait partie du discours pour vendre Hong Kong, pour la démarquer de la Chine mais elle n'est pas au cœur de la réalité politico-économique. Hong Kong est en train de se siniser à tous points de vue. L'influence britannique s'estompe. L'hybridité n'a aucun rôle à jouer. »

À quelques pâtés de maisons de son club, il a vu le mouvement de mobilisation civique *Occupy Central*, entre septembre et décembre 2014, tenter de résister au diktat de Pékin dans le choix des candidats aux élections du gouvernement de Hong Kong de 2017. La révolution des parapluies jaunes a fait long feu.

« Il faut rappeler que, politiquement, la Chine doit maintenir la stabilité à tout prix, préserver le statu quo. Pour avancer vers un autre stade de développement, politiquement, la Chine doit choisir prudemment le bon chemin. Je ne peux pas imaginer que ce soit celui de l'hybridation. L'hybridation est plus un concept culturel, un mode de vie mais cela n'a rien à voir avec le pouvoir, avec la manière dont ils veulent gouverner, avec le fait qu'ils pourraient être plus souples dans le traitement des dissidents, pas du tout. La menace politique à l'égard du statu quo continue d'être un sujet sérieux. Certains disent que d'une certaine manière, les Chinois changent mais pour moi, hélas, ils changent bien trop lentement », dit-il dans un rire amer.

Une théorie novatrice de l'identité

Les ouvrages de Chan Kwok-bun, formé au moule universitaire occidental, fourmillent de références aux grands auteurs mondiaux de l'identité, de l'appartenance, de la marginalité. Il a aussi voulu étayer sa réflexion sur la grande tradition chinoise. Il revisite à leur tour les classiques chinois et l'histoire chinoise. Première étape : Confucius avec Tang Yijie, un philosophe contemporain et grand spécialiste du confucianisme à Pékin. « Il invoque l'idée d'harmonie/intégration dans la différence – *he erbutong*[35]. Par intégration, Confucius ne veut pas dire

---

35. Voir note 23, p. 205.

que B va totalement oblitérer A, ou vice versa ; bien plus, il se réfère à A et B, trouvant un point de confluence pendant leurs interactions, résultant en un changement qui soit mutuellement bénéfique. Des exemples en sont la coexistence pacifique, le pluralisme critique et le multiculturalisme. »

Deuxième étape : les travaux de An Zuaozhang et Wang Keqi[36] qui « dans un essai remarquable, dit-il, tentent de réinterpréter l'histoire chinoise. Ils prennent le rare point de vue d'examiner les occasions historiques de "collision créative" entre les myriades de cultures en Chine », des rencontres avec les Mongols, les barbares, à celles des cultures du Fleuve Jaune et celles du Yangtze. « Engagées pendant des milliers d'années d'interactions et d'échanges les unes avec les autres, elles ont formé la culture que l'on appelle chinoise. Et selon An Zuaozhang et Wang Keqi, le résultat final fut "je me trouve en toi et tu te trouves en moi". Le changement culturel est donc un long processus d'oubli et de remémoration d'une partie ou d'une autre de soi-même, de sélection et de choix, de mutation et de transformation. »

Il a ainsi élaboré une théorie novatrice de l'hybridité, dans un contexte chinois et sur fond de mondialisation. Il croit profondément qu'elle est génératrice de créativité. « Je trouve que la possibilité que l'identité se renouvelle et se réinvente est excitante. Pour l'individu, au départ, cela crée un trouble, un nœud psychologique entre ce qui est familier et ce qui est profondément différent, mais ce flux, cette capacité de franchir les limites, de déconstruire et de reconstruire, est positif, un signe d'espoir dans un monde qui semble profondément divisé par des infranchissables barrières entre les camps opposés du "nous" et "eux". »

Dans nos échanges et à travers ses écrits, il se fait l'avocat éloquent de l'hybridité culturelle comme force d'intelligence sociale, de maîtrise de la complexité, d'ouverture et de source de créativité mais il mesure aussi combien le pragmatisme et la capacité d'adaptation et d'innovation des hybrides culturels peuvent être stigmatisés et souvent vus comme autant de menaces par les sociétés dans lesquelles ils voudraient trouver leur propre place et être agents de transformation. Il n'a guère d'illusions sur leur rôle dans la Chine contemporaine et s'interroge désormais,

---

36. AN ZUAOZHANG et WANG KEQI, « The Yellow River Culture and the Chinese Civilization », *Journal of Literature, History and Philosophy* 4, 1992, p. 3-13.

depuis Hong Kong, sur son propre rôle. « Qui suis-je ? Que suis-je ? Que puis-je être ? » Des interrogations qui sonnent comme des aveux d'impuissance.

Naissance d'un néologisme

Un autre Hongkongais, Chan Koonchung, a aussi beaucoup réfléchi et écrit sur l'identité et sur l'hybridité. Élevé tant dans la culture traditionnelle chinoise que dans le radicalisme occidental des années 1970, il connaît la Grande Chine dans ses différentes facettes : Hong Kong, Taipei et Pékin où il s'est installé définitivement depuis 2000. Homme de télévision, producteur de cinéma – il a travaillé avec Francis Ford Coppola –, journaliste, activiste pour Greenpeace, il est venu à la fiction sur le tard. Son dernier roman, *The Unbearable Dreamworld of Champa the Driver*[37], est une satire sur les relations inégales entre le Tibet et la Chine. En abordant les thèmes de l'ethnicité et des inégalités, le tout à partir du Tibet, Chan Koonchung s'est attiré, sans surprise, les foudres de la censure. Qu'il soit dans sa version originale chinoise ou dans sa traduction anglaise, son livre est interdit en Chine. Ce n'est pas un coup d'essai. Son premier roman, *Les Années fastes*[38], avait subi le même sort mais circulait en version piratée sur internet. En ayant recours à la science-fiction, comme Aldous Huxley et H.G. Wells avant lui, son message était éminemment politique : il brossait un portrait critique de la société chinoise contemporaine, aux prises avec son identité et son nouveau rôle de superpuissance mondiale. Il allie une plume caustique de fabuliste de talent à une remarquable érudition qu'il met à bon usage dans un long article, « La ville hybride[39] ».

Il y défend la cause de l'hybridité culturelle mais, comme le concept n'existe pas en chinois, il a créé le lourd néologisme de « cosmopolitisme de

---

37. CHAN KOONCHUNG, *The Unbearable Dreamworld of Champa the Driver*, Penguin Random House, 2014.

38. CHAN KOONCHUNG, *Les Années fastes*, Grasset, 2012.

39. 杂种城市 (za zhong cheng shi), in CHEN GUANZHONG, 我这一代香港人一, *My Generation of Hong Kongers*, Hong Kong, juin 2013.

l'hybridité multiculturelle[40] ». Il bat en brèche l'idée selon laquelle celui-ci ne serait le fait que d'une élite mondialisée et identifie la consommation désormais croisée des objets culturels comme des vecteurs d'hybridité.

Il revisite les philosophes grecs, les penseurs chinois anciens, les grands auteurs des Lumières et ceux de la modernité chinoise, cite entre autres Emmanuel Kant, Salman Rushdie, Homi Bhabba, Marx et Engels, Rabindranath Tagore et Jawaharlal Nehru. Il renvoie dos à dos les tenants du relativisme culturel et ceux du multiculturalisme occidental, ceux du clash des civilisations et ceux de l'uniformisation dans la mondialisation. Il refuse d'opposer cosmopolitisme et nationalisme. « Le nationalisme sans le cosmopolitisme est une tendance très dangereuse. Nous le savons. L'Europe en a fait la terrible expérience. D'un autre côté, le cosmopolitisme qui ignore totalement le nationalisme ne peut pas gagner le cœur des gens », nous explique-t-il dans un restaurant pékinois à la veille d'un voyage en Russie avec un groupe d'intellectuels chinois.

2008 : le grand tournant

Chan Koonchung considère l'année 2008 comme un tournant majeur. Il s'en est inspiré d'ailleurs pour son premier roman : « En 2008, il y a eu les Jeux olympiques, le tremblement de terre du Sichuan et la crise économique globale. C'est en 2008 que beaucoup de Chinois ont commencé à penser que la Chine avait réussi quelque chose de juste et de bien, que l'Ouest n'était pas aussi formidable qu'ils le pensaient et qu'on pouvait faire les choses à notre façon. »

En chinois, le titre de son livre *Les Années fastes* est *Sheng shi Chine 2013*[41] – que l'on peut traduire littéralement par « l'âge de la prospérité ». C'est un mot qui avait disparu du vocabulaire depuis plus de cent cinquante ans, explique-t-il. « La dernière période historique baptisée *sheng shi* remonte aux débuts de la période Qing durant les règnes de Kang Xi (1661-1722) et Qian Long (1735-1796). Et soudain, quand je suis allé à la poste près de chez moi, à l'université, j'ai vu en gros caractères sur

---

40. En anglais : *multicultural hybridity cosmopolitanism* et en chinois : 多文化杂种世界主义 (*duo wen hua za zhong shi jie zhu yi*).
41. 盛世, 中国 2013 年, 陈冠中, 麦田出版, 2009.

de grandes bannières ces mêmes caractères : *Sheng shi*. » Il observe que le changement de mentalité, d'abord graduel, a fini par faire basculer les esprits. « Tout d'un coup, les gens se sont mis à penser vraiment qu'ils vivaient un âge d'or. »

Chan Koonchung est convaincu que la Chine est hybride. « Comme l'ADN du peuple chinois a changé, nous ne reviendrons pas à une "authentique" Chine, qui n'existe pas d'ailleurs. Ce qu'on révère comme la culture chinoise venait probablement d'ailleurs, de l'étranger. Les vases chinois bleu et blanc, prisés des connaisseurs, sont hybrides, sans aucun doute. Nous avons construit notre propre identité avec des choses importées. C'est presque toujours comme cela. »

Il décortique le processus : « On nous a dit d'apprendre des autres mais jusqu'à la fin de la dynastie Qing, nous étions convaincus que nous étions supérieurs. Puis, beaucoup de Chinois, face au désastre, ont cru que nous avions tort et étions inférieurs. Nous avons dû apprendre de l'Ouest et jusqu'à aujourd'hui, la plupart des Chinois ont encore une "double conscience[42]". Ils ont un plan A et un plan B, la face et l'intérieur. » Ainsi, un employé chinois qui travaille dans une ONG lui a expliqué que, quand un Occidental va voir un ministre, celui-ci lui souhaite la bienvenue, le remercie et lui promet de coopérer. Mais sitôt que l'Occidental a le dos tourné, un autre officiel vient demander au personnel local de choisir son camp, de ne pas donner certaines informations aux étrangers et de se tourner plutôt vers eux. « Il y a toujours l'attitude en face de l'étranger et ce qui se passe derrière son dos. »

L'auteur des *Années fastes* voit l'identité de la Chine – et la sienne – comme mobile, le résultat d'une évolution. « Le fait d'être Chinois n'est pas quelque chose de fixe, d'essentialiste. Il y a beaucoup de perméabilité avec le monde extérieur. » Lui, qui a beaucoup déménagé, a toujours fait l'effort de se rapprocher des cultures et des endroits dans lesquels il vivait. « Mais j'ai besoin aussi que ces cultures et ces endroits soient flexibles pour pouvoir aller vers elles. »

Il souligne l'importance de ses origines hongkongaises dans sa construction identitaire. « La culture hongkongaise est une culture sans

---

42. La « double conscience » est un mot créé par W.E.B. Du Bois. Il fait référence à sa théorie de la double conscience afro-américaine et au défi psychologique de réconcilier l'héritage africain et une éducation européenne.

frontières, mais avec une identité forte. Nous sommes plus mélangés que les autres. Dans les années 1980, la pop hongkongaise – la Canto pop – était la plus hybride du monde. Les mélodies venaient des États-Unis et du Japon, les paroles étaient en cantonais et les arrangements philippins. La Canto pop a soutenu l'identité hongkongaise et a montré comment l'hybridité peut favoriser la construction d'une identité nationale. »

Posément, il ajoute : « Je crois réellement que la montée de la Chine sera inexorable dans les quinze prochaines années et la Chine ne sera pas à l'aise avec le monde ni le monde avec la Chine. » Dans « La ville hybride », il concluait : « Cela ne veut pas dire que la Chine va prendre la place des pays occidentaux. Sur la scène globale où technologie et information s'échangent rapidement, aucun pays ne peut être le leader en charge du monde entier. Tous les pays vont devoir chercher à coopérer à travers la compétition et même les frictions. Ils devront faire face aux challenges globaux, fournir des ressources publiques internationales, adapter le système international global et œuvrer à une bonne gestion mondiale. Le XXIᵉ siècle ne sera le siècle de personne. Le XXIᵉ ne peut être que le siècle du cosmopolitisme. »

ÉPILOGUE

Dans un monde globalisé, la Chine est un miroir grossissant de l'hybridité culturelle. Produite en masse et en accéléré, à travers la multiplication exponentielle des rencontres, celle-ci fut au départ un phénomène accidentel, un produit dérivé du développement du pays qui l'a conduit à se transformer profondément en trente-cinq ans. L'ouverture lancée par Deng Xiaoping à la fin des années 1970 en vue de la modernisation était au départ volontariste mais les transformations identitaires qui l'ont accompagnée n'ont été ni anticipées, ni planifiées. Leur réalité même et leurs conséquences, tant pour les individus que pour la société, gênent aujourd'hui ses dirigeants. Dans ce miroir grossissant, on observe que l'hybridation n'est pas uniforme et offre une palette subtile et complexe sur des durées et des profondeurs différentes. L'entreprise et l'éducation sont les creusets où elle est la plus active. Nous nous y sommes plongées.

Alors que la présence de la Chine dans le monde ne cesse de grandir, la manière dont elle digère sa mutation impacte la planète tout entière en raison de son gigantisme, de ses interactions croissantes avec le monde et de la place qu'elle y occupe désormais. En même temps que la puissance chinoise, notre époque voit émerger l'hybridité culturelle à l'échelle planétaire, chacune se nourrissant de l'autre. Et ce n'est pas un hasard. La Chine est passée à dessein par l'extérieur pour se moderniser. Ce choix a provoqué des transformations identitaires inéluctables.

Ce qui se passe en Chine est important à cause de la dimension universelle du phénomène. Les enseignements que l'on tire de ce laboratoire vivant aident à analyser ailleurs dans le monde d'autres rencontres, d'autres évolutions individuelles, sociales ou politiques. L'hybridation est au cœur du monde contemporain et on ne peut pas penser notre siècle sans la penser. Elle se déroule à des vitesses plus ou moins rapides et sur des volumes plus ou moins importants mais elle touche tous les recoins de la planète. Inscrite dans le principe même de l'évolution humaine qui peut avoir des tempos différents, elle s'est massifiée, accélérée au XXIᵉ siècle, stimulée et démultipliée par les moyens de communication, et est allée jusqu'à créer de nouvelles manières d'être et de nouvelles identités. En conséquence, des réactions en chaîne d'adhésion ou de rejet se sont enclenchées.

Née de l'expérience même de la complexité, cette transformation identitaire modifie physiquement le cerveau humain et permet ainsi de mieux penser la complexité qu'elle construit et dont elle se nourrit, d'éviter les oppositions réductrices et les simplifications excessives. On a pourtant du mal à la concevoir parce qu'on le fait avec de vieux outils. Du coup, s'installe un décalage entre sa réalité et la façon dont les sociétés, qui génèrent souvent des modèles qui veulent se pérenniser et se fossilisent, sont prêtes à la traiter. Lors de notre enquête en Chine, nous avons vu, dans les entreprises, les laboratoires, les écoles et les universités, comment une société pouvait la laisser naître ou avorter, l'accélérer ou la freiner, la valoriser ou la museler et parfois, en la plaçant au centre, lui donner toute son importance.

En Chine et ailleurs, le XXIᵉ siècle fait cohabiter un temps figé, celui des systèmes qui résistent au changement ou changent lentement, et un temps dynamique où ce qui émerge est propulsé vers l'avenir. Par nature dynamique, l'hybridation en fait partie. Passant par l'expérience, le vécu, elle est aussi par essence organique. Il faut pouvoir la digérer. C'est l'alchimie du soi, cette boîte noire qu'il faut prendre le temps de regarder, ces passages de l'extérieur vers l'intérieur et vice versa qu'il faut prendre le temps de vivre. Les sociétés sont à la fois les parois de l'estomac où se déroule cette digestion et les sources des sucs qui la permettent. Pour que cette digestion puisse se faire, il faut savoir ce que l'on mange, bien mâcher, prendre le temps de savourer. Les mots sont nécessaires. Il faut pouvoir nommer la complexité, en parler, apprendre à se connaître, avoir le temps et le droit de se penser hybride, de se choisir et de se revendiquer en tant que tel. Les individus peuvent alors construire leur narration personnelle et les groupes leurs nouvelles narrations collectives et ainsi redéfinir leur identité que l'hybridation façonne.

On voit, en Chine comme ailleurs, que l'hybridité a du mal à être nommée, à être aimée. Beaucoup en ont peur. En parallèle à sa montée, grandit son contraire à l'ombre de ceux qui disent non à son idée même et au droit de la penser. De fait, elle peut être inquiétante. Les tensions contradictoires qu'elle crée peuvent générer de l'angoisse et susciter un sentiment d'aliénation chez l'individu. Et ces tensions peuvent provoquer, dans les groupes, le resserrement des cercles d'appartenance et la tentation de l'exclusion. Son côté anxiogène engendre de la terreur pour l'individu et du terrorisme dans la société.

Comme en Chine, l'hybridation peut être accidentelle, un produit dérivé de l'ouverture, de la rencontre. Elle peut être aussi instrumentalisée, elle peut être encore pensée, voulue, revendiquée. Revendiquée, elle est alors positionnée au cœur de l'identité, moteur de son évolution et de celle de son environnement. Se pose alors la question de sa finalité. Vers où nous emmène-t-elle ?

Elle passe par l'action. On a vu, en Chine, que les hybrides culturels étaient souvent des acteurs de changement, des créatifs. Ils inventent et innovent, empruntent des voies pionnières, trouvent des réponses inédites. Ils regardent la réalité différemment et, en conséquence, se construisent eux-mêmes tout en faisant évoluer leur environnement avec plus ou moins de succès.

La mondialisation, le marché, la consommation créent en grande quantité des objets et des produits hybrides qui sont devenus courants. La Chine les a largement acceptés, qu'il s'agisse d'objets de consommation de masse ou de produits culturels sophistiqués. Mais ce n'est en fait que la partie émergée de l'iceberg. En Chine comme ailleurs, on préfère souvent ne pas regarder en dessous de la ligne de flottaison. C'est pourtant là que se trouve l'hybridation des individus et des sociétés, à l'origine des changements. Encore faut-il que celle-ci soit acceptée.

La Chine, dans la spirale de sa transformation, a oscillé entre ouverture et fermeture. Dans un jeu de spirales imbriquées, ses ouvertures et ses fermetures ont eu lieu aussi bien au sein du pays même que dans ses relations avec le monde. Au moment où son ombre portée économique, et de plus en plus politique, n'a jamais été aussi grande, alors que la Chine est en première ligne de la globalisation, elle semble vouloir rejeter l'hybridation culturelle qui a nourri sa transformation. Ce paradoxe identifié en Chine se retrouve ailleurs sur la planète. Il est inhérent à la globalisation. Celle-ci engendre partout des spirales qui oscillent de l'hybridité culturelle génératrice de profondes mutations, tolérées ou bienvenues, à son déni qui peut se dire très haut et très fort au cœur même des sociétés et parfois de manière violente. C'est sur le champ des valeurs de la modernité contemporaine et de leur transmission que se jouent les tensions les plus fortes, les refus les plus exacerbés.

Or, dans une planète désormais multipolaire, où les distances se réduisent, il n'y a pas d'alternative. Au-delà de la coexistence, il faut co-créer la modernité. Plutôt que d'ériger des murs, le cheminement pour résoudre les dilemmes devrait plutôt passer par les transformations positives de l'hybridation. Les hybrides culturels sont les éclaireurs qui ouvrent la voie en Chine comme dans le reste du monde.

BIBLIOGRAPHIE

Ouvrages

AUDINET Jacques, *Le Visage de la mondialisation, du multiculturalisme au métissage*, Éd. de l'Atelier, 2007.

BALME Stéphanie, *Entre soi. L'élite du pouvoir dans la Chine contemporaine*, Fayard, 2004.

BAYART Jean-François, *L'Illusion identitaire*, Fayard, 1996.

BECKER Catherine, *La Marque rouge. Shanghai, luxe, art et mémoire*, Éd. du Cherche-midi, 2014.

BECKER Howard S., *Outsiders*, Free Press, 1963, rééd. 1997 ; trad. fse *Outsiders. Étude de la sociologie de la déviance*, Éd. Métailié, 1985.

BELL Daniel A., *China's New Confucianism : Politics and Everyday Life in a Changing Society*, Princeton University Press, 2008.

BENNETT Milton (dir.), *Basic Concepts of Intercultural Communication*, Intercultural Press, 1998.

BHABHA Homi K., *The Location of Culture*, Routledge Classics, 2004.

BRIMM Linda, *Global Cosmopolitans. The Creative Edge of Difference*, INSEAD Business Press, 2010.

CALLAHAN William A., *China : The Pessoptimist Nation*, Oxford University Press, 2010.

—, *China Dreams : 20 Visions of the Future*, Oxford University Press, 2013.

CHAN KOONCHUNG, *Les Années fastes*, Grasset, 2012.

—, 杂种城市, in CHEN GUANZHONG, 我这一代香港人一, *My Generation of Hong Kongers*, Hong Kong, juin 2013.

—, *The Unbearable Dreamworld of Champa the Driver*, Penguin Random House, 2014.

CHAN KWOK-BUN, *Chinese Identities, Ethnicity and Cosmopolitanism*, Routledge, 2005.

—, *Hybridity : Promises and Limits*, Sitter Publications, 2011.

—, *Cultural Hybridity : Contradictions and Dilemmas*, Routledge, 2012.

CHIENG André, *La Pratique de la Chine, en compagnie de François Jullien*, Grasset, 2006.

CORON Édith, *Le Dernier Exode*, François Bourin, 1993.

DAI SIJIE, *Balzac et la petite tailleuse chinoise*, Gallimard, 2000.

—, *Le Complexe de Di*, Gallimard, 2003.

—, *L'Acrobatie aérienne de Confucius*, Flammarion, 2009.

DEBRAY Régis et ZHAO TINGYANG, *Du ciel à la terre*, Les Arènes, 2014.

DYAN Brigitte et TESTARD Hubert, *Quand la Chine investit en France*, AFII, 2014.

FARQUHARSON John-James, *In the Belly of the Dragon : An Account of Working as a Foreign Expert inside a State Enterprise of the People's Republic of China*, Xlibris Corporation, 2013.

FERNANDEZ Juan Antonio et UNDERWOOD Laurie, *China CEO : Voices of Experience*, John Wiley & Sons, 2006.

FRENCH Howard W., *China's Second Continent : How a Million Migrants Are Building a New Empire in Africa*, Alfred A. Knopf, 2014.

FRIEDMAN Thomas L., *The World Is Flat : A Brief History of the Twenty-first Century*, Farrar, Strauss and Giroux, 2005 ; trad. fse : *La terre est plate. Une brève histoire du xxıe siècle*, Éd. Saint-Simon, 2006.

GALLO Frank T., *Business Leadership in China : How to Blend Best Western Practices with Chinese*, John Wiley & Sons, 2011.

GARRIGUE Anne, *L'Asie en nous*, Philippe Picquier, 2004.

GRUZINSKI Serge, *La Pensée métisse*, Fayard, 1999.

GRUZINSKI Serge (dir.), *Planète métisse*, Musée du quai Branly et Actes Sud, 2008.

GUILLEBAUD Jean-Claude, *Le Commencement du monde*, Éd. du Seuil, 2008.

HAGÈGE Claude, *L'enfant aux deux langues*, Odile Jacob, 1996.

HALL Edward T., *The Silent Language*, Doubleday, 1959.

HE JIAHONG, *Crime de sang*, Éd. de l'aube, 2006.

HUO DATONG et MALOVIC Dorian, *La Chine sur le divan*, Plon, 2008.

JACQUES Martin, *When China Rules The World*, Penguin, 2009.

JIANG RONG, *Le Totem du loup*, François Bourin, 2008 et Books Éditions, 2015.

JODELET Denise et *al.*, *Les Représentations sociales*, PUF, 2003.

JULLIEN François, *De l'universel, de l'uniforme, du commun et du dialogue des cultures*, Fayard, 2008.

KRAIDY Marwan M., *Hybridity. The Cultural Logic of Globalization*, Temple University Press, 2005.

LAPLANTINE François et NOUSS Alexis, *Le Métissage*, Flammarion, 1998.

—, *Métissages. De Archimboldo à Zombi*, Pauvert, 2001.

LÉVI-STRAUSS Claude, *Race et histoire*, 1952, rééd. Denoël, 1987.

LÉVY André, *Nouvelles lettres édifiantes et curieuses d'Extrême-Occident par des voyageurs lettrés chinois à la Belle Époque*, Seghers, 1986.

MAALOUF Amin, *Les Identités meurtrières*, Grasset, 1998.

MOSCOVICI Serge, *La Psychanalyse, son image et son public*, PUF, 2004[3].

NISBETT Richard E., *The Geography of Thoughts. How Asians and Westerners Think Differently and Why*, Nicholas Brealey, 2007.

POLLOCK David C. et E. VAN REKEN Ruth, *Third Culture Kids. Growing Up among Worlds*, Intercultural Press, 1999, éd. revue Nicholas Brealey, 2009.

POMFRET John, *Chinese Lessons : Five Classmates and the Story of the New China*, Henry Holt & Company, 2006.

POSTH Martin, *1 000 Tage in Shanghai. Die abenteuerliche Gründung der ersten chinesisch-deutschen Automobilfabrik*, Carl Hanser Verlag, 2006 ; trad. anglaise : *1,000 Days in Shanghai : The Story of Volkswagen, the First Chinese-German Car Factory*, John Wiley & Sons, 2008.

RICCI Matteo, *De Christiana expeditione apud Sinas suscepta ab Societate Jesu* (1615), traduit par Nicolas Trigault.

SAÏD Edward W., *Orientalism*, Penguin Books, 1978 ; trad. fse : *L'Orientalisme. L'Orient créé par l'Occident*, Éd. du Seuil, 1980.

SEN Amartya, *Identity and Violence. The Illusion of Destiny*, W.W. Norton and Company, 2006.

SPENS Renaud de, avec AUGIER Jean-Jacques, *Dictionnaire impertinent de la Chine*, François Bourin, 2012, éd. revue et augmentée, Books Editions, 2014.

TAYLOR Charles, *Sources of Self*, Harvard University Press, 1989 ; trad. fse : *Les Sources du moi. La formation de l'identité moderne*, Éd. du Seuil, 1998.

To James Jiann Hua, *Qiaowu : Extra-Territorial Policies for the Overseas Chinese*, Brill Academic Publishers, 2014.

TROMPENAARS Fons et HAMPDEN-TURNER Charles, *Riding the Waves of Culture. Understanding Cultural Diversity in Business*, Nicholas Brealey, 2002.

TROMPENAARS Fons et WOOLLIAMS Peter, *Business across Cultures*, Capstone, 2003.

TURGEON Laurier et *al.*, *Regards croisés sur le métissage*, Presses de l'université Laval, 2002.

URRY John, *Sociology beyond Societies : Mobilities for the Twenty-First Century*, Routledge, 2000.

WANG HUIYAO, *Talent War – The Competition for the Most Scarce Resources in the World*, Beijing, CITIC Publishing House, 2009.

WANG HUIYAO et *al.*, *Blue Book of Global Talent. Annual Report on the Development of Chinese Students Studying Abroad*, étude du Centre pour la Chine et la globalisation, Social Sciences Academic Press (Chine), 2013.

—, *Blue Book on Chinese Overseas Students and the Employment of Returnees*, étude publiée par le ministère de l'Éducation, novembre 2014.

—, *Blue Book of Global Talent. Annual Report on the Development of Chinese Students Studying Abroad*, n° 3, étude du Centre pour la Chine et la globalisation, Social Sciences Academic Press (Chine), 2014.

—, *Blue Book of Global Talents. Annual Report on Chinese International Migration*, Social Sciences Academic Press (Chine), 2014.

YU DAN, *Le Bonheur selon Confucius*, Belfond, 2009.

YU HUA, *Brothers*, Actes Sud, 2008.

ZACHARY G. Pascal, *The Global Me*, Nicholas Brealey, 2000.

ZHAO TINGYANG, 赵汀阳, *The Tianxia System : An Introduction to the Philosophy of a World Institution* (*Tianxia Tixi : Shijie zhidu zhexue daolun*, 天下体系 : 世界制度哲学导论), Nanjing, Jiangsu Jiaoyu Chubanshe, 2005.

Revues, articles, sites internet

Aı Weiwei, « China's Art World Does Not Exist », *The Guardian*, 10 septembre 2012.

—, « Circle of Animals/Zodiac Heads » (www.zodiacheads.com).

An Zuozhang et Wang Keqi, « The Yellow River Culture and the Chinese Civilization », *Journal of Literature, History and Philosophy* 4, 1992, p. 3-13.

Chan Kwok-bun, « Plight of the Stranger », *South China Morning Post*, 24 janvier 2004 (http://www.scmp.com/article/442037/plight-stranger).

Epstein Gady, « Hung Verdict », *The Economist*, 21 novembre 2012 (http://www.economist.com/news/21566394-six-million-reasons-pay-attention-hung-verdict).

Hvistendahl Mara, « Scientist Alleges Fraud in China's "Thousand Talent" Foreign Expert Program », *South China Morning Post*, 3 novembre 2014 (http://www.scmp.com/news/china/article/1631317/chinas-programme-recruiting-foreign-scientists-comes-under-scrutiny).

Johnson Ian, « Chinese Atheists ? What the Pew Survey Gets Wrong », *New York Review of Books*, 24 mars 2014.

Li Haizheng, « Higher Education in China : Complement or Competition to US Universities ? », in Charles T. Clotfelter (dir.), *American Universities in a Global Market*, University of Chicago Press, 2010, p. 269-304.

Pew Research Center, http://www.pewforum.org/2008/05/01/religion-in-china-on-the-eve-of-the-2008-beijing-olympics/

Statistics Report on the Development of Human Resources and Social Security, in bulletin publié par le ministère chinois des Ressources humaines et de la Sécurité sociale, 2012 (http://www.china-briefing.com/news/2013/06/04/chinas-2012-statist2012ics-for-human-resource-and-social-security-development.html#sthash.p0lmmS8g.dpuf).

Wang Huiyao, Zweig David, Lin Xiaohua, « Returnee Entrepreneurs : Impact on China's Globalization Process », *Journal of Contemporary China*, vol. 20, n° 70, juin 2011, p. 413-431

Zhang Junmian, « Top 10 Overseas Study Waves of Chinese History », 24 décembre 2011 (http://www.china.org.cn/top10/2011-12/24/content_24220658_5.htm).

REMERCIEMENTS

Nous souhaitons exprimer nos sincères remerciements à :

Tous ceux qui ont accepté de répondre à nos questions lors de plus de deux cinquante interviews, pendant quatre ans, aux quatre coins de la Chine (Pékin, Shanghai, Hong Kong, Chengdu, Chongqing, Harbin, Shenyang) ;

Caroline Noirot des Belles Lettres et son équipe pour nous avoir fait confiance ;

Peter Ford, Marie-José d'Hoop et Renaud de Spens pour leurs relectures soigneuses et leurs stimulants conseils ;

Pan Jianfeng, pour le don de son œuvre en couverture de ce livre ;

Wang Ping pour ses décryptages, ses traductions et ses vérifications rigoureuses.

Pour tous les contacts, introductions, conseils, vérifications, merci à Eric Abrahamsen, à Gail Heck-Sweeney et David Wei chez Agilent, à Wang Huiyao du Centre pour la Chine et la globalisation, à Chan Kwok-bun, à Chan Kookchung, à Stéphane Grumbach, à Matthew Farthing de Harrow Beijing, à Jeremiah Jenne, à Benjamin Joffe, à Yves Chapot et Benoit Heubert de Michelin, à Filip Noubel, à Cédric Barrier et Antonia Dubrulle de Pharos Education, à Emmanuel Rousseau, à Francis Vérillaud, Richard et Stéphanie Balme de Sciences Po, à Isabelle Chouvet et Sophie Dariel chez SuperChina , à Wen Chu du GMIC, à Xiong Zhe.

Et un immense merci à nos époux, Peter Ford et Hubert Testard, pour leur soutien indéfectible et affectueux.

TABLE DES MATIÈRES

Ce volume,
le vingt-troisième
de la collection « Entreprises et société »
publié aux Éditions Les Belles Lettres
a été achevé d'imprimer
en septembre 2015
sur les presses
de l'imprimerie SEPEC
01960 Péronnas

N⁰ d'éditeur : 8152
N⁰ d'imprimeur : 05425150913
Dépôt légal : octobre 2015
Imprimé en France

 IMPRIM'VERT®